YONGHE YEARBOOK 2019

永和年鉴

（2019）

中共永和县委党史研究中心（永和县地方志研究中心） 编

方志出版社
Publishing House of Local Records

图书在版编目（CIP）数据

永和年鉴．2019 / 中共永和县委党史研究中心（永和县地方志研究中心）编．-- 北京：方志出版社，2020.11

ISBN 978-7-5144-4570-1

Ⅰ．①永… Ⅱ．①中… Ⅲ．①永和县—2019—年鉴
Ⅳ．① Z522.54

中国版本图书馆 CIP 数据核字（2020）第 225717 号

永和年鉴（2019）

编　　者：中共永和县委党史研究中心（永和县地方志研究中心）
责任编辑：王　娜

出 版 者：方志出版社
地址　北京市朝阳区潘家园东里 9 号（国家方志馆 4 层）
邮编　100021
网址　http://www.zgfzcb.cn
发　　行：方志出版社图书经销中心
电话　（010）67110500
经　　销：各地新华书店
排　　版：北京纺印图文设计制作有限公司
印　　刷：北京中科印刷有限公司

开　　本：889mm × 1194mm　1/16
印　　张：18.25
字　　数：500 千字
版　　次：2020 年 11 月第 1 版　2020 年 11 月第 1 次印刷

ISBN 978-7-5144-4570-1　**定价**：218.00 元

序

贫困问题一直是困扰人类社会发展的重大问题。中国作为世界上最大的发展中国家，为解决贫困问题进行了长期不懈的努力。改革开放以来，特别是党的十八大以来，以习近平同志为核心的党中央把脱贫攻坚作为全面建成小康社会的底线任务和标志性指标，纳入“五位一体”总体布局和“四个全面”战略布局，以前所未有的力度推进精准扶贫、精准脱贫，扶贫开发成就举世瞩目，显著改善了贫困地区和贫困群众生产生活条件，具有重大的现实意义和深远的历史意义。身处中华民族几千年发展历史上将首次整体消除绝对贫困现象的伟大时代，如何更好地发挥地方志的存史、育人、资政的作用，是新时代全国地方志系统必须深入研究和着力解决的重大课题。

党的十八大以来，在党中央国务院的正确领导下，全国地方志系统深入学习贯彻习近平新时代中国特色社会主义思想，紧紧围绕党和国家事业发展需要，深入推进地方志改革创新发展，凝心聚力，稳扎稳打，勇于担当，主动作为，全国地方志形势和地方志工作者的精神面貌发生了深刻变化，取得了优异成绩。其中，为贯彻落实《全国地方志事业发展规划纲要（2015—2020 年）》，经中国地方志指导小组领导批准，中国地方志指导小组办公室于 2015 年、2017 年先后启动民族地区与贫困地区志书、年鉴出版资助工程（以下简称“志鉴出版资助工程”），对国家级贫困县（区、旗、县级市），中西部地区、少数民族边疆地区面临出版经费困难的志书和综合年鉴给予出版资助。实施志鉴出版资助工程是紧扣时代脉搏、坚持创新发展、传承弘扬中华优秀传统文化的一项创举，不仅有力推动了“两全目标”的实现，而且数十部资助出版的志书、年鉴及时记述了民族地区与贫困地区在全面建成小康社会伟大征程中取得的新成绩和新经验、出现的新情况和新问题、涌现的优秀人物和典型事迹，留住地方文化的“根”和“魂”，为这些地区的经济社会发展、地域文化传播、爱国主义教育、精神文明建设等提供了历史借鉴和智力支持，对全面提升民族地区与贫困地区文化建设水平、确保民族地区与贫困地区和全国其他地区同步全面建成小康社会具有重要意义。

尤为可喜的是，志鉴出版资助工程促成了一批扶贫志书的编纂出版，在文化脱贫攻坚中发挥了独特的作用。例如，《贵州省减贫志》全面系统客观记述了从 1978

年至2015年贵州省扶贫、减贫工作的历程及取得的经验，为贵州省实施大扶贫战略提供了有力的资政辅治参考，集中体现了地方志工作因时而动、顺势而为的新作为。前不久，由福建省地方志编委会和人民网共同编纂的《闽宁扶贫协作图志》，是全国首部扶贫协作图志，图文并茂、直观立体、全方位地展现闽宁扶贫协作波澜壮阔的历程，弘扬“闽宁一家亲”“携手奔小康”的深厚情谊和滴水穿石、久久为功的精神，是贯彻落实习近平总书记扶贫工作重要论述精神，服务国家精准扶贫、精准脱贫战略的有力举措。希望各地以此为鉴，编纂出版更多、更好的扶贫志书、年鉴，助力国家精准扶贫、精准脱贫战略的实施，充分展现地方志的独特价值和作用。

当前，我国脱贫攻坚已进入全面决战决胜的关键时期，尚未脱贫的贫困地区集中分布在中西部深山区、极端干旱山区、高寒阴湿地区等，文化建设还比较薄弱，文化产品还不够丰富，文化精品更是少之甚少。同时，这些地区往往是民族文化、历史文化、红色文化、生态文化富集区，具有发展文化旅游、推进文化扶贫的巨大潜在优势，也是繁荣发展地方志事业的巨大文化宝库。要发挥好文化扶贫凝聚人心的优势，善于利用方志文化优势为贫困地区“赋能”，在脱贫攻坚中做出方志人应有的贡献。要发挥好中国名镇志文化工程、中国名村志文化工程的引领作用，大力加强乡镇村志编纂，让百姓记得起乡情、记得住乡愁，凝聚贫困乡镇村庄的强大民心，补齐贫困乡镇村庄的文化短板，以“扶智”的方式“扶志”，践行习近平总书记强调的“扶贫先扶志，扶贫必扶智”的重要理念。

求木之长者，必固其根本；欲流之远者，必浚其泉源。扶贫扶起的是志气骨气，传承的是家国情怀，守护的是绿水青山。扶贫既要富口袋，也要富脑袋。必须坚持文化脱贫和物质脱贫两手抓，筑牢贫困地区文化之基，补足信仰精神之钙，引领脱贫发展之舵。全国地方志系统要围绕中心、服务大局，坚决投入脱贫攻坚这场必须打赢的硬仗，积极参与脱贫攻坚战，发挥优势和特长，深入挖掘文化资源，着力补齐文化短板，努力帮助民族地区与贫困地区的文化建设实现较大的发展提升，在全面建成小康社会、实现中华民族伟大复兴中国梦的征程中贡献方志人的力量。

是为序。

中国社会科学院院长
中国地方志指导小组组长　谢伏瞻

民族地区与贫困地区年鉴出版资助工程领导小组

组　　　长：高　翔

常务副组长：冀祥德

副　组　长：高京斋　邱新立

民族地区与贫困地区年鉴出版资助工程领导小组办公室

主　　　任：冀祥德

副　主　任：邱新立

成　　　员：于伟平　刘永强　冷晓玲　李　静

《永和年鉴（2019）》编纂委员会

《永和年鉴（2019）》编辑部

编 辑 说 明

一、《永和年鉴（2019）》以马克思列宁主义、毛泽东思想、邓小平理论、“三个代表”重要思想、科学发展观、习近平新时代中国特色社会主义思想为指导，坚持辩证唯物主义和历史唯物主义的立场和观点，秉笔直书，如实记述，力求资料科学、真实。

二、《永和年鉴（2019）》是记述本行政区域自然、政治、经济、文化、社会等方面情况的年度资料性文献。

三、《永和年鉴（2019）》记事断限自 2018 年 1 月 1 日至 12 月 31 日。个别条目追溯了 2018 年以前的内容，意在增强事件的完整性。

四、《永和年鉴（2019）》采用分类编排法，设类目、分目、条目，少数在分目和条目之间设子分目，不同层次的标题用不同的字号、字体和辅助标志区别。

五、《永和年鉴（2019）》稿件均由县直各有关部门和各乡镇组织专人撰写，并经各单位负责人审核。所有数据由于统计来源、口径、方法、时间不同而有差异的，均以统计部门提供的统计资料为准。

六、《永和年鉴（2019）》标点符号遵循 2012 年施行的《标点符号用法》（GB/T 15834—2011）；数字用法遵循 2011 年施行的《出版物上数字用法》（GB/T 15385—2011）；计量单位名称和符号遵循 1994 年施行的《量和单位》（GB 3100—3102—86），农田土地面积沿用“亩”作为计量单位。

七、《永和年鉴（2019）》文前彩页统一由永和县新闻中心提供，随文图统一由中共永和县委党史研究中心提供。

永和县行政区划图

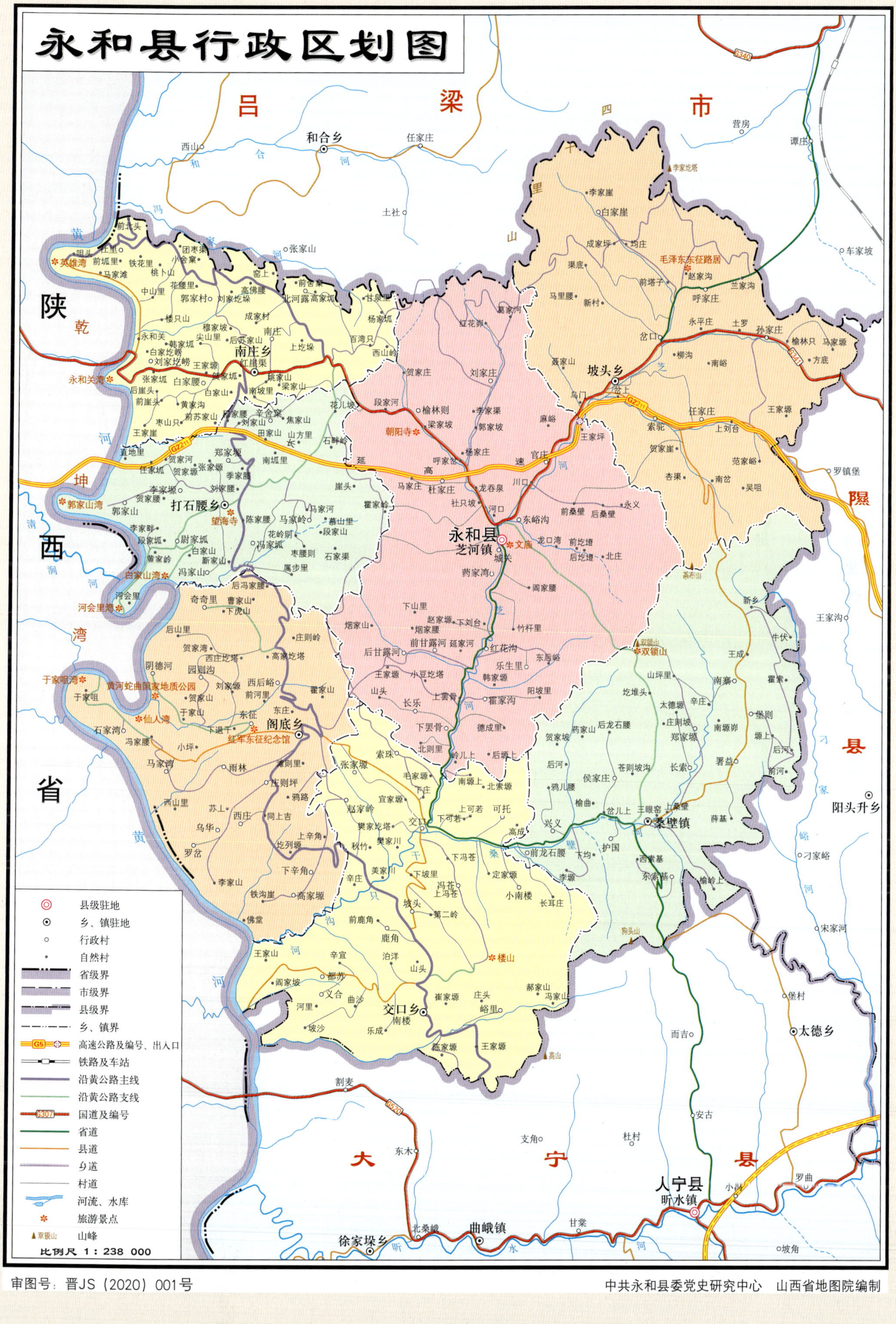

审图号：晋JS（2020）001号

中共永和县委党史研究中心　山西省地图院编制

数字永和
（2018 年度）

- 辖区面积：1214.38 平方千米
- 总人口：66183 人
- 总户数：25095 户
- 全县生产总值：91150 万元
- 农业总产值：49313.8 万元
- 工业总产值：24386 万元
- 固定资产投资完成额：143543 万元
- 第一产业产值：23345 万元
- 第二产业产值：16227 万元
- 第三产业产值：51579 万元
- 粮食总产量：93071.54 吨
- 社会消费品零售总额：52383.7 万元
- 财政一般公共预算收入：11399 万元
- 财政一般公共预算支出：13494 万元
- 在岗职工人数：3839 人
- 在岗职工工资总额：24576 万元
- 城镇居民人均可支配收入：22588 元
- 农村居民人均可支配收入：4098 元
- 城乡居民存款余额：144101 万元
- 各类学校在校学生数：6475 人

2018 年 10 月 31 日至 11 月 1 日，山西省人大常委会副主任、临汾市委书记岳普煜（前排左五）在永和县调研脱贫攻坚、项目建设、扫黑除恶等工作

2018 年 11 月 29 日，山西省政府副省长陈永奇（前排左三）在永和县调研深度贫困、深化农村改革

2018 年 2 月 2 日，永和县召开县委经济工作会议

2018 年 4 月 10 日，永和县第十六届人民代表大会第三次会议在县服务楼开幕

2018 年 4 月 9 日，中国人民政治协商会议第九届永和县委员会第三次会议在永和宾馆开幕

2018 年 6 月 5 日，县委书记加天山（左三），县长范洋平（右二）到永和县第一高级中学督导检查 2018 年高考准备工作

永和县四大班子领导参加永和县庆祝中国共产党建党 97 周年健康扶贫专项系列活动

2018 年，永和县煤层气勘探开发现场

永和县索驼村、任家庄村 30 兆瓦集中式光伏电站

民生工程

2018 年 6 月 30 日，县委副书记、县长范洋平（左二）在城西路建设工地调研

2018 年 7 月 4 日，永和县政协主席宋新亮（中）调研坡头乡任家庄养鸡合作社

2018 年 12 月 5 日，县人大常委会主任马连青（左中）在南庄乡百湾只村召开脱贫攻坚周例会

2018 年 12 月 9 日，霍永高速公路永和王家坪至永和关段正式通车运营

2018 年，永和县林业局实施的荒山绿化工程

南庄乡易地搬迁村民新居地　　2018 年 12 月 25 日　摄

沿黄公路建设现场　　2018 年 10 月 8 日　摄

2018年永和县桑壁川河小流域（小南楼片）水土保持综合治理工程

永和县正大路新貌

永和县人民医院

2018 年 11 月 29 日，永和县畜牧发展中心工作人员在农村验收畜牧养殖奖励补贴

2018 年 8 月 10 日，永和县阁底乡党委负责人对黄河河道安全进行检查

2018 年 7 月 16 日，永和县委党史研究中心、县委编办开展扶贫日暨主题党日活动

2018 年 12 月 6 日，永和县交警大队干警在滨河路交通执勤

文化建设

2018 年 1 月 24 日，永和县举办“永和好人”颁奖晚会

2018 年 6 月 30 日，永和县举办庆“七一”文艺演出

2018 年 8 月 8 日，“中海沃邦”杯消夏篮球赛在永和县体育场开幕

2018 年 8 月 20 日，“中国龙 · 乾坤湾”2018 年国际摄影名家采风暨全国摄影家黄河摄影大赛在永和县乾坤湾景区开幕

2018 年 9 月 28 日，永和县在文庙大殿前举办纪念孔子 2569 周年诞辰大典

2018 年 12 月 26 日，永和县在红军东征永和纪念馆举行“不忘初心，决胜脱贫攻坚”主题党日活动暨纪念毛泽东同志 125 周年诞辰

人文景观

永和乾坤湾

双锁山雄姿

夏日群山

山村野果

日暮乡村

望海寺风景

盘山公路

黄河岩画

农民春耕

芝河飞瀑

鳌头风光

黄河太极图

目　录

特　载

在县委经济工作会议上的讲话…………1
永和县人大常委会工作报告
——在永和县第十六届人民代表大会第三次
会议上…………15
政府工作报告
——在永和县第十六届人民代表大会第三次
会议上…………20
中国人民政治协商会议第九届永和县
委员会常务委员会工作报告
——在政协第九届永和县委员会第三次
会议上…………33

创卫工作专记

综　述
概况…………39
组织学习培训…………39

创建工作
营造创卫氛围…………39
监督检查…………40
创卫基础设施改造工程…………40
道路改造工程…………40
城乡环境卫生整洁行动…………40

大事记

1月…………42
2月…………43
3月…………44
4月…………45
5月…………46
6月…………47
7月…………48
8月…………49
9月…………50
10月…………51
11月…………52
12月…………53

概　况

自然环境
地理位置…………55
地形地貌…………55
气候条件…………55

自然资源
土地资源…………55
矿产资源…………55
水资源…………56
生物资源…………56

建置区划

建置沿革……56
行政区划……57

人口　计生

人口和计划生育……57

民族宗教

民族……58
宗教……58

国民经济和社会发展

综合……58
农业……58
林业……58
畜禽产量……58
工业……58
建筑业……58
固定资产投资……59
能耗……59
国内贸易……59
电子商务……59
交通运输……59
邮电……59
金融……59
保险……60
旅游……60
人民生活……60
社会保障……60
教育和科学技术……60
文化、体育和卫生……60
社会服务……60
人口与就业……61
财政……61
资源、环境、社会治安和安全生产……61

中国共产党永和县委员会

中共永和县委

概况……62
改革工作……62
传统林业改革……62
新型能源转化利用……63
文化旅游产业……63
脱贫攻坚……63
拓展增收渠道……64
精准扶贫……64
多重保障体系……64
生态环境……64
民生事业……65
完善农村基础设施……65
社会事业……65
安全稳定……65
扫黑除恶专项斗争……65

县委办公室工作

概况……65
文秘工作……65
信息工作……66
督查工作……66
会务工作……66
机要通信……66
机要保密……66
值班工作……67
素质提升工作……67

组织工作

思想理论武装……67
队伍建设……67
基层党组织……68
党建工作……68
人才工作……69

宣传工作

意识形态……69
理论武装……69
新闻舆论工作……69
精神文明建设……70
文体活动……71

统战工作

基层组织……71
党外干部……71
经济领域统战工作……71
新的社会阶层人士……71

机构编制

概况……72
党政机构改革……72
放管服效工作……72
相关改革工作……72
事业单位改革……72
基础工作评估……72
机构编制管理……73
中文域名续费工作……73
事业单位法人登记年检工作……73

县直工委工作

概况……73
党员学习……73
主题教育……74
政策宣讲……74
驻村帮扶助贫……74

老干部工作

概况……74
老干部概况……74
落实“主题党日”和“永和扶贫日”活动……75
扫黑除恶专项斗争……75
改革开放40年主题活动……75
为高龄离退休老干部送蛋糕……75
“迎新春、写对联、送祝福”活动……75
组织草编学员参观学习……75
落实老干部待遇……75
文体娱乐活动……76
老干部党支部建设……76
关工委工作……76
老年促进会工作……76
老年大学工作……77

信访工作

概况……77
信访数量……77
创新工作模式……77
信访接待……77
督查督办……77
信访问责……77

史志工作

概况……78
党史研究……78
党史宣传……78
党史咨询……78
县情资料推介……78
《永和县志》编修……78
年鉴编纂……78
方志业务培训……79
下乡扶贫工作……79

党校工作

概况……79
主体责任落实……79
干部教育培训……79

永和县人民代表大会

永和县人大常委会工作

概况……81
提高人大工作自觉性……81
学法用法监督……81

监　督

食品卫生和药品管理监督……82
妇女儿童权益保障监督……82
群众关心问题监督……82
创新监督工作……82

永和县人民政府

永和县人民政府

概况……83
综合实力……83
脱贫攻坚……83
生态扶贫……83
易地搬迁扶贫……84
光伏扶贫……84
金融扶贫……84
旅游扶贫……84
健康扶贫……84
教育科技扶贫……84
兜底扶贫……84
林果产业转型……85
天然气产业转型……85
旅游产业发展……85
城乡设施建设……86
生态环境保护……86
民生事业……86
安全稳定……87

政府办公室工作

概况……87
综合协调……87
政务调研……88
信息服务……88
应急处理……88
政务督查……88
专题活动……88
政务大厅工作……89
概况……89
制度管理……89
党务工作……89
政务工作……89

人力资源和社会保障

概况……89
“三基建设”工作……89
全面技能提升工程……90
就业服务……90
医疗保障帮扶……91
健康扶贫“一站式结算服务平台”建设……91
城乡居民养老保险扶贫……91
就业工作……92
社会保险……92
人才队伍建设……92
劳动关系……93

民政工作

概况……93
民政基础设施建设……93
行政区划……93
城乡低保……93
五保供养……94
医疗救助……94
灾害应急体系建设……94

优抚安置……94
临时救助……94
社会事务管理……94
养老机构……94

机关事务管理
概况……95
财务工作……95
会务工作……95
公务用车……95
办公用房……95
公共机构节能……95
餐饮管理……95
精准扶贫……96
安全保卫……96
优化环境……96

档案管理
概况……96
档案的接收征集……96
档案业务指导……96
档案干部队伍培训……96
档案工作……97
包联帮扶工作……97

政协永和县委员会

委员会工作
概况……98
改革发展……98
政治协商……98
民主监督……98
参政议政……99
脱贫攻坚……99
团结联谊……99

纪检 监察

纪检工作
概况……101
强化履职履责……101
严明纪律规矩……102
警示教育……102
纠正“四风”……102
试点改革……102
案件审查……103

监察工作
监督检查……103
扫黑除恶监督问责……104
扶贫领域腐败问题和作风专项整治……104
政治巡察……104

军 事

人民武装
概况……106
“强军风采”群众文化活动……106
军事训练活动……106
优秀教练评比竞赛活动……106
“太行 –2018B”国防动员课题训练……106
民兵调整改革……107
专武干部、民兵骨干集训……107
民兵分队军事训练……107
征兵工作……107
“传承东征精神，争当红军传人”系列活动……107
训练保障……107
活动促进安全建设……107
地质灾害防范救援……107
多渠道帮扶……108
先进单位和个人……108

武警永和县中队
概况……108
聚焦打仗能力……108
从严治军……108
综合保障……108
领导调研……108

人民防空
概况……108
人防工程建设和易地建设费收缴工作……109
宣传教育……109

脱贫攻坚

综　述
概况……110
凝聚攻坚合力……110
强化责任引领……111
强化人才引领……111
激发内生动力……111

扶贫工作
产业扶贫……112
生态扶贫……112
易地扶贫搬迁……112
教育科技扶贫……113
政策兜底扶贫……113
“光伏＋扶贫”模式……113
“保险＋扶贫”模式……114
“健康＋扶贫”模式……114
“消费＋扶贫”模式……114
“旅游＋扶贫”模式……115
道路交通工程……115
饮水安全工程……116
电力建设工程和宽带网络工程……116
10项共享政策情况……116
专享政策落实……117

法　治

政法委及综治
雪亮工程建设……118
严打违法犯罪……118
推广枫桥经验……118
扫黑除恶专项斗争……118
脱贫攻坚……119
生态环境保护……119

法治政府建设
规范文件……119
法治宣传……119
依法办理行政复议……119
推进行政应诉……120
行政执法管理……120
依法行政……120

公　安
情报信息预警研判……120
扫黑除恶专项斗争……120
打击违法犯罪……120
社会公共安全管理……121
公安信息化建设……121
“民生警务”……121
暖警工程……121
脱贫攻坚……121
公安交通管理……122
概况……122
源头隐患清理……122
交通秩序整治……122
交通安全宣传……122
事故预防……122
驻村帮扶……122

永和县消防中队 123
行业部门主动监管 123
单位责任有效落实 123
安全源头管控 123
排查整治各类火患 123
消防宣传教育 123
公共消防基础建设 123
消防队伍建设 123
灭火应急救援 124

检 察
“法律进校园”学雷锋志愿服务活动 124
“12309”检察服务中心揭牌仪式 124
上级领导调研 124
侦察监督 125
公诉 125
民事行政检察 125
控告申诉检察 125
扶贫帮联 125
刑事侦查活动监督 125
审判活动监督 125
民事行政监督 125
执行和监管监督 125
加强内部监督制约 126

法 院
刑事审判 126
民事审判 126
执行 126
司法便民利民 126

司法行政
概况 126
法治宣传 127
人民调解 127
法律服务 127
安帮矫正 127
脱贫攻坚 127
扫黑除恶 128
荣誉表彰 128

群众团体

工 会
劳模示范工程 129
帮扶救助工作 129
基层工会组织建设 129
“关爱女工”活动 129
脱贫攻坚工作 129

共青团县委
团组织建设 130
共青团改革 130
“五四”庆祝活动 130
“青春风采·书香永和”活动 130
其他活动 130
文化活动平台 131
新媒体平台建设 131
科技创新平台建设 131
志愿服务 131
脱贫攻坚 131

妇女联合会
巾帼脱贫行动 131
关爱帮扶行动 132
妇联换届工作 132
系列亲子阅读活动 132
巾帼环保宣传活动 132
“最美家庭”评选活动 133

科学技术协会
科普宣传活动 133

科普进校园活动……133
科协扶贫工作……133
全民科学素质会议……133

工商业联合会

概况……133
民营企业结对帮扶……133
民营企业家结对帮扶……134
社会扶贫……134
商会活动……134

文学艺术联合会

《乾坤湾》杂志……134
文学创作……134
其他活动……135

残疾人联合会

全县残疾人基本情况……135
残疾证办理……135
康复服务……135
残疾补贴救助……135
社会帮扶……135
精神帮扶……135
托养服务……136
典型推荐……136
残疾人享受政策情况……136

经济管理

发展与改革

光伏扶贫项目……137
天然气下游产业项目……137
以工代赈项目……137
农村网络工程建设……138
重要指标……138
项目审批……138
商务工作……138
经信工作……139
招商工作……139
重点办工作……139
粮食工作……139
项目资金……140

国有资产监督管理

国有资产监督管理……140

统计管理和调查

概况……140
常规统计工作……140
普法宣传工作……140
乡镇首席统计员制度……140
统计工作规范化建设……141
统计信息咨询服务……141
第四次全国经济普查……141

国土资源管理

重点项目……141
脱贫攻坚……141
数字永和地理框架建设……141
耕地保护……142
用地工作……142
土地规划……142
地籍调查……142
地灾防治……142
执法监督……142
不动产登记……143
扫黑除恶……143
蓝天保卫战……143

工商行政管理和质量技术监督

商事制度改革……143
消费维权……143

市场安全监管…………143
成品油和散煤环境治理…………144
农资市场监管…………144
网络市场监管…………144
扫黑除恶工作…………144

审计监督

预算执行审计…………145
专项审计和审计调查…………145
经济责任审计…………145
政府投资审计…………145
审计成果…………145
扶贫工作…………145

物价管理

概况…………145
物价调控措施…………146
价格收费管理…………146

安全生产监督

体制和责任体系…………146
安全生产…………146
应急救援…………147
安全教育…………147
脱贫攻坚…………147

食品药品监督

落实监管责任…………148
夯实监管基础…………148
厘清监管底数…………148
环保工作…………148

工 业

中小企业工作

中海沃邦天然气勘探开发项目…………150
中石油天然气勘探开发项目…………150
电子商务示范县的申请及推进…………150
人员培训…………150
槐花节举办…………150
农产品展销…………150
电商扶贫…………151
消费扶贫…………151
销售情况…………151
中小微企业工作…………151

国网永和县供电公司

概况…………151
业务指标…………151
电网建设…………152
光伏发电…………152
安全生产…………152
营销工作…………152
农电管理…………152
科技与信息化…………152
优质服务…………153
其他工作…………153

进驻永和的企业选介

山西佰农尚品电子商务有限公司…………153
山西众扶普汇电子商务有限公司…………153
和田疆里疆外网络科技有限公司…………153

县内中小企业选介

永和县华龙果业发展有限责任公司…………154
永和县昌盛粮油有限公司…………154
永和县舌一哈食品有限公司…………154
永和县永和缘农业开发有限责任公司…………155
永和县显博食品有限公司…………155
山西人人淘电子商务有限公司…………155

农 业

农业和农村工作

概况……156
重点项目……156
耕地地力保护补贴……156
农业保险……156
特色种植业发展补贴……156
区域经济转型升级指标……156
“一村一品一主体”产业扶贫项目……157
农业服务……157

林业工作

概况……157
营林生产……157
森林防火……158
林业检疫防治……158
驻村下乡帮扶……158
造林务工脱贫……158

水利工作

概况……159
重点工程……159
水政执法……159
防汛工作……159
水质检测工作……159
河长制工作……159
扶贫工作……160

畜牧业

畜牧业生产指标……160
春秋季动物重大疫病防控……160
非洲猪瘟防控……160
畜产品质量安全……160
畜牧产业扶贫工作……160
强化技术服务……160
畜牧产业提升工程……161
畜牧养殖业的奖励补贴……161
优种牧草种植……161
养殖技术培训……161
畜禽养殖场环保治理工作……161
驻村帮扶工作……161

农机管理

概况……162
农机购置补贴……162
农机操作手培训……162
扶贫工作……162
资产性收益扶贫……162
其他农技推广……162

农业综合开发

概况……163
千亩高标准苹果园示范园区建设项目……163
交口乡苹果树示范园建设管护项目……163
华龙果业有限公司新建果品营销市场建设项目……163
海纳养殖有限公司林麝养殖示范项目……164
阁底乡石家湾村采摘园建设项目……164
千亩苹果提质增效标准化综合托管示范项目……164
2018年国家农业综合开发阁底片区高标准农田建设项目……164

气象工作

概况……164
重点项目……164
气象服务……164
扶贫攻坚……165

交通 邮电

公路建设与管理

公路养护……166
基础设施管理……166
安全生产管理……166
脱贫攻坚……167
财务工作……167

交通运输

农村路建设……167
郭家村—社里公路改造工程……167
行政村通硬化路工程……167
养护提质工程、安全生命防护工程和危桥改造工程……167
沿黄旅游公路建设……167
大寨岭—郭家村公路改造续建工程……167
公路养护……168
道路环境改善工程……168
交通执法……168
安全生产……169
精准扶贫……169
扫黑除恶专项斗争……169

交通运输执法

概况……169
行政执法……170

快递物流选介

临汾市百世汇晋通网络技术有限公司永和县分公司……170
概况……170

联合通信

概况……170
业务收入……170
宽带网络……170
网络设施建设……170
其他业务……171

邮政事业

概况……171
寄递业务……171
电商运营……171
渠道平台……171

移动通信

概况……171
业务指标……171
脱贫攻坚……172

建设 环保

住房和城乡建设

概况……173
城区市容市貌管理……173
城区绿化工作……173
永和县新建坡城中村改造项目……173
危房改造项目……173
建筑市场管理……174
城市供水建设……174
城市集中供热供气……174
城市道路建设……174
公厕建设……175
文体设施建设……175
污水处理厂扩容改造……175
垃圾处理场渗滤液建设……175

城市供水……175
概况……175
水质安全……175
水源储备……175

房地产管理

廉租房保障……175
精准扶贫……176
档案管理……176
房屋租赁备案……176

环境保护

环保宣传……176
重点项目……176
考核指标……176
生态环境治理攻坚行动……177
环保督察问题整改……177
民生领域专项整治……177
精准扶贫……177
环境监察执法……177
环保审批……177
环境污染源普查……178
县域生态红线划定……178

财政　税务

财　政

公共财政预算收入……179
公共财政预算支出……179
政府性基金和社会保险基金预算收支……179
收支平衡情况……179
财政政策……179
财政管理……179
国际资金管理……180

非税收入征管

概况……180
非税收入征收工作……180
脱贫攻坚……180

税　务

概况……180
征收管理……180
营商环境……181

金融　保险

永和县人民银行

金融服务……182
利率市场化改革……183
存款准备金管理……183
金融风险监测评估……183
重大事项报告……183
征信管理和金融消费权益保护……183
国库管理……183
支付结算服务……183
优化人民币流通环境……184

银监工作

金融监管……184
金融扶贫……184
金融乱象治理……184

永和县农行

概况……185
业务指标……185
营销工作……185
驻村帮扶……185

山西省农村信用社永和联社

概况……185
清欠贷款……185
精准扶贫……185
商行改制……185

中国邮政储蓄银行永和县支行

概况……186
服务地方经济……186
脱贫攻坚……186

中国人民财产保险股份有限公司永和支公司

概况……186
农险……186

中国人寿保险股份有限公司永和县支公司

概况……186
个险条线……186
团险业务……187
综合柜面……187

商 贸

商 业

概况……188
成品油市场管理……188
打击黑加油站点……188
规范酒类流通市场……188
社会消费品零售总额……188
消费促进月活动……188

招商引资

概况……189
市级任务……189
招商活动……189

供销合作

概况……189
供销综改调研……189
经营管理……189
新网工程……189
供销社综改……189
脱贫攻坚……190

粮食购销

概况……190
业务指标……190
主要工作……190
经营管理……190
建立应急网络……190
储备粮食轮换……190

石油营销

经营指标……190
经营管理……191

烟草专卖

服务管理……191
联合打假……191

集体工业合作社

工作完成情况……191
安全生产管理……191

教 育

教科局

概况……192
各级各类教育发展情况……192
教育经费投入……192
学校基建维修……192
学校健康教育……193
教师队伍基本情况……193
教师职称评聘工作……193
教师培训……193
教育管理……193
学校收费情况清理和治理……193
招生考试……193

基础教育……194
幼儿教育……194
特殊教育……194

永和县第一高级中学

概况……194
基础设施建设……194
学校课题……194
教学对口帮扶……194
高考成绩……195
学校活动……195

永和县第二中学

概况……195
学校管理……195
德育工作……196
教学工作……196
安全工作……196
学校成绩……196

永和县第三初级中学

概况……197
职称评定……197
招生考试……197
“1234”工作思路……197
九年级精品工程……197
社团活动……197

永和县城关小学

概况……197
师资力量……198
办学规模……198
安全工作……198
教学管理……198
德育工作……198
系列教育活动……198
家校联系制度……199
课外兴趣小组……199
教研工作……199

永和县城关第二小学

概况……199
教育经费投入……199
学校基建、维修……200
学校健康教育……200
教师职称评聘……200
教师培训……200
德育管理……200
加大对青年教师的培养……200
开展创“三优”活动……201
安全管理……201
招录新生……201

永和县药家湾小学

概况……201
校园文化建设……201
教研教改……201
安全管理……201
传染病防治工作……202

永和县城镇幼儿园

概况……202
基础设施建设……202
教育经费……202
教师培训……202
安全工作……202
特色教育……203
课间活动……203
卫生管理……203
家园互动……203

永和县城镇第二幼儿园

概况…………203
教师培训…………203
保育教育…………203
校园特色…………204

永和县第三幼儿园

概况…………204
教师培养…………204
教学研究…………204
卫生保健…………204
家园合作…………204

科学技术

科技管理

概况…………205
干果林提质增效科技项目…………205
院县合作项目…………205
枣疯病防治…………205
“三区”农村技术承包项目…………205
出口农产品示范县建设…………205
科技转化…………205
创新型人才…………206

文化 旅游

文化事业

文化事业…………207
旅游事业…………208
体育赛事…………208

文学艺术

《乾坤湾》杂志…………209
文学创作…………209

新华书店

概况…………209
主营业务…………209
卖场建设…………209

红军东征永和纪念馆

概况…………209
纪念馆基本情况…………209

广播电视

广播电视

概况…………211
宣传报道…………211
推进广播电视数字化…………211
安全播出…………212

医药卫生

卫生与计划生育委员会

人才队伍建设…………213
医联体建设…………213
基本公共卫生服务…………213
服务体系建设…………214
“5+N”健康扶贫模式…………214
“移动智能＋健康扶贫”服务…………214
推进健康促进工程…………215
医疗救助…………215

疾病预防

概况…………215
传播健康服务理念…………216
领导调研…………216
公益服务…………216

妇幼保健

概况……216
产前筛查项目……216
农村妇女宫颈癌、乳腺癌免费筛查……217
孕前优生健康检查……217
儿童营养改善项目……217
艾梅乙母婴传播阻断项目……217
新生儿“两病”筛查项目……217
预防神经管出生缺陷……218
孕产妇健康管理……218
0 ~ 6 岁儿童健康管理……218
脱贫攻坚……218

永和县人民医院

概况……218
编制人事薪酬制度改革……219
医保总额打包付费制度……219
药械采购管理制度……219
医院信息化建设……219
医联体建设……219
家庭医生签约服务……219
巡回医疗服务……220
分级诊疗体系……220
“三医联动”机制……220

永和县中医医院

概况……220
公立医院改革……221
业务数据……221
脱贫攻坚……221
工程建设……221
重点专科建设……221

爱国卫生工作

爱国卫生月活动……222
环境卫生整治……222
创卫宣传……222
卫生监督检查……222
病媒防控项目……222
“创卫”档案管理……223

综合检验检测中心

概况……223
业务工作……223
脱贫攻坚……223

社会生活

住房公积金管理

概况……224
工作措施……224
4.0 业务系统上线……224

医疗保险

概况……224
城乡居民医疗保险征缴……225
农村居民慢性病直报工作……225
建档立卡贫困户信息管理……225
健康扶贫“一站式”结算软件上线运行……225
健康扶贫……225
生育保险……225
社会保障卡发放……226
医保基金管理……226
医保政策宣传……226
医保网络管理……226

养老保险

概况……226
代缴对象及标准……226
代缴保费情况……226

宗教事务管理

概况……226
创建活动……227

老龄保障

概况……227
上级支持……227

乡 镇

芝河镇

概况……228
脱贫攻坚底数……228
“一村一品一主体”项目……228
光伏扶贫……228
易地搬迁……228
危房改造……228
生态治理……228
教育扶贫……229
健康扶贫……229
乡村振兴……229
安全稳定……229
信访工作……229

桑壁镇

概况……229
经济指标……230
脱贫攻坚……230
安全工作……231
创卫工作……231
文化活动……231

阁底乡

概况……231
产业扶贫……231
创新发展……232
乡村振兴……232
脱贫攻坚……232
项目建设……232
易地扶贫搬迁……233
退耕还林……233
农村低保……233
基础设施改善工程……233
公共服务提升工程……233
社会力量帮扶工程……233

交口乡

概况……233
脱贫攻坚……233
工业……234
生态建设……234
易地搬迁……234
“一村一品一主体”产业……234
社会兜底保障……234
科教文卫……234

坡头乡

概况……234
产业发展……234
基础设施建设……235
环境保护工作……235
创新工作……235
脱贫攻坚数据……235
易地搬迁扶贫……235
光伏发电扶贫……235
生态扶贫……236
落实“定查评”和“3633”服务项目……236
扫黑除恶……236
法治建设……236
信访工作……237
安全生产……237
综合治理工作……237

科教文卫……237

南庄乡

概况……237
经济指标……237
脱贫攻坚……237
南庄乡耕地及基本农田保有量……238
乡村清洁工程……238
新型农村合作医疗保险……239
全面落实河长制……239
土地确权工作……239
基础设施建设……239

打石腰乡

概况……239
村级集体经济……239
乡镇干部周转房与“五小”建设……239
农村“两委”主干基本报酬……240
主体产业项目……240
红枣主导产业……240
养殖业……241
光伏发电项目……241
旅游扶贫产业……241
易地搬迁和危房改造工程……241
生态扶贫……241
健康扶贫……241
产业保险扶贫……241
电商扶贫……241
基础设施建设……242
社会保障工作……242
采砂整治工作……242
乡村清洁工程……242
安全生产工作……242

人物简介

新任县领导……243

先进人物……244

附　录

重要文件

中共永和县委　永和县人民政府　关于支持检察机关依法开展公益诉讼工作　推进法治永和、平安永和建设的意见……246
中共永和县委　永和县人民政府　关于进一步激发贫困群众内生动力的实施意见……248

机构设置和负责人名录……256

特 载

在县委经济工作会议上的讲话

（2018 年 2 月 2 日）

永和县委书记　加天山

这次县委经济工作会议，是深入学习贯彻习近平新时代中国特色社会主义经济思想和中央、省委、市委经济工作会议精神，总结 2017 年全县经济工作，安排部署 2018 年乃至今后一个时期经济工作的一次重要会议，之所以在春节之前就紧锣密鼓地展开这次会议，一是中央和省委、市委都相继召开了经济工作会议，都对经济工作提出了明确的发展思路、发展方向和具体的工作要求，需要迅速地传达贯彻。二是全县 2017 年工作汇报会议，已经对我们的工作进行了总结，对 2018 年的工作需要迅速进行安排部署。加之，脱贫攻坚的形势紧迫，时不我待，所以，与往年不同，我们提早召开了这次会议。一会儿，范县长还要对经济工作进行具体安排。这里我先讲几点意见。

一、学习新思想，对标新形势，进一步坚定加快发展的信心和决心

新时代孕育新希望，新思想引领新征程。中央经济工作会议，着重提出了以新发展理念为主要内容的习近平新时代中国特色社会主义经济思想。这是党的十八大以来，以习近平同志为核心的党中央科学判断经济形势，正确决策经济工作，驾驭我国经济发展大局，不断推动我国经济发展的理论结晶。这一重要思想，主要体现在“七个坚持”，即坚持加强党对经济工作的集中统一领导；坚持以人民为中心的发展思想；坚持适应把握引领经济发展新常态；坚持使市场在资源配置中起决定性作用，更好发挥政府作用；坚持适应我国经济发展主要矛盾变化完善宏观调控；坚持问题导向部署经济发展新战略；坚持正确工作策略和方法。“七个坚持”是一个紧密联系、科学系统的理论体系，是我们把握经济发展的认识论，开展经济工作的方法论，更是指导我们做好新时代经济工作必须长期坚持的行动指南。

习近平新时代中国特色社会主义经济思想是我们谋划新时代经济工作的根本遵循。我们要深学细悟，学懂、弄通、做实。要把思想和行动统一到中央、省委、市委经济工作会议精神上来，自觉提升政治站位、提高工作标准，确保省委、市委各项决策部署，能贯穿到我县经济工作的全过程、全领域、全方位。学习新思想，对标新形势，需要我们对 2017 年工作进行认真的总结和审视。

2017 年，是我县经济与社会发展中极不平凡的一年，是具有开创性意义的一年。一年来，我们深入贯彻落实习总书记系列重要讲话精神和考察山西重要讲话精神，紧紧围绕省委“一个指引、两手硬”重大思路和要求，按照市委“345”发展战略部署，坚持以脱贫攻坚统揽经济社会全局，主动适应新常态，持续实施“四大战略、八项重点”，保持战略定力，撸起袖子加油干，推动全县经济社会稳步向好发展。全县经济社会呈现出开创性、标志性变化。一是主要指标再攀新高度。2017 年，全县地区生产总值完成 8.3 亿元，同比增长 4.2%；社会消费品零售总额完成 4.86 亿元，同比增长 6.8%；规模以上工业增加值累计完成 6695.2 万元，同比增长 15.6%；全社会固定资产投资改革新口径预计 10.91 亿元，过渡性口径比较增长 65.7%；财政收入完成 2.36 亿元，同比增长 49.67%；公共财政收入完成 10103 万元，同比增长 32.43%；城镇居民人均可支配收入预计完成 20915 元，同比增长 8%；农村居民人均可支配收入预计完成 3636 元，同比增长 12.9%。二是转型发展取得新成绩。全县 GDP 完成 8.3 亿元，其中第一产业完成 1.9 亿元，第二产业完成 1.6 亿元，第三产业完成 4.7 亿元，三次产业结构比为 23.5 : 19.9 : 56.6。相比 2016 年，第三产业提升 4.8 个百分点、第二产业提升 2.4 个百分点，可以看出，在文化旅游的带动下，第三产业已逐步成长为县域经济的重要支撑，经济结构更加合理、更加科学。三是产业品质实现新提升。我们协调推动三大产业。传统产业通过科学管护、高接换优，发展加工转化企业，加工马牙枣、紫晶枣等，既提升了附加值，又延伸了产业链；新型工业，引进昆仑长输管线项目，提高了产能，引进河北鸿锐集团 PVC 医用手套生产加工项目，发展了下游企业，产业体系更加完善；文化旅游拓宽了景区思路，建设了游客接待中心，特别是沿黄扶贫旅游路的动工建设，使乾坤湾 7 个大湾实现互联互通，再加上永和的高速公路与陕西高速公路接通以后，永和与延安、梁家河遥相呼应，区位优势更加明显。三大产业初步实现“一产优、二产强、三产活”，成功打造了“喜和合”“永和三宝”“永和珍宝”等一批体现永和特色引领产业升级的知名品牌，永和条枣被批准为农产品地理标志产品。“永和乾坤湾”，更是走出山西、走向全国，知名度空前提升。四是脱贫攻坚实现新突破。聚全县之力、集全民之智，合力攻坚。完善了县级领导包联制度，组建了 26 个重点工作小组，进一步强化了运行机制，形成大扶贫格局，推动产业扶贫、易地扶贫搬迁、生态扶贫、光伏扶贫等 10 项扶贫举措有效落实，完成了 15 个村 3007 人的脱贫任务，贫困发生率从建档立卡之初的 35.63% 下降为 16.06%。五是城乡建设呈现新面貌。我们全力推进城市建设，住建局、创卫办齐上阵，昼夜施工抓进度；公安交警、执法大队强管理，风雨无阻保畅通，广大干部群众胸怀大局、密切配合。在短短一年时间内，完成了正大路改造、滨河路管网建设等 11 个重点项目，完成投资 1.58 亿元，县城面貌焕然一新。我们积极配合高速公路互通工程，在短短一周内，完成了刘家山征地拆迁 248 亩，被省交通厅领导赞誉为“永和速度”。六是招商引资做出新业绩。通过举办槐花节，开展“迎老乡、回故乡、建家乡”等活动，广泛宣传了永和营商环境和优势资源，2017 年招商引资 35 亿多元，创永和历史新高，涉及通用机场建设、风力发电、集中式光伏扶贫、养驴基地建设等 6 个大项目。七是民生事业达到新高度。我们始终坚持把人民对美好生活的向往作为奋斗目标，推动教育、医疗、社保等各项社会事业全面进步。教育方面，实施了县直学校电路改造工程、职业中学实训基地建设，推动“县管校聘”改革，外聘高中校长，引进了外省市教育指导团队，高中考成绩实现了稳步提升；医疗卫生方面，新医院建设有序推进，组建了县医疗集团，扎实推进健康扶贫“双签约”，切实提升了医疗服务水平；社会保障方面，完善了农村最低生活保障制度，将农村符合条件的贫困家庭，全部纳入低保范围，并按照量化动态机制及时调整，保证农村低保标准不低于国家扶贫标准。同时，开展了特殊群众关爱活动，通过县级领导、乡镇与县直单位“一把手”结对帮扶，为孤寡老人、孤儿办实事，切实提升困难群众的获得感与满意度。八是文化实力得到新增强。坚持“以人为本、以文化人”的理念，挖掘整理永和精神，扎实开展“书香永和”“诚信永和”“法治永和”“健康永和”创建活动，开展“永和好人”评选活动，开展“好基地讲好故事”赛讲活动，成功推出《梦回乾坤湾》《永和美》《我在奇奇里》等优秀歌曲。唱出了永和的精神风貌，唱出了永和的文化自信、发展自信，文化软实力与硬实力实现相辅相成、相互推动。九是干部作风进入新境界。我们坚持在脱贫攻坚一线考察干部、识别干部、培养干部，一年来先后5批次，调整干部73人次，能者上、庸者让、劣者汰，能上能下的用人机制有效运转，一大批敢担当、有思路、能干事的干部走向扶贫一线，走向重要岗位。不畏艰难、奋勇争先、开拓创新蔚然成风，干事创业已成为广大干部的精神追求，上半年我县全市考核第五，公安局在全省群众安全满意度调查中荣立“集体二等功”，畜牧中心获省农业系统“先进集体”称号。这些成绩，为永和精神注入了新的内涵、新的活力、新的动力。

同志们，这一组组数据、一个个项目、一件件好事实事大事，都是全县上下心血和汗水的结晶，既见证了我们艰苦奋斗的光荣历程，又为我们开创未来奠定了坚实的基础，积累了丰富的经验，积蓄了不竭的动力！这些成绩的取得，是我们一以贯之坚持以习近平新时代中国特色社会主义思想为指导的结果，是上级党委、政府坚强领导与大力支持的结果，是各级扶贫工作队、各界朋友关切帮助的结果，更是全县上下众志成城、攻坚克难的结果。在此，我代表县委向全县广大干部群众，向长期以来关心支持永和发展的各界人士，致以崇高的敬意和衷心的感谢！

学习新思想，对标新形势，必须对我们工作中存在的“短板”和不足，有清醒的、充分的、深刻的认识。

过去的一年，我们做了大量的工作，也取得不少成绩，但对标十九大提出的新要求，面对新形势，特别是面对打赢三大攻坚战，推动乡村振兴等目标任务，我们工作中仍然存在一些差距和不足：一是经济总量不大。近几年，我县经济发展较快，GDP总量从2013年的6.2亿元，增长为8.3亿元，年均增速达到6.1%，经济总量不断壮大，但与全省全市相比，还处于低水平状态。去年GDP全市占比0.6%；全县人均GDP仅1.28万元，与全省人均4.1万元、全市人均2.7万元相比，分别仅为31.21%和47.4%。二是产业体系不健全。传统优势产业虽成规模，但加工转化企业发展滞后，全县红枣加工企业仅有3家，规模均较小，苹果储存销售企业仅1家，核桃企业至今还未发展。加工转化能力不足，产业链、价值链不健全，农民以出售原始产品为主，被市场牵着走，竞争力不强。三是脱贫攻坚任务重、难度大。目前仍有贫困村48个、贫困人口9473人，脱贫任务还十分繁重。同时还存在部分贫困人口内生动力不足、深度贫困村整村搬迁困难、“一村一品一主体”发展困难、光伏电站建设资金不足等，这些问题成为阻碍脱贫攻坚的重要因素。四是人才支撑不足。全县现有人才总量3036人，但主要集中在教育、卫生和党政机关，占到全县人才总量的69.1%，农林水利行业人才少，高技能人才更少，高层次人才紧缺。特别是农村“空心化”现象日益凸显，存在“外来的待不住，出去的回不来”，一些有思想、有头脑的在外人才，不愿回乡创业，导致红枣、核桃、苹果、小杂粮等一批看好的产业和项目没有人才带动，产业形不成气候，与打赢脱贫攻坚战和实施乡村振兴战略的要求不适应、不相称。

成绩让我们激情迸发、信心满怀；问题使我们清醒冷静、踌躇满志。我们必须坚持久久为功，以功成不必在我的境界，发展必须有我的担当，牢记使命、坚定信心，用非常之力、下恒久之功，全力以赴、攻坚克难，努力推动我县经济实现高质量发展。

二、把握新要求，聚焦新目标，牢牢掌控经济发展主动权

立足新时代，聚焦新目标，我们只有科学分析研判经济发展形势，才能切实增强做好经济工作的预见性，牢牢把控经济工作的主动权。从全国大政方针来看。中共十九大提出打好防范化解重大风险、精准扶贫、污染防治“三大攻坚战”，并对脱贫攻坚进行了重点安排部署；中央经济工作会议、全国农村工作会议都对实施乡村振兴进行了部署，提出了“中国特色的乡村发展道路”。这些政策导向为农业农村发展提供了重大的战略机遇，同时也为永和这样的传统农业县提供了千载难逢的发展机遇。从省市安排部署上看。省委将我县确定为全省10个深度贫困县之一，明确强调聚焦深度贫困，加大政策、资金、项目、人才倾斜力度，集中优势兵力，攻克深度贫困这场硬仗中的硬仗。全省确定的“黄河、长城、太行”三大旅游板块，我县乾坤湾是黄河板块的重要景区。全省“黄河一号公路”——沿黄扶贫旅游公路在我县率先开工，将把我县乾坤湾7道湾连为一体，进一步整合资源，有利开发。从全县发展趋势看，我们得天时，占地利，聚人和，具备了良好的发展条件。得天时，我县作为全省深度贫困县，中央省市有许多政策已经或即将落地我县，这里面都是真金白银，支持力度空前。占地利，我县属省界边区、革命老区，这里过去是贫困集中的地区，现在也正是国家重点支持发展的地区。聚人和，我们得到上级领导、各界朋友的大力支持，国家卫计委、省委组织部等单位包联帮扶我县，尧都区、临汾开发区对我们结对帮扶，太原永和商会汇聚了大量人脉资金资源，我县干部群众万众一心、众志成城，涌现出一大批可推广、可复制的好典型、好做法、好模式。这些有利条件，正在逐步转化为推动发展的强大动力。全县上下一定要立足新时代，把握新机遇，正确审视我县发展面临的优势与挑战，明确方向、保持定力、厚积薄发、主动作为，推动经济社会事业健康快速发展。

2018年，是全面深入贯彻中共十九大精神的开局之年，是改革开放40周年，是全面打赢脱贫攻坚战、创建国家级卫生县城的关键一年，全年经济工作的总体要求是全面贯彻中共十九大精神，以习近平新时代中国特色社会主义思想为指导，加强党对经济工作的领导，坚持稳中求进总基调，坚持新发展理念，紧扣社会主要矛盾变化，紧紧围绕省委“一个指引、两手硬”思路要求，按照市委“345”发展战略部署，认真贯彻落实中央、省、市经济工作会议精神，坚持以供给侧改革为主线，坚定脱贫攻坚统揽经济社会发展全局不动摇，继续实施林果富民、生态立县，转型发展、工业强县，文化引领、旅游兴县，以德为先、依法治县“四大战略”，突出抓好项目建设、优势农业、能源开发、特色旅游、城镇建设、基础设施、民生改善、安全稳定“八项重点”，坚决打好防范化解重大风险、精准扶贫、污染防治三场攻坚战，协同推进国家卫生县城创建、乡村振兴“两大工程”，努力建设美丽永和、富裕永和、人文永和、平安永和。

做好今年的经济工作，必须牢牢把握发展方向。我们的工作，既要立足当前，也要着眼长远。省委、市委经济工作会议提出，2020年要与全国同步全面建成小康社会，2030年要基本完成经济转型发展，2035年要与全国同步实现社会主义现代化，这是我们发展的三个重要历史节点。我们必须紧盯目标任务，把握发展方向，全面践行“创新、协调、绿色、开放、共享”发展新理念，坚持“远”和“近”相结合，既要开好局、起好步，又要谋划长远。要细化发展目标、工作思路、政策措施，不断朝着既定方向前进，确保与全国同步实现全面建成小康社会，同步实现经济转型发展目标、同步基本实现现代化。

做好今年的经济工作，必须高度重视发展质量。坚持质量第一、效益优先是中共十九大确定的发展思路。我们要在全市竞相发展的大局中脱颖而出，经济发展既要有“量的要求”，更要有“质的提升”。这就要求我们必须牢固树立新发展理念，坚持质量第一，效率优先，进一步完善指标体系、标准体系和考核评价体系，推动质量变革、效率变革、动力变革，打造高质量工程、高质量产品，实现上档次、上品位，着力推动传统产业优化升级，摆脱粗放发展模式，把我们的资源优势，转化为发展优势，推动我县经济高质量发展。

做好今年的经济工作，必须科学把握发展速度。县委对今年经济指标的预期是，地区生产总值增长6.5%，规模以上工业增加值增长6%，全社会固定资产投资增长9%，社会消费品零售总额增长7%，一般公共预算收入增长9%，城镇居民人均可支配收入增长6.5%，农村居民人均可支配收入增长6.5%以上。确定这些预期的目标主要有两方面的考虑，一是有需求。没有一定的发展速度，经济总量达不到一定程度，就不能很好地满足人民群众对美好生活的需求，就会造成脱贫攻坚支撑作用不够，影响到脱贫进程；二是有条件。通过近些年的发展，我县林果业、天然气、旅游业等优势更加明显，经济增长点不断增加，完成预期目标具备条件。可以说“跳起来摘果子”既要考虑到“稳”要求，又考虑到“进”的要求。

三、贯彻新理念，开拓新思路，着力构建现代产业体系

我们确定的“四大战略、八项重点”是新发展理念与永和实际的高度统一。从贯彻落实“五位一体”总体布局上看，林果富民、工业强县、旅游兴县是我们经济建设策略；以德为先、依法治县是我们政治建设、社会建设的策略；文化引领、旅游兴县是我们文化建设的策略；生态立县，旅游兴县是我们生态文明建设的策略。从贯彻落实“四个全面”战略布局上看，全面建成小康社会是我们“四大战略”的目标所在；全面深化改革是推动“四大战略”的强大动力；全面依法治县为推动“四大战略”提供法治保障；全面从严治党，是推进“四大战略”的关键和组织保障。所以说，“四大战略”与新理念高度契合，是发展新理念与永和实际的高度统一。我们确定的“四大战略、八项重点”是硬实力与软实力的有机结合。林果业、天然气、文化旅游三大产业是推动我们经济发展的硬实力；以德为先、依法治县保证和促进发展的软实力，两者相辅相成，为全县经济社会发展提供了强有力的支撑。我们确定的“四大战略、八项重点”是战略与战术的高度融合。四大战略是战略，八项重点是战术，我们每年实施的60个重点项目，是实现战略目标的有力支撑。“四大战略、八项重点”是被实践检验了的正确方针，既符合上级精神又切合永和实际，是我县经济与社会发展的顶层设计。我们必须保持战略定力，强化战略思维，增强战略自信，坚定不移、一如既往地推动“四大战略、八项重点”在永和大地上落地生根、结出累累硕果！

（一）坚定不移推动林果富民、生态立县战略，扎实推进农业现代化。农业是全面建成小康社会、实现现代化的基础，是稳民心、安天下的战略产业。从我县情况来看，农业产业的规模已经很大，但产业链条短、产品附加值低等问题长期存在，农业规模大、效率低的特点较为突出。以农业供给侧改革为重点，大力推进农业现代化，是我们的必须选择。一要在融合发展中找出路。农产品加工业处于农业产业链条的中间部门，一头牵着生产和农民，一头连着市场和需求，是做强农业体系的关键所在。同时，这也是影响我县农业产业发展的瓶颈所在。我县红枣、核桃、苹果年产量达到4500多万千克，但加工转化企业仅有3家，加工转化能力不足，农民主要卖原产品，严重影响农产品收益。南庄乡宏兴红枣加工合作社，在雨季之前收购未熟透的硬枣，加工成马牙枣和紫晶枣。加工10万千克，加工后红枣每千克增值1元，远销太原、西安、广东等地，与原产枣价格低、无人问津形成鲜明对比。所以说，要引导我们的企业了解市场，研究市场，根据市场需求开发产品。特别是要把农产品加工同旅游开发紧密联系起来，开发出具有永和文化内涵的特色产业，实现跨界营销，促进产业融合全面发展。我们要围绕主导产业，加大招商引资力度。同时鼓励支持现在龙头企业发展壮大，推动一、二、三产真正融合，构建农村经济新的增长点，农民增收新的动力源。二要在转型升级中找出路。我县红枣连续多年受自然灾害、市场因素影响，效益低，枣农积极性低；核桃品种混杂；苹果规模小等，这些因素极大地制约了产业发展，要坚持问题导向，抓住关键环节，着力破解瓶颈，推动产业转型升级。红枣产业重点解决裂果难题。按照“四个一批”的思路：第一，嫁接一批红枣鲜食品种在雨季之前就上市；第二，嫁接一批晚熟品种推迟红枣成熟季；第三，在雨季之前收购未熟透的硬枣加工成紫晶枣、马牙枣等；第四，保留一批，在黄河沿岸区域选择品质最好的红枣，保留永和红枣的原始品种、原始风味，做成精品。核桃产业重点解决品种混杂、丰产性差的问题。核桃改良品种不仅能提高产量，而且在价值方面也能提升将近1倍。利用5年时间对现有的11万亩实生品种、低产品种，进行高接换优，稳步提升果农收益。苹果产业重点解决规模小的问题。在适合种植的乡镇栽植苹果3万亩，5年后进入盛果期，年产值近亿元，使苹果产业真正成为农民增收的支柱产业。三要在精细化管理中找出路。农业生产过程管理粗放是影响农产品质量的重要因素，建立农业产业标准化生产体系，是我们推进农业生产现代化的必由之路。要引进一批水肥一体的高标准日光温棚，从大棚建设到育苗、栽植、浇水、施肥等全都按标准化流程操作。同时，要进一步加强与省农科院、林科院的“院县合作”，围绕红枣、核桃、苹果主导产业，从产前、产中、产后各个环节入手，引导主产区乡镇建设示范园，制定出规范操作标准，通过标准化生产，采取示范引领，切实把主导产业做强做优。同时，要做好红枣“枣疯病”的防治工作，聘请专家团队，进行全面摸底排查，早发现、早防治，坚决制止蔓延。四要在拓宽市场中找出路。农民群众因受传统思想影响，市场意识差，不懂经营、不会经营，致使好产品卖不上好价钱。比如，我们的红枣大多是大纸箱包装，即使加工的马牙枣、紫晶枣，也是大包装。马牙枣、紫晶枣是城市人的零食，就像我们嗑瓜子一样，需要装到小包中、口袋中，由于我们市场意识差，不能充分考虑消费者的因素，影响了附加值的提升。外地客商将我们的产品收回后，简单换一下包装，价格成倍地翻，各级各部门要高度重视这个问题，采取针对性措施加以改进。要引导农民闯市场。鼓励农民走出去，直接面对市场，减少流通环节，学会自己经营，提升产品效益。要通过与尧都区对口帮扶等渠道，将我县农副产品打入临汾尧丰市场，这是农民闯市场的好平台。要加大宣传力度，让农民家喻户晓，提升参与率，帮助农民学会市场化营销。要通过发展电商提高影响。抓住“互联网+”的良好机遇，深入推进电子商务进农村工作，继续与山西传媒学院对接，开发新品牌、新包装，切实应用好“吕梁山货”等，打造“永和乾坤湾”“喜和合”等区域公共品牌，要继续抓好槐花产业发展，通过与文化旅游相结合，促进农产品网上交易。要通过创设品牌提升竞争力。扶持龙头加工企业和有实力的合作社，打造一批能体现永和特色、引领产业升级，叫得响全省全国的知名品牌。紧紧抓住国家推进农产品商标注册便利化的政策优势，继续开展特色农产品的绿色、有机、无公害等地理标志认证工作。要积极同侯马出入境检验检疫局对接，启动创建省级出口食品农产品质量安全示范区，力争我县20万亩红枣全部列入示范区，为我县红枣走出国门取得通行证，进一步扩大永和知名度。

（二）坚定不移推动转型发展、工业强县战略，扎实推进新型工业现代化。天然气已成为县域经济发展的重要引擎，2017年全县天然气企业为县财政贡献税收14850万元，占财政总收入的62.9%。但整体上看，我县天然气产业仍然处在初级阶段，产业链不完整，下游转化利用不足。要坚持“地下武装地上”的思路，切实推动天然气产业发展，借助利用天然气的效益增加县上可用财力，用于脱贫攻坚、乡村振兴等，夯实县域经济可持续发展的基础。一方面，加大开发利用力度。力争年产能突破15亿立方米，为下游产业发展提供坚强保障。另一方面，加大招商引资力度。大力引进下游企业，加速产品开发、提升附加值，同时要确保已引进项目的落地工作。重点强化与河北鸿锐集团的合作，推动医用手套建设项目早日落地。该项目完成后，不仅能够促进天然气转化利用，而且可新增1000个就业岗位，对建设“富裕永和”意义重大。

（三）坚定不移推动文化引领、旅游兴县战略，扎实推进服务产业现代化。近年来，我们充分利用乾坤湾、红军东征永和纪念馆等优质旅游资源，坚定信心、持之以恒、稳步开发，推动“人文永和”建设，逐步使文化旅游成为富民强县的朝阳产业，但也存在基础设施需提升，经营水平需提升，现代化的经营体制未建立等等问题。今年要以AAAA级旅游景区和全域旅游建设为抓手，突出抓好：一是建立现代旅游管理体系。要进一步深化旅游机制体制改革，加快实现所有权、经营权“两权分离”，通过融资引资等，引进实力强大的集团公司，引进先进管理模式，引进高端旅游人才，进行现代化、专业化管理，与市场有效对接，提升景区运营水平，实现效益的最大化。二是加强文化挖掘与保护。进一步挖掘红色文化、黄河文化、绿色生态文化、根祖文化、民俗文化、农村文化内涵，搜集整理剪纸、布艺、纺线、秧歌等民间特色文化，加大文化传承与弘扬，不断提高文化软实力。三是推动基础设施提档升级。推动沿黄扶贫旅游路建设，实施东征村干部培训基础项目，实施于家咀—奇奇里沿黄步道建设项目，实施永和通用机场及配套设施项目，建设精品悬崖酒店，着力建设康养小镇，吸引更多的游客，强化我县旅游的体验性，让农民更好地在家门口挣钱；四是进一步加大宣传推介力度。以临汾市承办2018年全省旅游发展大会为契机，根据省市规划，积极参与各类招商会、推介会，继续开展槐花文化旅游活动，红枣、核桃采摘节等强化宣传，提升我县文化旅游知名度。

（四）坚定不移推动以德为先、依法治县战略，推进治理能力与治理体系现代化。没有德治支撑的法治，是没有根基的。我们提出并实施的以德为先、依法治县战略正是把握法治与德治的辩证关系，不断提升治理体系和治理能力现代化水平的战略举措。一是深入推进“书香永和”建设。唯有书香能致远。只有提升全民素质才能推动经济社会持续健康发展。要以坚持弘扬社会主义核心价值观为目的，以永和精神、黄河精神、红军东征精神及优秀传统文化的传承为重点，深入开展书香型机关、书香型校园、书香型企业、书香型乡村、书香型家庭五大创建活动；要充分发挥好县级图书馆及学校、单位图书馆、图书室作用，全天候开放，吸引广大干部、群众、市民、学生广泛参与阅读，引导全社会营造深厚的学习氛围，形成具有永和文化基因、道德基因的社会价值体系，提高人民群众的文化归属感、认同感。二是深入推进“诚信永和”建设。信用是无形的资产。建设信用永和，才能在激烈的竞争中赢得先机。要继续开展诚信政府、诚信公民、诚信教育、诚信企业、诚信扶贫、诚信创卫、诚信城建、诚信金融、诚信文化、诚信网络等诚信永和建设“十大行动”。广大党员干部要主动作表率、立标杆，带头讲诚信、讲政德，承诺的事情必须完成，承担的工作必须做好，特别是与县委、县政府签订责任书的重要工作、重点项目，一定要按要求高标准完成。要通过正党风带政风促民风，使遵纪守法、诚实守信在全县蔚然成风。三是深入推进“法治永和”建设。法令明则国治，法令弛则国乱。加强法治永和建设是经济与社会发展的重要保障。要继续以“法治下乡”活动为抓手，依法保障社会安全，依法调解矛盾、化解纠纷，依法规范市场秩序，深入持续开展扫黑除恶专项斗争，维护社会公平正义。要广泛开展领导接访、积案攻坚、源头预防等活动，引导群众依法信访，增强群众法治观念，有效化解有些群众“信访不信法”的问题，推动社会和谐稳定。四是深入推进“平安永和”建设。牢固树立总体安全观，全面加强安全生产监管，扎实推进道路交通、危险化学品、食品安全等重点行业领域专项治理，认真查处非法违法或违规违章生产经营建设行为，确保安全生产形势稳定好转。健全社会治安防控体系，提高突发公共事件应急管理能力，依法严厉打击各种违法犯罪，为经济持续健康发展营造良好社会环境。

四、紧扣新变化，落实新部署，努力满足群众美好生活需要

进入新时代，我们要紧扣社会主要矛盾的变化，坚持以人民为中心，把增进人民福祉、促进人的全面发展、朝着共同富裕方向稳步前进作为经济发展的出发点和落脚点。

（一）聚力“三大攻坚”，决战全面小康

1. 坚决打赢防范化解重大风险攻坚战。我县人口少，经济总量小，资金运行少，有些同志会认为防范化解重大风险与我们关系不大。其实，这种想法是非常错误的，是忧患意识不强、底线思维欠缺的表现。近些年来，我县在民间借贷、民间集资及政府融资引资等方面都不同程度的存在风险。我们必须未雨绸缪、防患未然。一是坚决防范地方债务风险。我县财力有限，城乡基础建设、民生领域工程都要靠上级投资，或通过投资融资解决资金问题，债务资金相对较多。要建立规范债务举借、使用、偿还、风险预警和监督管理等制度，强化政府对债务的统一管控。要将举债规模控制在上级下达的政府债务限额内。除民生及重点经济建设领域外，一律不得通过其他任何方式举借政府债务。要消化存量，每年列支专项偿债基金，用于偿还债务资金，确保政府债务总量稳定在绿色可控风险预警区内。二是防范财政资金运行风险。强化财政专户管理，除国家规定可以保留的专户外，其他财政专户一律取消，统一由财政国库集中支付中心核算拨款；加强控制，对财政资金的使用、审批、拨付全过程监管、检查；强化预算约束，不允许超越权限擅自调整支出项目和超预算拨款。三是防范金融风险。要加大金融风险排查力度，加强对中小微企业、民间融资组织、小额贷款公司进行风险排查摸底，对重点企业资金链风险开展金融风险排查，特别要严厉打击民间非法集资、信贷、投资等活动，要强化预警，发现问题及时处理，确保全县金融安全稳定。

2. 坚决打赢脱贫攻坚战。脱贫攻坚是我县最大的政治任务，也是民生第一硬仗。要继续坚持产业围绕脱贫攻坚发展，项目围绕脱贫攻坚实施，力量围绕脱贫攻坚安排，确保连战连胜、全面取胜、高质量取胜。

（1）攻坚拔寨见成效。今年，我县脱贫攻坚已到了啃硬骨头的关键之年，我们必须拿出背水一战的决心与勇气，坚定信心，攻克难关。一是大力实施整村搬迁。对一方水土养不起一方人的深度贫困村实施整村搬迁，是攻坚深度贫困的深度举措。我县目前有36个深度贫困村，需进行整村搬迁。只有挪出“穷窝”才能拔除“穷根”，但在实际操作过程中，遇到一些具体问题，如，部分村民享受过危房改造或分散移民政策、有的村庄已经实施过整村搬迁、部分村庄贫困发生率低造成无法搬迁、个别贫困户不愿搬迁等问题。我们必须强化责任担当。针对上述问题，县上已进行了研究，各级各部门也要不等、不靠，主动作为，对具体问题进行具体分析，制定出具体的解决办法。担当是干部的本职，不敢担当就是失职。我们不能因为有困难、有问题，就畏首畏尾，裹足不前，而是要善于创新、善于思考，用改革的办法解决问题。比如，对于一些老年贫困户不愿搬迁的，可以借鉴沁水县易地扶贫搬迁“幸福大院”、陵川县特困移民敬老院等做法。总之，要想方设法，推动工作。在具体实施中：要合理选择安置点。各乡镇要担起主体责任来，坚持“群众自愿，政府主导”的原则，考虑生产生活便捷，在旅游区、道路干线、乡镇所在地等发展前景较好、吸引力较强、易于产业发展的区域确定集中安置点。要严格落实各项政策。要严守政策底线，严守搬迁对象界线，这是第一粒纽扣；要严守面积标线，人均住房面积不得超过25平方米，是硬杠杠；要严守搬迁不举债底线、项目管理红线、资金使用高压线等。要坚决完成旧村拆除复垦任务，同步签订搬迁安置和旧宅拆除复垦协议，用好拆除复垦奖补政策，绝对不能再出现搬迁后仍然入住旧居的现象，切实做到人退绿进。二是坚定推动产业发展。产业发展是脱贫攻坚的基础。我县“一村一品一主体”虽然具备了一定的基础，但仍然处于启动阶段，特别是“主体”建设上，目前，全县79个村委，仅有19个主体有一定的带动力，还有50多个没有建立利益联结机制，有9个村还未建立“主体”，在产业上引进了黑枸杞、道地中药材等新型产业，但大都处于试种阶段，群众还未见到真金白银，对脱贫攻坚的支撑作用还没有发挥出来。今年，我们“一村一品一体”能不能取得实质性、突破性进展，直接关系到脱贫攻坚的成功与否，我们必须全力以赴，坚决推进。要建立每月通报制度。县委要对7个乡镇78个贫困村委“一村一品一主体”推进情况每月进行一次督查，进行一条龙排队通报，位次连续3次靠后的，要对乡党委书记、乡镇长及相关责任人进行约谈，不能及时迎头赶上的，坚决启动问责。要强化政策落实。县上已经出台了《永和县“一村一品一主体”产业扶贫的实施意见》《关于支持“三支队伍”领办创办产业项目助力脱贫攻坚的实施方案》《“一村一品一主体”产业扶贫的实施细则及操作流程》等系列配套政策，各乡镇各部门一定要严格按照政策要求，该执行的规范流程要执行、该兑现的奖补资金要兑现，要加大对各村委发展产业支持力度，引导有劳动能力贫困户，户户发展产业。要积极引进新型产业。我县传统的红枣、核桃、苹果等产业存在一定的短板，要补起短板需要一定的时间。为此，希望各乡镇能结合实际，解放思想，走出去、请进来，引进一些短、平、快产业，如赤焰椒、巨菌草、荒山养蝎等新型产业，让群众能尽快收入，确保如期脱贫。

（2）补齐短板强弱项。坚持问题导向，回应群众关切，是切实提升扶贫精准度的关键。今年，我们要针对措施精准、基础设施、基础工作、贫困户内生动力等方面存在的薄弱环节，开拓思维，创新工作。一是坚持“输血”与“造血”相统一。幸福的家庭都是相似的，不幸的家庭各有各的不幸。贫困户也同样，各有各的贫困原因，即使同一种原因造成的贫困，也有很大的差别。因此，我们制定精准帮扶举措时一定要精准再精准，要区分不同对象，既要“输血”又要“造血”，将县上确定的“十大扶贫”工程，精准落实到户、到人；二是坚持基础设施与基础工作相统筹。要严格按照贫困村退出标准，紧盯水、电、路、网等基础设施薄弱环节，制定改造计划，确保年底计划退出村全部达标，要强化基础工作留痕管理，健全完善脱贫攻坚工作日志和台账，大力推行“五清单两标准一手册”，规范完善各类档案资料，全程留痕，全面夯实精准扶贫基础；三是坚持扶贫与扶智、扶志相结合。物质变精神，精神变物质是辩证法的观点。坚持“智志双扶”是脱贫攻坚的治本之策。广大乡镇干部、农村干部、下乡工作队、第一书记，必须坚持与贫困户同吃、同住、同生产，做广大群众的引路人、贴心人，经常性地向群众宣传党的惠民政策方针，宣传主动脱贫、积极脱贫的典型，致力于从思想上斩断农村穷根；同时要强化贫困户技能培训，采取专家讲座、外出培训等方式，进行就业创业指导等，激发困难群众用自己的双手摘掉贫帽，积极主动奔向小康。

（3）完善机制促落实。要完善清单制度。要根据攻坚深度贫困形势要求，重点对照《聚焦深度贫困集中力量攻坚三年行动计划》中各乡镇、各部门承担的主要职责，将每项具体工作任务落实到具体的单位与责任人，细化任务清单、责任清单，确定完成时限等。要开展好扶贫领域腐败问题和作风专项治理。对存在吃拿卡要、雁过拔毛、张冠李戴及弄虚作假，搞数字脱贫等现象与问题要坚决严肃查处，切实提升群众的获得感与满意度。要完善实绩考核制度。对第一书记、驻村工作队的考核将突出实绩考核，不仅要看应名点卯、守岗在岗情况，更要看为群众发展产业、办实事等情况。对不能胜任的要及时召回，该追责的追责，以有效的机制，严格的落实，推动脱贫攻坚步步为营，走向胜利。

3. 坚决打赢污染防治攻坚战。地高形出没，山静气清优。我们永和没有工业污染，森林覆盖率高，蓝天碧水是我们永和最为宝贵的资源。我们一定要牢固树立绿水青山就是金山银山的理念，坚决打赢污染防治攻坚战，让绿色成为我们美丽永和的“底色”。一是要构建更加坚实的绿色屏障。要继续实施三北防护林工程、吕梁山生态脆弱区荒山造林工程、省级通道两侧荒山绿化工程、旅游路通道绿化工程，造林面积完成3.77万亩，退耕还林4.5万亩，进一步构筑密布城乡的绿色屏障。二是要开展更为有效的专项治理。认真开展好水、大气、土壤专项治理工作。要切实落实好河长制，抓好芝河水污染治理，实施污水厂尾水治理二期工程、污水厂扩容、垃圾处理场滤液处置、污水管网等环保项目建设，确保芝河监测断面和饮用水源地水质达标。要继续开展道路扬尘、餐饮油烟、渣土运输、垃圾焚烧等空气污染专项整治，确保全年二级以上天数达到330天以上。加强农业污染防治。我们永和高粱、玉米等秸秆，秋收后遍地都是，秸秆焚烧污染环境，丢在地里又影响来年春耕，老百姓对此非常头疼。变废为宝，发展循环经济是我们的战略选择。去年，索驼村“党旗红”合作社，实施饲草加工项目，收集玉米秸秆，加工饲草，为我县秸秆综合利用创出新路子。我们要大力支持鼓励群众发展饲草加工类企业、合作社，发展循环经济。同时，要加快推进与北京三聚环保新材料有限公司的合作项目，通过秸秆综合利用，实现生产清洁化、废弃物资源化、产业生态化。三是要执行更为严格的保护制度。把绿色发展融入经济、政治、文化、社会建设的各方面、全过程，从工作部署、资金投入、项目安排都要考虑生态效应，对于影响生态环境的项目坚决制止。特别是在招商活动中，要将目光放远，不能只看经济利益，对于破坏生态的项目坚决不能引进。要大力加强环保教育，倡导绿色生活，使爱护环境、保护环境成为全永和人自觉的行动。

（二）突出“两大工程”，推动城乡共建

1. 全面实施乡村振兴工程。实施乡村振兴战略，是贯彻新发展理念，实现“四化同步”的战略举措。结合永和深度贫困实际，实施乡村振兴，需从点上切入、面上突破，才能实现整体推进。钱、地、村是乡村的三大要素，也是实施乡村振兴的三个切入点。

（1）从“钱”的因素切入，实现乡村人气兴旺。乡村凋敝最突出的表现是人去房空，乡村发展最大的问题是劳动力短缺。农民进城原因主要是为了生计，能赚到钱。因此我们从“钱”入手，是抓住乡村振兴的“牛鼻子”。要让农民有“钱”赚，主要是要发展产业。首先是解决农民发展产业的后顾之忧。2017 年，我们为全县 2146 户贫困户枣农购买红枣保险 5.28 万亩，为 2068 户贫困户购买玉米保险 8.34 万亩，为 462 户贫困户购买核桃保险 7767.5 亩。红枣受灾后共赔付 1303.4 万余元，玉米共赔付 284.4 万余元，保证了农民受灾依然有收入。今后，我们要积极探索建立农业保险的相关机制，采取合适的办法进一步扩大保险种类与覆盖面，为红枣、核桃、苹果、玉米等农产品购买保险，让农民后顾无忧，专心发展。其次是让农民真正成为产业发展的主力军。南庄乡郭家村成立了鑫源养殖合作社，以麻红公鸡和三黄公鸡养殖为主。现已存栏 1.5 万只，年出栏 6 万只，产值 130 余万元，全村共有 10 户参与，户均就可增收 2.4 万元。产业发展使外出务工人员看到希望，已返乡 30 多人，为郭家村的下一步发展奠定了更好的基础。我们要通过发展产业，吸引更多的群众参与到产业中来，让农民不出村也能过上好日子，集聚人气，才能推动乡村振兴走向良好循环。第三是拓宽增收渠道。要抓住全市构建西山片区黄河风情游精品线路的机遇，全力推进文化旅游、休闲农业等产业融合发展，要进一步发展“农家乐”“民俗客栈”等具有黄土风情的特色宾馆、餐饮，积极探索“旅游 + 生态采摘”“旅游 + 乡风民俗”等旅游体验活动，使乡村旅游成为群众增收的重要渠道，在满足游客“吃、穿、住、游、购、娱”的同时，拓宽群众增收渠道。

（2）从“地”的因素切入，让农民吃上“定心丸”。土地是国家之根本，民生之根本，同时更是农民之根本，推动乡村振兴的根本出路关键在土地上。为此，我们必须严格落实相关土地政策，切实维护农民合法权益，让农民安心、放心，才能有利于乡村振兴的推动。要推进农村集体产权改革。进行农村集体资产清产核资，推进集体经营性资产股份合作制改革，逐步构建归属清晰、权能完整、流转顺畅、保护严格的农村集体产权制度，促进农村集体经济发展壮大。要深化土地制度改革。进一步巩固和完善农村基本经营制度，完善承包地“三权”分置制度。结合我县实际，在城东土地资源相对较好的乡镇，加快土地流转，实施土地适度规模经营，为发展现代农业奠定基础；城西沿黄河乡镇，大部分为 25° 以上坡地，农业生产发展困难，尝试将该区域确定为生态补偿脱贫试点，将有劳动能力的农民转变为林业工人，进行植树、种草、管护等工作，并发展林下经济，增加工资性收入和经营性收入；鼓励农户通过土地入股、流转等方式参与生态建设，增加财产性收入。

（3）从“村”的因素入手，推动乡村的全面振兴。实现农业强、农民富、农村美，是乡村振兴的主要目的。实现农村美好，一方面要加快农村建设。要进行科学规划。按照因村因地制宜，方便群众生产生活的原则，科学规划村庄格局。规划出特色农业镇、特色旅游乡等，规划打造东征红色旅游村、奇奇里影像村、于家咀黄河风情村等特色乡村，示范引领，整体提升。要分步推进。把经济条件、产业基础较好的乡村打造成样板村，每个乡镇至少打造 1 个，吸引贫困村按先小后大、先易后难的原则，分步搬迁。要全面配套。脱贫攻坚是乡村振兴的前提，要在脱贫攻坚解决水、电、路、网的基础上，按照城镇化标准，结合美丽乡村建设，进一步实施乡村基础设施提升工程。要推进厕所革命，开展村容村貌整治，建立卫生保洁长效机制，在房前屋后进行种花栽绿，对路边、水边、边坡、宅边等零散空间进行绿化，做到三季有花、四季有景，同时对条件允许的乡村实行统一供暖、供气等，让农村享受到同城市居民同样的待遇，确保安居乐业。另一方面要强化乡村治理。治理有效是乡村振兴的重要保障。要把自治、法治、德治“三治”结合作为推动乡村治理的根本遵循。自治方面。要围绕“治理有效”，扎实推进“四议两公开”工作制度，做到村级重大事项经村党支部提议，村“两委”会商议、党员大会审议、村民代表会议或村民会议决议，并确保决议公开、结果公开。法治方面。重点通过设立党务村务公开栏等方式，对办事流程、事务办理、财务数据等进行公开，设立举报电话、举报信箱等方式接受群众监督，进一步营造依法依规办事的良好社会环境。德治方面。文化活水源源不断，文明乡风持续跟进。要强化乡村文化建设，通过农民书屋、道德讲堂、善行义举榜等，用身边好人、新乡贤等，增强乡村文化底蕴。要进一步完善村规民约，设立孝道公益基金，弘扬传统美德，探索建立政府关心，子女孝心，社会爱心的养老体系；推进移风易俗，引导群众抵制“天价彩礼”、拒绝红白喜事大操大办等，树立文明新风。

2.全力推动县城创卫工程。创建国家卫生县城是牵动永和经济社会发展全局的重大举措，是全县势在必行、利在长远、志在必得的大事。去年，我们创卫工作进展顺利，大的规划基本到位，项目建设稳步推进，城市管理不断加强，特别是正大路改造、保险巷道路改造、城东路排水管网改造、城区街巷亮化等项目的完成，使得街道敞亮，秩序井然，实现了旧貌换新颜。今年是创卫决胜年，我们必须以更强的决心，更实的举措，全力推动。一是聚集更强的力量。创建国家卫生县城不仅仅是卫生问题，而是集经济发展、文化繁荣、城市管理、社会管理、公共服务、市民素质等为一体的综合性工作，具有牵一发而动全身的作用。各乡镇、各部门一定要从思想上认识到此项工作的重要性，统一到县委的决策部署上来，凝心聚力，把创建国家卫生县城作为分内工作来抓。各大片区要认真履行职责，不仅仅是要抓好对片区内的卫生清理，更重要的是抓好公共设施维护、门店管理及绿化美化、居民健康教育、卫生习惯教育等工作，让广大居民养成良好的健康卫生习惯。卫生、防疫、爱卫、教育等相关单位，要严格按照创卫标准，夯实工作基础，注重过程性资料收集，用规范的资料，展现我们扎实的工作。二是实现更大的变化。实现创卫目标，基础设施是关键，项目是支撑。今年要克服一切困难，进一步加大市政建设，实施新建坡城中村改造、城西路改造、创卫基础设施改造、全民健身中心建设、文化活动中心建设等项目，同时要抓好外立面美化、文化景观建设等，让一个山清水碧、错落有致，功能完备、温馨宜居的特色山城逐步呈现。三是进行更严格的管理。要充分发挥城市综合执法大队作用，加大管控力度，严厉打击破坏市容环境、违章违规、乱停乱放等行为，确保市容整洁、管理有序。充分利用网络、微信、电视台等媒体，继续加大对不文明行为的曝光力度。继续通过开展知识竞赛、“小手拉大手”等活动，多形式、多内容地进行“创卫”教育，提高市民文明素质，引导群众共同维护良好城市形象。

（三）深化改革开放，增强发展动力

改革是改变中国命运的关键一招。今年是改革开放40周年，这是一个重要的时间节点。我们要在省委、市委的统一安排部署下，坚持试点探索与整体推进并举，抓住重点、全面发力，确

保重点改革事项有序推进。一是按照“三个三”要求，建立改革事项清单制度。要按照省委提出的推进改革“三个三”工作法，坚持以推进“供改”“综改”为主线，对每项改革事项进行全面分析，建立改革事项清单，并将任务全部分解落实到县级分管领导和牵头部门，明确责任领导、责任部门和责任人，明确完成时限、改革目标等。二是坚持一张蓝图绘到底，一以贯之抓落实。今年重点要抓好农业供给侧改革。要继续去库存、调结构，通过采用种子补贴的方式，引导农民调整种植结构，种植高粱、谷子、糯玉米等市场行情较好的作物；要加大对杂粮、薯类、中药材等功能农业（食品）补贴力度；要把增加绿色、优质、中高端农产品供给放在突出位置，继续鼓励研发槐花茶、槐花蜜等槐花系列产品、野菜系列产品、健康休闲系列产品，提升我县产品附加值。要推进民营企业改革。围绕三大主导产业，加大对转型发展民营企业的支持力度，积极协调搭建银企合作平台，充分发挥财政资金的撬动作用。按照“小升初”路径，支持我县民营企业做大做强。要稳步推进财税和金融体制改革。建立健全涉农资金整合制度，完善政府融资平台，着力破解旅游产业、城市建设资金支撑不足的难题，充分运用各级投融资平台，加强与有实力的大企业、大集团的合作洽谈，积极探索投资基金、股权融资、公私合营（PPP）、混合所有制等合作模式，用现代金融手段破解难题、助推发展。要加强人才制度改革。出台有利于人才引进的政策措施，继续推进“迎老乡、回故乡、建家乡”活动，对于有意愿回乡办企业的，我们将从政策、投资用地、用工等方面给予支持，收费上予以减免，对重点项目可以成立专门跟踪服务机构，一对一服务，确保项目快速落地。对急需的教育、卫生及重要管理岗位上的人才，可一事一议，特事特办，用感情留人、用待遇留人、用事业留人，为我县经济与社会发展提供强有力的人才支撑。三是坚持“四个亲自”抓推动，确保改革事项全面落实。现各项改革已进入“施工期”，各级党政一把手既是指挥者，更是执行者，必须坚持“四个亲自”，推动改革，做到重要改革亲自部署、重大方案亲自把关、关键环节亲自协调、落实情况亲自督察，县委将加大对各单位承担改革事项的监督检查力度，用考核“指挥棒”推动各项改革事项全面落实。

（四）关注社会事业，守住民生底线

民生连着民心，民心就是最大的政治。我们必须切实坚持保障和改善民生，更好地满足人民日益增长的美好生活需要。

一是办好人民满意的教育。教育是民生之基，我们要坚定不移地贯彻落实教育优先战略，提升教育内涵，推动教育高质量发展，努力办好人民满意的教育。要着力提升学前教育，扩大公办园覆盖面，有效缓解幼儿入园难问题；要全面推动义务教育高位均衡，解决“择校热”“择班热”问题，推进优质资源向农村倾斜，着手破解“空壳学校”问题；继续加强普通高中标准化建设、县级职教中心建设，推动高中教育特色化发展；认真落实争创优秀班主任、优质高效课、优秀教研团队“三优工程”，着力实施教育提质工程，推动教育高质量发展。二是提升全民健康水平。“人民健康是民族昌盛和国家富强的重要标志”。“投资健康”能有效提高劳动力工作年限和劳动生产率，促进“人口红利”；“关注健康”不仅解决就医难、看病贵问题，更要让群众不得病、少得病。我们将“健康永和”作为着眼永和长远发展的重大战略予以安排。要实施健康素养促进行动项目。强化健康素养教育，引领和带动全县人民群众树立健康的生活理念。要巩固医疗卫生体制改革成果，推进医疗、医保、医药“三医”联动改革，完善医疗机构运行机制，让医改红利惠及全县人民。要持续强化医疗卫生体系建设。加快推进县人民医院建设项目，加强健康扶贫、妇幼健康、公共卫生服务、中医药传承创新、人口信息化等工程，推动医疗卫生事业更加充分发展。要强化源头预防。健康来源于清洁的空气、干净的水、安全的食品。要围绕三大要素，构建完善的屏障，在实施环境污染防治攻坚战的同时，强化食品安全管理，着力构建从产地到餐桌的系统保障制度，各相关部门要加大监管力度，尝试利用信息化手段，实施全程监管，确保群众吃上放心食品。三是健全社会保障体系。按照兜底线、织密网的要求，不断扩大社会保险覆盖面。实施劳动力技能提升工程，让劳动者都学到一技之长。全力推进城乡就业创业，支持农民工返乡创业，托底帮扶就业困难人员。健全完善临时救助制度，构建完善最低生活保障和专项救助在内的社会救助体系，做到应扩尽扩、应保尽保，让群众更好地享受改革发展的成果。

五、担当新使命，奋力新作为，全面加强党对经济工作的领导

党的领导是中国特色社会主义制度的最大优势，是实现经济社会持续健康发展的根本政治保证。我们必须切实增强责任感与使命感，加强和改善党对经济工作的领导，提升驾驭经济工作的能力，为经济发展提供坚强保障。

（一）要健全完善经济工作的领导机制。做好今年的经济工作，关键在于加强党对经济工作的领导。全县各级党组织和广大党员干部要切实提高政治站位，按照习近平总书记提出的信念、政治、责任、能力、作风“五个过硬”要求，切实增强“四个意识”，学好用好习近平新时代中国特色社会主义经济思想，全面落实省委、市委决策部署。要完善党领导经济工作的制度建设。各级党组织要发挥总揽全局、协调各方的领导核心作用，突出“牵头”和“抓总”，定期研究和分析经济发展形势，解决经济发展中的突出问题。要健全督查考核机制。会后，要将每项具体工作、每个具体项目，进行分解落实，县委对脱贫攻坚、城市创卫、乡村振兴等重大攻坚任务、重大决策部署、重点项目建设进行跟踪督查，每月通报，确保落实。要鼓励农村基层将党组织建在产业链上。党建可强村，产业可富村。如何实现两者之间“双促进”，是对各级党组织领导能力的检验。索驼村将支部建在了产业链上，创办了“百头牛生态养殖农场”，年产值600余万元，带动40户贫困户，户均年增收5000元左右，村集体经济收入也突破了8万元。我们要大力推广这个模式，依托生产基地、农业加工企业、专业合作社等经济组织，把党组织建在产业链上，实现扶贫事业发展到什么地方，党组织就覆盖到什么地方，进一步强化党对经济工作领导。

（二）要提升党员干部驾驭经济发展的能力。习近平总书记要求，党员干部要增强“八大本领”，其中有五项与经济能力有关。各级党员干部要加强对经济方面知识的学习。要掌握经济发展规律。要以推动“三基建设”为要求，分期分批组织党员干部，围绕脱贫攻坚、市场经济、现代管理、科技、金融、创卫等重点内容进行集中轮训，提升对经济规律的认识。要提升抓项目的能力。大发展需要大项目，大项目需要大引资，要善于谋划项目、争取项目、引进项目，更要善于以“钉钉子”的精神，推进项目。对于重点项目，县委将严格实行包联制度，我们要建立“一个项目、一名领导、一套班子、一抓到底”的工作机制，采取现场办公、每月通报、每季巡查的方式，确保项目顺利推进。要提升对农业发展的领导能力。永和是传统农业县，广大干部在脱贫攻坚一线接触最多的是农民。我们要为农民办实事、解难题，引领贫困户脱贫，要求我们本身要熟悉农村、农业，特别是要成为农业方面的行家里手，能指导农民根据市场调整种植结构、进行科学管理等。

（三）要狠抓工作的落实。抓落实是党的政治路线、思想路线、群众路线的根本要求。要进一步营造干事创业的氛围。认真落实中央“三个区分开来”和关于激励干部担当作为的合理容错“两个办法”，为担当的干部担当，为负责的干部负责。要旗帜鲜明地树立正确的用人导向。继续坚持在脱贫攻坚一线培养干部、识别干部、考验干部、提拔干部，把敢担当、能创新、善作为的干部大胆提拔到领导岗位上；对动力不足、能力不足庸散型干部要坚决依规依纪处理，形成能者上、庸者让的鲜明用人导向。要强化考核问题。坚决杜绝干与不干一个样，干好干坏一个样。要认真考核，严厉问责，对不能按期完成任务的该批评的批评、该问责的问责，不管涉及哪个单位、哪一级干部，都要予以严肃追究。

风好正是扬帆时，策马扬鞭再奋蹄。同志们，立足新时代、彰显新气象，开启新征程。让我们更加紧密地团结在以习近平同志为核心的党中央周围，在省委、市委的坚强领导下，坚定实施“四大战略”不动摇，团结带领全县广大干部群众，撸起袖子加油干，加快建设美丽永和、富裕永和、人文永和、平安永和，为决胜脱贫攻坚、全面建成小康新永和做出新的更大的贡献！

永和县人大常委会工作报告

——在永和县第十六届人民代表大会第三次会议上

（2018年4月11日）

永和县人大常委会主任　马连青

2017年工作回顾

一年来，在中共永和县委的坚强领导下，县人大常委会深入学习贯彻中共十九大精神，以习近平新时代中国特色社会主义思想为指导，认真落实习近平总书记视察山西重要讲话精神，扎实推进“两学一做”学习教育常态化制度化，开展维护核心见诸行动主题教育，紧紧围绕全县工作大局，依法履行法定职责，召开人大常委会会议9次、主任会议15次，开展执法检查、视察9次，专题调研7次，听取和审议“一府两院”工作汇报21项，作出相关决议、决定、审议意见16项，任免干部19人次，较好地发挥了地方国家权力机关作用，为保障促进全县各项工作的开展做出了积极贡献。

一、提高政治站位，坚决贯彻落实中央省市县决策部署

县人大常委会坚持党的领导，坚定不移地贯彻落实中央省市县委决策部署，始终保持鲜明的政治态度和坚定的政治立场，全力维护永和大局稳定、政治稳定、社会稳定。

（一）深入学习十九大精神，认真落实习总书记视察山西重要讲话精神。常委会班子成员积极参加县委中心组学习，完成了市委党校中共十九大精神专题辅导学习任务。组织常委会组成人员、县乡人大代表和人大干部开展集中学习活动，邀请省人大调研室专家讲座辅导，听取县委组织的专场报告会，努力在学懂、弄通、做实上下功夫。深刻领会习总书记视察山西作出的重要指示，全面审视、全面对标，认真开展了“五个一”活动，就脱贫攻坚、乡村振兴、旅游产业等

事关县域经济社会发展的五个课题开展大调研，形成调研报告8篇，为县委决策提供了参考依据。

（二）深入推进“两学一做”学习教育常态化制度化，扎实开展维护核心、见诸行动主题教育。常委会把抓好主题教育学习作为重要任务，进一步引导全体党员干部严格遵守党规党纪，严格政治纪律，守住纪律底线，讲党性、重品行、作表率，不断增强“四个意识”，坚定“四个自信”，提高政治站位。切实把维护核心体现到言行上，体现到为人处世上，体现到人事任命、监督评议、重大事项决定等人大的各项工作上，以主题教育的新成效，推动人大工作开创新局面，以强烈的使命感和责任感推动人大工作取得新成效。

（三）坚持党的领导，自觉维护四大班子团结统一。坚持和依靠党的领导，认真贯彻落实县委的决议、决策部署。主动向县委汇报工作，常委会需要做出的重大决定和讨论的重大事项及时向县委请示，努力实现党委意图和人民意志的统一，自觉维护县委权威和四大班子的团结统一，始终做到县委有号召，人大有行动。县委高度重视人大工作，大力支持人大开展工作，为人大出思路、提要求、压担子。“一府两院”自觉接受人大监督，形成了团结和谐、干事创业、加快发展的良好局面。

二、紧抓发展主线，主动服从和服务于全县发展大局

着眼全局谋划工作，着力推动重大决策落实到位。全面实施县委“四大战略”“八项重点”，紧扣脱贫攻坚主线，与县委、政府同轴运转、同向发力。

（一）以“三大产业”为重点，高度重视产业发展的质量效益，努力增强人民群众获得感。优势农业是我县基础产业，能源工业是我县新型产业，旅游开发是我县朝阳产业。一年来，我们始终高度关注，持续监督推动。对芝河源头、阁西塬、桑壁塬三大农业园区配套设施建设、昆仑能源公司天然气管输项目、沿黄扶贫旅游公路建设进行了集中视察。听取审议了经济林管护、坡耕地改造、沿黄提水灌溉、天然气开发利用、乾坤湾景区游客接待中心建设五个专项工作情况报告。听取了县政府关于乾坤湾互通项目情况汇报。组织代表参与了高速口至电业局扩线、县城正大路改造、绕城公路建设论证会。先后就农产品加工利用、红枣深加工、推广新品种、应用新技术、优化投资环境、加快天然气下游产品开发、整合旅游资源等16个方面提出了43条建议意见，及时督促相关部门认真整改落实。常委会与政府合力助推三大产业协调发展，加大项目资金监管力度，努力督促重点项目快速落地、尽快见效。

（二）以法律监督为重点，扎实推动法治永和建设，努力增强人民群众安全感。民主法治建设是县人大及其常委会的重要任务。重视“七五”普法工作。开展了两次法律宣传，9月对“一府两院”及相关部门的班子成员开展了法律知识考试，12月征集200余幅书法作品举办了第四个宪法宣传日书法展，通过系列活动的开展，增强了领导干部的法治观念，提高了依法行政的自觉性。强化法律监督。10月常委会组成人员利用三天时间，对法检两院、司法局、公安局、交警队落实《实施“依法治县”战略，建设“法治永和”》决议情况进行了专题视察并听取了工作情况汇报，针对存在的问题，提出了加强执法队伍建设，提高执法质量，提升服务水平，化解社会矛盾、加大维稳力度，加强社会管理等建议。县人大常委会就重点事项进行跟踪问效，督促落实，司法部门积极整改，补齐短板，努力确保司法公平正义。严格干部任前法律知识考试、宪法宣誓等任免程序。常委会把信访工作作为密切联系群众的重要渠道，完善信访机制，畅通诉讼渠道，一年来，共接待来信来访26件次，接待来访人员43人次，全部进行了认真地解释、转办和督办，推动了一批涉法涉诉信访案件的解决，促进了社会和谐稳定。

（三）以创建国家卫生县城为契机，持续推动美丽永和建设，努力增强人民群众幸福感。2017年3月16日县人大常委会第五次会议通过《永和县城镇容貌和环境卫生管理办法（试行）》，一年来县人大常委会多次深入相关部门、实地就该办法的执行情况进行检查指导，有力推动了该办法的实施，县城环境面貌明显改观。在县城正大路改造中，县人大常委会组织部分市、县人大代表对工程建设情况进行了实地视察，提出了10余项建设性意见和建议。县人大一位副主任亲自挂帅，现场指挥，协调解决近百件施工问题，保障正大路建设的顺利进行。听取审议了煤改气、煤改电、污染防治工作及创卫工作情况报告，对禁牧工作及河道治理工作进行了专题调研，就扩大供热面积，落实河长制、明确禁牧责任主体等方面提出了意见。县政府积极整改，致力于县城面貌改善和环境优化，收到了良好的社会效果。

三、坚持依法监督，努力增强监督实效

常委会践行为民宗旨，把保障和改善民生工作摆在突出位置，完善监督方法，对事关人民群众切身利益和社会普遍关注的热点问题开展监督。

（一）聚焦精准脱贫，切实提高脱贫攻坚成效。常委会按照县委的部署，高度关注脱贫攻坚政策兑现，高度关注产业扶贫。对中央、省、市、县出台林业扶贫、特色养殖、易地移民搬迁、健康扶贫等七个方面39项政策的兑现情况进行了督查；对兜底扶贫、光伏扶贫、电子商务进行了专题调研；对7个乡镇“一村一品一主体”产业发展进行专题视察；专项听取相关部门扶贫工作情况报告6项。先后提出进一步推进一、二、三产业融合发展，促进农村经济社会协调发展等建议意见28条，跟踪督促解决调研视察中发现的问题8个。做到了与县委同频，与政府同力，与群众同心，致力脱贫攻坚的伟大实践，实现了脱贫攻坚再战再胜。

（二）围绕热点难点问题，积极行使监督职能。抓大事要事，专项听取和审议了县财政预算执行情况及预算调整、本级预算执行和其他财政收支的审计工作情况报告，推动了预算法的贯彻执行，保障项目资金的安全运行。履行重大事项决定权，听取和审议了县人民政府关于向社会购买服务有关事项的议案，并作出决定，助推了一批重点项目的实施。关注热点，对群众反映超市食品经营、药品市场管理存在的问题，组织常委会委员进行专项检查。要求县政府及职能部门加强药检队伍建设，完善药品销售网络，严打制售假冒伪劣药品行为。相关部门积极整改，药品市场得到进一步规范。常委会对妇女权益保障法的贯彻落实情况进行了执法检查，促进了妇女劳动条件、劳动环境、劳动报酬的提高和改善。关注县监察体制改革，常委会组成人员深入县监委听取监察委员会机构队伍建设、工作运行情况汇报，就如何通过机构职能设置提高监察效果、加强内部监督进行了专题座谈。受省、市人大常委会委托，对《山西省历史文化名城名镇名村保护条例》《临汾市禁止燃放烟花爆竹规定》等六部法规草案进行了立法调研。

（三）围绕增强实效，不断创新监督方式。创新是人大工作永葆生机的源泉，县人大常委会不断探索改进监督工作的方式方法。常委会会议以及视察、检查活动时，努力做到议题求“准”，前期调查求“深”，议题审议求“透”、督促落实求“实”。审议工作汇报时，实行汇报人员回避制度，变集中审议为分组审议，使大家能够畅所欲言。审议意见书面交“一府两院”进行办理，并通过主任会议或常委会议听取“一府两院”落实情况汇报，做到了议必决、决必行、行必果。在加强干部任后监督上，坚持完善三账监督工作。在建账上讲科学。各建账单位围绕县委、县政府的中心工作、部门的工作指标，结合行业特征、性质制定年度目标任务，建账内容合理，表述明了，防止目标笼统、模糊，防止目标软、虚、不实。在查账上讲认真。查账不仅仅停留在年中6—7月，根据目标任务的实施阶段、实施时期，有计划、有步骤地适时进行督查，及时发现问题，督促改正、改进。在交账上讲严格。严格对照年初建账目标来交账，对年中新增目标的落实办理情况一并在常委会上予以报告。交账会严格测评程序，实行测评结果现场公示并向县委报告，有效增强监督的透明度。同时注重测评结果的应用，对于测评结果差的，及时给予诫勉谈话，限期整改，确保监督收到实效。

四、坚持务实创新，充分发挥代表主体作用

县人大常委会坚持代表主体地位，创新工作载体形式，积极探索联系代表和服务群众的长效机制，为代表更好地依法履职提供支持和保障。

一是强化建议督办，激发代表参政议政的积极性、责任感。县人大常委会完善了《代表建议、批评和意见办理工作办法》。去年10月，听取审议县政府办理代表建议工作汇报，对办理不到位、代表不满意的建议，要求限期重办，并安排专人跟踪督办落实。对常委会确定的5件建议进行了重点督办，努力提高办结率，提高代表对建议意见办理情况的满意度。

二是搭建履职平台，调动人大代表争先创优和履职热情。为促使代表更好地履职，发挥代表作用，县人大常委会制定完善了《代表联系选民办法》和《人大代表开展述职活动的意见》。邀请了60余名县乡代表列席人大常委会会议、参与述职评议和执法检查等活动。为县乡人大代表订阅了人大报刊，并对代表收阅报刊情况进行检查，保证每位人大代表都能及时“充电”。充分发挥代表密切联系群众的优势作用，搭建代表助推扶贫工作平台，开展了投身新时代创造新作为活动，号召代表参与脱贫攻坚工作，共有200多名县乡两级人大代表参与包联帮扶工作，取得了明显实效。

三是强化工作指导，充分发挥乡镇人大作用。县人大班子成员指导各乡镇人大主席团制定年度计划，建立健全了各项工作制度，完善代表活动阵地14个，全县7个乡镇建起了38个乡村代表工作室。召开了全县乡镇人大工作座谈会，邀请乡镇人大主席列席县人大常委会议，有效提高了乡镇人大主席团的工作能力和水平。各乡镇人大主席团积极行动，组织代表开展视察、检查、调研、评议等活动，提出合理化建议100多条，督促帮助乡镇政府解决了农业产业结构调整、产业发展、道路交通等30多个群众反映强烈的疑难问题，有效促进了乡镇工作的顺利开展。

2018年主要任务

2018年是全面贯彻落实中共十九大精神的开局之年，是改革开放40周年，是决胜全面建成小康社会、实施“十三五”规划承上启下的关键一年。县人大常委会工作的总体要求是：全面贯彻中共十九大精神，高举习近平新时代中国特色社会主义思想伟大旗帜，以脱贫攻坚统揽经济社会发展全局，坚持“四大战略”不动摇，突出抓好“八项重点”，打好三场攻坚战，推进“两大工程”，充分发挥地方国家权力机关的作用，为建设美丽永和、富裕永和、人文永和、平安永和做出新的贡献。

今年常委会工作的主要任务是：

一、贯彻新思想，把中共十九大和十三届全国人大一次会议精神落实到人大各项工作中

要坚持把学习贯彻中共十九大精神作为首要政治任务，以习近平新时代中国特色社会主义思想为引领，全面贯彻十三届全国人大一次会议精神，深刻领会总书记在大会闭幕式上的重要讲话精神。十三届全国人大一次会议通过《宪法修正案》和《中华人民共和国监察法》，决定了一系列影响深远的重大事项，赋予新时代人大工作新使命。我们一定要切实利用好人民群众赋予的权力，守护好人民群众的根本利益，切实把党的领导、人民当家做主、依法治国贯彻于人大工作各方面、全过程，确保人大工作正确的政治方向。

二、聚焦新目标，在服务经济社会发展上有新作为

要始终把服务发展大局作为做好人大工作的永恒主题。紧跟县委步伐，着眼于“四大战略”“八项重点”，聚焦于防范重大风险、精准脱贫、污染防治“三场硬战”，紧盯国家卫生县城创建、乡村振兴“两大工程”精准发力。充分发挥监督权的推动落实作用，寓监督于支持之中，对重点项目、重点工作，实行“季度视察”“半年通报”“全年评议”的方式进行监督，要加大评议、质询力度，对重点工程项目实施跟踪关注、跟踪问效。围绕县委经济工作会议精神，认真履职，积极作为。汇聚农业、农村、农民“三农”问题，聚焦主要经济指标进度，适时作出决议决定，将县委实现乡村振兴的决策部署通过法定程序转化为全县人民的共同意志。

三、顺应新期待，在增强人大监督实效上有新进展

以实现人民日益增长的美好生活需要作为开展监督工作的出发点和落脚点，切实贴近民生、贴近基层、贴近实际，促进改革发展。突出重点抓监督。坚持把促进经济发展作为首要任务，以乡村振兴、三大优势产业为重点组织视察，进一步优化三产结构，促进城乡协同发展；适时听取和审议相关工作情况报告，推动全县重点工作任务落实。聚焦热点抓监督。对群众关注的城区供热供气供水等热点问题开展视察，积极回应民生关切，保障人民群众身心健康、生活改善。加强对人代会确定目标任务的监督，对政府承诺惠民实事落实情况进行视察，督促政府把实事办实办好，在发展中保障和改善民生，提升人民群众幸福指数。围绕难点抓监督。着眼推动经济发展和民生工作中的“瓶颈”问题，主动调查研究，积极采取工作评议、持证视察、专题调研等多种方式，助力补齐发展短板。今年要确定2 ~ 3个政府工作部门进行工作评议。把握要点抓监督。继续加强财政税收监督，听取和审议2017年财政决算、2018年财政预算等报告，加大对审计中查出问题的整改工作跟踪督查，推动财政预算管理科学化、精细化、透明化。坚持人与自然和谐共处的绿色发展理念，对环保法贯彻实施情况进行执法检查，依法听取和审议全县环境保护状况和目标完成情况，督促推动中央和省、市环保督察问题整改工作。注重关键抓监督。人事任免工作由注重任命向任前审查、任后监督延伸，持续开展“三账监督”工作，全面审视任命人员的履职情况，督促被任命人员勤奋履职、为民服务。

四、强化新举措，在发挥代表主体作用上有新突破

人大代表是人民代表大会的主体，更是联系人民群众的桥梁和纽带，我们要通过强化代表培训、保障代表活动经费、开展代表活动、加强代表建议办理、提升服务意识等措施，力促代表“能为”“想为”“有为”，切实做到为民代言、为民履职、为民尽责，更好地保障人民当家做主。要继续做好代表培训工作，进一步提高代表履职能力。要充分发挥“人大代表活动室”的阵地作用，开展“聚力脱贫攻坚、人大代表在行动”活动，通过开展一系列活动，做实基层代表工作，让代表在脱贫攻坚中发出声音、展示风采、发挥作用，为决胜脱贫攻坚奉献人大力量。要加大代表建议督办力度，切实改变“重答复轻落实”的现象，确保建议办理质量，努力提高代表建议办结率、满意率。

五、落实新要求，在提高自身建设上有新成效

以党的建设为引领，以“三基”建设为抓手，提高站位，提升本领，积极适应新形势，主动落实新要求，切实担负起历史赋予的新使命。要带头学习宣传贯彻宪法，维护宪法权威；要严格执行中央八项规定，坚持不懈纠“四风”转作风，切实把党风廉政建设主体责任和“一岗双责”的职责履行好；要紧扣人大履职议题，把调研工作做深做透，发挥好调研成果对常委会审查审议的参谋作用、对县委政府决策的参考作用。要整合县乡两级人大工作力量，协同开展履职活动，使“两个机关”建设更具活力、更显成效。

各位代表，新时代开启新梦想，新征程承载新使命。让我们在习近平新时代中国特色社会主义思想的指引下，在县委的坚强领导下，不忘初心、牢记使命，创造新业绩，展现新作为，为谱写新时代永和发展的新篇章而努力奋斗！

政府工作报告

——在永和县第十六届人民代表大会第三次会议上

（2018年4月10日）

永和县人民政府县长 范洋平

一、2017年工作回顾

2017年是我县务实重行、大有作为的一年。面对经济下行和脱贫攻坚的双重压力，在市委、市政府和县委的正确领导下，在县人大、县政协的监督支持下，县政府团结带领全县人民，全面贯彻党的十八大，十八届三中、四中、五中、六中全会精神和习近平总书记系列重要讲话精神，深入学习贯彻中共十九大精神，紧紧围绕省委“一个指引、两手硬”重大思路和要求、市委“345”发展战略和市政府“12345”工作思路，以脱贫攻坚统揽经济社会发展全局，持续实施“四大战略”，突出抓好“八项重点”，全县经济社会各项事业均取得了新突破、新成果、新变化。

一年来，我们扩投资、上项目，经济运行持续上扬。紧紧扭住项目建设这个引擎，全年重点项目完成投资11.84亿元，各项指标均呈现出持续增长的良好势头。全县地区生产总值完成8.3亿元，同比增长4.2%；社会消费品零售总额完成4.86亿元，同比增长6.8%；全社会固定资产投资改革性口径完成10.91亿元，过渡性同口径比较增长65.7%；规模以上工业增加值累计完成6695.2万元，同比增长15.6%；财政收入完成2.36亿元，同比增长49.67%；公共财政收入完成10103万元，同比增长32.43%；城镇居民人均可支配收入完成20915元，同比增长8%；农村居民人均可支配收入完成3636元，同比增长12.9%。特别是公共财政收入增幅位居全市第三；固定资产投资、农村居民人均可支配收入增幅两项指标位居全市第二；规模以上工业增加值、城镇居民人均可支配收入增幅两项指标位居全市第一。

一年来，我们强体系、补短板，脱贫攻坚再战再胜。按照“精准扶贫、精准脱贫”的总体要求，构建了脱贫攻坚组织体系、责任体系、社会帮扶体系，推进“十大脱贫工程”，圆满完成了15个村3007人的脱贫攻坚任务，贫困发生率从37.91%下降至17.87%。产业扶贫扎实有效。21个产业扶贫项目稳步实施，带动3461名贫困户增收；投放金融贷款5391万元，受益贫困户达1082户。生态扶贫成效明显。1687名贫困人口参与生态工程建设，人均收入1.2万元左右，1705户4939名贫困人口享受到新一轮退耕还林政策，当年户均增收2400元，321名贫困人口被聘为护林员，户均增收8000元左右。易地搬迁加快推进。采取去库存的方式，在县城安置2016年易地搬迁户242户900人；完成了2017年8个集中安置点主体工程，安置351户1061人。扶贫政策及时落地。资助普通高考达二本以上大学生、中等职业教育贫困生和学前入园贫困儿童156.7万元，受益建档立卡贫困人口2291人；免费职业培训农村劳动力606人；通过尧都区帮扶，开展企业招聘活动，86人实现就业；367人享受困难家庭大病救助和医疗补助116.6万元。创新举措保障有力。建成村级光伏电站25个，户用光伏电站2136户，其中完成并网1418户；新发展农家乐70户；成立电子商务企业联盟，注册了永和农副产品销售平台——“各街网”，强化“吕梁山货”区域公共品牌和“乾坤湾”“喜和合”县域公共品牌营销，全年网上交易额达到2802万元；全年共理赔小额人身意外险、自然灾害人身意外伤害险、见义勇为人身意外伤害险356.4万元，60个家庭得到救助。为742名贫困户赔付意外伤害扶贫保险、大病医疗补充扶贫保险、人身综合保险291万元。特别是针对红枣主导产业发展中的风险，县财政拿出422万元，为全县2146户贫困户枣农购买红枣产业保险5.28万亩，理赔金额达1303.4万元，户均收益6000余元，最高赔付额近3万元，确保了全县近三分之一的贫困人口稳定增收。同时，在脱贫攻坚一线，涌现出刘书祥、樊成锁等脱贫致富典型和南庄乡浩民红枣、坡头乡党旗红合作社等一批带动力强的新型主体。我县脱贫攻坚的创新做法和精神风貌，在中央政研室主办的《学习与研究》杂志2018年第1期刊登。阁底村、东征村、奇奇里村脱贫经验做法，也被新华社、《人民日报》、《半月谈》、央视《新闻联播》等国内知名媒体相继报道。

一年来，我们促转型、提质效，三大产业蓬勃发展。全县三次产业比重优化为23.5∶19.9∶56.6，其中：第三产业对全县经济的贡献率达到149.6%。一是优势农业提质上档。持续深化“院县合作”，全年新发展苹果、核桃经济林4.5万亩，建设红枣、核桃科技管护示范点各5个，科学管护经济林2万亩。新型农业经营主体发展迅速，全年创建省级示范合作社2个、市级2个、县级4个；发展联合社1个；认定省级示范家庭农场2个、县级1个。完善了芝河源头、阁西塬、桑壁塬三大农业园区基础设施，完成坡耕地改造7944亩，栽植生态防护林2713亩，除险加固淤地坝10座，平田整地380亩。特别是在阁西塬农业园区，实施了高效节水灌溉、沿黄提水灌溉、辛角塬节水灌溉工程，全面完成后，灌溉面积将达到2.4万亩，为发展高效现代农业奠定坚实基础。二是能源工业增产增效。投资6.5亿元，完成了31口井的钻探、压裂试气及集气站建设项目，全年天然气产销量达8.9亿立方米。特别是引入河北中石油昆仑能源有限公司实施天然气管输项目，在不到半年的时间内建成投产，完成销气1亿立方米，贡献税收1000万元。2017年，天然气产业贡献地方税收1.49亿元，占全县财政总收入的62.9%，成为县域经济增长的重要支撑。三是旅游开发步伐加快。编制完成《黄河乾坤湾风景名胜区（山西）总体规划（2016—2030年）》《永和县乾坤湾旅游品牌策划方案》《设立乾坤湾生态文化旅游开发区可研报告》，为推进景区科学开发、快速发展奠定了基础；完成《乾坤湾通用机场选址意见报告》编制，并经省政府审核通过，已报送中部战区空军作战处核准。投资7292万元，拓宽改造、绿化、亮化景区旅游公路2条，建成游客接待中心3个，基础设施进一步完善；乾坤湾互通项目经过多年不懈努力得到批复，并开工建设；山西黄河一号公路——沿黄扶贫旅游公路在我县率先开工，开启了旅游产业提档升级新步伐。成功举办槐花、红枣、苹果采摘节，开展了百名摄影师航拍、百位油画家黄河行写生创作、“2017永和乾坤湾杯”全国大学生演讲大赛等对外宣传活动。央视《新闻直播间》《中国环球电视网》栏目，以及新华社、中新社、《半月谈》、《人民日报》、《中国日报》、人民网等多家知名媒体相继多角度、大力度宣传推介报道永和，永和的知名度和影响力得到进一步提升。央视《朝闻天下》《大国崛起》《将改革进行到底》《不忘初心、继续前行》等系列专题片都把乾坤湾作为黄河代表性景观展现给全国人民，乾坤湾已经成为山西乃至全国的一张名片。2017 年，游客人数达到 15.3 万人次，同比增长 24.39%。

一年来，我们攻重点、破难点，发展环境更加优化。一是生态环境持续优化。牢固树立“绿水青山就是金山银山”发展理念，大力实施三北防护林、天然林保护、荒山造林等造林绿化工程，全年完成营造林 3.72 万亩，县域生态环境得到进一步优化，森林覆盖率达到 28.4%，林木覆盖率达到 37%。二是环境治理成效明显。开展燃煤锅炉淘汰、清洁取暖、散煤整治三大专项行动，全年共淘汰燃煤锅炉 26 台，改造 20 蒸吨燃煤锅炉 2 台，安装 10 蒸吨燃气锅炉 2 台，新建换热站 2 座，全县集中供热面积达到 58.45 万平方米，供热能力达到 100 万平方米；完成个户煤改气 683 户、煤改电 66 户；置换优质煤 2160 吨。同步开展了秋冬季秸秆禁烧、路域环境治理、建筑工地治理等专项整治，县域空气质量明显好转，年优良率达到 90.4%。同时，全面落实三级河长制，完成 1 个省管河流、9 个县管河流的分段河长划定，制定出台实施方案及 10 项工作制度，实现一河一档、一河一策；取缔沿河排污口 100 余个；完成 11 个养殖场粪污治理，芝河断面水质指标均高于省市考核标准。三是基础设施逐步完善。以创建国家卫生县城为抓手，投资 1.8 亿元，完成了正大路拓宽改造、滨河路雨污分流、城东路排水管网改造、城区街巷亮化等项目，城市承载能力和服务能力进一步提升。扩充城市综合执法队伍，规范城市管理，开展环境大整治，城市环境面貌明显改观。积极推进改善农村人居环境四大工程，完成农村安全饮水 125 处、农村公路改造 105 千米、农村危房改造 790 户。同时，结合美丽宜居示范村建设，创建了东征村省级美丽宜居示范村和白家崖、郭家村 2 个市级美丽宜居示范村。四是社会环境总体向好。牢固树立“总体安全观”，严格落实安全生产责任，深入开展反三违、打非治违、安全生产大检查、“百日攻坚”等专项行动，切实加强安全法治建设和宣传教育，排查整改一般隐患 1138 处，纠正“三违”行为 89 起，关闭取缔非法违法企业 4 家，年度考核全市排名第四，安全生产形势持续稳定向好。扎实推进“法治下乡”、“七五”普法，深入开展领导接访、积案攻坚、源头预防等活动，矛盾纠纷和信访积案化解率达到 95%

以上，社会大局总体和谐稳定。

一年来，我们增福祉、促和谐，民生事业全面改进。全年财政民生支出 10.7 亿元，占公共财政支出的 85.51%。教育工作方面，投资 700 万元，完成县直学校用电线路改造和职业教育实训基地建设，教育基础更加夯实。推动教师“县管校聘”改革，引入先进的管理团队、管理经验和教育教学模式，中、高考再创佳绩，高考达二本线以上 49 人，中考达重点中学分数线 49 人。医疗卫生方面，深化医药卫生体制改革，推进县乡医疗卫生机构一体化改革，组建县医疗集团，与省市多家医院建立了医疗联合体，县域内就诊率提高 5%，患者自费率降低了 7%。全面推行大病社会救助工作，扎实推进健康扶贫“双签约”服务活动，引进“智能家庭医生”信息技术平台，把“互联网 +”应用于家庭医生签约服务中。文体事业方面，深入开展文化下乡活动，为 17 个村配送价值 34 万元的文化设施，为 50 个村委配送价值 10 万元的图书；举办元宵节文艺活动、消夏文艺活动、消夏篮球赛、“永和好声音”歌手赛、纪念毛主席诞辰等活动，进一步丰富了广大人民群众的文化生活。社会保障方面，逐步提高社会保障救助标准，健全完善临时救助制度，全年共发放各类救助资金2298万元；新农合参合率达到99.6%以上；开展特殊群体关爱行动，县级领导和科级干部与全县126名孤寡老人和30名孤儿“一对一”帮扶，帮助他们解决实际问题；持续实施四大“暖心”工程，人民群众幸福指数进一步提高。

一年来，我们促改革、提效率，政府效能明显提升。深入推进“放管服效”改革，深化权责清单动态管理，开展减证便民专项行动。全年共承接行政职权事项9项，取消行政职权事项29项，清理规范行政审批中介服务事项2项，减少行政审批前置申请422个，保留证照年检事项17项。坚持依法行政，自觉接受人大工作监督和政协民主监督，办理人大代表议案53件、政协提案58件，办复率达到100%。深入开展“讲政治、知敬畏、守规矩”专项治理活动和“两学一做”学习教育常态化制度化、维护核心见诸行动主题教育，严格落实从严治党主体责任，有力营造树正气、讲团结、聚合力、促转型的浓厚氛围。同时，人武、审计、人社、统计、宗教、物价、气象、档案、人防、法制、治超、史志等各项工作均取得了新成绩。

各位代表，过去的一年是我县经济社会快速发展的一年，是城乡基础设施明显变化的一年，是生态环境治理成效显著的一年。这些成绩的取得，是县委统揽全局、凝心聚力的结果；是县人大、县政协有效监督、鼎力支持的结果；是全县广大干部群众负重自强、苦干实干的结果；也是社会各界团结一心、拼搏奉献的结果。在此，我谨代表县人民政府，向各位人大代表、政协委员和社会各界人士，向奋战在全县各行各业、各条战线上的广大干部群众，特别是向奋战在脱贫攻坚工作一线的广大基层干部、各级扶贫工作队，以及参与支持永和发展的投资者、建设者，表示衷心的感谢并致以崇高的敬意！

二、2018年目标任务和重点工作

2018年，是全面深入贯彻中共十九大精神的开局之年，是改革开放40周年，是全面打赢脱贫攻坚战、创建国家级卫生县城的关键一年，也是我县进入新时代、开启新征程、展现新作为的黄金机遇期。从宏观层面来看，利好政策叠加，我们必须主动作为。中共十九大作出了大力实施创新驱动、乡村振兴、区域协调发展等一系列重大战略举措，特别是2018年中央一号文件中对实施乡村振兴战略进行了全面部署，加大了对国家重点生态功能区的转移支付力度，大力支持深度贫困地区脱贫攻坚。省委、省政府提出了打造“黄河、长城、太行”三大旅游板块，重点发力“四好农村路”、旅游公路、高速公路建设，市委、市政府提出了建设沿黄生态旅游带、百里黄河绿色发展示范区，这一系列重大部署和举措为我县发展提供了千载难逢的政策机遇、改革机遇和项目机遇。从发展环境来看，前行气场强大，我们必须聚势而为。国家卫健委、省委组织部、省粮食局、省烟草公司、省中行、国新能源和20个市级部门包联帮扶我县，尧都区、临汾开发区与我们结对帮扶，为脱贫攻坚工作提供了强大支持；全县党员干部人心思进、人心思干的氛围浓厚，凝聚力和战斗力坚不可摧，为全面建成小康社会提供了坚强保障。从县情实际来看，发展底气更足，我们必须奋发有为。当前是我县加快发展的最佳时期，林果业、天然气、文化旅游三大产业体系基本形成，带动作用日益显现；城乡基础设施不断完善，承载能力、服务能力逐步提升；实施了一批对经济增长拉动力较强的重点项目，经济发展的内生动力和活力显著增强。

今年县政府工作的总体要求是：全面贯彻中共十九大精神，以习近平新时代中国特色社会主义思想为指导，加强党对经济工作的领导，坚持稳中求进总基调，坚持新发展理念，紧扣社会主要矛盾变化，紧紧围绕省委“一个指引、两手硬”思路要求，按照市委“345”发展战略部署，认真贯彻落实中央、省、市经济工作会议精神，坚持以供给侧改革为主线，坚定脱贫攻坚统揽经济社会发展全局不动摇，继续实施林果富民、生态立县，转型发展、工业强县，文化引领、旅游兴县，以德为先、依法治县“四大战略”，突出抓好项目建设、优势农业、能源开发、特色旅游、城镇建设、基础设施、民生改善、安全稳定“八项重点”，坚决打好防范化解重大风险、精准脱贫、污染防治三场攻坚战，协同推进国家卫生县城创建、乡村振兴“两大工程”，努力建设美丽永和、富裕永和、人文永和、平安永和。

主要预期目标是：地区生产总值增长6.5%，规模以上工业增加值增长6%，全社会固定资产投资增长9%，社会消费品零售总额增长7%，一般公共预算收入增长9%，城镇居民人均可支配收入增长6.5%，农村居民人均可支配收入增长6.5%以上。

约束性指标是：万元地区生产总值能耗下降3.2%，万元地区生产总值二氧化碳排放量下降3.9%，万元地区生产总值用水量下降指标、环境治理改善指标和主要污染物总量减排指标，完成省市下达年度目标任务。农村贫困人口脱贫4173人，城镇棚户区住房改造开工1700套，完成500套。

围绕全年工作目标任务，我们将全力做好以下六方面的工作：

（一）创新扶贫举措，夺取攻坚深度贫困新胜利

深入贯彻落实习近平总书记在深度贫困地区脱贫攻坚座谈会上的重要讲话精神，以及在全国“两会”、中央政治局会议等会上关于脱贫攻坚的一系列重要指示，按照中央“五个转变”和省、市脱贫攻坚总体要求，突出重点、强化举措，扎实推进深度攻坚，确保圆满完成25个村4173人的年度脱贫任务，实现连战连胜！

一是做实做细基础工作。强化动态管理。扎实做好建档立卡数据和贫困人口动态调整，坚决防止错评、漏评、错退，做到线下情况真实可靠，线上数据准确无误。强化精细管理。根据脱贫摘帽核心指标，对扶贫手册、“三率一度”、“六个精准”等工作再次“回头看”，详细列出任务清单、责任清单、完成时限，强化过程管理，坚持精细化操作，确保精准要求落实到位。强化留痕管理。加强扶贫政策和数据业务培训，规范各类档案资料，做到识别有记录、帮扶有印证、退出有依据。

二是扎实推进“十大工程”。产业扶贫上，进一步巩固提升“一村一品一主体”，完善“五有”产业扶贫机制，扶持壮大农产品加工营销企业和合作社，加快推进“企业＋合作社＋贫困户”产业发展模式，结成命运共同体，促进贫困户“有业可从、有企可带、有股可入、有利可获”。继续落实特色产业扶贫政策，扶持贫困户发展特色种植养殖、蔬菜大棚等产业增收项目，加快发展水果、中药材种植、林下养殖、荒山养殖等新型产业，推广以巨菌草为主的人工种草2000亩，试种100亩构树，推动畜牧业的发展；加大槐花产品研发力度，推出槐花茶、槐花粉、槐花冲剂等系列产品，提高附加值、延伸产业链，多渠道助推贫困户增收脱贫。生态扶贫上，继续实施国家新一轮退耕还林工程，栽植水果、核桃经济林4.5万亩；鼓励造林扶贫合作社承揽三北防护林、荒山造林、退耕还林、通道绿化、干果经济林提质增效等林业生态建设工程，实现生态改善与精准脱贫同步推进、同步见效，确保贫困群众长期有活干、务工可持续。同时，创新合作模式，鼓励群众以林业资产入股，实现合作经济股份分红，获取林业资产性收益。易地扶贫搬迁上，围绕统筹解决好“人、钱、地、房、树、村、稳”等7个问题，按照省委、省政府提出的“六环联动”要求，以整自然村搬迁为重点，投资8248万元，采取就近安置和集中安置等方式，实施易地移民搬迁项目，建设12个集中安置点，安置建档立卡贫困人口2465人，同步搬迁人口1383人。同时，加强后续产业扶持力度，构建农户住房、基础设施、公共服务、产业发展“四位一体”的新村格局，确保搬得出、稳得住、能脱贫。光伏扶贫上，投资1.1亿元，建设61个200千瓦、16个100千瓦村级光伏电站，实现200千瓦村级光伏电站全覆盖的目标，受益贫困户达到2346户；投资2.2亿元，建设一座30兆瓦集中式光伏电站，带动1200户贫困户年均增收3000元。同步完成剩余718户户用光伏电站的并网工作。6月30日前完成全部光伏电站的建设和并网。同时，积极筹建运营公司，出台《村级光伏扶贫电站管理办法》，实现光伏电站管理规范化，效益最大化，收益分配透明化，让更多贫困村、贫困户获得资产性收益。旅游扶贫上，紧抓沿黄扶贫旅游公路建设机遇，引入“公司+农户+扶贫”运作模式，投资1900万元，建设民俗旅游村2个，改造220孔窑洞发展“农家乐”，带动贫困户脱贫致富。同时，创新“旅游+”扶贫模式，扎实推进美丽乡村建设，大力开发具有地域特色的文化产品，多渠道促进农民增收。重点打造阁底乡东征村、石家湾村等省级重点旅游扶贫村。电商扶贫上，以创建“国家电商示范县”为抓手，新拓展20个村级电商服务站，实现贫困村村级电商服务站全覆盖、县域电商物流“村村通、日日达”。同时，依托县级电商运营中心资源优势，建立“情暖永和”县域农产品销售平台，带动100户农户实现网上自营，助其增收脱贫。金融扶贫上，继续推进“政府、银行、保险、实施主体、贫困户”的五位一体精准扶贫小额信贷工作，不断扩大覆盖面和受益面，对有固定生产经营场所、经营状况较好、辐射带动能力强的中小企业、能人大户给予贷款支持。同时，设立扶贫周转资金，投入2598万元，为新型农业经营主体提供启动和周转使用低息贷款，推动龙头企业提档升级，增强扶贫带动能力。教育科技扶贫上，继续落实“两免一补”、“雨露计划”、助学贷款等政策，对当年高考达二本线以上大学生、中等职业教育贫困生、义务教育和学前入园教育阶段贫困家庭实行教育资助，实现资助“全覆盖”；围绕全省科技产业扶贫引导项目计划和“三区”人才支持计划，加大科技人才引进和贫困劳动力技能培训力度，完成就业技能培训500人、居家就业岗位开发100个，促进贫困劳动力转移就业。健康扶贫上，深入推进“健康永和”建设，扎实做好家庭医生签约服务和双向转诊工作，推进“三医”联动改革；建立健全医保兜底保障机制，降低并逐步取消贫困户大病保险起付线，确保大病实际报销比例达到90%以上；继续落实大病集中救治一批、慢病签约服务管理一批、重病兜底保障一批“三个一批”行动计划，全面落实“三保险、三救助”政策，切实减轻贫困群众负担，让更多贫困群众看得起病、看得好病。兜底扶贫上，进一步加大社会救助、防灾减灾救助、医疗救助、城乡低保等工作力度，提高孤儿、困境儿童、高龄老人、残疾人等弱势群体和优抚对象补贴标准，全面建成覆盖全民、城乡统筹、权责清晰、保障适度、可持续的多层次社会保障体系。继续办理小额人身意外险、自然灾害人身意外伤害险、见义勇为人身意外伤害险，为全县干部群众提供保障。在去年为贫困枣农办理红枣保险的基础上，今年扩大范围，鼓励和支持有管护积极性的枣农自愿投保，县政府将给予适当补贴。同时，紧抓省人保财险公司与我县签订扶贫战略合作协议这一契机，对全县建档立卡贫困户参加中央政策性玉米种植保险、小麦种植保险、马铃薯种植保险、能繁母猪养殖保险、奶牛养殖保险的全部免除参保个人自缴保费，全力构筑多层次、全险种保险扶贫保障网。

三是弥补基础设施短板。严格按照贫困村退出标准，大力实施贫困村提升工程，坚决补齐基础设施短板。安全饮水方面，投资2420万元，实施59处饮水安全提升工程，解决59个自然村，3648户11127口人（1564户贫困户4512口贫困人口）的饮水安全问题；电力设施方面，投资5997万元，实施2017年个户屋顶光伏电力配套设施、2018年村级光伏电力配套设施及10千伏农村电网改造项目，解决电力设施陈旧老化问题；道路交通方面，投资2.19亿元，完成乡道改造、行政村及自然村通硬化路170千米，改善贫困村道路设施。网络宽带方面，针对39个未覆盖贫困村的实际情况，通过移动、联通争取上级支持、4G信号设备转换和公安“雪亮工程”，解决宽带接入难问题，力争实现贫困村网络全覆盖。

四是严格落实工作要求。围绕“脱贫攻坚作风建设年”，结合扶贫领域腐败问题和作风专项治理活动，进一步严格要求，压实责任。资金使用上，严格执行扶贫领域资金使用管理办法，聘请专业审计事务所，对全县所有扶贫资金使用和项目实施进行全方位、全过程审计监督，确保资金使用安全。积极统筹整合涉农资金，将有限的资金用在刀刃上，全力保障扶贫工作。责任落实上，全面压实县、乡、村三级干部脱贫攻坚主体责任和帮扶责任，严格落实“五联五帮”“两包三到”责任制，确保责任落实到位、压力传导到位。严格执行“脱贫攻坚周例会、月报告、季总结”制度，及时发现问题、解决问题，确保各项工作任务按进度、按要求、保质保量完成。督查考核上，建立严格的督查、考核、考评机制，突出实绩考核，强化对第一书记、驻村工作队在岗守岗以及发展产业、为群众办实事等内容的督查，对不能胜任的及时召回，切实做到严考核、严考评、严奖惩。

各位代表！脱贫攻坚是我们当前首要的政治任务，也是县委、县政府对全县人民的庄严承诺和必须打赢的攻坚战。我们将不断创新举措、落实各项政策，奋力补齐短板，下足绣花功夫，全力以赴打赢脱贫攻坚战役，让贫困百姓早日过上富裕安康的美好生活！

（二）立足产业优势，培育转型升级新动能

永和的经济发展正处于转变方式、优化结构、转换动力的关键期，必须适应新变化、新需求，加快产业提质增效、转型升级。

1. 持续推进传统产业转型提质。紧抓国家实施乡村振兴战略这一契机，围绕“农业质量年”，以农业供给侧结构性改革为主线，强化科技带动，发展特色产业，夯实产业基础，着力提升品牌，努力实现优势农业提质增效。一是推动主导产业提质增效。继续深化与省农科院的“院县科技战略合作”，加大红枣、核桃、苹果经济林科技管护力度，推动林果业提质增效。研究出台《振兴红枣产业发展实施意见》，建立“科技管护、品种更新、精深加工、品牌创建、促进营销”的全方位工作体系，突出重点、综合施策，下大力气抓好枣疯病治理，破解裂果难题，切实把这项传统产业做成带动贫困群众增收脱贫的优势产业。投资300万元，完成科技管护2万亩；投资560万元，实施干果经济林提质增效项目，高接换优、综合管理2.8万亩。二是大力发展特色种植养殖业。不断调整优化种植养殖结构，大力发展特色产业，实施中药材种植加工、肥水一体化蔬菜大棚、标准化养殖场等项目，实现农业产业多元化发展。大力发展林下经济，继续在沿黄乡镇扶持发展林下养殖、中药材种植，多渠道促进群众增收。今年，将投资8000万元，完成中药材种植1万亩及加工厂建设。三是夯实产业发展基础。立足产业布局，着力推进芝河源头北方农耕梯田文化、桑壁河流域绿色有机农产品、阁西塬生态旅游、辛角塬特色农业等精品农业园区建设，投资2877万元，实施生态建设与水土保持、淤地坝除险加固、高标准基本农田建设、土地平整开发、苹果示范园建设等工程，完成水土流失综合治理22平方千米、除险加固淤地坝10座，新增耕地210亩，建设苹果示范园区4000亩。四是扶持壮大新型农业经营主体。结合永和产业优势，按照全市“全产业链条开发名特优产品”的要求，投资540万元，新建果品交易市场。积极培育新型农产品加工企业，发展红枣、槐花、野菜等农特产品精深加工，打造一批全省乃至全国叫得响的知名品牌，实现农产品加工、品牌创建、销售一体化，推动农业由增产导向转向提质导向。允许和鼓励种养大户、家庭农场、农民合作社等新型经营主体优先盘活农村集体建设用地，发展特色产业，带动更多群众就业创收。五是实施品牌提升行动。坚定不移推进质量兴农、品牌兴农，提高农业绿色化、优质化、特色化、品牌化水平。加大“吕梁山货”区域品牌和“喜和合”“乾坤湾”县域公共品牌的宣传力度，扩大市场影响力；把品牌建设与园区建设、绿色食品等产品认证紧密结合，再推出一批叫得响的农产品品牌。同时，通过举办红枣、苹果、槐花采摘等文化旅游节及参加农展会、营销会等方式，进一步提升永和农特产品品牌影响力、辐射力、竞争力和市场占有率，真正使优势显出来，把品牌树起来，让产业强起来。

2. 持续推进工业产业取得突破。围绕“转型发展、工业强县”战略，按照“稳增长、调结构、上项目、促转型”要求，加快天然气勘探开发和加工转化利用，加大招商引资力度，积极开发下游产品，提升工业经济综合发展水平。一是抓好天然气产能建设。积极创优发展环境，加快天然气勘探开发，投资6.5亿元，实施中石油煤系地层立体勘探开发和中海沃邦永和18井区天然气勘探开发产能建设项目，新增产能6亿立方米，力争年产能突破15亿立方米。二是推进新能源企业落地。围绕天然气综合开发，加快转化利用步伐，投资16.2亿元，实施100兆瓦风力发电、LNG综合加工利用、PVC医用手套生产加工项目，延伸工业经济全产业链条，增加附加值，努力形成新的经济增长点。三是扶持民企规模发展。把握民营经济发展新阶段、新特征，在政策、资金、建设用地、技术创新等方面扶持华龙果业、四季鲜、昌盛粮油等中小微企业做大做强，加快完成设备改造，提升企业综合竞争能力。加快创业孵化基地建设，为中小微企业提供综合电子商务、信用评级管理、融资咨询等服务。继续实施中小微企业“助保贷”业务，切实帮助企业解决融资难问题。四是加大招商引资力度。进一步完善工业园区建设，出台招商引资优惠政策，营造良好投资环境，吸引更多企业落户我县，推动县域经济快速增长。

3. 持续推进旅游产业提档升级。坚持“文化引领、旅游兴县”战略不动摇，按照全省锻造“黄河、长城、太行”三大板块的总体思路，立足“中国根、黄河魂”文化品牌，以AAAA级旅游景区创建和发展全域旅游为抓手，不断提升景区服务功能，推动旅游资源整体开发，真正把文化旅游产业打造成富民强县的朝阳产业。一是加快推进体制机制改革。尽快成立乾坤湾景区管理委员会，对景区事务实施一体化管理，开展包装打造及AAAA级旅游景区创建等工作；加快组建平台公司，实现与社会资本规范有效对接，按照全域旅游发展理念，对全县文化旅游资源进行开发建设和运营管理。二是强化顶层设计引领。加快推进《永和县全域旅游规划方案》《黄河乾坤湾AAAA级旅游景区创建方案》《品牌营销方案》《乾坤湾生态文化旅游开发区规划》的评审及实施，以科学规划引领旅游产业有序发展。三是加强基础设施建设。以全市设立“沿黄生态文化旅游带”为契机，投资18.5亿元，实施沿黄扶贫旅游公路（永和段）建设项目，力争在9月底前完成段家河—河会里试验段支线、南庄—大宁主线路基、路面等工程；投资1160万元，实施阁底乡街面改造项目，进一步完善提升景区服务功能。跟踪推进通用机场建设项目，力争在年底前完成前期手续办理，明年开工建设。同步推进乾坤湾互通、沿黄步道等项目，确保早日落地开工。四是加大宣传招商力度。借力2018年全省旅发大会在临汾举办这一机遇，筹办山西省黄河一号国家旅游专用公路主线开工仪式；举办红枣、苹果、槐花采摘等文化旅游节和“中国龙、黄河魂”国际摄影家采风暨黄河风光摄影大赛；推出话剧《东征 东征》；开展大型招商引资推介会，以宣传引导实现招商引资新突破，以招商引资推动旅游项目建设大提速，以项目引领带动旅游产业大发展。五是推进文旅融合发展。充分发挥黄河文化、黄土文化、民俗文化、红色文化等资源优势，持续完善芝河源头农业园区基础设施，丰富园区内涵，打造集文化、旅游、农耕融合发展的北方梯田农耕文化最佳体验地；围绕红军东征这一红色历史，做强红色教育，打造全省乃至全国有影响力的干部培训、党员教育、廉政教育基地；围绕“黄河”做足文章，大力发展全域旅游，开发精品线路，打造黄河旅游、文旅休闲度假目的地。同时，出台优惠政策，大力支持文化作品创作和文旅产品开发，积极引导合作社、民间组织和社会资本参与旅游运营，延伸文旅产业发展链条。

各位代表！林果业、天然气、文化旅游三大产业是我们永和得天独厚的优势，也是推动经济发展的持续动力。我们将立足当前、着眼长远，加快推进三大产业齐头并进、高质量发展，让农民富起来、县域经济强起来、新永和的形象树起来！

（三）统筹城乡发展，提升特色山城新形象

以“城乡一体化发展”为目标，坚持城市引领与乡村振兴协同发力，完善基础设施建设，提升公共服务水平，加快构建城乡融合发展格局，努力建设宜居宜业的特色山城。

一是全力提升城市品质。以创建国家卫生县城为抓手，投资3.4亿元，实施新建坡城中村改造，进一步改善群众生活条件；投资4500万元，实施城西路雨污分流改造项目，完善城市基础设施；通过PPP融资模式，争取资金2.78亿元，实施文体活动公共服务设施项目，规划建设“一院三馆四中心”，不断提升城市公共服务水平。针对城市供水紧张这一十分紧迫的问题，迅速行动，聘请山西省勘查院、临汾213地质勘查队勘探专家进行测位打井，同步实施用水整治和设备改造，力争在最短的时间内满足群众用水需求。在此，也呼吁广大市民节约用水，共同呵护我们的家园。今年是创卫验收的关键之年，我们将投资4533万元，实施创建国家卫生县城基础设施改造项目，完成城区主街道外立面改造，新建公厕、停车场、农贸市场等设施，不断提升和完善城市服务功能，让我们永和的城市面貌从根本上得到扭转。

二是不断强化城市管理。坚持“建管并举”原则，充分发挥城市综合执法大队作用，加强巡逻管控，加大执法力度，确保市容整洁、管理有序。严厉打击乱搭乱建等违章违规行为。进一步深化城市管理综合执法体制改革，全面规范执法行为，整合住建、工商质监、环保、交警、水利、交通、国土等部门职能，构建权责明晰、服务为先、管理优化、执法规范、安全有序的城市管理体制，努力实现管理的法治化、精细化、人性化、智能化。开展多形式、多内容的“创卫”宣传教育活动，提高市民文明素质，引导群众共同维护良好城市形象。

三是推进美丽乡村建设。实施乡村振兴战略是中共十九大提出的重大决策，也是新时代做好“三农”工作的总抓手，我们将按照“产业兴旺、生态宜居、乡风文明、治理有效、生活富裕”的总要求，持之以恒，常抓不懈，强化举措，久久为功，努力实现农业强、农村美、农民富的目标。坚持规划先行。启动实施全县乡村振兴战略总体规划（2018—2022年），同步推进

"5+1"六个专项规划（产业兴旺、生态宜居、乡风文明、治理有效、生活富裕规划和体制机制创新专项规划）编制工作，选择一批不同类型、不同特点、具有代表性的农村作为试点，打造美丽乡村示范村和示范片、示范带，通过典型示范引领，以点带面，推动工作。加强基础设施建设。扎实推进农村公路提质改造、窄路面拓宽改造、农村安全饮水、农网升级改造、宽带乡村工程、农村党建+综合服务平台等基础设施建设，加大农村教育、医疗设施、劳动力转移就业、保障体系等建设力度，补齐农村公共设施、公共服务等方面的短板。完成乾坤湾片区阁底、东征、奇奇里、于家咀，以及郭家村、索驼、后甘露河7个村的公共服务配套设施建设，着力提升公共服务水平。启动建设4个农村老年人日间照料中心和10个农村老年人活动中心，保障特困供养人员和困难老年人的日常生活。重点抓好东征村省级美丽宜居乡村和白家崖、郭家村2个市级美丽宜居乡村建设。进一步深化改革。扎实推进农村土地确权、农村承包地"三权分置"、农村集体产权制度等一系列改革，落实家庭承包面积、承包合同、承包经营权证书三到户，健全完善农村产权流转交易市场，推动适度规模经营，力争在明年6月底全面完成清产核资工作。通过一系列改革，全面激活农业产业发展活力。抓好抓实文明建设。围绕"书香永和""诚信永和"建设，以乡风、民风和家风建设为重点，广泛开展文明村镇、文明家庭等群众性精神文明创建活动，扶持发展民间艺术和传统手工技艺，打造我县优秀乡土文化品牌，大力移风易俗，革除陈规陋习，树立文明新风，不断提高乡村社会文明程度。加强农村人才培养。加强农村干部队伍的培养、配备、管理和使用，培养一支懂农业、爱农村、爱农民的"三农"工作队伍。大力开展农民思想道德素质、科技文化水平和生产管理技能培训，培养有文化、懂技术、会经营的新型农民，全年培育新型职业农民200余人。同时，积极调动企业家、农村能人、返乡大学生、退伍军人等参与乡村振兴的积极性，鼓励创业创新。

各位代表！城市、城镇、农村是我们生活的空间载体，统筹城乡一体化发展是新时代的必然要求。我们将瞄准建设高品质城市、高品位城镇、高颜值农村，不断改善人居环境，让永和父老乡亲生活得更有尊严、更加幸福！

（四）强化生态治理，厚植绿色发展新优势

始终坚持"只有恢复绿水青山，才能使绿水青山变成金山银山"理念，持续加大投入，加强生态环境治理，真正使优美的生态环境成为一张靓丽的永和名片。筑牢生态屏障。严守生态保护红线、永久基本农田控制线，确保全县耕地保有量和基本农田保护面积不减、质量不降。大力推进"五个一批"林业生态建设，投资3016万元，实施三北防护林、吕梁山生态脆弱区荒山造林、通道荒山造林工程，完成人工造林3.77万亩，进一步改善县域生态环境。同时，继续加大封山禁牧力度，坚决遏制放牧反弹势头，巩固来之不易的生态治理成果。坚决向污染宣战。持之以恒抓好生态环境治理，按照市委、市政府铁腕治污、科学治污、依法治污、精准治污、转型治污、系统治污、联动治污和全民治污"八个治污"要求，研究出台《2018年生态环境治理攻坚行动实施方案》，深入开展环境容量管控、大气环境治理、水体环境提标、土壤环境修复、农村环境整治、环境安全保障、生态环境保护、监管能力提升"八大工程"，重点推进大气污染、水体污染、土壤污染专项治理。实施大气污染治理工程。持续开展燃煤锅炉改造、城市集中供暖、散煤治理专项行动，同步推进露天夜市烧烤、建筑施工扬尘、重点区域环境等集中整治，投资1.58亿元，实施秸秆综合循环利用项目，切实减少大气污染物排放；通过PPP模式，实施城市集中供暖、"煤改气"、"煤改电"项目，新增供热面积17.8万平方米，完成个户“煤改气”改造980户、“煤改电”改造160户。同时，严格控制燃煤锅炉准入，严格散煤管控，继续开展优质煤置换，全面落实二氧化硫预警管控措施，扎实推进企业提标改造、油品质量管控、餐饮业油烟净化等专项治理，确保全年二级以上天数达330天以上，二氧化硫排放量同比下降2%，县城建成区清洁供热率达到80%以上，县域空气质量持续向好。实施水污染治理工程。以项目落地促进治理达标，投资2080万元，实施污水处理厂扩容改造、垃圾处理渗滤液建设、畜禽粪污治理项目，全面消灭沿河直排口，确保全县水质达标。实施土壤污染治理工程。严格落实《土壤污染防治行动计划》，做好土壤治理与修复基础工作，完成土壤污染调查与评估，加大对农药、化肥、种子等农资市场监管力度，确保县域土壤环境符合生态发展需求。

各位代表！改善生态功在当代、利在千秋。我们将坚定不移地实施生态立县战略，高擎绿色指挥棒，亮明绿色执法剑，守好绿色责任田，让我们永和这片土地蓝天长驻、青山常在、碧水长流！

（五）着眼改善民生，满足人民群众新期待

坚持“共享”发展的理念，以增进民生福祉为目的，大力发展民生事业，健全和完善社会保障体系，不断满足人民群众对美好生活的向往，让更多的福祉、更多的温暖普惠民众。优先发展教育事业。投资698万元，实施桑壁镇中心幼儿园、芝河镇幼儿园建设项目，不断完善城乡教育基础设施，加快职业中学计算机实训基地建设，确保职教中心顺利通过省级验收。进一步深化教育教学改革，扎实推进“三优”工程、“青蓝”工程，着力提升教师素质，提高教育教学水平，努力办好人民满意的教育。提升医疗服务水平。深入推进县乡医疗卫生机构一体化改革，健全完善医疗集团运行机制，让医改政策惠及更多群众；切实改善就医环境，投资7900万元，完成新医院配套设施建设，购置医疗器械设备，确保今年投入使用；抓住国家卫健委定点帮扶我县的契机，深入推进“百千万卫生人才培养工程”，不断提升医护人员专业能力。同时，全面做好公共卫生和疾病防控工作，助推医疗水平的整体提升。丰富群众文化生活。积极组织消夏晚会、广场舞培训、篮球赛及文艺下乡等群众性文体活动，开展送戏下乡、送电影下乡、送文艺下乡等文化下乡惠民活动，持续推进全民健身运动，切实丰富群众精神文化生活。切实强化社会保障。深入实施社保人群全覆盖工程，深化机关事业单位工作人员养老保险制度改革，推进社会保险征缴扩面，落实社会救助制度，加强城乡低保信息化动态管理，对特殊困难群体实行分类施保、应保尽保。持续实施“四大暖心工程”，切实让广大群众享受到政策的红利、改革的成果，不断提升幸福指数。

各位代表！为人民群众谋福祉是政府的不懈追求和光荣使命。我们将怀着对人民群众的深厚感情，大力实施民生工程，全力推进社会事业，无论财政多么困难，我们用于民生的支出只增不减！为群众兴办的好事实事只增不减！

（六）坚持标本兼治，维护和谐稳定新局面

始终绷紧平安和谐这根弦，不断加强社会管理与创新，持续提升人民群众的满意度和安全感。

1. 打好防范化解重大风险攻坚战。打好防范化解重大风险攻坚战，是中共十九大提出的明确要求，也是中央、省委、市委明确提出的重点任务。一是主动化解政府债务风险。根据中央、省、市化解政府债务工作要求，全面排查，摸清底数，抓好自查自纠，通过盘活国有资产、压缩“三公”经费等一般性支出、培植新税源等措施，扎实做好化债工作。同时，树立资本运作理念，强化资本运营思维，积极拓展运用新的融资渠道，鼓励引导社会资本通过PPP等模式参与项目建设和社会公共事业，为经济健康发展提供有力支撑和保障。二是高度重视金融风险防范。坚决打击违法违规金融活动，进一步规范民间借贷行为；积极帮助县域金融机构化解不良贷款，构建良好的金融生态环境。三是严厉打击非法集资行为。重点完善金融风险监测预警和应急处置机制，依法查处非法吸收公众存款、集资诈骗、高利转贷、暴力催收等违法违规行为，及时消除非法集资引发的重大社会不稳定隐患，做好打击恶意逃废金融企业债务和化解企业担保链风险工作，从源头上遏制非法集资行为。

2. 坚持不懈抓好安全生产工作。按照“总体安全观”和“四铁”的要求，深入推进安全生产领域改革创新，继续深化“五化一杜绝”，持续开展安全隐患排查、安全生产专项整治、打非治违三项行动，切实抓好道路交通、非煤矿山、地质灾害、食品卫生、校园校舍、森林防火、天然气开发利用等重点行业和重点领域的专项整治。同时，扎实开展“安全生产执法年”活动，严格落实挂牌责任制，以最严厉的责任追究确保安全生产各项制度的落实，着力夯实安全生产这一基础，坚决遏制安全生产事故发生，确保我县安全形势稳定向好。

3. 加强和创新社会治理。大力实施“以德为先、依法治县”战略，持续开展“法治下乡”、“七五”普法等活动，增强全民守法意识；着力推进“平安永和”建设，实施“雪亮工程”、警务通项目，建立健全“全域覆盖、全网共享、全时可用、全程可控”的公共安全视频监控体系，不断强化社会治安综合治理，增强突发公共事件应急处置能力；创新信访工作体制机制，妥善化解社会各类矛盾，切实维护社会和谐稳定。深入开展农村地区、农贸市场、建筑工程、交通运输、非法讨债、涉黄涉赌场所、工矿资源、旅游行业等重点地区、重点行业、重点领域的扫黑除恶专项行动，特别是对阻挠全县重点工程建设，敲诈勒索，侵害国家、集体、群众利益的不法行为，坚决予以严厉打击，绝不手软。

三、全面提升政府自身建设水平

施政之要，贵在落实、重在实干！我们要强化政治引领，勇担时代进步新使命，全面提升政府自身建设水平，努力打造建设人民满意的服务型政府。

一是坚持强化政治引领。牢固树立“四个意识”，始终坚定“四个自信”，坚决做到“四个服从”，自觉维护以习近平同志为核心的党中央权威和集中统一领导。始终在政治立场、政治方向、政治原则、政治道路上，同以习近平同志为核心的党中央保持高度一致。始终保持昂扬状态，不断强化进取精神，勇于担当、主动作为、善干善成，在高质量发展大潮中争先进、创特色。深入推进“两学一做”教育常态化制度化，扎实开展“不忘初心、牢记使命”主题教育，提高政治觉悟，增强政治定力，不折不扣贯彻中央、省委、市委和县委的各项决策部署，同心同德、同向发力、同频共振，确保政令畅通、令行禁止。

二是坚持推进依法行政。始终把依法行政贯穿于政府工作全过程，严格依照法定权限和程序履行职责，切实做到依法办事、秉公用权、为民执政。牢固树立法治观念。坚持法律红线不可逾越、法律底线不可触碰，自觉将法治理念贯穿到经济社会发展的各环节、各领域，切实维护宪法法律权威，运用法治思维推动改革、促进发展、维护稳定。严格规范决策程序。坚持科学、民主、依法决策，严格执行公众参与、专家论证、风险评估、合法性审查、集体讨论决定等决策程序，健全完善政府法律顾问制度，确保决策程序依法规范、过程科学民主、结果经得起检验。依法履行政府职能。坚决贯彻县委决策部署，认真执行县人大及其常委会决议决定，扎实办理人大议案、代表建议和政协委员提案，自觉接受人大法律监督和政协民主监督，高度重视网络媒体、群众舆论监督，使依法办事成为政府工作的常态。

三是坚持优化营商环境。按照全省开展的“六最”营商环境建设年活动要求，深入推进“放管服效”改革，着力为企业营造公平、公正、法治、高效的发展环境。充分激发市场主体活力，全面推行企业投资项目承诺制，实行无审批管理。按照政府统一服务、企业承诺的方式，实现清单、平台、流程、窗口和管理“五统一”，为转型发展提供坚强的环境保障。加快推进“诚信永和”建设，完善守信联合激励和失信联合惩戒机制，营造诚信社会环境。大力推进“互联网＋政务服务”，加快政务事项全流程网上办理，让数据“多跑路”，群众和企业“少跑腿”。

四是坚持强化作风建设。全面落实中央新“八项规定”，驰而不息纠正“四风”，结合“强化责任、严守纪律、树好形象”专项治理活动，全面查找问题，切实找准问题，逐项研究、认真整改，全面提升整体素质。进一步强化责任担当。大力倡导知责明责、守责担责的担当精神，坚决纠正办事拖沓敷衍、责任上推下移等懒政庸政怠政行为，对照县委工作思路、工作目标，主动认领任务，对每一项工作、每一个任务制定工作清单，定出目标，做到工作项目化、责任明确化、措施具体化，以目标倒逼进度、以督查倒逼落实，全力推动各项工作落实。进一步弘扬务实政风。坚持说实话、谋实事、出实招、求实效，多谋打基础、利长远的工作，多办惠民生、得民心的实事，坚决反对不作为、慢作为，只说不干、坐而论道等官僚主义作风，切实把精力用在谋发展上，把劲头用在抓落实上。

五是坚持提高工作效率。全面落实“13710”工作制度，建立完善首问负责、一次性告知、限时办结、公开承诺和责任追究等制度，着力解决相互掣肘、推诿扯皮、作风拖拉、效率低下等问题，不断提升政府服务效能。同时，加快建设移动办公 OA 系统，逐步推广到乡镇、部门，实现文件、工作安排瞬时传输批阅，继续发挥微信工作群的作用，建立综合、分项工作群，推行“微信办公”，减少会议次数，切实提高政务工作效率。

六是坚持塑造廉洁形象。坚持把纪律挺在前面，严守党的政治纪律和政治规矩，坚持“标本兼治、综合治理、惩防并举、注重预防”的反腐倡廉方针，全面落实新时代党风廉政建设各项规定，扎实推进政府系统党风廉政建设。持续加强理想信念、党风党纪、政策法规和廉洁自律教育，进一步筑牢拒腐防变的思想防线。认真履行“一岗双责”，逐级靠实责任，层层传导压力，全面落实分管领域党风廉政建设“第一责任人”职责，着力构建统一领导、分工负责、相互协调、齐抓共管的工作格局。持续加强工程建设、扶贫资金、公共资源交易、政府采购等重点领域审计，从源头上防止腐败问题发生。坚持失责必问、问责必严，严查损害群众利益、为政不廉的案件，以清廉的作风和良好的形象取信于民。

中国人民政治协商会议第九届永和县委员会常务委员会工作报告

——在政协第九届永和县委员会第三次会议上

（2018 年 4 月 9 日）

永和县政协主席　宋新亮

2017 年工作回顾

2017 年，是我县转型提速、大步跨越的关键一年，也是县政协竭诚履职、助力发展的重要一年。一年来，在县委的正确领导下，在县人大、县政府和社会各界的大力支持下，县政协常委会坚持以学习贯彻中共十九大精神为统领，团结带领全县政协委员，紧紧围绕县委、县政府重大决策部署，牢牢把握团结和民主两大主题，认真履行职能，积极发挥作用，圆满完成了九届二次会议确定的工作任务，政协各项工作呈现出规范有序、协调推进的良好局面。

一、始终坚持党的领导，进一步筑牢思想政治基础

习近平总书记强调："人民政协事业要沿着正确方向发展，就必须毫不动摇坚持中国共产党的领导"。一年来，县政协常委会始终坚持以习近平新时代中国特色社会主义思想武装头脑，广泛凝聚各方面智慧和力量，不断夯实政治协商基础，始终把坚持党的领导、落实县委决策，作为政协履职的根本，确保政协事业正确的政治方向。通过全体会议、常委会议、集中培训、集体学习等多种形式，深入学习党的十八大，十八届四中、五中、六中全会和十九大精神，认真学习习近平总书记视察山西重要讲话精神，更加自觉地提高了政治站位，坚定了政治方向，"四个意识"得到不断增强，"四个自信"实现不断提升。政协党组坚定贯彻执行党的路线方针政策和省、市、县决策部署，自觉接受县委领导；及时主动向县委汇报重要工作、请示重要事项、反映重要情况。准确把握政协性质定位，围绕县委中心工作建言献策，切实把党的指导思想、政策主张转化为全体政协委员和社会各界的思想共识和自觉行动；坚持抓大事、议大事，把政协工作紧紧融入全县大局，始终与县委决策部署无缝对接、合拍共振。

二、聚焦全县发展大局，进一步发挥协商咨政作用

围绕中心、服务大局是人民政协履行职能的根本遵循。一年来，县政协常委会自觉把政协工作放到全县发展大局中去思考、谋划和推进，力求各项工作围绕中心不偏离、服务大局不缺位。先后召开县政协九届二次全委会，主席会议 6 次，常委会议 4 次，组织专题协商讨论、视察调研活动 20 余次，形成调研报告、建议报告等 20 多篇，各项履职工作取得了扎实成效。

政治协商不断加强。进一步完善了全会集中协商、常委会重点协商、主席会专题协商、专委会对口协商等机制，通过大规模讨论、小范围座谈、公开协商、内部沟通等方式，丰富了协商形式，拓展了协商渠道。结合实际，科学确定了全年常委会的协商议题和协商工作要点，不断深化重点协商。一年来，常委会围绕脱贫攻坚、城乡建设、民生改善等群众最关心、最直接、最现实的利益问题，重点以主导产业发展、旅游开发利用、能源工业壮大、推进脱贫攻坚、创建国家卫生县城等重点领域进行调查研究、协商讨论，向县委、县政府提交了《关于加快三基建设的调研报告》《关于加快水资源保护及水利基础设施建设的调研报告》《关于提升现代公共文化服务水平的调研报告》《关于推进城乡义务教育一体化改革情况的调研报告》等一系列具有针对性、前

瞻性、可操作性的意见和建议，积极推动县委、县政府各项决策部署落到实处。

民主监督更加务实。九届二次会议以来，我们共征集提案60件，立案58件。这些提案围绕全县的工作大局，涉及经济发展、民生改善、城乡建设、脱贫攻坚等各个方面，抓住了群众关心的热点、难点问题。通过增加集体提案比重、健全提案交办制度、及时召开提案交办会等，与提案办理部门建立联系沟通、办理询问、研讨交流等方式，积极探索党委、政府及职能部门与政协组织、委员协作办理提案工作机制，加强督办落实，推进了提案办理由“答复型”向“落实型”的转变，提高了办理质量和服务质量，确保提案所反映的问题得到解决和落实。针对脱贫攻坚、文化旅游融合、招商引资、医药一体化改革等重点工作，常委会多次组织开展专题视察活动，形成了《关于推动文化与旅游融合发展的调研报告》《我县医疗卫生事业发展中存在的问题和建议对策》等建议报告；主动加强与省、市政协联系，实现了三级联动，通过开展脱贫攻坚专项视察监督，形成了《进一步加快贫困地区脱贫攻坚工作的视察监督报告》，真正做到了出主意、献良策，善议政。进一步加强社情民意信息工作，严格按照《委员履职考核办法》《信息工作考评办法》等制度，将信息工作与委员履职考核相挂钩，努力提高委员参与率，在抓好数量的同时，更加注重提高信息质量，打造精品信息，向党政领导科学决策提供重要参考。县委加书记、政府范县长对政协社情民意信息工作非常重视和支持，多次给予批示和关注，一年来，共编辑上报《社情民意信息》30期37篇，其中，《关于在山区贫困县发展菌草种植试验基地的建议》《关于合理配置幼儿教师的建议》《关于快递包装回收的建议》等10余篇信息被省、市政协《社情民意》采用，特别是政协常委张英平编写的《关于精准扶贫的几点建议》经省政协《社情民意》转送至全国政协《社情民意》综合采用，并被评为“市政协优秀社情民意信息”。

参政议政成效显著。在九届二次全会上，委员们准确把握全县经济社会发展重点，围绕脱贫攻坚、产业发展等中心工作，积极建言献策，提交议政发言材料30余篇，为全县创卫工作、脱贫攻坚等提供了重要参考。同时，以落实县委“五个一”活动为抓手，围绕县委决策部署和县政府工作思路，深入开展大调研活动，建实言、献实策、出实招、办实事，形成了一批立意高、质量好的建议报告、建议案等，为县委、县政府提供了重要决策依据。调研前，经主席会议精心选题，科学定题，有的放矢；调研中，由分管副主席牵头，抽调业务精通、能力突出的委员组成调研小组，深入基层，多形式、多角度、全方位了解情况，掌握实情；调研结束后，会商研讨，形成了《关于加快推进我县脱贫攻坚工作的调研报告》《永和县农村医疗卫生事业发展情况调研报告》《关于推进招商引资工作的调研报告》等调研成果，有力助推了县域经济社会发展。

脱贫攻坚精准发力。县政协常委会始终紧紧围绕县委、县政府中心工作，主动投身脱贫攻坚主战场，想其所想，急其所急，始终做到思想上同心、目标上同向、工作上同步。政协班子成员及机关包联桑壁镇桑壁村、署益村、侯家庄、护国村、长索村、前龙石腰村，阁底乡阁底村、高家塬村、罗岔村、乌华村，交口乡索珠村11个村委，严格实行了主席、副主席带头，工作队包村联户帮扶工作机制，依托机关派驻村工作队，深入乡镇，驻村入户进行帮扶。结合产业扶贫、生态扶贫、电商扶贫等十大脱贫工程，与建档立卡贫困户面对面谈心交流，制定措施，共谋发展，引导贫困户转变思想，帮助其筹措资金、引进技术、发展产业，以产业扶贫、教育扶贫、核桃树认领“三项行动”的扎实开展，实现脱贫攻坚精准发力。在产业扶贫行动上，围绕林果、畜牧等，帮助贫困户因地制宜，发展特色农业。在全国政协委员陈寒枫的指导下，在4个乡镇试种植巨菌草100亩，为20户贫困户每户每年增加收入3000元；其中，索驼村巨菌草种植已形成规模，辐射带动周边贫困户发展种植养殖，效益初现；桑壁村大力发展农机合作社，加快推进土地流转，扩大了经济作物种植面积，有效提高了贫困户收入。在教育扶贫行动上，动员机关干部职工捐资助学，为阁底乡小学和幼儿园全部学生捐赠了学习和生活用品，着力改善贫困农村学生学习条件；充分发挥委员联系广泛的优势，由工商界部分委员与永和籍在外企业家共同发起了“背起书包回家乡，扶贫助教”公益活动，共为贫困户子女捐资捐物7万余元，帮助解决“上学难”问题，确保贫困户公平享有教育资源。在核桃树认领行动上，创新帮扶载体，通过与北京熙岚尚美生物科技有限公司合作，在全县发起了核桃树认领公益行动，利用网络众筹等模式开展认领，并动员全体政协委员积极参与，募集核桃树认领资金2万余元，扩大了公益行动影响力，提高了社会各界参与度，帮助贫困户打开了销路、增加了收入。同时，充分发挥政协自身优势，动员广大政协委员，对建档立卡贫困户进行思想上帮扶，激发贫困户内生动力，增强主动脱贫的信心，在硬战役、主战场上体现了政协的担当和作为，展现了政协委员的良好风采。

三、广泛开展联谊交流，进一步汇聚人心智慧力量

充分发挥政协团结各界、联系广泛的独特优势，积极发挥大团结大联合作用，努力把团结的面扩得更广，把团结的同心圆画得更大。深入开展了“讲政治、讲纪律、讲学习、讲团结、讲大局、讲奉献”“六讲”活动，组织了“不忘初心、同舟前行”——喜迎十九大共筑中国梦大型主题晚会，展示了委员们良好的履职风采和精神风貌，为全县人民送上了一份精美的消夏文化大餐。在县委的指示下，县政协和县委组织部、县工商联共同开展了“迎老乡、回故乡、建家乡”活动，借助槐花采摘等文化旅游节的平台，组织了“槐花飘香系乡情·回乡创业助脱贫”联谊活动，为在外永和老乡搭建了招商引资、引智、引才平台；在北京、太原等地广泛开展联谊活动，邀请在外工作、经商的永和籍人士回乡创业，支持家乡、回报家乡，进一步联络了情谊，凝聚了力量。加书记、范县长高度重视对外联谊交流工作，多次给予指示、指导，亲自参加各类活动，积极深入沟通交流，激发了永和在外人士助力脱贫攻坚、维护大局稳定、支持永和发展的浓浓家乡情。积极响应“书香永和”建设，以“同心书屋”为平台，开展了“委员读书活动”，通过组织委员读书座谈、研讨、交流，撰写读书笔记60余篇、心得体会和经验交流材料40余篇，委员读书学习氛围更加浓厚，履职能力得到进一步提升。围绕“健康永和”的要求，协助筹建了山西致中太极拳俱乐部永和基地，并邀请省、市太极拳名家多次举办培训、交流活动，扩大了太极拳影响力；并建立了太极拳练习站点，为广大太极拳爱好者提供了活动场所。部分工商界委员和我县企业资助了“中海沃邦杯”消夏篮球赛、“尧博源杯”永和好声音等文体活动，进一步丰富了群众文化生活。不断加强社会主义核心价值观教育，持续巩固精神文明创建成果，通过了市级精神文明单位复审。聘请地质专家，组织专门创作队伍，编辑完成了近50万字的《永和县地质旅游科普导引（初稿）》，该书将文化旅游与地质科普相结合，进一步丰富了我县旅游内涵，为县委、县政府决策提供了地情资料和历史经验；通过实地调查，结合征集资料，完成了《永和县药用植物资源汇编（初稿）》的编撰，收录各类药用植物400余种，以翔实的资料，为我县药用植物资源研究和利用提供了参考。

四、全面加强自身建设，进一步夯实履职服务平台

县政协常委会认真对照“懂政协、会协商、善议政”的要求，主动适应新形势新任务，全面加强自身建设。切实加强学习培训。以“两学一做”学习教育常态化制度化和维护核心、见诸行动主题教育为契机，坚持周一机关集体学习制度，多形式、多途径加强对政协机关人员和委员的学习、培训。先后邀请省政协领导、专家就中共十九大知识，政协基本理论知识、反映社情民意信息等工作对委员们进行了专题辅导，使他们开阔了眼界，拓展了思路，提升了能力。切实加强制度建设。自觉跟进“三基建设”，全面加强政协组织和政协委员的政治把握能力、调查研究能力、联系群众能力、合作共事能力。健全和完善了全委会、常委会、专委会、民主监督等工作制度，完善了权益保障、知情反馈、沟通协调等机制，建立健全了各种议事规则和工作程序，着力推进工作的制度化、规范化、程序化，为政协履行职能提供制度保障。切实加强党的建设。严格落实“三会一课”制度，积极开展“主题党日”等活动，不断加强政协党组和政协党支部建设。全面落实党风廉政建设主体责任，坚持从严要求，严格执行中央八项规定等工作纪律，持续狠刹“四风”，不断加强委员队伍建设和机关党风廉政建设，党建工作得到进一步加强。

2018 年工作安排

2018 年，是全面深入贯彻中共十九大精神的开局之年，是改革开放 40 周年，也是全面打好脱贫攻坚战、创建国家卫生县城的关键一年。做好今年的工作，意义重大。今年我县政协工作的总体要求是：深入学习贯彻中共十九大精神，以习近平新时代中国特色社会主义思想为指引，在中共永和县委的坚强领导下，牢牢把握正确政治方向，紧紧围绕县委“实施四大战略、抓好八项重点、打好三场攻坚战、推动两大工程”的总体思路，凝聚思想政治共识，增强协商议政实效，强化民主监督职能，提高自身建设水平，努力开创我县政协工作新局面，为建设美丽永和、富裕永和、人文永和、平安永和贡献智慧和力量。

一、用习近平新时代中国特色社会主义思想武装头脑，忠诚担当履职

中共十九大在政治上、理论上、实践上取得了一系列重大成果，作出了中国特色社会主义进入了新时代等重大政治论断，对巩固和发展爱国统一战线作出了新部署，对做好新时代中国特色社会主义人民政协工作提出了新要求，也赋予了人民政协更加光荣的使命。要把学习贯彻中共十九大精神作为重大政治任务，把习近平新时代中国特色社会主义思想作为统揽政协工作的总纲，组织引导政协机关和广大政协委员，进一步兴起学习贯彻的热潮，努力提高政治素养和思想理论水平，通过学习进一步提高参政议政的针对性、时效性和可操作性，强化社会责任感，使中共十九大精神成为推动政协事业发展的强大思想武器。坚持把学习领会习近平新时代中国特色社会主义思想作为重中之重，在学懂弄通做实上狠下功夫，领悟精神实质、把握核心要义，切实增进高度的政治认同、思想认同、理论认同、情感认同，夯实团结奋斗的共同思想政治基础。坚持把学习领会贯彻中共十九大精神与落实省市县相关会议的决策部署紧密结合起来，与落实中共十九大、全国“两会”对政协工作的新部署、新要求紧密结合起来，精准把握新时代人民政协工作的性质、定位、任务，明确履职主攻方向和重点任务，进一步探索政协履职的新路径、新举措，展现政协事业发展的新气象、新作为。

二、紧紧围绕县委县政府的战略部署，积极主动履职

新时代新征程，要始终坚持围绕中心、服务

大局，聚焦事关全县改革发展稳定的重大问题咨政建言；要始终坚持“人民政协为人民”的理念，紧扣人民对美好生活的向往展现政协担当，说政协话，做政协事，像政协样。在政治协商上，要围绕“四大战略”“三大攻坚战”“两大工程”等重大决策部署，充分运用好全体会议、常委会议、主席会议等协商形式，不断加强专题协商、对口协商、界别协商等协商方式，精选课题，精深调研，精准建言，广泛协商。今年，常委会研究制订了“312”协商工作计划，重点就“脱贫攻坚、创卫工作、乡村振兴”等课题安排3次常委会协商，就“文化旅游”安排1次专题议政协商，就“环境保护治理、发展优质教育”安排2次专项监督性视察，为县委、县政府科学决策建言献策、贡献智慧。在民主监督上，要按照中共十九大关于加强人民政协民主监督的新要求，坚持从党政所思、群众所盼、政协所能出发，针对全县重大决策部署的贯彻落实、群众反映强烈、社会普遍关注的突出问题开展民主监督，切实增强监督实效。重点围绕脱贫攻坚、创建国家卫生县城、产业结构优化、旅游产业开发等领域，通过提案参政、社情民意议政等方式，为县委、县政府倾听民意、集中民智、科学决策提供参考，并对建言成果的转化落实情况及时进行跟踪监督，确保建议落到实处、取得实效。要进一步加强与社会各界的沟通联系，积极搭建协商平台，为他们在政协建言发声创造更好条件，着力营造畅所欲言、各抒己见的民主氛围，努力构建多渠道协商、多形式参政的良好格局，切实增强监督实效。在参政议政上，要千方百计把人才优势和智力优势转化为工作优势，精心组织政协委员对我县发展过程中的重大问题，开展调查研究、咨询论证和视察活动，在宏观决策上出点子，在解决实际问题上下功夫，真正使议政议到点子上，建言建到关键处，提高议政建言的层次和力度。在信息工作上，全体政协委员要有高度的社会责任感，在信息工作上多动脑筋、多下功夫；要拓展信息渠道，多方搜集挖掘信息，把有代表性的信息及时快捷地反映上来，力争上报信息在数量上有增加，质量上有提高，层次上有提升；要加强信息业务培训，切实提升委员的信息编写水平；要加大信息奖励力度，激发广大委员编写信息的热情，推动我县社情民意信息工作再上新台阶。

三、牢牢把握团结和民主两大主题，勠力同心履职

深入开展团结联谊活动，进一步密切与工商联、无党派人士和社会各界的联系，健全沟通联络机制，畅通表达渠道，扩大团结面，增进共识度，为实现全县经济社会发展增加助力、汇聚合力。继续和县委组织部、县工商联积极开展“迎老乡、回故乡、建家乡”等活动，为永和招商引资聚力持续发力；积极投身“槐花节”“红枣采摘节”等，为永和扩大影响主动作为；全力参与各级永和商会筹备工作，为永和籍老乡回乡创业创优条件，为吸引和带动更多的有识之士关注、支持、参与永和发展、扩大招商引资搭建平台，积极发挥政协作用，通过广泛团结联谊汇集力量。要紧紧围绕“产业兴旺、生态宜居、乡风文明、治理有效、生活富裕”的乡村振兴目标，突出攻坚深度贫困这一重点，深入调查研究，大力开展产业扶贫、健康扶贫、电商扶贫“三项行动”，在脱贫攻坚和推动发展上精准发力。开展产业扶贫行动，围绕农村土地流转、巨菌草种植、经济林发展、畜牧养殖等，充分利用各种资源，帮助贫困户因地制宜发展特色产业，多渠道助推贫困村脱贫、贫困户增收。开展健康扶贫行动，围绕“健康永和”建设，组织委员进行送政策、送医疗、送温暖等为民服务活动，广泛宣传健康扶贫政策，强化健康素养教育，引导群众树立健康生活理念，让贫困户不得病、少得病，减轻群众负担、减少因病返贫，促进民生改善。开展电商扶贫行动，充分发挥政协委员在电子商务领域的资源优势和影响力，帮助贫困户在网上销售平台实现自营，拓展农产品销售渠道，解决销路不畅、产品价格过低的问题，促进增收、稳定脱贫。同时，加快完成《永和县地质旅游科普导引》《永和县药用植物资源汇编》等文史资料书籍的编辑印制；认真征集资料信息，启动永和乡村文化等文史资料的编撰工作，充分发挥政协文史工作“存史、资政、团结、育人”的独特作用。

四、全面加强政协自身建设，优质高效履职

认真贯彻落实习近平总书记关于政协委员要切实提升政治把握、调查研究、联系群众、合作共事“四种能力”的要求，坚持把能力提升作为重要任务和现实课题，一以贯之，久久为功。要加强委员队伍建设。进一步健全委员培训制度，通过集中培训、专题辅导、实践锻炼、外出考察等多种方式、多种途径，进一步加大培训力度，帮助委员知情明政、开阔视野、提高能力，为委员履职提供更加便利的条件。围绕“书香永和”和“健康永和”建设，依托“同心书屋”、委员活动室，继续推进委员读书活动，举办读书知识比赛、诗词朗诵会、红歌赛等活动，开展太极拳、乒乓球、羽毛球等文体健身活动，丰富委员活动形式。同时，要按照《委员履职考核办法》《信息工作考评办法》等制度，全面加强委员履职管理，完善委员履职档案，将调研参与率、会议参加率、提案与社情民意信息提交率纳入履职评价机制；继续完善委员履职表彰制度，用荣誉激励委员，用责任调动委员，用活动凝聚委员，进一步激发委员履职尽责的能动性。要加强政协党的建设。政协机关要全面贯彻新时代党的建设总体要求，坚持全面从严治党，扎实开展“不忘初心、牢记使命”主题教育，旗帜鲜明讲政治，强化机关服务保障能力，更好地发挥政协组织作用。继续开展政协“六讲”活动，认真贯彻落实中央八项规定精神，全面落实从严治党主体责任，切实加强党风廉政建设，严守政治规矩和纪律底线，坚持不懈反“四风”、转作风，切实提高机关服务意识、服务能力、服务实效，打造一支政治坚定、作风优良、业务熟练的政协机关干部队伍。

各位委员、同志们，走进新时代，履行新使命，开启新征程，更需新作为。让我们更加紧密地团结在以习近平同志为核心的党中央周围，在中共永和县委的坚强领导下，坚持以习近平新时代中国特色社会主义思想为指引，凝聚最广泛的共识、凝聚最充分的智慧、凝聚最广大的力量，忠诚履职，勇于担当，积极作为，不断谱写我县人民政协事业新篇章，为建设美丽永和、富裕永和、人文永和、平安永和做出新的更大贡献！

创卫工作专记

综　述

【概　况】 永和县创建国家卫生县城指挥部办公室（简称“创卫办”）成立于2016年1月18日。2018年，办公地址在永和县河西路，有工作人员15名。其中主任1名，副主任4名，工作人员10名，所有人员均是从政府办、食品药品监督管理局、卫计局、住建局、爱卫办、教科局等单位抽调而来；有办公用房4间，会议室1间。按照永和县提出的“一年打基础、两年上台阶、三年夺牌子”的创卫工作思路，创卫办围绕年初确定的目标任务，发挥和调动各职能部门的作用，实施创卫重点项目，申报国家卫生县城，收集相关创卫资料，开展城乡环境卫生整洁行动，改善环境卫生面貌，推进国家卫生县城创建工作。

【组织学习培训】 2018年4月，永和县完成创卫申报工作。为完善创卫资料，创卫办组织召开创卫资料收集归档工作安排会，对涉及创卫重点单位的资料收集进行培训。5月9—10日，创卫办组织阁底乡、食品药品监督管理局、住建局、疾控中心、卫生监督所、执法大队、爱卫办等创卫重点单位赴岢岚县学习交流。6月20日，县委书记加天山带领政府办、创卫办、住建局、环保局、执法大队等单位负责人赴忻州市学习考察国家卫生县城创建工作，明确各单位职能职责，为创卫打下基础。

2018年4月18日，临汾市爱国卫生巡回宣传组在永和县文化广场举行全国第30个爱国卫生宣传月现场宣传活动

创建工作

【营造创卫氛围】 2018年，永和县创卫办结合爱国卫生月宣传活动，分别于3月5日、4月18日、5月28日利用学雷锋日、爱国卫生月等契机在县文化广场开展3次大型宣传活动。结合基础设施改造项目，在高速路口及进城沿线设立宣传标语及宣传版面；各乡镇结合实际，通过粉刷标语，发放宣传资料，广播通知等形式进行宣传；广电中心在永和电视台和广场电子屏开设专栏，滚动播出创卫宣传片、环境卫生整治行动系列报道、环境整治曝光台、健康教育大讲堂等栏目；执法大队开通微信公众号，开展环境卫生“随手拍”活动，公布举报电话，接受群众举报；住建局印制发放《整治环境卫生倡议书》《乱泼乱倒整治

宣传资料》；教育系统开展“小手拉大手”环境整治宣传活动，以点带面，扩大宣传范围。全年发放1.8万多册《创建国家卫生县城口袋书》《国家卫生乡镇（县城）标准》《永和县农村改厕宣传资料》《永和县城镇容貌和环境卫生管理办法（试行）》等。

【监督检查】 永和县按照城乡环境卫生整洁行动要求，围绕城区环境卫生提升工程、乡村环境卫生清洁工程、道路环境卫生改善工程3项工作内容，创卫办组织7个乡镇、住建局、执法大队、交通局、公路段对全县环境卫生进行集中整治。执法大队按照《永和县城镇容貌和环境卫生管理办法（试行）》，集中对城区机动车辆停放、流动商贩售卖、商店占道经营、私搭乱建行为、户外广告设置等影响市容市貌、环境卫生的违规行为进行整治，城区环境秩序得到改善。

【创卫基础设施改造工程】 永和县创建国家卫生县城基础设施改造工程总投资10054.97万元，2018年3月开工，实施范围为创卫八大片区，覆盖城区及城郊，实施内容主要包括外立面美化亮化，文化挡墙、景观墙建设，护坡、排水沟美化，宣传标语制作安装等，建设理念以宣传社会主义核心价值观、中国梦、文明永和建设、旅游兴县、乡土民俗为主。一、二、四片区建设基本完成，其余片区基础设施改造准备

2018年2月22日，永和县党政领导在县创卫办调研指导创卫工作

招投标前期手续。农村无害化厕所改造项目总投资为547万元，项目于8月30日进行公开招投标，截至12月完成建设300座，2019年6月底完工。

【道路改造工程】 2018年，为进一步夯实市政基础建设，永和县实施城西路雨污分流管网道路改造项目。项目由永和县住建局负责实施，2018年底工程基本完工。

【城乡环境卫生整洁行动】 2018年6月，永和县启动城乡环境卫生整洁行动。6月7日，召开全县城乡环境卫生整洁行动动员暨创卫工作推进会，县委书记加天山，县委副书记、政府县长范洋平出席会议并讲话。下发《永和县城乡环境卫生整洁行动工作方案》，成立由县委书记和县长任组长、县人大常委会主任任常务副组长、3名政府副县长任副组长、7个乡镇及相关单位“一把手”为成员的城乡环境卫生整洁行动领导组。为明确职责，细化任务，压实责任，创卫办将全县城乡环境卫生整洁行动工作划分为城区、乡村、路域3个方面，制定《永和县城区、乡村、路域环境卫生整洁行动任务清单》（简称“任务清单”），明确各项任务的整治标准与责任单位，落实领导包联制，将7个乡镇与创卫八大片区相结合划分为8个区域，由16名副县级领导负责包联。创卫办组织食品药品监督管理局、工商质监局、卫生监督所与执法大队等重点单位，按照创卫标准，对全县范围内食品加工点、宾馆、理发店、KTV、小浴室等“五小”行业与广场、医院、汽车站等重点场所进行专项整治。6月，创卫办与爱卫办配合，开展第二批次除“四害”（苍蝇、蚊子、老鼠、蟑螂）工作，范围涉及学校、宾馆、广场、河道、公厕、旅游景区、创国卫乡镇等。相关单位按照职责要求，对照任务清单摸排问题，建立问题清单，统一编号汇总，逐一销号整改。问题汇总在册94个，全部整改完成。为推动环境卫生整洁行动，县人大常委会通

2018年5月9—10日，永和县创卫办组织阁底乡、住建局、食品药品监督管理局、爱卫办、疾控中心、卫生监督所等单位工作人员再赴岢岚县学习创建国家卫生县城先进工作经验

过《关于两级人大常委会联动开展城乡环境卫生整洁行动专项监督的决定（草案）》，制定下发《关于县乡人大常委会联动开展城乡环境卫生整洁行动专项监督工作方案》，成立由人大常委会主任任组长、4名人大常委会副主任任副组长的4个督查组，明确工作任务及督查区域。召开督导领导组会议5次，开展督导检查6次，推动全县城乡环境卫生整洁行动。

（曹小龙）

大事记

1月

4日 永和县三类城市语言文字工作迎评安排会在政府四楼视频会议室召开。教科局负责人就迎接国家三类城市语言文字评估工作进行安排部署。

10日 县委中心组召开专题会议。集中学习习近平总书记《弘扬“红船精神”走在时代前列》署名文章。县委书记加天山、县人大常委会主任马连青、县政协主席宋新亮等县四大班子领导参加学习。加天山主持会议并带领与会人员学习习近平总书记《弘扬“红船精神”走在时代前列》署名文章。

13日 由永和县委宣传部、红门书院主办，永和县文联、籍塾阁博物馆协办的“2017年度山西新锐诗人颁奖典礼暨诗意永和采风活动”在永和县举办。

11—13日 山西省委组织部部务委员张晓永一行在永和县开展送中共十九大精神、送政策、送技术、送温暖到村到户活动，帮助贫困户解决实际困难。

16日 永和县人大常委会主任马连青，副主任连永梅、刘双龙、药虎奎组成考察调研组，在县城市执法大队、公安局考察调研公安、交警、城市管理执法工作。

同日 临汾市政府副市长（挂职）、永和县委副书记（挂职）胡小濛主持召开永和县建档立卡贫困户住院报销流程及“一站式”服务讨论会。

17日 永和县在县服务楼会议室举办新任农村（社区）“两委”主干培训会。永和县委书记加天山，县委副书记、政府县长范洋平，县委常委、纪委书记、监委主任王卫成，县委常委、宣传部部长白永明及各乡镇党委书记、乡（镇）长等180余人参加培训。

18日 国家卫生计生委副主任王培安在永和县开展扶贫调研活动。山西省卫生计生委副主任武晋，临汾市政府副市长陈忠辉、胡小濛（挂职），永和县委副书记、政府县长范洋平及县直有关单位负责人陪同调研。

同日 “融通天下、鼎力永和”太原市永和商会成立大会在太原市迎泽宾馆二楼晋泽厅举行。

19日 永和县政协主席宋新亮到山西省第六届科普惠农特色优质农产品展销会永和县特色产品展示区和奇奇里第一书记展区参观。

24日 永和县举办第一届“永和好人”颁奖典礼，县委书记加天山，县委副书记、政府县长范洋平等县四大班子领导参加活动，并为诚实守信、敬业奉献、见义勇为、扶贫济困、助人为乐、孝老爱亲13名“永和好人”颁奖。

26日 永和县红枣保险理赔暨扶贫战略合作协议签订仪式在永和宾馆四楼会议室召开。

29—30日 永和县2017年度目标责任考核测评会议召开。

2月

1日 永和县政府副县长李占军在阁底乡东征村、西后峪村委走访慰问贫困户。

同日 永和县召开专题会议，研究解决霍永高速公路二期工程建设中存在的征地、苗木赔偿等相关遗留问题。永和县委书记加天山，县委副书记、政府县长范洋平，县委常委、纪委书记、监委主任王卫成，县委常委、政法委书记刘元福，县委常委、常务副县长马健，以及公、检、法和相关乡镇、霍永高速公路二期指挥部负责人参加会议。

2日 中共永和县委十三届四次全会暨经济工作会议在县服务楼会议室召开。永和县委书记加天山，县委副书记、政府县长范洋平，县人大常委会主任马连青，县政协主席宋新亮，县委常委、政法委书记刘元福，县委常委、宣传部部长白永明，县委常委、组织部部长张淑明等县级领导及各镇、县直各单位二把手参加会议。

5日 永和县委书记加天山带领县委办、民政局、住建局等单位负责人看望慰问县城环卫工人。

同日 永和县开展严厉打击非法采矿的"亮剑行动"。永和县政府副县长李占军带队在砖厂、中海沃邦气站进行全面检查。

同日 临汾市政府副市长张翔、胡小濛（挂职）到永和县走访慰问光荣院、困难企业、困难群众、劳模、伤残退伍军人和参战退伍军人，永和县委书记加天山，县委副书记、政府县长范洋平，政府副县长李占军一同慰问。

6日 永和县委书记加天山，县委副书记、政府县长范洋平，县人大常委会主任马连青，县政协主席宋新亮，县委常委、政法委书记刘元福，县委常委、宣传部部长白永明，政府副县长王润贵等四大班子领导集体慰问人武部、消防队官兵和社会福利院老人。

同日 临汾市政府副市长胡小濛（挂职）一行4人到永和县对"两会"、"两节"（元旦、春节）期间全县安全生产工作进行督查。

同日 永和县举办2018年"不忘初心勇担当、牢记使命谱新篇"新春文艺晚会，县委书记加天山，县委副书记、政府县长范洋平等县领导与社会各界欢聚一堂，喜迎新春。

7日 永和县召开1月安全生产例会暨春节、"两会"期间安全工作部署会议，县委副书记、政府县长范洋平，县委常委、政府副县长马健，政府副县长王丽霞、薛新平，以及各乡镇、各单位负责人参加会议。

13日 永和县脱贫攻坚汇报会召开。县委书记加天山，县委副书记、政府县长范洋平，政府副县长王润贵、周宏，以及各乡镇、县直有关部门负责人参加会议。

14日 永和县委副书记、政府县长范洋平，政府副县长李占军带领安监、工商等部门负责人到新天能源天然气门站、客运站、交警队、烟花爆竹销售点、格林海连锁酒店、加油站、客多超市、环卫队、自来水公司、春源供热有限公司等地就节日期间安全生产工作进行检查指导，看望慰问节日期间奋战在一线的工作人员。

22日 永和县举办"助力2018年全省旅发大会——美丽永和百人健步走"活动，县委书记加天山，县委副书记、政府县长范洋平，县人大常委会主任马连青，县政协主席宋新亮等四大班子领导、县直各总支代表及永和县健步爱好者参加活动。

同日 永和县委书记加天山，县委副书记、政府县长范洋平，县政协主席宋新亮，副县长周宏等四大班子领导到创卫办、县脱贫指挥部、城市执法大队看望、慰问工作人员。

27日 永和县在政府四楼视频会议室召开全

县信访联席扩大会议，县委书记加天山，县委副书记、政府县长范洋平，县委常委、政法委书记刘元福，县委常委、政府副县长马健，以及县直有关单位负责人、各乡镇长参加会议。

3月

2日　永和县党政班子联席会议在县委常委会议室召开，县委书记加天山，县委副书记、政府县长范洋平，县人大常委会主任马连青等四大班子领导参加会议。

3日　永和县委书记加天山，县委常委、宣传部部长白永明，政府副县长王勇强带领林业部门负责人在坡头乡就退耕还林、脱贫攻坚等工作进行调研。

4日　永和县“一县一策”征求意见座谈会在永和宾馆四楼会议室召开。永和县委书记加天山，县人大常委会主任马连青，政府副县长王润贵、周宏、李占军、王勇强，党校常务副校长白新民出席座谈会。

6日　中共永和县第十三届纪律检查委员会第三次全体会议在县服务楼会议室召开。

8日　尤迈慈善基金会精准扶贫项目“协和专家献爱心”助力基层医疗，首次与永和县人民医院开展远程会诊。

9日　山西省旅发委与永和县委、县政府就永和旅游产业发展及旅游扶贫工作进行专题座谈。山西省旅发委党组书记、主任盛佃清，旅游促进处处长赵俊泽，产业发展处副处长张永成，永和县委书记加天山，县委副书记、政府县长范洋平，政府副县长刘宇参加座谈会。

13日　山西师范大学思想政治教育实践基地揭牌仪式在红军东征永和纪念馆举行。永和县委书记加天山，山西师范大学党委常委、宣传部部长薛珠峰出席仪式并为山西师范大学思想政治教育实践基地揭牌。

同日　永和县委农村工作暨脱贫攻坚会议在县服务楼会议室召开。

同日　永和县书香永和建设推进会在县委常委会议室召开，县委书记加天山，山西省林业职业技术学院党委副书记张爱仙，县委常委、宣传部部长白永明，政府副县长王丽霞参加会议。白永明主持会议。

14日　永和县“河长制”推进会暨第一次联席会议在县服务楼会议室召开。永和县委书记加天山，县委副书记、政府县长范洋平，县委常委、政府副县长马健，政府副县长王润贵、周宏、李占军、王丽霞、薛新平参加会议。

15日　青莲读书会永和学习组启动仪式在永和宾馆四楼会议室举行。永和县委书记加天山，县委常委、组织部部长张淑明，政府副县长王丽霞及全县读书爱好者参加启动仪式。

同日　芝河东岸新建坡城中村（棚户区）改造拆迁动员会召开。

20日　永和县脱贫攻坚工作例会在县委常委会议室召开。永和县委书记加天山，县委副书记、政府县长范洋平，县人大常委会主任马连青，县政协主席宋新亮等县领导参加会议。

20—21日　山西省委脱贫攻坚第三督查组到永和县督查。省委脱贫攻坚第三督查组组长、省农业厅巡视员陈明昌，督查组副组长、晋城市政协副主席崔守安，永和县委书记加天山，县委副书记、政府县长范洋平等县四大班子领导参加督查汇报会。

22日　山西省交通厅总工程师王四小到永和县，在乾坤湾互通式立交工地、沿黄扶贫旅游公路试验段（段家河至河会里段）就工程进展情况进行专题调研并召开座谈会。临汾市交通局局长白建成，永和县委副书记、政府县长范洋平，县委常委、政府副县长马健陪同调研。

27日　临汾市政府副市长（挂职）、永和县委副书记胡小濛在永和县调研包联的省重点基础设施项目（霍永高速永和县王家坪至永和关段建设项目和中海沃邦的天然气勘探开发项目）进展情况。

4月

3日　山西省人民医院与永和县残疾人联合会签署《关于对永和县失聪人员实施人工耳蜗植入手术的帮扶协议》。山西省人民医院院长李荣山主持召开签约仪式，副院长黄博、耳鼻喉科及相关职能处室负责人与临汾市政府副市长（挂职）、永和县委副书记（挂职）胡小濛等领导出席签约仪式。

4日　永和县各界人士在县革命烈士陵园集会，举行缅怀革命烈士公祭活动。

同日　临汾市党员教育基地在红军东征永和纪念馆挂牌，永和县委书记加天山，县委副书记、政府县长范洋平共同为基地揭牌。

同日　永和县“强化责任、严守纪律、树好形象”专项治理活动动员大会在红军东征永和纪念馆召开。

8日　临汾市政府副市长闫建国带领临汾市交通局等有关部门负责人在永和县调研沿黄公路项目。永和县委书记加天山，县委副书记、政府县长范洋平，县委常委、政府副县长马健陪同。

9日　中国人民政治协商会议第九届永和县委员会第三次会议开幕大会在永和宾馆会议室开幕。永和县委书记加天山，县委副书记、政府县长范洋平，临汾市政府副市长（挂职）、永和县委副书记（挂职）胡小濛，山西省委驻永和扶贫工作队大队长、永和县委副书记（挂职）宋林根，县人大常委会主任马连青，县政协主席宋新亮，县政协副主席冯书霞、樊蒲霖、师卿、马进等参加会议。

10日　永和县十六届人大常委会三次会议在县服务楼会议室开幕。大会的执行主席是加天山、范洋平、马连青、宋新亮、王卫成、刘元福、白永明、张淑明、朱定海。政府县长范洋平作政府工作报告，县人大常委会主任马连青主持会议。

10—11日　山西省交通运输厅厅长闫晨曦到永和县调研三大板块旅游公路和“四好农村路”建设工作，山西省交通运输厅总工程师王四小、临汾市政府副市长闫建国参加调研。

11日　永和县第十六届人民代表大会第三次会议召开第二次全体会议。县人大常委会主任马连青在会上代表永和县人大常委会作工作报告。

同日　永和籍老红军后代捐赠红军遗物仪式在永和宾馆四楼会议室举行。永和籍老红军贺进禄的儿子贺小丁、儿媳薛玲，县委常委、宣传部部长白永明及相关部门负责人参加仪式。

12日　永和县第十六届人民代表大会第三次会议召开第三次全体会议。会议由县人大常委会副主任连永梅主持。大会表决总监票人、监票人名单（草案），宣布总计票人、计票人名单。大会通过无记名投票的方式选举永和县第十六届人民代表大会常务委员会委员。第四次主席团会议结束后主持人宣布选举结果，王连锁、郭军荣当选为永和县第十六届人民代表大会常务委员会委员。

同日　永和县第十六届人民代表大会第三次会议完成各项议程后闭幕。县人大常委会副主任连永梅主持会议。会议表决通过关于永和县人民政府工作报告的决议草案；表决通过关于永和县2017年国民经济和社会发展计划执行情况与2018年国民经济和社会发展计划的决议草案；表决通过关于永和县2017年财政预算执行情况和2018年财政预算的决议草案；表决通过关于永和县人民代表大会常务委员会工作报告的决议草案；表决通过关于永和县人民法院工作报告的决议草案；表决通过关于永和县人民检察院工作报告的决议草案。县委书记加天山在会上讲话。

17—18日　临汾市政协主席张建平在永和

县就政治协商、脱贫攻坚等工作进行调研，并召开座谈会。

20日 国家林业局合作司副司长王春峰一行4人在永和县考察三北防护林工程建设情况。山西省林业厅副厅长张云龙，临汾市政府副市长王兵，临汾市林业局党组书记、局长丁向阳，永和县委书记加天山，县委副书记、政府县长范洋平，政府副县长王勇强陪同考察。

24日 第三届“万步有约”职业人群健走激励大奖赛山西赛区启动仪式在永和县举行。中国疾控中心慢病中心党委书记李志新，山西省疾控中心党委书记梁红梅，永和县委书记加天山，临汾市政府副市长（挂职）、永和县委副书记（挂职）胡小濛，国家万步网副总裁张重辉，县人大常委会主任马连青，县政协主席宋新亮，以及来自山西省11个市、18个参赛县（区）的健走队队员和永和县14支健走队队员参加启动仪式。

同日 山西省妇幼保健院对口帮扶永和县妇计中心签约捐赠暨授牌仪式在卫计局会议室举行。中国疾病预防控制中心妇幼保健中心主任张彤，山西省妇幼保健院院长白继庚，永和县委书记加天山，临汾市政府副市长（挂职）、永和县委副书记（挂职）胡小濛参加签约仪式。

同日 永和县整治群众身边腐败问题工作推进会在永和宾馆会议室召开。县四大班子领导参加会议。

26日 “山西永和文化旅游暨槐花产业扶贫活动（北京）新闻发布会”在北京市丰台区的山西大厦金辇厅召开，国家卫生健康财务司副司长樊挚敏，国务院扶贫办社会扶贫动员处管亮，永和县委书记加天山，县委副书记、政府县长范洋平，临汾市政府副市长（挂职）、永和县委副书记（挂职）胡小濛，县人大常委会主任马连青，县政协主席宋新亮等领导出席新闻发布会；《北京日报》高级编辑、作家、散文家李培禹等10余位作家及文艺界人员到现场为活动助兴；北京永和商会的企业家代表及数十家国内主流媒体的记者到场。

5月

3日 临汾市政府副市长张翔，临汾市政府副市长（挂职）、永和县委副书记（挂职）胡小濛在永和县就地质灾害防治、重点工程项目及脱贫攻坚等工作进行督查。永和县政府副县长李占军及相关部门负责人陪同。

5日 “游黄河、品槐花、助脱贫”——永和文化旅游暨槐花产业扶贫活动在花儿坡开幕。

7日 永和县委书记加天山带领县农委、畜牧中心等部门负责人在交口乡乡恋农牧专业合作社、文才种植养殖合作社就养驴产业、葡萄种植产业发展等进行调研。永和县委常委、宣传部部长白永明参加调研。

9日 永和县召开四大班子联席会议。县委书记加天山，县委副书记、政府县长范洋平，县人大常委会主任马连青，县政协主席宋新亮等四大班子领导参加会议。加天山主持会议。政府副县长李占军汇报永和县人民政府与蒲县宏源投资有限公司沿黄旅游保护性开发框架协议的讨论稿。永和县委常委、组织部部长张淑明汇报全县2018年拟定的党建项目，政府办负责人汇报全县2018年拟定的重点工程，脱贫办负责人、财政局负责人汇报全县脱贫攻坚整合资金情况。

同日 山西省委组织部副部长陈跃钢到永和县调研脱贫攻坚工作。永和县委副书记、政府县长范洋平，县委常委、组织部部长张淑明，政府副县长薛新平一同调研。

11日 由永和县委宣传部、教科局、文化局、卫计局等单位参加的2018年文化、科技、卫生“三下乡”活动启动仪式在桑壁镇举行。县委常委、宣传部部长白永明，政府副县长薛新平及各相关部门负责人出席启动仪式。

13日　永和县委书记加天山，县委常委、政法委书记刘元福在坡头乡白家崖村就香菇种植产业发展情况进行专题调研。

同日　永和县委书记加天山主持召开“强化责任、严守纪律、树好形象”专项治理活动集体谈话会议。

16日　中国石油西气东输管道公司在永和县开展山区管道泄漏突发事件联合应急演练。中国石油西气东输管道公司副总经理李锴、永和县政府副县长王润贵、永和县公安局局长张峥嵘，以及西气东输各省管理处负责人、县直相关单位负责人、企业负责人出席活动。

同日　山西省人大常委会委员、民宗侨外工委主任王安庞一行到永和县就旅游产业发展情况进行专题调研。临汾市人大常委会副主任张学伟陪同，永和县政府县长范洋平参加调研。

17日　永和扶贫日启动仪式分别在坡头乡、芝河镇、桑壁镇、交口乡、阁底乡、南庄乡、打石腰乡举行。

26日　永和县委书记加天山带队，临汾市政府副市长（挂职）、永和县委副书记（挂职）胡小濛等县领导，以及农委、林业、畜牧等部门负责人，各乡镇书记和驻村第一书记参加，对坡头乡“一村一品一主体”产业扶贫工作进行现场观摩调研。

28日　临汾市政府副市长陈忠辉带领市直相关部门负责人到永和县就县乡医疗卫生机构一体化改革、创建国家卫生县城、高考安全工作进行调研，并召开汇报会。永和县政府副县长王丽霞陪同调研，就全县创建国家卫生县城、县乡医疗卫生机构一体化改革、高考安全工作进行汇报。

30日　临汾市委常委、纪委书记、监委主任周计伟到永和县就纪检监察工作、重点项目建设、脱贫攻坚等工作进行调研。永和县委副书记、政府县长范洋平，县委常委、纪委书记、监委主任王卫成陪同调研。

6月

5日　永和县委书记加天山，县委副书记、政府县长范洋平，县人大常委会主任马连青，县政协主席宋新亮，县政府副县长王丽霞等县四大班子领导及相关单位负责人到永和县第一高级中学就永和县2018年高考准备工作进行督导检查。

同日　山西省人大常委会副主任、临汾市委书记岳普煜到永和县调研脱贫攻坚工作。永和县委书记加天山，县委副书记、政府县长范洋平陪同调研。

6日　临汾市委常委、组织部部长刘文华在市委组织部联系帮扶点永和县阁底乡奇奇里村，为基层党员干部讲了一堂题为“强化党建引领，凝聚磅礴力量，奋力谱写新时代乡村振兴新篇章”的专题党课。永和县委书记加天山，县委副书记、政府县长范洋平，县委常委、组织部部长张淑明参加党课学习并陪同调研。

12日　山西宏源集团有限公司董事长马长江带领中青旅联科公关顾问有限公司执行总经理葛磊、国内知名田园综合体策划和农产品品牌发展专家陈宁一等中青旅考察组到永和县就旅游开发、设计等工作进行实地考察。永和县委书记加天山、政府副县长李占军陪同考察。

13日　山西省粮食局局长王云龙一行到永和县打石腰乡调研光伏发电、旅游路建设、红枣加工、脱贫攻坚工作开展情况。永和县委副书记、政府县长范洋平陪同调研。

15日　山西省卫生计生委体改处副处长原效国一行3人对永和县县乡医疗机构一体化示范县建设情况进行督导并召开督导汇报座谈会，县医改领导组成员单位负责人参加会议。

同日　永和县集中整治取缔黄河永和段非法采砂工作紧急会议在县常委会议室召开。永和县委书记加天山，县委副书记、政府县长范洋平，县委常委、纪委书记、监委主任王卫成，县委常委、政法委书记刘元福，政府副县长周宏及有关部门负责人参加会议。周宏主持会议。会议传达了全省黄河山西段采砂工作会议精神。

20日　临汾市政府副市长王兵在永和县检查黄河采砂查封情况。

26日　临汾市政府副市长王兵带领市扶贫办负责人到永和县就脱贫攻坚工作进行调研。永和县委副书记、政府县长范洋平，政府副县长王润贵陪同调研。

28日　永和县迎“七一”健康扶贫系列活动启动仪式在县文化广场举行。

29日　永和县纪念中国共产党成立97周年暨“两优一先”表彰大会在县服务楼会议室召开。

30日　永和县举办“不忘初心、砥砺前行”庆祝中国共产党成立97周年暨永和县“迎七一、助旅发”原创音乐会。

7月

1日　“唱响乾坤湾”中国音协合唱联盟经典合唱团“黄河颂”专场音乐会暨光未然先生手书《黄河颂》碑刻揭幕仪式在永和县黄河蛇曲国家地质公园举行。中国作家协会书记处原书记、中华文化促进会原副主席金坚范，山西省政协原副主席、中华文化促进会副主席、山西中华文化促进会主席姜新文，中华文学基金会秘书长李小慧，以及永和县委书记加天山，县委副书记、政府县长范洋平等县四大班子领导出席揭幕仪式。

同日　永和县在红军东征永和纪念馆举行党员宣誓活动。全体与会人员重温入党誓词。

同日　临汾市政府副市长闫建国带领临汾市交通局负责人在永和县就沿黄旅游公路建设情况进行调研。

同日　永和县交口乡政府驻地由交口村迁往南楼村。

2—3日　临汾市政府副市长张翔在永和县冯苍村开展驻村帮扶工作。看望慰问贫困户、老党员、老干部，督查全县“三基建设”工作。永和县委副书记、政府县长范洋平，政府副县长李占军陪同。

3日　临汾市委常委、军分区政委王振富一行在永和县坡头乡调研脱贫攻坚工作。

4—5日　国家卫生健康委疾控局局长毛群安一行到永和县调研指导健康扶贫工作，中国疾控中心副主任梁晓峰，国家卫生健康委疾控局综合处处长徐克明，临汾市政府副市长（挂职）、永和县委副书记胡小濛（挂职），山西省卫生计生委疾控处处长冯智，山西省疾控中心主任张睿孚，临汾市疾控中心主任张重辉陪同调研。其间，在永和宾馆会议室召开健康扶贫一县一策对口支援会议。

4—5日　世界旅游城市联合会首席专家、中国旅游协会度假分会会长魏小安，山西宏源集团有限公司董事长马长江，临汾市旅游发展委员会主任李艾珍到永和县就文化旅游等产业发展情况进行实地考察。永和县委书记加天山，政府副县长李占军、刘宇陪同考察。

9日　永和县委副书记、政府县长范洋平，政府副县长周宏、李占军带领国土、环保、水利、住建、芝河镇等单位负责人到县砖厂、芝河河道、河西路施工现场、污水处理厂等地就地质灾害防治和环保工作进行检查。

10—11日　水利部黄河水利委员会水政局副局长归帆带领督导组到永和县督查黄河河道采砂整治工作。永和县委副书记、政府县长范洋平，政府副县长周宏等陪同督查。

11日　永和县生态环境治理攻坚行动暨大气环境突出问题专项督查工作安排部署会议在县政府召开。

11—13日　民建山西省委副主委白德恭带领民建山西省委第二脱贫攻坚民主监督工作组到永和县开展脱贫攻坚民主监督工作。永和县委副书记、统战部部长郝巍，县政协主席宋新亮，临汾市科协主席、民建临汾市委主委蔡志强，永和县委常委、组织部部长张淑明，政府副县长王勇强，县政协副主席马进陪同。

12日　山西工商学院传媒学院在永和县桑壁中心校举行社会实践基地揭牌仪式。永和县政协主席宋新亮、副主席马进及驻村工作队员、桑壁村第一书记参加揭牌仪式，为山西工商学院传媒学院赠送锦旗。

17日　“永和扶贫日”暨爱心助学公益活动捐助仪式在永和县第一高级中学召开。永和县委书记加天山，县委副书记、政府县长范洋平，县人大常委会主任马连青，县政协主席宋新亮等县四大班子领导，北京中海沃邦能源投资有限公司永和分公司、新天能源有限公司、永和县昆仑管道销售有限公司等爱心企业负责人参加。

18—20日　国家发展改革委地区司原副巡视员杨桨一行在永和县就易地扶贫搬迁工作进行督查调研并召开座谈会。临汾市政府副市长王兵出席座谈会，介绍全市易地扶贫搬迁工作。

20日　由永和县原国税局与永和县原地税局组建的国家税务总局永和县税务局正式挂牌。

21—22日　由共青团中央、全国学联主办，共青团临汾市委员会、共青团山西师范大学委员会、临汾学联承办，在山西省临汾市举办“三晋文化促团结，青春共筑中国梦”山西省临汾市同心营活动，在永和县黄河蛇曲国家地质公园开展“东征魂·黄河情”——重走东征路活动。

21—22日　深圳市山西商会组织30多位爱心企业家走进永和，助力永和脱贫攻坚。

22日　永和县委书记加天山在永和宾馆四楼会议室，围绕“学习‘大学问’追逐复兴梦”主题，为县直单位的党员干部讲授党课。

23—24日　国家卫生健康委财务司副司长刘魁带领中国医学装备协会、上海联营医疗科技有限公司、北京民生智库大数据研究院等相关负责人在永和县就脱贫攻坚、健康扶贫等工作进行调研。临汾市政府副市长（挂职）、永和县委副书记（挂职）胡小濛陪同调研。

23—24日　山西省交通运输厅总会计师郭贵堂、临汾市督导组组长刘小平、临汾市交通局局长白建成一行在永和县就沿黄旅游公路、“四好农村路”建设情况进行督导并召开座谈会。永和县委副书记，政府县长范洋平，县委常委、政府副县长马健一同督导。

27日　以山西警察学院纪委书记马民英为组长的省扫黑除恶专项斗争督导组在永和县对扫黑除恶专项斗争工作开展情况进行督导。永和县委书记加天山，县委副书记、政府县长范洋平等县领导及县扫黑除恶专项斗争领导组相关成员单位负责人参加会议。

8月

2日　永和县贯彻落实全省生态环境保护大会精神暨市委、市政府督查问题整改部署会在县政府四楼视频会议室召开。永和县委书记加天山出席会议并讲话。县委副书记、政府县长范洋平主持会议。县四大班子领导及各乡镇党委书记、乡（镇）长，县环保重点工作及问题整改领导组各成员单位主要负责人参加会议。

5日　永和县委书记加天山，县委常委、人武部部长朱定海带领扶贫局、脱贫攻坚指挥部负责人，在桑壁镇就建档立卡动态调整工作进行专题调研。

8日　永和县2018年中海沃邦杯消夏篮球赛在县体育场拉开帷幕。永和县委书记加天山，临汾市政府副市长（挂职）、永和县委副书记（挂职）胡小濛，县人大常委会主任马连青，县政协主席宋新亮等县四大班子领导参加开幕式。

9日　永和县委书记加天山，县委常委、纪委书记、监委主任王卫成，县委常委、政法委书记刘元福在县公安局、县法院、县司法局等单位就扫黑除恶工作进行专题调研。

10日 永和县委书记、县环保重点工作及问题整改领导组组长加天山带领环保等部门负责人在东山水厂等地就县环保重点工作及问题整改情况现场办公。县委常委、政法委书记刘元福，政府副县长李占军参加。

12日 永和县与山西宏源沿黄文化旅游发展有限公司签订沿黄现代农业文化旅游合作协议。临汾市旅发委主任李艾珍，永和县领导加天山、范洋平，山西宏源集团有限公司董事长马长江等出席签约仪式。

同日 永和县柴油货车、散装物料运输车污染治理和散煤专项整治联合执法行动安排部署会在县政府四楼视频会议室召开。

14日 永和县庆祝首个中国医师节表彰大会暨文艺会演活动在县服务楼会议室开幕。永和县委书记加天山，县委副书记、政府县长范洋平，临汾市政府副市长（挂职）、永和县委副书记（挂职）胡小濛，县人大常委会主任马连青等参加会议。

同日 永和县举办“实施乡村振兴战略，努力开创新时代‘三农’工作新局面”专题讲座。加天山、马连青、王卫成、白永明、张淑明等县四大班子领导及各乡镇书记、乡镇长、副书记和分管农业工作的副乡镇长，县直各单位负责人参加讲座。

15日 永和县“市委市政府环保督察交办问题”整改工作推进会在永和宾馆四楼会议室召开。永和县委书记加天山，县委副书记、政府县长范洋平出席会议并作讲话。

同日 永和县在县服务楼会议室举办第三届“好基地讲好故事”爱国主义教育专场故事会。

16日 临汾市委扫黑除恶第二督导组到永和县督查并召开汇报会。永和县委书记加天山，县委常委、纪委书记、监委主任王卫成，县委常委、政法委书记刘元福参加会议。

同日 永和县举行柴油货车和散装物料运输车污染治理联合执法专项行动启动仪式，与省、市同步打响污染防治“零点行动”。县委副书记、政府县长范洋平，县委常委、政府副县长马健及联合执法组全体执法人员参加启动仪式。

18日 永和县芝河镇刘家庄永鑫家庭农场通过山西省农业厅等部门的考核，被评为省级示范家庭农场，县农经中心为该农场挂牌。

20日 助力2018年山西省旅发大会·精准扶贫——“中国龙·乾坤湾”2018国际摄影名家采风暨全国摄影家黄河风光摄影大赛，在永和县乾坤湾景区拉开帷幕。

28日 永和县创建全国健康促进县暨省级慢病综合防控示范区建设动员会在政府四楼视频会议室召开。临汾市政府副市长（挂职）、永和县委副书记（挂职）胡小濛及创建领导组成员单位负责人参加会议。

29日 临汾市高层次人才国情研修班在永和县东征村开班。临汾市委组织部副部长、临汾市人社局局长韦阳，永和县委常委、组织部部长张淑明出席开班仪式。

30日 永和县政法队伍集中整肃专项活动动员会在县服务楼会议室召开。

同日 临汾市政协副主席程明温带领市重点项目督查组到永和县就转型项目建设年和固定资产投资等工作进行专项督查。永和县委副书记、政府县长范洋平，县政协主席宋新亮，县委常委、政府副县长马健陪同督查。

9月

3日 临汾市政府副市长闫建国带领临汾市交通局、文旅委等部门负责人在永和县就乾坤湾互通、沿黄公路建设情况进行调研。

5—6日 永和县对全县27个重点项目进行

观摩，并召开全县经济运行分析暨重点项目观摩推进会。县委书记加天山，县委副书记、政府县长范洋平，县委副书记、统战部部长郝巍，县人大常委会主任马连青，县政协主席宋新亮等县四大班子领导参加观摩和会议。

9日 永和县庆祝第34个教师节暨表彰大会在县服务楼会议室召开。县委书记加天山，县委副书记、政府县长范洋平，县人大常委会主任马连青，县政协主席宋新亮，政府副县长王丽霞参加会议。会议由范洋平主持。

同日 永和县“重温红色经典·传承东征精神”主题党日活动暨“永远的怀念”毛泽东诗词诵读会在红军东征永和纪念馆举行。县四大班子领导参加活动。

10日 临汾市政协主席、市委统战部部长张建平，临汾市政协副主席刘小才带领市政协攻坚深度贫困落实情况专项联动视察监督组，在永和县进行专项联动视察监督工作。

13日 “壮美黄河”第十三届全国网络媒体山西行采风团50多家媒体的80多名记者在永和采风。

18日 永和县坡头乡白家崖村举行扶贫“爱心超市”揭牌仪式。省直单位驻永和县扶贫工作队大队长、永和县委副书记（挂职）宋林根，县委常委、组织部部长张淑明，县关心下一代工作委员会主任吕发群，以及白家崖村全体党员、干部和贫困代表、村民代表参加揭牌仪式。

19日 山西省湖南商会、山西省贸易学校中秋慰问活动暨助学捐赠仪式在永和县第一高级中学报告厅举行。永和县政协主席宋新亮，县人大常委会副主任连永梅，山西省湖南商会秘书长王文，山西省贸易学校党委委员、副校长尹春雷参加捐赠仪式。

20日 山西省卫计委副主任冯立忠在永和县就县乡医疗卫生机构一体化改革工作进行调研。永和县政府副县长王勇强陪同调研。

26日 省委脱贫攻坚第六督导组进驻永和开展督导工作，并召开汇报会。省委脱贫攻坚第六督导组组长、省政协经济委员会副主任刘德政，督导组副组长郝钧藩及省委脱贫攻坚第六督导组全体成员出席会议。永和县委书记加天山，县委副书记、政府县长范洋平等县领导参加会议。

28日 2018年省委党校“送教下乡”永和培训班开班，永和县特邀山西省委党校教授林洁、肖安邦进行专题培训。

同日 永和县在县文庙大殿前举行戊戌年“祭祖颂德、与时谐进”纪念孔子2569周年诞辰大典，以诵读祭文、敬献花篮、行鞠躬礼、经典诵读等礼仪纪念至圣先师孔子。

29日 永和县在县服务楼会议室召开生态环境保护大会。

30日 永和县在革命烈士陵园举行缅怀革命烈士公祭活动。县委书记加天山，县委副书记、政府县长范洋平，县人大常委会主任马连青，县政协主席宋新亮等县四大班子领导及社会各界代表参加公祭活动。

10月

11—12日 山西省政协原副主席朱先奇带领省政协深度贫困地区脱贫攻坚专项考察监督组在永和县就脱贫攻坚工作进行调研。省政协常委、农村委员会主任丁文禄，省政协深度贫困地区脱贫攻坚专项视察监督组长王建成一同考察监督，临汾市政协主席张建平一同考察监督并主持汇报会。

17日 永和县庆祝重阳节老干部座谈会在永和宾馆四楼会议室召开。县委书记加天山，县委副书记、政府县长范洋平，县委常委、组织部部长张淑明及部分老干部代表参加会议。

同日 永和县桑壁镇举办“10·17”国家扶贫日活动暨第三届苹果节开幕式。县政协主席宋新亮，县委常委、宣传部部长白永明，县人大常委会副主任连永梅、药虎奎，政府副县长薛新平，县政协副主席冯书霞、师卿、马进等参加会议。

同日　永和县在县文化广场举行第五个国家扶贫日宣传活动。

18日　永和县第十次妇女代表大会在永和宾馆四楼会议室召开。县委书记加天山出席会议并作讲话。

19日　“快乐运动、幸福成长”永和县第十六届中小学生运动会开幕式在县青少年活动中心举行。县委书记加天山，县人大常委会主任马连青，县委常委、宣传部部长白永明，政府副县长王丽霞，县政协副主席冯书霞等出席活动。

10月31日至11月1日　山西省人大常委会副主任、临汾市委书记岳普煜到永和县调研脱贫攻坚、项目建设、扫黑除恶等工作。临汾市委常委、政法委书记郭行杰一同调研。永和县委书记加天山，县委副书记、政府县长范洋平等领导陪同调研。

11月

1日　山西美协副主席、山西画院副院长、国家一级美术师王志英一行20余人到永和县举办助力脱贫攻坚文化交流暨采风活动。县委书记加天山、县政协主席宋新亮，以及相关单位和乡镇负责人参加活动。

2日　国家卫健委科教司巡视员金生国在永和县就卫生、计生人才状况、培养等工作进行调研。临汾市政府副市长（挂职）、永和县委副书记（挂职）胡小濛，政府副县长王丽霞陪同调研并参加座谈会。

6日　国家卫健委机关党委副书记刘丽等一行在永和县就党建扶贫项目进行对接。临汾市政府副市长（挂职）、永和县委副书记（挂职）胡小濛，永和县人大常委会主任马连青，县政协主席宋新亮等县领导陪同。

7日　永和县举办学习贯彻习近平新时代中国特色社会主义思想读书班开班仪式。永和县委书记加天山，县委常委、组织部部长张淑明及参训学员参加开班仪式。

15日　山西省交通运输厅厅长闫晨曦在永和县调研三大板块旅游公路和“四好农村路”建设工作。临汾市政府副市长闫建国陪同调研。

17日　永和县委副书记、政府县长范洋平主持召开易地扶贫搬迁工作推进会议并作讲话。政府副县长王润贵就全县拆旧复垦、产业发展工作进行安排部署。

18—19日　国家卫健委规划司副司长齐贵新、规划司处长李军一行在永和县调研扶贫工作。临汾市政府副市长（挂职）、永和县委副书记（挂职）胡小濛陪同调研。

21日　人民卫生出版社捐赠仪式暨基层医生培训会在永和宾馆四楼会议室举行，人民卫生出版社党委副书记、纪委书记徐景兰，临汾市政府副市长（挂职）、永和县委副书记（挂职）胡小濛，政府副县长王丽霞参加。

26日　县委常委、组织部部长张淑明，政府副县长周宏等在常委会议室对脱贫攻坚工作中行动迟缓、推进不力的南庄乡社里村驻村单位主要负责人进行集体约谈，对存在的问题进行逐一交办。

27日　永和县在县服务楼会议室召开2018年度住建工作推进会暨环卫工作表彰大会。政府副县长李占军及住建局全体干部职工、一线环卫工人、城市执法大队全体人员参加大会。

29日　山西省政府副省长陈永奇在永和县就攻坚深度贫困、深化农村改革等进行调研。山西省农业农村厅厅长乔建军，山西省扶贫办主任刘志杰，临汾市委副书记李云峰，永和县委书记加天山，县委副书记、政府县长范洋平等领导陪同调研。

30日　由永和县总工会、共青团永和县委、县妇联主办的以“美丽永和、我们在行动”为主题的“助力污染防治攻坚战”环保宣传活动启动仪式在县文化广场举行。县委书记加天山，县人大常委会主任马连青，县政协主席宋新亮，县委常委、政法委书记刘元福，县委常委、宣传部部长白永明，县人大常委会副主任连永梅，县政协副主席冯书霞、樊蒲霖、马进及社会各界代表出席启动仪式。

12月

1日　永和县委副书记、政府县长范洋平在芝河镇甘露河村、长乐村、霍家沟村检查指导脱贫攻坚工作。

4日　永和县法院、公安局、司法局、环保局、教科局、统计局等多家单位在县文化广场开展宪法宣传活动。

5日　山西新天能源公司开展城网燃气泄漏临时封堵应急抢险演练活动。

8—9日　临汾市脱贫攻坚交叉检查组在永和县交口乡鹿角村、阁底乡高家塬村和坡头乡坡头村检查脱贫攻坚工作，并召开反馈会议。

10日　山西省爱卫办主任李向凯到永和县调研指导创卫工作，临汾市爱卫办主任邢坚强、《人人健康》杂志社主编金朝晖陪同调研。

15日　永和县防治动物重大疫病指挥部召开全县“非洲猪瘟”防控工作专题部署会议，县防治重大疫病指挥部指挥长、政府副县长周宏及指挥部成员单位等30余人参加会议。

17日　临汾市人大常委会副主任张庚博在永和县开展走基层、访代表、听民声活动。永和县人大常委会副主任连永梅、刘双龙、药虎奎等参加活动。

19日　永和县民政工作和推进中央扫黑除恶督导整改落实工作动员部署会在永和宾馆四楼会议室召开。县委书记加天山出席会议并作讲话。

20日　国家心血管病高危人群早期筛查与综合干预项目永和县启动暨捐赠仪式在永和宾馆四楼会议室举行。国家卫生健康委疾控局副局长张勇，国家心血管病专家、阜外医院院长杨跃进，永和县委书记加天山，临汾市政府副市长（挂职）、永和县委副书记（挂职）胡小濛，临汾市卫计委主任王山等相关领导，以及县医疗集团部分人员参加仪式。

23日　永和县防治重大疫病指挥部开展非洲猪瘟防控应急演练。县防治重大疫病指挥部指挥长、政府副县长周宏，以及县畜牧中心、各乡镇兽医站、村级防疫员共计40余人参加应急演练活动。

24日　永和县阁底乡举行易地扶贫集中搬迁入住仪式。阁底乡易地扶贫集中搬迁工程涉及马家湾、前冯家腰、小坪塬、退干4个自然村70户235人，其中29户102人搬入新居，41户133人拿到新居钥匙。

25日　永和县南庄乡举办易地扶贫搬迁入住仪式，县委副书记、政府县长范洋平，县人大常委会主任马连青，县委常委、组织部部长张淑明，政府副县长王勇强，县政协副主席樊蒲霖，以及各乡镇书记、乡（镇）长、县直有关单位负责人、南庄乡部分群众参加活动。

26日　永和县社会各界在红军东征永和纪念馆举行“不忘初心、决胜脱贫攻坚”主题党日活动暨纪念毛泽东125周年诞辰。永和县委书记加天山出席活动并作讲话。永和县委副书记、政府县长范洋平为中国东方歌舞团青年民歌演员王诗沂颁发永和荣誉市民证书。

27日　永和县在永和宾馆四楼会议室召开创建省级出口食品农产品质量安全示范区验收工作座谈会。太原海关食检处处长赵宇晨、山西省农业厅外经处处长王芳、侯马海关局局长孙卫东、侯马海关局副局长张云、永和县政府副县长薛新平及县直相关单位负责人参加会议。

同日 永和县田径协会成立大会在县人大常委会会议室召开。县人大常委会主任马连青，县政协主席宋新亮，县委常委、宣传部部长白永明，县政协副主席马进及田径协会全体会员参加会议。县直相关单位负责人应邀出席会议。会议由马进主持。

29日 霍永高速公路永和县王家坪至永和关段正式通车运营，山西省交通运输厅党组成员、副厅长李贵顺，临汾市政府党组成员、副市长潘海燕等省市领导，永和县人大常委会主任马连青，县政协主席宋新亮，县委常委、政府副县长马健，政府副县长刘宇出席通车仪式。

30日 临汾市政府副市长闫建国到永和县调研脱贫攻坚工作，县委书记加天山，县委副书记、政府县长范洋平陪同调研。

（刘志臻　李　璟）

概　况

自然环境

【地理位置】 永和县隶属于山西省临汾市，地处吕梁山脉南端，黄河中游晋陕大峡谷东岸，临汾市西北边缘。东邻隰县，南连大宁县，北与吕梁市石楼县接壤，西与陕西省延川县 ·河之隔。地理坐标：北纬 36° 31′ 15″ ~ 36° 56′ 45″，东经 110° 22′ 15″ ~ 110° 49′ 42″。县境东西最长横距 41 千米，南北最长纵距 46 千米，总面积 1214.38 平方千米。

【地形地貌】 永和县属晋西黄土残塬丘陵沟壑区，东北高西南低，最高点为茶布山主峰，海拔 1521 米；最低点为芝河入黄河口的取材湾，海拔 511.9 米，相差 1009.1 米。境内山峦重叠，沟壑纵横，梁峁交错。狗头山—楼山—钟楼山山脉，茶布山—双锁山—棋盘山山脉，四十里山—马得脑山—阁山山脉，三大山系布满全境，成“川”字排列，为东北西南走向。芝河从境东北斜流西南，注入黄河，把全境分为两个大三角。境内有 2500 余条沟道，其中 2.5 千米以上的主沟 209 条，1.5 ~ 2.5 千米的支沟 317 条，1.5 千米以下的毛沟 2000 条。植被覆盖率较低，水土流失比较严重，侵蚀模数 0.5 万 ~ 1 万吨 / 平方千米。

【气候条件】 永和县属半干旱半湿润大陆性季风气候，2018 年平均气温 10.0 ℃，极端高温 35.2℃，极端低温 -20.4℃，无霜期平均 200 天，光照充足，年日照时数平均 2336.4 小时，年 10℃以上积温 3774.6 ℃，年平均降水量 479.9 毫米，主导风向为北风，平均风速 1.5 米 / 秒，主要灾害有干旱、低温冷冻、连阴雨等。

自然资源

【土地资源】 永和县土地总面积 1214.38（保留两位小数点）平方千米，合 1821575.12 亩。主要分为农用地、建设用地、未利用地三大类。其中农用地面积 1009645.93 亩，有旱地 358963.50 亩、水浇地 226.55 亩、果园 15251.98 亩、其他园地 87858.53 亩；有林地 73274.98 亩、灌木林地 53650.95 亩、其他林地 354181.90 亩；有农村道路用地 12350.43 亩、坑塘水面 42.62 亩、沟渠 35.55 亩；有设施农用地 119.08 亩、田坎 53689.86 亩。建设用地面积 37236.34 亩，有公路用地 7214.97 亩、管道运输用地 10.72 亩；有水工建筑物用地 76.23 亩；有建制镇用地 3246.14 亩、村庄用地 26192.74 亩、采矿用地 373.45 亩、风景及特殊用地 122.09 亩。未利用土地面积 774692.85 亩，有其他草地 748405.14 亩、河流水面 15236.69 亩、内陆滩涂 9219.30 亩、盐碱地 5.87 亩、裸地 1825.85 亩。

【矿产资源】 永和县矿产资源主要涉及黏土砖厂和天然气。2018 年，全县有 2 个砖厂、2 个天然气开采企业。砖厂企业基本情况：永和县杨家庄砖厂位于芝河镇杨家庄村，开采方式为露天开采，矿区面积0.04平方千米，资源储量100万立方米；永和县亨昌砖厂位于芝河镇药家湾村，开采方式为露天开采，矿区面积0.0375平方千米，资源储量66.6万立方米。天然气产业基本情况：永和县境内探明气质为致密砂岩气，甲烷含量97%以上，不含硫，杂质少，矿种资源类型为天然气。探明储量约为1124亿立方米，可开采量为500亿～770亿立方米。在天然气勘探开发方面，中海沃邦、中石油2家公司2018年完成投资4.9亿元，完成钻井18口、压裂井9口，年产能达到10亿立方米，在天然气转化利用方面，投资2.7亿元的30万吨石油压裂支撑剂项目、投资5亿元的液化天然气储气调峰站项目开工建设。2018年，天然气销售实现纳税2.01亿元，占财政总收入的72%。

【水资源】 永和县地表水主要有降雨径流和泉水两部分，总量6643.5万立方米。其中，洪水径流总量5366.7万立方米，占地表水总量80.78%，清水径流总量1276.8万立方米，70%集中在芝河，其余注入黄河与昕水河。全县泉水出露380余处、多为裂隙水，受季节影响较大。人均水资源1129.7立方米，清水资源217.1立方米。按总耕地面积计算，清水资源26立方米。永和县地下水资源贫乏。距县城1千米的东峪沟有几层泥质砂岩隔水层，每秒涌水2.53立方米。县境内的河流主要有黄河、芝河、桑壁河、峪里河；黄河在县境西部，为永和县与陕西省延川、延长两县的天然界河，北由石楼县南割毡流入永和县南庄乡前北头湾，经咀头、永和关、河会里、阴德河、于家咀、佛堂至交口乡取材湾入大宁境。流经永和县南庄、打石腰、阁底、交口4个乡，15个村委，37村民小组，长约68千米。境内落差52.7米，河床最宽处1000米，最窄处100余米。境内流入黄河的一级支流35条，流域面积1187.5平方米。芝河发源于永和县东北四十里山下坡头乡李家崖的后神沟。自北向南流经坡头、芝河、交口、阁底4个乡镇后注入黄河，全长62千米，是永和县注入黄河的最大一条河，其清水流量0.25立方米/秒，年清水流量788.4万立方米，洪水流量374.1万立方米，流域面积976平方千米，占全县总面积的80.37%。桑壁河发源于茶布山东南侧辛庄村后，流经桑壁镇，中途纳罗泥沟水、岔上沟水、寺河沟水、下均沟水、李塬沟水，于交口乡交口村汇入芝河后流入黄河。全长28千米，清水流量0.05立方米/秒。峪里河发源于大宁县清仙圪岭后沟，自冯家山（交口乡）进入永和县。流经郝家山、峪里、庄头、王家塬、崔家塬、南楼等村，沿大宁、永和两县边境，在坡沙村西取材湾注入黄河。全长23千米，清水流量0.025立方米/秒。泉水有岔上沟泉、下刘台泉、杨家庄泉、任家庄泉、李家崖泉、东征泉、龙口湾泉、西后峪泉、河西坡泉、河里泉、龙吞泉。

【生物资源】 永和县的生物资源丰富，植物除小麦、玉米、豆类、黍类、薯类、棉花等农作物外，调查到的植物有258种，分属82科，其中，木本32科，草本50科。动物有哺乳纲动物狼、狐、麝、兔等11科26种；鸟纲动物猫头鹰、家燕、乌鸦、麻雀等11科33种；爬行纲动物鳖、壁虎、蛇等4科10种；两栖纲动物蟾蜍、蛙等2科4种；硬骨鱼纲动物鲤鱼、鲶鱼等4科5种；昆虫纲动物蝼蛄、蟑螂、蝇等13科21种；蛛形纲动物红蜘蛛、黑蜘蛛、蝎3种；多足纲动物蜈蚣、蚰蜒2种；腹足纲动物蜗牛1种；毛足纲动物蚯蚓等。

建置区划

【建置沿革】 在旧石器时代，永和县芝河两岸有先民在此繁衍生息。西周、春秋、战国、秦时代属于蒲国、蒲阳、北屈管辖。西汉置狐谖县，属司隶校尉部河东郡。东汉中叶后废狐谖县，属司隶校尉部河东郡蒲子县（今隰县）。三国魏黄初元年（220）复置狐谖县，属司州平阳郡。西晋县名、归属均不改。东晋十六国前赵仍承旧制，置狐谖县，属司州平阳郡。后废狐谖县，先后入后赵、前燕、前秦、后秦，属平阳郡蒲子县。北魏复置狐谖县。北魏太延二年（436）废县，属汾州吐京郡。东魏武定四年（546）属晋州平阳郡。北齐后主高纬于故狐谖，城置永和镇。北齐武平元年（570）置临河郡、临河县，属南汾州。北周大成元年（579）废永和镇，仍置临河县，同置归化县，皆属晋州临河郡。隋开皇三年（583）临河郡废，临河县、归化县皆属隰州。十八年（598）临河县、归化县分别改为永和县、楼山县。隋大业三年（607）改州为郡，永和县、楼山县属龙泉郡。大业末废二县。义宁二年（618）置北楼县，属石州龙泉郡。唐武德二年（619）置东和州，贞观初废东和州，改北楼县为楼山县，后改为永和县，属河东道隰州；五代永和县废，先后属梁、唐、晋、汉、周之隰州。北宋复置永和县，属河东路隰州。金属河东南路隰州。元属山西行书省晋宁路隰州。明属山西省平阳府隰州。清属山西省隰州。民国元年（1912）直属山西省；民国3年属河东道，民国16年复属省，民国26年9月属山西省第六行政区，民国29年改属第四行政区，民国34年9月永和县解放，民国35年元月属晋绥边区吕梁分区第十专区，后改属第九专区，民国38年2月划归陕甘宁边区隰县专区，民国38年6月改属晋南中心专属。

中华人民共和国成立之后，1950年属山西省临汾专区，1954年9月属晋南专区。1958年10月10日撤销永和县建制并入吕梁县。1961年5月28日恢复永和县建制，1970年4月复属临汾地区。2000年11月，临汾地区改称临汾市，永和县属临汾市。

【行政区划】 2018年，永和县有2个镇（芝河镇、桑壁镇），5个乡（坡头乡、交口乡、阁底乡、南庄乡、打石腰乡），4个社区（莲花社区、滨河社区、朝阳社区、康谐社区），75个村民委员会，306个自然村，其中芝河镇14个村委，分别为官庄、东峪沟、杜家庄、药家湾、红花沟、下罢骨、前甘露河、城关、榆林则、刘家庄、霍家沟、乐生里、后甘露河、长乐；桑壁镇11个村委，分别为桑壁、署益、堡则、东索基、侯家庄、护国、南寨、前龙石腰、兴义、长索、郑家塬；坡头乡7个村委，分别为坡头、岔口、白家崖、呼家庄、孙家庄、索驼、任家庄；交口乡13个村委，分别为交口、索珠、坡头、赵家岭、冯苍、小南楼、可托、张家塬、南楼、义合、都苏、鹿角、峪里；阁底乡15个村委，分别为阁底、西庄、东征、西后峪、奇奇里、园则沟、阴德河、马家湾、石家湾、雨林、乌华、下辛角、罗岔、高家塬、庄则坪；南庄乡7个村委，分别为红崖渠、白家腰、刘家圪塄、南庄、北河露、社里、郭家村；打石腰乡8个村委，分别为郑家塬、李家塬、郭家山、尉家坬、冯家山、冯家坬、马家岭、辛舍窠。

人口　计生

【人口和计划生育】 2018年，永和县符合政策生育率为100%，自然增长率4.04‰。全县确认各类计生奖扶对象1853人，奖励资金为123.95万元，其中城镇部分计划生育家庭499人，奖励资金29.89万元。为600户独生子女家庭和乡村两级计生人员购买意外伤害保险；组织看望计划生育特殊家庭7户、留守儿童家庭20户、乡村困难计生工作者10人。落实计划生育审查和“一票否决”制度，全年共审核单位59个，审核个人2031人次。

民族宗教

【民　族】永和县人口以汉族为主，有满族、蒙古族等少数民族。2018年年底，全县总人口66183人，其中汉族66145人，满族21人，蒙古族7人，回族3人，壮族2人，朝鲜族1人，土家族1人，黎族3人。

【宗　教】永和县主要有佛教、基督教两大宗教。2018年，全县有信教群众3092人，其中佛教信教群众62人，基督教信教群众3030人。有宗教活动场所10处，教职人员27名，涉及全县7个乡镇、10个行政村。

国民经济和社会发展

【综　合】2018年，永和县地区生产总值完成9.12亿元，同比增长4.3%；社会消费品零售总额完成5.24亿元，同比增长7.8%；固定资产投资完成14.4亿元，同比增长31.6%；财政总收入完成2.79亿元，同比增长17.95%；一般公共预算收入完成1.14亿元，同比增长12.83%；全体居民人均可支配收入10787元，同比增长8.5%；城镇居民人均可支配收入22588元，同比增长8%，农村居民人均可支配收入4098元，同比增长12.7%。各项经济指标增长稳定处于全市第一方阵。其中，GDP增幅高于全市1.5个百分点，固定资产投资、全体居民人均可支配收入同比增速全市第一，城镇居民人均可支配收入增幅全市第二。

【农　业】2018年，永和县农业总产值完成49313.8万元，按可比价格计算，同比增长7.4%。农林牧渔业增加值完成24337.1万元，同比增长7.17%，其中农业14736.4万元，林业4216.4万元，牧业4391.8万元，农林牧渔服务业992.5万元。全年农作物种植面积25426.7公顷，比2017年下降6.5%。粮食种植面积24330.4公顷，同比增长3.2%，其中夏粮（小麦）90.4公顷，同比增长2.4%；秋粮24240公顷，同比增长3.2%。玉米15575.3公顷，同比增长10.1%。果园面积9157.9公顷，同比下降0.1%，其中苹果园面积1238.9公顷，同比下降0.1%；红枣面积7838.6公顷，同比下降0.2%；其他果树面积80.4公顷。全年粮食总产量93071.54吨，比2017年增产38418.14吨，同比增长70.2%，其中夏粮（小麦）108吨，比2017减产30.9吨，同比下降22.2%；秋粮92963.54吨，增产38449.04吨，同比增长70.5%。2018年年末，全县有农机专业合作社14个，农机户1046户，乡村农机从业人员1115人。拥有农业大、中、小型拖拉机1659台，比2017年增长37.8%。农业机械总动力43356千瓦，比2017年增长103.3%。机械耕地面积8773公顷，机械播种面积8042公顷。全县取得无公害产品认证6个、绿色产品认证3个、地理标志认证1个。

【林　业】2018年，永和县实施三北防护林、吕梁山生态脆弱区荒山造林、省级通道两侧荒山绿化、旅游路通道绿化等造林工程，共造林13.49万亩，森林覆盖率达到28.03%。

【畜禽产量】2018年，永和县肉类总产量2285.75吨，比2017年减少5.58%，其中猪肉产量1264.35吨，比2017年减少1.53%；羊肉产量694.25吨，比2017年增长1.64%；禽肉产量159.48吨，比2017年增长104.46%；牛肉产量118.32吨，比2017年减少6%；其他肉产量49.35吨。禽蛋产量1752吨，比2017年增长0.57%；奶类产量72吨，比2017年增长2.8%。

【工　业】2018年，永和县全部工业总产值24386万元，比2017年减少26.53%，其中规模以上工业增加值6618万元，同比减少30.5%。全县规模以上工业主营业务收入10182万元，比2017年增长80.06%；实现利税13.7万元，比2017年增长585%；实现利润-1607万元，同比减少296.28%。

【建筑业】2018年，永和县建筑业实现增加值

4658万元，比2017年增长20%，资质以上建筑企业总产值11245.3万元，比2017年增长69.7%，签订合同额共计17049.7万元，同比增长188.1%。全县资质以上建筑企业共3家，均为三级企业。

【固定资产投资】 2018年，永和县固定资产投资累计完成143543万元，同比增长31.6%，其中第二产业完成65369万元，同比增长47.06%；第三产业完成78174万元，同比增长20.9%。全部投资中，国有投资完成104327万元，同比增长31.94%，占全县投资总额的72.68%；民间投资完成39216万元，同比增长30.57%，占全部投资的27.32%。基础设施投资完成78174万元，同比增长27%；工业投资完成65369万元，同比增长47.1%。转型项目统计监测显示：转型项目投资完成65369万元，同比增长48.6%，占全部投资比重的45.54%，其中新能源产业完成61239万元，同比增长39.08%。

【能 耗】 2018年，永和县全社会用电总量5639.99万千瓦时，其中第一产业用电43.5万千瓦时，占全部用电量的0.77%；第二产业用电1239.37万千瓦时，占全部用电量的21.97%，其中工业用电1006.96万千瓦时；第三产业用电2250.75万千瓦时，占全部用电量的39.91%；城乡居民用电1998.60万千瓦时，占全部用电量的35.44%；其他用电107.77万千瓦时，占全部用电量的1.91%。全县规模以上工业能源消费19.53万吨标准煤，比2017年减少6.51%，其中电力消费13.5万千瓦时。

【国内贸易】 2018年，永和县社会消费品零售额实现52383.7万元，同比增长7.8%。按经营地分：城镇消费品市场零售额41961.3万元，增长7.7%，占全县社会消费品零售总额的80.1%；乡村消费品市场零售额10422.4万元，增长8.6%，占全县社会消费品零售总额的19.9%，比城镇消费品市场增长0.9个百分点。按消费形态分：商品零售为45406.5万元，同比增长7.3%；餐饮收入6977.2万元，同比增长11.6%。按规模统计，限额以上社会消费品零售额86.6万元，同比增长14.6%；限额以下社会消费品零售额52297.1万元，同比增长7.8%。

【电子商务】 2018年，永和县制定《永和县电子商务进农村综合示范县实施方案》，成立电子商务企业联盟，注册专门买卖永和农副产品的“各街网”，与临邮乐购、公益中国等电商平台实现精准对接。自主开发“情暖永和”销售平台，通过槐花扶贫活动，线上线下销售槐花110吨，创造季节性岗位300多个，带动1800户贫困户户均增收1000元。销售“永和乾坤湾”大礼包1100余份，销售额30.3万元。永维联合电子商务有限公司取得出口资质，把永和苹果出口到泰国、孟加拉国等国家，实现永和农产品出口零突破。

【交通运输】 2018年年末，永和县公路通车里程934.83千米，其中国道92.274千米，省道46.575千米，县道202.169千米，乡、村道及专用道593.812千米。高速公路35.616千米。全县公路密度为76.98千米/100平方千米。公路客运量9.6万人，比2017年增长14.8%；公路货运量226万吨，比2017年增长19.6%。全县民用车辆拥有量2831辆，比2017年末增加6.1%，其中大型车辆284辆，增长33.96%；小型汽车2509辆，增长24.9%；中型车辆38辆。大型车辆中客车43辆，货车231辆，其他车辆10辆。

【邮 电】 2018年，永和县邮政业务总量594.12万元，增长1.78%；邮政业全年完成快递业务量25.3万件，邮政函件业务16.71万件。年末固定及移动电话用户总数达到36100户，比2017年末增加1065户，增长30.4%，其中固定电话1050户，移动电话35050户。在移动电话用户中，4G用户30768户，移动电话普及率53部/100人。全县宽带接入用户8714户，同比增长1.9%。

【金 融】 2018年年末，永和县全部金融机构本币各项存款余额24.47亿元，比年初增长21.64%，其中住户存款余额14.41亿元，比年初增长17.55%；机关团体存款3.26亿元，比年初增长19.72%；其他存款6.8亿元。年末，全部金融机构本币各项贷款余额7.98亿元，比年初增长73.85%，其中住户贷款余额4.56亿元，比年初增长15.01%；经营性贷款1.71亿元，比年初增长213.3%；消费贷款0.7亿元，比年初增长1020.97%；其他贷款1.01亿元。

【保　险】 2018年年末，永和县有保险公司3家，全年保费收入1523.85万元。车险保费收入428.36万元，非车险保费收入1095.49万元。全年支付各类赔款及给付269.84万元。

【旅　游】 2018年，永和县农家乐、美丽乡村等乡村旅游产业全面推进，东征村荣获“2018年中国美丽休闲乡村”称号，奇奇里村荣获“新时代中国最美乡村”称号。永和县与山西宏源集团有限公司共同合作打造沿黄现代农业文化旅游带，解决永和县旅游整体开发模式的难题，乾坤湾成为黄河的重要标志和国家品牌。2018年，永和县游客人数达19.6万人次，同比增长28.1%。旅游总收入达到9800万元。

【人民生活】 2018年，永和县全体居民人均可支配收入10787元，同比增长8.5%。按常住地分，城镇居民人均可支配收入22588元，同比增长8%；农村居民人均可支配收入4098元，同比增长12.7%。城镇占调查总户数20%的低收入家庭人均可支配收入10069元，低收入比重44.6%，增长7.7%；农村占调查总户数20%的低收入家庭人均可支配收入1516元，低收入比重37%，增长16.8%。

【社会保障】 2018年年末，永和县参加城镇职工基本养老保险4660人，参加城乡居民社会养老保险37055人，参加城镇职工基本医疗保险5054人，参加城乡居民基本医疗保险55135人，参加失业保险2991人，参加工伤保险3924人，参加生育保险3055人。

【教育和科学技术】 2018年年末，永和县在校生6475人，其中高级中学1所，招生178人，在校生555人，毕业生243人；中学3所，招生354人，在校生1126人，毕业生369人；普通小学11所，招生660人，在校生3286人，毕业生563人；特殊教育招生3人，在校生26人，毕业生2人；学前教育招生311人，在校生1482人，毕业生556人。2018年，永和县受理专利申请4件，比2017年增长33.33%，其中受理发明专利申请4件，比2017年增长33.33%。2018年，全县共授予专利权8件，增长33.33%，其中授予发明专利权8件。2018年末，全县共有产品质量监督检验机构1个，省授权行业建立的检验中心1座。全年监督抽查11家企业，完成强制检定计量器具112台（件）。

【文化、体育和卫生】 2018年年末，永和县有艺术表演团体2个，文化馆1个。公共图书馆1个，馆藏图书2.6万册，档案馆1个。市级以上重点文物保护单位2处，其中国家级1处，市级1处。拥有广播电视台1座，有线电视用户5300户。广播人口覆盖率91.2%，电视人口覆盖率98.5%。全年送戏下乡演出42场，举办晚会30场，公益电影放映948场。全县有篮球协会、足球协会、太极拳协会和田径协会各1个，专职教练5人。全县有医疗卫生机构96个，其中医院2所，卫生院7所，妇幼保健计划生育服务中心1个，疾病预防控制中心1个，卫生监督所（中心）1个，村卫生室79个，个体诊所5所。县级卫生技术人员179人，其中执业医师和执业助理医师108人，注册护士61人，其他人员10人。乡镇医护人员96人。医疗卫生机构床位183张，其中医院128张，卫生院55张。

【社会服务】 2018年，永和县有敬老院1座，养老中心1座，收养98人。年末，有6649人被纳入城市居民最低生活保障，发放城市低保资金601.75万元；1828人被纳入农村居民最低生活保障，发放农村低保资金686.09万元。312人享受农村特困人员救助供养（五保）。

【人口与就业】 2018年年末，永和县常住人口66183人，比2017年年末增加354人。男女性别比109.98。全年出生人口748人，出生率11.33‰；死亡人口394人，死亡率5.97‰；自然增长率5.36‰。常住人口城镇化率44.17%。全年全县城镇新增就业人员801人，转移农村劳动力1302人，城镇下岗失业人员再就业152人，就业困难人员实现就业71人。年末城镇登记失业率4%。

【财 政】 2018年，永和县财政总收入完成27851万元，同比增长17.95%，其中税收收入完成25567万元，同比增长17.78%，非税收入完成2284万元，同比增长19.89%。全县公共财政预算支出146083万元，同比增长16.9%。2018年，永和县一般公共预算收入完成11399万元，同比增长12.83%；一般公共预算支出13494万元，同比增长44.04%。

【资源、环境、社会治安和安全生产】 2018年年末，永和县耕地保有量23768.78公顷，基本农田18146.57公顷。全年国有建设用地供应总量13.664655公顷，其中工矿仓储用地6.7864公顷，房地产用地0.565855公顷，商业服务用地0.2444公顷，基础设施等用地6.068公顷。全年全县水资源总量2688万立方米，全年总用水量385.3万立方米，其中生活用水120万立方米，工业用水6.3万立方米，农业用水245.3万立方米，其他用水13.7万立方米。全县拥有黄河蛇曲国家地质公园1座，面积210平方千米，地质遗迹保护面积152.64平方千米。全年全县环境空气质量综合指数为4.75，比2017年同期上升0.08，二级以上（含二级）天数为278天。年末，全县绿地面积88.49公顷，同比增长1.0%，城市建成区绿化覆盖率达18.44%。全年中心县城污水处理率100%，县城生活垃圾无害化处理率100%，集中供热64.97万平方米。县城天然气用户1570户，其中家庭用气户数1099户，用气人口0.38万人。2018年，永和县在扫黑除恶专项斗争中，打掉恶势力团伙2个，核查扫黑除恶线索37起，办结30起。开展禁毒人民战争，打击“盗抢骗”“缉枪治爆”、网络诈骗等严打整治专项行动。刑事案件立案103起，破获46起，破案率44.7%。抓获网上逃犯13人，抓获吸毒4人，净化社会环境。2018年，全县发生道路交通运输事故37起，死亡6人，全年无各类生产经营性事故。

中国共产党永和县委员会

中共永和县委

【概　况】 2018 年，中共永和县委高举中国特色社会主义伟大旗帜，学习贯彻中共十九大精神，中共十九届二中、三中全会精神和习近平总书记考察山西重要讲话精神，围绕山西省委“一个指引、两手硬”思路要求，贯彻临汾市委“345”战略部署，以脱贫攻坚统揽经济社会发展全局，持续推进“四大战略”（林果富民、生态立县，转型发展、工业强县，文化引领、旅游兴业，以德为先、依法治县），突出抓好“八项重点”（项目建设、优势农业、能源开发、特色旅游、城镇建设、基础设施、民生改善、安全稳定），推动全县经济社会发展再攀新高。2018 年，全县地区生产总值完成 9.12 亿元，同比增长 4.3%；社会消费品零售总额完成 5.24 亿元，同比增长 7.8%；固定资产投资完成 14.4 亿元，同比增长 31.6%；财政总收入完成 2.79 亿元，同比增长 17.95%；一般公共财政预算收入完成 1.14 亿元，同比增长 12.83%；全体居民人均可支配收入 10787 元，同比增长 8.5%；城镇居民人均可支配收入 22588 元，同比增长 8%，农村居民人均可支配收入 4098 元，同比增长 12.7%。各项经济指标增长稳定处于全市第一方阵。其中，GDP 增幅高于全市 1.5 个百分点，固定资产投资、全体居民人均可支配收入同比增速全市第一，城镇居民人均可支配收入增幅全市第二。

【改革工作】 2018 年，永和县抓住改革开放 40 周年重大契机，推动改革开放向纵深发展。破除机制体制障碍，推进脱贫攻坚“一县一策”改革，落实扶贫领域小型基础设施、公共服务工程采用议标形式，易地搬迁参照灾后重建政策，养殖、加工等用地可边建设边报批等 10 项共享政策，一批机制体制障碍得到突破；落实“鼓励驻地企业在当地注册成立独立法人公司”专属政策，山西天然气有限公司在永和县成立永和销售分公司，协调成立子公司。推进城乡义务教育一体化改革，落实城乡教师交流制度，招聘特岗教师 43 名，启动以县城学校为龙头的学区化教学教研改革，推动教育高位均衡；推进医疗卫生体制改革，完善现代医院管理制度，开展健康扶贫“双签约”服务，把“互联网 +”应用于服务工作。试点探索与整体推进并举深化监察体制改革，实现 7 个乡镇派驻监察员及县直机关派驻纪检监察组“全覆盖”，全县行使公权力人员监察“全覆盖”，山西省娄烦县、五台县，河南省获嘉县，辽宁省辽阳县等县到永和县观摩学习。推进“互联网 + 政务”建设，打造“线上网上政务和线下实体服务一体化”服务模式，完成“一网通办流程”，群众办事“只进一扇门，只跑一回路”。深化河长制改革、群团改革等重点改革事项。

【传统林业改革】 2018 年，永和县传统林果业迈出新步伐。永和县推进农业供给侧改革，推进林果业提质增效，通过“院县合作”建立“科技管护、品种更新、精深加工、品牌创建、促进营销”的全方位工作体系，对枣树枣疯病及其他病虫害等采取系列科学防治措施，枣树挂果率达到95%。完善芝河源头北方农耕梯田文化、桑壁河流域绿色有机农产品、阁西塬生态旅游、辛角塬特色农业等精品农业园区，新建和改造园区内田间路7条，农业投资2300万元，打造高标准苹果基地6800多亩。创建农产品质量安全示范区，打造出永和县农产品出口新平台，依托此平台，永维联合电子商务有限公司取得出口资质，把永和县的苹果出口到泰国、孟加拉国等国家，实现永和农产品出口零突破。截至2018年年底，全县取得无公害产品认证6个、绿色产品认证3个、地理标志认证1个，农特产品市场竞争力明显提升。

【新型能源转化利用】 2018年，中共永和县委引进新型能源下游企业，加快天然气转化利用，推动“气化永和”建设。勘探开发稳步推进。投资6.2亿元，完成钻井18口、压裂井9口，年产能达到10亿立方米，2个转化利用项目落地建设：投资2.7亿元的30万吨石油压裂支撑剂项目，预计2019年7月建成投产，可实现年税收5000万元；投资5亿元的液化天然气储气调峰站项目，预计2019年10月底投产，可实现年税收9500万元。2018年，天然气销售纳税2.01亿元，占财政总收入的72%，占公共财政收入的82%，成为县域经济发展、财政持续增收的重要支撑。

【文化旅游产业】 2018年，中共永和县委以乾坤湾AAAA级景区创建为抓手，提升景区的休闲娱乐、文化审美、综合服务等功能。开展“相伴共读，书香润德”阅读会、“悦读亮青春，书香沁永和”好书分享会、“全民阅读，书香永和”数字阅读推广等读书活动，诗人阿紫在永和县第一高级中学举办专场诗歌朗诵会；创作《美好的日子》《天下永和》《相约花儿坡》等歌曲，以及《冬探红军崖》《让我怎么舍得你》《山坳中的奔跑》等大量文学作品。歌曲《我在奇奇里》《美好的日子刚刚开始》获2018年临汾市“五个一工程”奖，电影剧本《山坳中的奔跑》获中国晋奖体育剧本大赛优秀奖，散文《大寨岭：屹立在母亲河畔的卫士》被收入国家三北防护林纪念改革开放40周年作品集。坚持县内县外统筹、多种媒体结合的方式，打造立体宣传平台。新媒体让永和县的热度飙升。与中央、省市及各种新型网络媒体对接，在央视1套、2套、13套和山西电视台宣传永和县红枣、槐花等农产品。特别是与“今日头条”合作，开设永和发布政务矩阵专号和“抖音”政务号，发起“永和乾坤湾玩转好心情”抖音短视频创意挑战赛，播放6.6亿次，永和县成为全国“网红”热度十强县。以助力临汾承办全省旅发大会为契机，举办永和县第三届槐花文化旅游节暨槐花扶贫活动、“迎七一·助旅发”——光未然先生《黄河颂》大型碑刻揭幕暨《黄河颂》专场音乐会活动、“乾坤湾·中国龙”2018国际摄影名家采风暨全国摄影家黄河风光摄影大赛活动、第三届红枣采摘节暨国庆黄金旅游周等系列活动。2018年，全年游客人数19.6万人次，同比增长28.1%。与山西宏源集团有限公司签订文化旅游合作协议，计划投资18亿元。

【脱贫攻坚】 2018年，中共永和县委聚焦深度贫困，落实精准方略，全县脱贫25个村4945人，贫困发生率下降至9.84%。出台“帮扶队伍”领办创办产业项目实施方案。致富带头人李永红，依托华龙果业成立苹果产业“联合党委”，带动409户苹果种植户增收；奇奇里村第一书记郭若桥，探索“摄影、旅游和扶贫”为一体的扶贫模式，实现高质量脱贫；阁底村第一书记张琼，发展起养黄牛、种蘑菇、蒸花馍3个产业，带动全村100余人增收致富。1月30日，永和县举行脱贫攻坚表彰大会，来自全县基层的机关单位、第一书记、工作队员、合作社、自强脱贫代表等

166个先进集体和个人受到表彰。

【拓展增收渠道】 2018年，中共永和县委实施产业扶贫，夯实脱贫攻坚基础。出台《永和县“一村一品一主体”产业扶贫的实施意见》《“一村一品一主体”产业扶贫实施细则及操作流程》等系列扶持政策。实施生态扶贫，推动增绿增收双赢。实施生态治理、退耕还林、生态管护、干果经济林提质增效“四大工程”，带动贫困户4463户11098人，户均增收5500元。实施光伏扶贫，确保贫困村、贫困群众稳定增收。投资1.02亿元，为全县79个行政村每村建设200千瓦的光伏电站；投资8500余万元，为全县有条件且有意愿的2136户贫困户每户建设5千瓦的光伏电站；投资2.25亿元，建设30兆瓦集中式光伏电站。通过3个光伏项目，79个行政村村集体收入20万元以上，带动全县6022户建档立卡贫困户实现稳定增收，户均年增收3000元以上，占贫困人口的91.4%，是临汾市光伏扶贫覆盖面最大的县份。实施消费扶贫，畅通购销新渠道。制定《永和县电子商务进农村综合示范县实施方案》，成立电子商务企业联盟，注册专门买卖永和农副产品的“各街网”，与临邮乐购、公益中国等电商平台实现精准对接，自主开发“情暖永和”销售平台，通过槐花扶贫活动，线上线下销售槐花110吨，创造季节性岗位300多个，带动1800户贫困户户均增收1000元。实施旅游扶贫，发挥文旅资源优势。依托乾坤湾、红军东征永和纪念馆等优质旅游资源，实施“旅游兴县”战略，探索“旅游+扶贫”永和模式，打造出的“主题党日班”“党性实践教育班”“红色文化体验班”等多个班次，承接山西省农科院、山西省焦煤集团、中煤集团、临汾市人才办、阳曲县委组织部、交口县委组织部等10余家单位1200余人次，带动126户贫困户户均增收4000余元。

【精准扶贫】 2018年，中共永和县委免除建档立卡贫困人口参保费用，参合率为100%；健康扶贫“双签约”（乡村干部、乡村医生与贫困群众“一对一”签约，提供健康扶贫政策宣讲、医疗服务等）实现全覆盖；落实“三保险”（基本医疗保险、大病保险、补充医疗保险）、“三救助”（个人缴费救助、免费适配辅助器具救助、特殊困难帮扶救助）政策，在县域内、市级、省级住院，贫困患者个人年度自付封顶额分别为0.1万元、0.3万元、0.6万元，自付比例仅为4.35%。实施教育扶贫。对普通高考达二本B类线以上大学生、中等职业教育贫困生和学前入园贫困儿童资助“全覆盖”。

【多重保障体系】 2018年，中共永和县委健全长效机制，实施易地扶贫搬迁，改善生产生活条件。新建9个中心村安置点，完成2个，其余7个完成工程总量的65%，搬迁后续产业覆盖率达100%。实施保险扶贫，完善脱贫保障体系。以创建全省保险扶贫示范县为全县所有干部群众办理小额人身意外险、自然灾害人身意外伤害险、见义勇为人身意外伤害险3份保险，推进产业保险。投入390.55万元，为全县3600户枣农（贫困户枣农2128户）购买红枣保险7.64万亩，理赔金额1380万元，户均增收3800元。推进玉米价格指数保险，投保面积4.98万亩，5555户农户从中受益；为1万亩核桃树购买冻伤保险；全年理赔金额1303.4万元。实施兜底扶贫，保障特殊困难群体。

【生态环境】 2018年，中共永和县委把生态环境保护融入经济社会发展全过程，实施三大污染防治攻坚战。开展生态环境专项治理活动，打好大气、水、土壤三大污染防治攻坚战。实施“煤改气”“煤改电”及县城集中供暖扩容工程，集中供暖率为75%，发放优质煤炭1110户2059吨，落实河长制，投资3000余万元，实施污水处理厂尾水深度治理二期工程、污水厂扩容、垃圾处理场滤液处置等项目。2018年，芝河出口断面五类以上水质达11个月，占比91.67%。实施农村改厕、垃圾分类等项目。推进环保督察整改工作。

生态环境部对永和县强化督查9批次，反馈问题15个，整改率100%；临汾市委、市政府强化督察反馈问题131个，整改127个，其余4个在整改中。实施三北防护林、吕梁山生态脆弱区荒山绿化、省级通道两侧荒山绿化、旅游路通道绿化等造林工程，2018年共造林13.49万亩，森林覆盖率28.03%。

【民生事业】 2018年，中共永和县委围绕“青山、碧水、绿树、人文”特色山城建设理念，投资近3000万元，完成县城一、二片区的外立面美化亮化、文化挡墙、景观墙建设等工程，投资2.58亿元，实施正大路拓宽改造、保险巷道路改造、滨河路雨污分流管网改造、城西路改造、永和大桥建设等项目。

【完善农村基础设施】 2018年，中共永和县委结合脱贫攻坚、农村人居环境改善，实施农村基础设施提升工程。2018年，全省黄河一号公路——沿黄扶贫旅游公路在永和县开工。永和—延安高速公路全线通车，建成农村“四好”（建好、管好、护好、运营好）路44个行政村174千米。高速公路、328省道、248省道贯穿全境，成为连接华北与西北地区物流的重要门户。投资5600多万元，解决53个行政村214个自然村的饮水安全问题。实现所有行政村全部通照明电与动力电、自然村全部通照明电。全县78个贫困村通互联网67个。2018年，永和县在阁底、坡头、芝河、南庄4个乡镇7个村实施美丽乡村建设。

【社会事业】 2018年，中共永和县委推动教育优先发展。实施“国培计划”“省培计划”“青蓝工程”等教师素质提升工程，高考大文大理达二本B类以上17人，改变了过去以艺术类达线为主的局面。推进“健康永和”建设。投资1.29亿元，完成县医院新建项目，推进“健康暖心”工程，救助596人230.6万元。强化社保保障。落实低保标准与扶贫标准“两线合一”制度，开展特殊群体“关爱行动”，通过县级领导、乡镇党委书记和县直单位“一把手”结对帮扶，保障126名孤寡老人、30名孤儿的基本生活。

【安全稳定】 2018年，中共永和县委树立“总体安全观”，以安全生产执法年活动为契机，落实“一岗双责”安全生产责任制和一票否决制，建立责任全覆盖、监督无缝隙、检查无盲区的隐患排查治理长效机制。

【扫黑除恶专项斗争】 2018年，中共永和县委围绕扫黑除恶专项斗争工作重点，打掉恶势力团伙2个，核查扫黑除恶线索37起，办结30起。开展禁毒和打击“盗抢骗”“缉枪治爆”以及网络诈骗等严打整治专项行动，刑事案件立案103起，破获46起，破案率44.7%，抓获在互联网上通缉的逃犯13人，抓获吸毒人员4名。

（刘志臻）

县委办公室工作

【概　况】 2018年，中共永和县委办公室学习贯彻落实习近平总书记考察山西重要讲话精神和中共十九大精神，围绕永和县“四大战略、八项重点”，发挥参谋助手、督促检查、综合协调和保障服务作用，完成全年各项目标任务，为县委各项工作运行和全县脱贫攻坚任务、经济和社会发展等各项工作做出贡献。

【文秘工作】 2018年，中共永和县委办公室严把政治关、政策关、文字关，文稿立意高、思想新、内容实。起草材料按照拟定提纲、分头组稿、集体讨论、主任审核的程序来进行，确保撰写出高质量文稿。研究出台《关于扎实推进“抓党建引领促脱贫攻坚促改革创新促乡村振兴”的指导意见》《深度贫困地区实施乡村振兴战略的调查与思考》《关于进一步激发困难群众内生动力的实施意见》等文件，全年完成各类文稿百万余字。在文稿的校核、签发上，按照程序，规范核发、登记、印刷、分发每一个环节，以科学、严谨的态度制发每一份文件，全年以永发、永办发、办字等印发各类文件103个，向临汾市委办公厅报送党内规范性文件13个。在全年审改、核发的所有文件中，未出现一起错发、漏发、重发等现象。

【信息工作】 2018年，中共永和县委办公室以整体工作上台阶为目标，以提高信息质量为着力点，以多出“精品”信息为突破口，及时捕捉脱贫攻坚工作中的重点、难点问题，反映全县工作的新思路和新举措，全县党委信息工作取得新成绩。实行全员编写信息制度，打破科室界限，人人编写信息，每周人手信息一条，每年报送信息不少于52篇，其中调研信息不少于1篇，周通报、月汇总，一季一评比，年终总排队。实行单位报送信息制度，通过覆盖全县7个乡镇90多个县直部门的信息网络。实行积分制度，信息科集中统计每人积分情况，办公室按照制度规定，年底统一进行奖励和惩罚，调动办公室人员报送信息的积极性，确保信息工作的有序运行。上报信息410余条，其中调研信息12篇，《每周要情》153条。被省、市采用信息88条，其中调研信息4篇，动态类、综合类信息30余条。截至10月底，全市综合排名第2，比2017年上升7个名次。

【督查工作】 2018年，中共永和县委办公室围绕县委的总体思路和全县的中心工作开展督查，督重点、查难点，大到各部门对学习中共十九大精神、习近平总书记考察山西重要讲话精神及永和县脱贫攻坚和创建国家卫生县城等领导关注、群众关心的热点难点问题，小到节假日值班工作。在督查的方式上，根据实际需要，采取跟踪督查、部门联合督查、专项督查等方式，促进工作落实。加大对上级领导批示件的督查力度。对领导批交的一切事项，及时建档、迅速传递、深入督查，及时报告，确保领导批示件和批转件件件有着落、事事有结果。下发《督查通报》12期，《督查专报》12期，做到查前先督、查后再督。

【会务工作】 2018年，中共永和县委办公室落实中央八项规定，控制会议次数和规模，精简各种会议。按照高标准、高质量、高效率的要求，搞好县委重要会议、上级领导考察等重大活动的组织、安排和协调工作，对县委常委会议、县委经济工作会议、脱贫攻坚周例会等高规格会议，提前对需要审议的议题进行审核，报县委领导审定同意后提交会议研究，从源头上确保会议的权威性和高效性。完成县委和政府组织召开的160余次会议的服务工作。

【机要通信】 2018年，中共永和县委办公室按照密码通信“精品年”建设活动统一部署，确保机要通信工作高效运转。遵循“及时收文、即时分发、急事急办、特事特办”的原则，及时登记、传阅、清理和交回机要文件。截至11月底，接收电报1168份，其中明传电报635份，密传电报533份；发报58份。对各类电报、文件的收发、传阅、归档，做到第一时间专人跟踪办理，从无压、误、漏办或错办等情况发生。对重要公文，一般公文分别做到终点处理和定期催收，实行全程动态跟踪，确保公文及时、准确无误地传送给领导或承办单位；对特殊文件随收随传、实行跟踪传阅，对各单位及部门取件人进行详细登记，保证公文传阅的及时性、准确性和保密性。

【机要保密】 2018年，中共永和县委办公室重点抓三方面的工作：加强对党员干部保密意识、保密能力、保密防范的教育培训，组织全县7个乡镇及县直单位负责保密工作岗位的人员进行专题培训，对学习情况进行干部专业能力测评，提高永和县党员干部的保密意识；采取自查与抽查相结合的方式，在全县所有党政机关开展保密大检查。高中考期间，抽调专门人员对考场周边环境及试卷存放、电子监控等设备、参与的工作人员及其他有关情况进行检查，杜绝中、高考期间失密泄密事件的发生；落实上级部署，在县委、县政府互联网接入口处成功接入1台保密检测器，加强对互联网泄密检测。思想防范、制度防范和技术防范三管齐下，做到涉密有责任，保密有意识，泄密有预防。

【值班工作】 2018年，中共永和县委办公室牢牢把握值班工作作为办公室的基础性工作和窗口工作的这一特性，在全年的工作过程中，始终做到责任到位，即时间到位、人员到位、制度到位、落实到位。24小时值班制，雷打不动；24小时岗上有人，联系通畅，雷打不动；县级领导带班、科室分管领导带班，雷打不动。重要节假日或特殊时期，随时启动值班工作应急预案。全年接转打电话20余万次，通知会议、活动300多次，无一纰漏。

【素质提升工作】 2018年，中共永和县委办公室坚持周一集体学习制度，实行全员轮流讲课、课后集体评课和撰写心得体会的办法，提高全员积极性和工作能力。通过日常工作中加强办文、办会、办事能力，把办公室工作人员锻炼成“开口能讲、提笔能写、遇事能办”的全面人才。1月，选派信息工作人员到山西省委信息综合室参加为期3个月的信息跟班培训，对标省委信息综合室工作要求，系统学习信息理论和工作方法，提升信息报送工作的能力。结合县委“三基建设”工作要求，对全县从事信息、机要、保密等工作的人员开展业务培训和测评工作，提升全县各行政机关、企事业单位从事办公室工作的基本能力。

（刘志臻）

组织工作

【思想理论武装】 2018年，中共永和县委组织部坚持用习近平新时代中国特色社会主义思想和中共十九大精神武装头脑，指导实践，引导全县党员干部树立“四个意识”，坚定“四个自信”，以实际行动践行“两个坚决维护”。组织县委中心组集中学习、专题研讨10余次，举办学习贯彻新思想读书班等主体班次；依托“干部大讲堂”“新时代农民讲习所”，全年培训各级干部8000余人次。把学习新思想同解决实践难题相结合，县级领导带头开展大调研活动，形成《深度贫困地区实施乡村振兴战略的调查与思考》等优秀调研文章。坚持把新思想、总书记视察山西讲话精神作为基层党组织“三会一课”、主题党日的重要内容，结合“强、严、树”专项治理活动，组织党员干部到红军东征永和纪念馆开展党性教育，引导3000余名党员干部在脱贫一线悟初心、守初心、践初心，推动学习贯彻新思想往心里走。

【队伍建设】 2018年，中共永和县委组织部坚持“好干部”标准，科学选任，把政治过硬作为第一位要求，注重精准识人、一线用人，落实“双签字”〔党政领导干部选拔任用时，党委（组）书记、纪委书记必须在廉洁自律结论性意见上签字〕措施和“凡提四必”（强化人选审核把关，做到干部档案“凡提必审”，个人有关事项报告“凡提必核”，纪检监察机关意见“凡提必听”，反映违规违纪问题线索具体、有可查性的信访举报“凡提必查”）要求，改进“六查”（查档案、查个人事项报告、查民意、查业绩、查线索、查案件）办法，坚决防止“带病提拔”。调整干部5批次59人，脱贫一线提拔重用干部9名，其中乡镇干部6名，脱贫攻坚指挥部办公室1名，第一书记1名，驻村工作队1名。从严监管正风气。开展领导干部责任追究，加大对领导干部提醒、函询和诫勉工作力度，让“红脸出汗”成为常态。提醒49人次，涉及乡镇领导班子、部分县直单位主要负责人、第一书记及驻村工作队员等。培养干部优结构。按照“重在培养、择优使用、动态管理”的原则，建立后备干部信息库，有后备干部97人，其中正科级后备干部36人，副科级后备干部61人。挑选4名优秀年轻干部，到北京市朝阳区开展为期2个月的挂职锻炼。强化培训，提升能力。改进培训方法，加强干部教育培训。在党校举办学习贯彻习近平新时代中国特色社会主义思想读书班，参训学员37人，用新思想武装干部头脑；组织40名科级后备干部和优秀年轻干部开展1个月的党校主体班次。组织7个乡镇党委书记到贵州省盘州市、龙里县等地考察学习，组织50余名乡镇党政领导以及部分县直单位主要负责人在浙江大学举办“乡村振兴与农村电商”专题培训班。

【基层党组织】 2018年，中共永和县委组织部坚持以三基建设为引领，压实党建工作责任，将党建工作任务细化为6个大类24项，县乡村三级普遍建立问题、任务、责任三清单，14名县级领导分别联系1个乡镇和1个部门，推进干部周转房建设，全县166间4558平方米周转房建设于2018年8月投入使用。投资391万元对全县27个村级活动场所进行提档升级，投资971万元对社区活动场所进行标准化建设，4个社区全部达到市定标准。对全县规模小、“空心化”突出的4个行政村进行撤并；整合村级活动场所功能，为全县79个村配备电脑、打印机、空调等硬件设备；落实乡镇60万元运转经费，村（社区）级党建经费10.5万元，农村“两委”主干岗位报酬平均达到9000元，按月绩效发放。提升素质能力。坚持“请进来”“走出去”，2018年培训村（社区）“两委”主干147名，“两委”班子成员398名，骨干党员1180名。组织170余名乡村干部到汾阳市贾家庄开展“领头雁”培训。举办全县基层党组织书记能力提升示范培训班，对全县230余名基层党组织书记进行培训，阁底乡在山西省委组织部驻村工作队的支持下，组织30余名乡村两级干部到大同、长治、运城等地参观学习，壮大集体经济。再建61个200千瓦、16个100千瓦光伏电站，实现全县79个村200千瓦光伏电站“全覆盖”，制定出台《驻村干部管理考核办法》等6个文件，落实“周例会、月巡查、季通报、半年测评、年终考核”工作机制，按照帮扶干部5天4夜驻村工作，每天走访10户贫困户，每周解决1个问题，每月走访入户“全覆盖”的要求，抽调专人并聘请离退休县处级老干部成立2个巡查组。每月对79个行政村巡查2次，约谈单位“一把手”11个、帮扶干部36名。组建4个“社区大支部”，聘任13名兼职委员。将96个驻区单位、社会组织、非公企业与社区有机融合。围绕“质量提升年”的16个项目，开展“双亮双强”活动，制定下发《永和县软弱涣散基层党组织整顿工作实施方案》，在全县排查识别软弱涣散农村党组织7个，建立电子档案和整改台账，按照“一村一策”制定整顿提升方案；建立县级领导挂点跟踪督办责任制，采取县级领导挂、包联单位扶、乡镇干部包、驻村工作队抓的工作措施，实行问题整改“挂牌”“销号”动态管理。县委组织部2018年10月，在全县开展软弱涣散党组织整顿现场观摩会。

【党建工作】 2018年，中共永和县委组织部在党建工作中树立品牌化工作理念，创建新时代农民讲习所。全县创建19个示范点，5类70名优秀人员建设讲习师资库，做到乡镇每周讲习1次，农村每月至少讲习2次。讲习358场，受益9800余人次。深化拓展建设9个效益转化基地，带领57户贫困户发展蘑菇、蔬菜等产业，致富增收。设立“永和扶贫日”。将每月17日设定为“永和扶贫日”，与主题党日、党建共建日“三日合一”，每月确定1个主题，组织动员全县党员干部、企业、社会公益人士进村入户，开展政策宣传，送医送药，捐赠农资等系列活动。优化党组织设置。以“地缘、业缘”为纽带，通过村企联建、村村联合、村社联建，打破以往以地缘结构设置党组织的传统方式，全县共组建产业联合党组织4个，涉及1个合作社、2个企业、3个乡镇、

20个村，覆盖22个党支部450余名党员。创办红色教育基地。立足本地红色资源优势，打造东征村党员干部培训基地，打造主题党日班、党性实践教育班、红色文化体验班等多个班次，承接山西省农科院、山西省焦煤集团、中煤集团、临汾市人才办、阳曲县委组织部、交口县委组织部等10余家单位1200余人次的委托培训，实现营业收入75万元。探索创办"爱心积分超市"。在坡头乡白家崖等10个村创办扶贫"爱心超市"，鼓励贫困群众参与公益服务活动获得"积分"，通过"积分"兑换物品。

【人才工作】 2018年，中共永和县委组织部坚持"党管人才"原则，发挥在外人才作用。在太原、深圳成立永和商会，为300余名永和籍在外人才提供服务，鼓励在外企业家关注扶贫项目，回乡办厂兴业。王小岚、李爱红、冯建峰等20余名在外企业家回乡投身扶贫项目建设。强化人才服务管理。制定《县委联系专家管理办法（试行）》，设立人才专项资金，县委联系专家每人每年可领取500元津贴，安排在临汾市人民医院进行体检。联合县妇联举办妇女手工艺品制作培训班，培训人员300余人次；依托"院县合作"，邀请山西省农科院2名专家教授在7个乡镇开展红枣、核桃树管护技术培训，培训人员300余人次。

（马瑞红）

宣传工作

【意识形态】 2018年，中共永和县委宣传部在意识形态工作上做到"两落实一加强"〔落实党委（党组）意识形态工作主体责任，落实意识形态工作督查、考核、追责机制，加强意识形态领域重要问题的处置〕。落实党委（党组）意识形态工作主体责任。调整意识形态工作领导小组，召开3次分析研判会，对全县意识形态工作责任制落实情况进行两次专项督查，督促各级党委（党组）落实书记第一责任人、分管领导直接责任人、班子成员"一岗双责"责任制，加强意识形态责任制建设。落实意识形态工作督查、考核、追责机制。召开5次联席会议，对专题专项工作分析研判，将意识形态工作落实情况作为领导班子和干部考核评价、选拔任用的重要考核指标。加强意识形态领域重要问题的处置。出台《永和县网络舆情监管与应急处置办法》，加强意识形态领域重要问题的处置和应对。

【理论武装】 2018年，中共永和县委宣传部积极组织中心组学习工作。全年组织县委中心组学习11次，内容涉及中共十九大精神、习近平系列讲话精神、省市重要会议精神和《中国共产党廉洁自律准则》等，县级领导结合学习撰写理论文章、调研报告70余篇。狠抓干部教育培训。2018年，县委宣传部创新宣传形式，会同县委组织部、县委党校等相关单位组成政策宣讲团，在全县范围内开展为期半个月的"学习贯彻落实中共十九大精神"等专题宣讲活动。邀请省市理论专家、学者对永和县党员领导干部、驻村工作队员、村两委骨干进行"中共十九大精神解读""习近平新时代中国特色社会主义思想"等专题培训，对全县干部进行培训辅导，培训30余次，8000余人次。为全县党员领导干部订阅《习近平新时代中国特色社会主义思想30讲》读本。

【新闻舆论工作】 2018年，中共永和县委宣传部在新闻舆论工作上注重拓宽新闻宣传途径。与山西日报、山西晚报、山西农民报、山西新闻网、临汾日报等报社媒体对接，邀请国家、省、市媒体对永和县重点工程建设、新农村建设、社会事业建设、脱贫攻坚、创卫等各项重点工作的措施、成效、涌现出的典型进行宣传报道。全年在国家、省市刊物上对永和县的脱贫攻坚、创建国家卫生县城、县域经济发展等进行立体综合的宣传报道，讲好永和故事，发出永和声音，在北京召开的"永和县槐花产业扶贫新闻"发布会，有中央电视台、人民网、新华网、新浪网等28家中央、省市媒体对发布会集中报道。强化通讯员队伍建设，进行2次专题培训，在国家级刊物上发表12篇，省级刊物发表38篇，市级以上刊物发表80余篇。注重用好电视平台。针对全县重点领域、重大活动的亮点典型进行深度挖掘和专题报道，播出新闻338期、1200余条。开设《十九大时光》《致富典型》《脱贫攻坚之典型人物》《创卫在行动》等8个专栏。注重打造立体宣传平台。开设“今日头条”永和发布政务矩阵专号和“抖音”政务号；编辑10期“永和时间”月报；出版《平阳文艺》永和文学作品专刊；创办文学杂志《乾坤湾》；制作《永和日历》340期；在“今日永和”“微观永和”微信公众平台开设专栏，跟进脱贫攻坚、扫黑除恶、文明创建、环境保护等重点热点事项。注重加强网信舆情工作。2018年，加强网评员队伍建设，成员增至52人，邀请《山西日报》新媒体中心专家解军对网评员进行辅导培训，培养应对网络舆情的能力，抓住话语主动权，完成网评任务30余次，报送有害信息800余条。组建一支脱贫攻坚典型事迹宣讲团，在各乡镇举办为期1个月的巡回宣讲。

【精神文明建设】 2018年，永和县在学校开展“新时代好少年”宣传活动，向临汾市文明办推荐永和县第一高级中学的刘欣悦同学参加“新时代好少年”评选；在全市举办的“好基地讲好故事”活动中永和县荣获二等奖。开展“临汾好人”报送工作，永和县的穆世伟、刘欣悦、高二连等入选“临汾好人”候选人名单。宣传推广社会主义核心价值观。利用电视台主流媒体和“永和在线”“今日永和”“微观永和”微信平台及县域电子屏对社会主义核心价值观进行宣传；在霍永高速路永和出口、文化广场等醒目位置悬挂社会主义核心价值观宣传版面。创新精神文明创建工作。文明单位、村镇、社区、景区重点抓好“十个一”活动。一是“一堂”，即道德讲堂。定期举办道德讲堂，宣讲社会主义核心价值观、道德规范、传统文化、“身边好人”等内容。二是“一队”，即志愿服务队。广泛开展学雷锋志愿服务活动，利用“志愿云”网络平台注册志愿者和志愿团队，并认真组织活动。三是“一榜”，即善行义举榜。各乡镇、各单位要按要求建设善行义举榜，并不定期把单位的凡人善举、典型好人张榜公示，开展好“文明家庭”“文明员工”“十星级文明户”等评选活动。四是“一节”，即“我们的节日”活动。在重大节庆日，特别是春节、元宵、清明、端午、中秋、重阳等传统节日期间，开展相应活动，围绕节日主题，突出传统节日的文化内涵，展现和传承中华民族文化的优秀传统，开展丰富多彩的群众性文体活动，活跃群众的文化生活。五是“一桌”，即文明餐桌行动。开展“光盘”行动，开展好勤俭节约的宣传教育。六是“一礼”，即文明礼仪教育。制定《市民文明守则》《单位员工文明守则》，修订完善《村规民约》，引导广大群众遵守社会交往中普遍遵循的文明行为准则或规则，礼貌友善，用语文明，着装整齐，仪容整洁，广泛开展“推动移风易俗，树立文明风尚”活动。七是“一信”，即诚信建设。加强广大干部群众的诚信守法教育，引导大家做诚信的示范者、倡导者、践行者。八是“一游”，即文明旅游。引导市民群众遵守《中国公民国内旅游文明行为公约》和《中国公民出境旅游文明行为指南》有关要求，有针对性地组织开展文明旅游教育活动，把文明旅游拓展到文明行车、文明交通等范畴，扩大文明旅游的涵盖面和辐射力。九是“一诵”，即经典诵读。组织广大干部群众开展经典诵读活动和全民阅读活动，通过举办论坛讲座等多种形式，开展中华优秀传统文化宣传普及活动。十是“一传播”，即网络文明传播。响应“网络文明行动”，引导干部群众文明上网，不信谣传谣，各创建单位组建网络文明传播队伍，有网络、手机文明传播行动。推进文明单位创建。开展“我们的节日”活动。春节、元宵、清明、端午、七夕、中秋、重阳等传统节日与脱贫攻坚、创建国家卫生县城、扫黑除恶相结合，搞活“三八”国际妇女节、“五四”青年节、“六一”国际儿童节、“七一”中国共产党建党日等现代节日。举办“不忘初心 砥砺前行”元宵节社火表演、祭扫革命烈士、祭孔、“我们的节日·端午”诗词展示等活动。

【文体活动】 2018年，永和县书协、摄协换届，山西新锐诗人采风、临汾市平水诗词学会采风、山西画院开展助力永和脱贫攻坚文化交流活动开展；田径协会成立，槐花节、红枣苹果采摘节、“中国龙，乾坤湾”国际摄影大赛、山西晚报千里黄河行、《黄河颂》大型碑刻揭幕、全国网络媒体黄河行举办；“永和好人”“相伴共读，书香润德”阅读会、“悦读亮青春，书香沁永和”好书分享会、“全民阅读，书香永和”数字阅读推广、“乾坤湾里读永和”阿紫诗歌朗诵会等“书香永和”系列活动开展。创作原创歌曲《天下永和》《相约花儿坡》《乾坤湾小枣梦》《决胜》《美好的日子》《朝阳牡丹开》等。创作原创舞蹈《妈妈亲》。创作电影剧本《冬探红军崖》《让我怎么舍得你》，微电影剧本《山坳中的奔跑》，散文《望海楼》《大寨岭：屹立在母亲河畔的卫士》《吕梁山中的那座小院》《一副庙联品岁月》《土坑上的摇车》《年味中的枣食》等，其中文联主席马毅杰的微电影剧本《山坳中的奔跑》获中国晋奖体育剧本大赛优秀奖，散文《大寨岭：屹立在母亲河畔的卫士》被收入国家三北防护林纪念改革开放40周年作品集。参加2018西山篮球赛，永和代表队获得季军；代表临汾市参加的“花样年华 畅邮三晋”旗袍秀获得总决赛全省第一名；在第二十届太极拳比赛中永和代表队获得5枚金牌、17枚银牌、4枚铜牌。

（刘英平）

统战工作

【基层组织】 2018年3月，永和县召开全县统一战线工作会议，对全县统战工作进行安排部署。把统一战线理论、政策及《宗教事务条例》等纳入县委中心组和县委党校学习内容；把统战工作纳入县委常委会研究内容，召开专题研究会议；把统战工作纳入年度目标责任考核考评内容；把宗教工作纳入社会事务管理考评内容。

【党外干部】 2018年，中共永和县委统一战线部坚持做好党外人大常委会代表、政协委员的考查、培养工作，与县委组织部建立联席会议制度，做好党外干部培养、选拔和安排使用工作。加强党外后备干部队伍建设。推进党外知识分子、民族、宗教、新的社会阶层、港澳台和海外代表人士队伍建设，调整充实各领域党外代表人士后备名单，完善党外人士代表人才库，建设党外代表人士队伍。在县政府组成部门中安排使用党外领导干部工作取得新进展。

【经济领域统战工作】 2018年，中共永和县委统一战线部引导非公经济人士主动投身脱贫攻坚工作。开展“百企帮百村扶贫行动深化工程”，县工商联会员企业华龙果业发展有限责任公司、舌一哈食品有限公司、永维农业发展有限责任公司等多家民营企业通过提供就业岗位、收购农副产品等途径，带动256户贫困户年均增收2400余元。2018年7月17日，组织10位企业家在永和县第一高级中学开展“永和扶贫日”暨爱心助学公益活动，为永和县第一高级中学捐助学校建设经费，为8名特困生支助助学金共52.4万元。加强商会建设工作。2018年1月18日，山西太原永和商会正式成立。2018年12月14日，深圳市山西永和商会成立。

【新的社会阶层人士】 2018年8月6日，永和县“华龙果业活动站”正式挂牌成立，成为全省首批成立的100个新的社会阶层人士活动站之一。

建立活动站工作职责、组织机构、学习制度、工作例会制度、联系交友制度等各项制度。新的社会阶层人士活动站组织新阶层人士学习习近平新时代中国特色社会主义思想和中共十九大精神；引导大家参与全县脱贫攻坚工作，组织大家参加“爱心助考、爱心助学”公益活动，邀请农林专家无偿为果农教授果树日常护理和修剪技术，为贫困学生提供助学资金 1.8 万元，圆孩子们的求学梦。当地企业带动贫困户增产增收，为全县的脱贫攻坚输入内生动力。

（刘　妍）

机构编制

【概　况】 2018 年，永和县编制委员会办公室（简称“县编办”）在临汾市编办的指导及县委、县政府、县编委的领导下，以机构改革和职能转变为重点，加强机构编制管理工作，狠抓队伍建设，强化职能发挥，为永和县经济社会发展提供体制机制保障。

【党政机构改革】 2018 年，县编办按照党中央关于深化党和国家机构改革精神和省委、市委工作部署，科学统筹，主要从三方面发力：摸清“底子”，筑牢基础；加强组织领导，全面统筹；研究起草方案，有序推进。通过研究，从机构改革的总体部署、调整优化县级党政机构设置和职能配置、构建简约高效的基层管理体制、深化综合行政执法改革、统筹推进其他各项改革、强化机构编制管理刚性约束、抓好组织实施等 7 个方面着手，初步完成永和县机构改革方案的起草工作，待领导组研究上报市编办审核，经省编办批准后组织实施，确保 2019 年 3 月底前完成县级机构改革。

【放管服效工作】 2018 年，围绕简政放权、放管结合、优化服务、提升效能，县编办主要做了两方面的工作。做好落实承接上级政府取消下放调整的行政审批事项。制定下发 2 个规范性文件，取消行政许可事项 5 项（含行政职权事项 2 项）。深化权责清单动态管理工作。为加强政府部门权责清单动态管理，确保权责清单的时效性、准确性、权威性，结合实际，制定下发《关于进一步加强权责清单动态管理的通知》，制作部门权责清单公布情况统计表，开展动态管理工作，涉及的 44 家单位均已在新系统中更新完善权责清单。对应省市县三级政府部门行政职权事项标准清单，完成永和县标准清单调整修改。

【相关改革工作】 2018 年，县编办按照统筹兼顾、重点突破的工作要求，开展机构改革工作。一是配合做好县纪委监委改革。根据省市相关文件精神，配合完成纪委监委改革，县纪委监委设置 8 个派驻纪检监察组，成立 2 个事业单位。二是推进市场监管体制改革。根据临汾市编办相关批复精神，印发《关于永和县市场监管体制改革有关机构编制等事宜的通知》（永编发〔2018〕7 号）文件，调整理顺县市场监管体制改革机构编制事宜。三是深化综合行政执法体制改革。本着“减少执法队伍、优化执法资源、提高执法效率、推动工作开展”的原则，制定下发《永和县深化综合行政执法体制改革实施方案》（永政办发〔2018〕3 号）文件，理顺市场监管体制，加快建设职能科学、权责法定、执法严明、公开公正、廉洁高效、守法诚信的法治政府。

【事业单位改革】 2018 年，根据省市文件精神，县编办推进生产经营类事业单位改革，印发《永和县从事生产经营活动事业单位改革的实施方案》（办字〔2018〕11 号）文件，撤销生产经营类事业单位 1 家，在完成条件成熟的经营类事业单位改革的基础上，2019 年年底前全面完成全县经营类事业单位改革。抓好承担行政职能类事业单位摸底工作，为深化党政机构改革打基础。

【基础工作评估】 2018 年，县编办重视评估工作，成立领导组，第一时间召开专题会议进行安排部署，印发《关于开展全县党政群机关事业单位基础工作评估的通知》120份，下发到全县党政群机关事业单位，确保工作安排到位。一是明确职责分工。县编办负责统筹推进全县基础工作评估，负责组织开展全县党政群机关及部分事业单位评估工作；县教科局负责各中小学评估工作；县卫计局负责各医院及乡镇卫生院评估工作。二是明确评估要求。除教科局、卫计局和各主管部门单独成立评估小组外，成立2个基础工作评估小组，对所有评估小组成员进行培训，学习省市文件精神，明确评估要求，为评估工作打下坚实基础。三是明确时间节点。评估工作从5月初开始，至6月10日结束，各单位、各评估小组按照时间节点，开展评估工作，做到人人有责任、评估有标准、完成有时限。各评估小组严格对照评估评分表，逐项打分，填写总体评价、存在问题、整改方向、评估等次，完成评估报告。全县258家党政群机关事业单位全部报回自评总结和评估报告，全部为良好及以上等次。

【机构编制管理】 2018年，县编办根据省、市编办有关文件要求，加强机构编制管理。2018年，申请设立机构2个，增加领导职数单位1个，增加编制机构1个，撤销机构1个，更名机构1个。完成市编办下达的各种汇报材料和统计报表。加强机构编制实名制管理。及时更新机构编制台账，完善机构编制实名制数据管理系统，对新录用人员、调动人员、退休人员等信息在台账数据和机构编制实名制数据系统及时调整和更新。

【中文域名续费工作】 2018年，永和县申请续费中文域名的单位有188家，其中事业单位98家。年底完成中文域名续费任务。

【事业单位法人登记年检工作】 2018年，县编办根据省、市关于事业单位登记管理的有关要求，规范受理，完善服务，简化流程，建立健全工作制度，压缩办理时限，提高即时办结事项比例。2018年，全县应报送年度报告书单位99家，实际报送单位99家，报送率100%，99家报送年度报告单位已全部受理审核，给予公示。全年设立登记事业单位法人1家，变更登记事业单位15个。发放机关统一社会信用代码58个，群团统一社会信用代码8个，垂直管理单位统一社会信用代码2个，完成2018年的日常登记管理工作。

（于　波）

县直工委工作

【概　况】 2018年，永和县直机关工委在县委领导下，以习近平新时代中国特色社会主义思想为指导，贯彻落实上级有关文件精神，围绕县委中心工作，抓住执政能力和先进性建设两条主线，按照“围绕中心，服务大局，规范管理，开拓创新”的工作思路，重点突出，进展有序，在提高党员思想素质，夯实基层党组织基础，促进机关作风建设等方面取得成绩，为全县经济社会发展提供组织保障。

【党员学习】 2018年，永和县直机关工委每周定期组织机关工委全体党员干部开展集体学习，重点是学习习近平考察山西重要讲话精神，中共十九大精神，中共十九届二中、三中全会精神，习近平新时代中国特色社会主义思想，《中华人民共和国宪法》《中华人民共和国监察法》，临汾市委四届三次全会精神、临汾市委经济工作会议和脱贫攻坚工作会议精神，县委经济工作会议和县委农村工作以及脱贫攻坚工作会议精神等，制订学习计划，开展专题研讨和心得交流，召开座谈会、谈心谈话，做好笔记，撰写心得体会，提高党员干部的政治理论水平。强化党员干部的政治纪律和政治规矩。参加“两学一做”知识竞赛、“三基建设”基本能力测试、党章党纪党规应知应会测试，参加“清风临汾”在线试卷试题测试，参加在线无纸化普法考试、中国政府网关于中共十九大报告知多少知识测试，坚持山西干部在线学习，参加人说山西好风光网络投票活动、助力旅发大会宣传活动。采取走出去的方式，参加市直工委组织的党务干部培训班，学习中共十九大精神，听取“不忘初心、牢记使命”主题教育讲座，参观八路军纪念馆，观看抗日战争时期的实景剧。

【主题教育】 2018年，永和县直机关工委在东征纪念馆廉政教育基地开展“接受红色教育、争做廉政表率”的主题活动，进行“忆党史、看教片、重温入党誓词”；采取驻村帮扶工作、永和扶贫日活动和主题党日活动相融合的方式开展慰问。通过送温暖、爱心认领、为家畜治病等具体行动，为群众解决实际困难。为弘扬传统美德，继承和发扬优良的革命精神、爱国主义精神和中华民族精神，到永和县药家湾小学参观家风家教展。

【政策宣讲】 2018年，永和县直机关工委以推进“两学一做”学习教育常态化制度化，“维护核心、见诸行动”主题教育，“讲、知、守”专题活动，“强化责任、严守纪律、树好形象”专项治理等系列活动为契机，在社区、村支部、县直机关开展中共十九大精神专题讲座巡回宣讲，参加组织部组织的为期2天的“习近平总书记考察山西重要讲话精神”集中培训和“科级干部轮训班”。

【驻村帮扶助贫】 2018年，永和县直机关工委的扶贫点是芝河镇长乐村，有结对贫困户4户。了解贫困户的基本信息、收入状况、致贫原因、劳动力状况、健康状况等，根据贫困户的困难和发展意愿，结合国家的各项扶贫政策和惠民政策，为每个贫困户制订脱贫计划和帮扶措施。配合第一书记、村委班子开展党建工作，召开党员大会，定期上党课，讲党史，组织重温入党誓词，增强党组织的凝聚力。到农户发放明白卡、帮扶牌，宣传各项扶贫政策和惠民措施，尤其是针对因病致贫的农户，重点对健康扶贫方面的医疗保险、大病救助、“两癌”（乳腺癌、宫颈癌）筛查、慢性病办理等医疗救助方面的办理流程、需要提供的资料一一告知。对农户进行光伏补贴、粮食直补、退耕还林补贴、残疾人救助、农村最低生活保障金宣讲，调动村民的思想积极性，全力脱贫致富。召开群众集体会议，加强村民的思想教育，调解土地纠纷，解决吃水问题，开展环境整治。

（李　琳）

老干部工作

【概　况】 2018年，永和县老干部局学习贯彻中共十九大精神和习近平新时代中国特色社会主义思想，围绕县委、县政府中心工作，推进“不忘初心、牢记使命、夕阳更红”主题活动，落实好老干部政治生活待遇，强化党员干部队伍自身建设，为党和人民事业增添正能量。

【老干部概况】 截至2018年年底，永和县有离退休干部1292名，其中离休干部19名，县处级离退休干部18名。全县共分23个老干部网块化管理组，其中乡镇7个，县城16个。有工作人员9名，其中局机关3名，活动中心5名，工勤人员1名。有党员6名，其中退休党员2名。全县有老年活动组织12个，分别为离退休干部党支部、老干部活动中心、关心下一代工作委员会、山老区建设促进会、老年大学、老年书画家协会、夕阳红老年合唱团、戏曲演唱队、秧歌队、老年人才协会、老年门球协会、老年太极拳协会。在临汾市、太原市设立永和离退休干部联络点，确定联络员，集中开展各项活动。截至2018年年底，临汾市联络点有活动人员50余人，太原市联络点有活动人员20余人。

【落实“主题党日”和“永和扶贫日”活动】 2018年，永和县老干部局按照县委组织部要求，开展“弘扬‘红船精神’座谈会”、“弘扬雷锋精神，争当志愿先锋”志愿服务宣传、“不忘初心、牢记使命”主题教育座谈会、“永和扶贫日”走访慰问、“家风教育”等主题党日活动。结合单位实际制定政治、服务功能事项8项，服务项目3项。结合包联村打石腰乡冯家坬村实际，新建2间村级组织活动场所，配备会议显示屏、投影仪等办公设施；协调200千瓦光伏发电项目，发展壮大村级集体经济；开展红枣树认领、走访慰问、永和扶贫日主题活动等3项服务。组织全体党员干部到包联村打石腰乡冯家坬村，开展“永和扶贫日”活动，通过座谈交流、集中学习、开展养殖技术培训、入户走访慰问、送医下乡等形式，推进冯家坬村脱贫攻坚工作。

【扫黑除恶专项斗争】 2018年，永和县老干部局结合实际，制定扫黑除恶专项斗争具体实施方案，成立领导组，明确工作重点、实施步骤、工作要求，召开动员会议。局班子成员在老干部中发放《致全县广大居民的公开信》，开展调研线索摸排工作。

【改革开放40年主题活动】 2018年，永和县老干部局邀请县老干部党支部书记厍永琴为老干部讲党课；开展主题征文活动；组织老干部代表，实地观摩药家湾小学、县医院新址等重点项目；组织召开老干部“我看改革开放新成就”座谈会，听取县委、县政府重点工作情况汇报，征求老干部对县委、县政府工作的意见建议，畅谈永和县改革发展成就；组织开展纪念改革开放40年“不忘初心，情暖重阳”文艺晚会和书画展。

2018年10月16日，永和县举办纪念改革开放40年“不忘初心、情暖重阳”文艺晚会

【为高龄离退休老干部送蛋糕】 2018年，永和县老干部局为做好离退休老干部管理服务工作，体现对高龄离退休干部的组织关怀，建立为高龄离退休老干部祝寿送蛋糕制度，对每名高龄离退休老干部生日信息进行登记，在老干部生日当天，由老干局负责人带队，到老干部家中看望、祝寿，送上生日蛋糕。

【“迎新春、写对联、送祝福”活动】 2018年春节前，永和县老干部局邀请10余名爱好书法的老干部现场为广大群众写春联并免费送出，把节日的祝福送给广大群众，整个活动历时近3个小时，送出春联600多副，此外还为贫困户提前撰写春联100余副。

【组织草编学员参观学习】 2018年，永和县老干部局发挥草编在脱贫攻坚中的作用，3月19日，由局班子成员带队，组织40余名老干部及贫困村巧手，到临汾市老干部局参加为期1天的参观学习。按照临汾市老干部局安排部署，3月28日至4月1日在永和县老干部活动中心，开展为期5天的草编培训，部分退休干部、巧手村民及局班子成员等40余人参加培训。

【落实老干部待遇】 2018年，永和县老干部局根据老干部政治学习需求，订阅党报、党刊、《求是》、《半月谈》、内参、医疗保健等50余类报纸杂志，《山西老年》每人1份，《先锋队》44份，《老年之友》70份，阅览室全天对老干部开放。传统节日和重要节假日，对老十部进行慰问工作。春节前夕，对全县1000多名老干部进行慰问，对有特殊困难的离退休干部发放困难补助金，对闻喜县、洪洞县等异地居住的离休干部进行慰问。“七一”中国共产党建党日期间，由县级领导带队，对部分老党员、离退休干部进行走访慰问。建立困难离退休干部帮扶工作机制。坚持日常走访、住院探视、去世送葬等制度，县财政拿出3万元帮扶专项资金对特困老干部进行帮扶。

【文体娱乐活动】 2018年，永和县老干部局依托老干部活动中心开展读书读报、书法、扑克、麻将、象棋、乒乓球、健身、保健等活动，日活动达200余人次。根据活动内容的多样性，成立老年合唱团、舞蹈队、晋剧演出小组、老年门球队、太极拳表演队等老干部文体活动组织，推动老干部文体活动开展。在元宵节，永和县老干部局组织100余人秧歌队进行秧歌表演，荣获元宵节表演特等奖。重阳节举办纪念改革开放40年“不忘初心、情暖重阳”文艺晚会，老干部自导自演节目15个。10月17日上午，在永和宾馆四楼会议室召开老干部重阳节座谈会，县委书记加天山，县委副书记、政府县长范洋平，县委常委、组织部部长张淑明，老干部局全体人员及20余名退休老干部代表庆祝重阳佳节。10月16—18日，由县委组织部、县委老干部局、县老年书画家协会联合举办“不忘初心、夕阳更红”书画展，展出10名老年书画爱好者的书法、绘画作品20余幅。组织老干部参加县直有关单位开展的各种公益娱乐活动。以太极拳协会、戏曲演唱队为依托，组织开展老干部太极拳和二胡培训，参班学员80余人。

【老干部党支部建设】 2018年，永和县老干部局坚持每月15日开展主题党日活动，保障活动经费，通过集中学习、座谈讨论等多种形式，教育引导广大离退休干部党员，履行党员义务，按时足额交纳党费。主动联合老体协、老年大学采取多种形式开展文体活动。春节、元宵节期间，组织参加全县举办的“不忘初心、牢记使命、唱响红色主旋律”大拜年活动。5月19日，举办“韵动乾坤·巾帼美韵”百人旗袍秀活动。5月26日，离退休支部委员刘锁组织60余人参加临汾市十县太极拳乡宁太极拳传承推广经验交流会。6月28日，组织全县太极拳百余人举办迎“七一”向党的生日献礼展演活动。8月9日，配合文旅委，分别组织太极拳协会82人、旗袍会40人参加消夏篮球赛开幕式。9月28日，组织50余人参加临汾市老体协举办的全市老年人“喜迎国庆节”暨“庆祝改革开放40年”展演。

【关工委工作】 2018年，永和县关工委确定50名“五老”人员为校外辅导员，分别到全县10所学校开展工作。坚持开展“中华魂”读书活动。坚持“读书育人，立德树人”的活动宗旨，订阅征订读本6630册。开展“辉煌与梦想”主题活动，获全国表彰二等奖1名，三等奖1名，优秀辅导员1名，先进个人1名。开展“阳光关爱”活动。协调北京中海沃邦、新天能源、永和昆仑管道销售有限公司、四海工程基建有限公司和永和县建筑有限公司分别为永和县第一高级中学捐款10万元，总计50万元；李永红、宋水生、张兰平、刘海红、药甘霖5名个体商户为8名贫困学生捐款2.4万元。组织书画作品征集，按期上报书画作品。依托红军东征永和纪念馆，主动与相关部门联手，发挥爱国主义教育基地的作用。

【老年促进会工作】 2018年，永和县老年促进会坚持每月定期集中学习一次，邀请永和县原党校常务副校长郭维民讲党课，召开“畅谈改革开放40年”座谈会。组织6名老年促进会成员，成立脱贫攻坚调研组，到全县7个乡镇79个行政村，开展脱贫攻坚工作实地调研，为党委政府决策提供参考依据。编纂发展史，强化老区精神。进行党史、军史、老区革命史优良传统教育，把红色基因代代传下去，开展《革命老区县发展史》编纂工作。观摩重点工程，献智脱贫攻坚。组织部分老干部代表观摩全县60项重点工程，参加全县经济工作分析会。

【老年大学工作】 永和县老干部局调整充实机构。对老年大学领导小组成员进行调整充实，开展教学。研究制定学员守则、入学报名须知、班委会暨班长职责等，确保教育教学工作有章可循、稳步进行。开展时事政治理论辅导、声乐、舞蹈、器乐、书法、养生保健讲座、太极拳7个班级，在校学员达300名以上。为学习实践、传承发扬红军东征精神，永和县将红军东征永和纪念馆作为老干部增添正能量教育基地，开展追思红军东征足迹、重温入党誓词、征集抗战老照片、抗战书画作品展等活动。

（张肖伟）

信访工作

【概　况】 永和县信访局是县委、县政府的工作部门，为正科级建制。办公地址位于县政府大院西楼一层。永和县信访局有行政编制5个，工勤编制1个，设办公室、查办股、接待股。2018年，永和县信访局以解决群众实际问题为根本，以“责任信访解民忧”信访主题活动为载体，开展矛盾纠纷排查化解、重要信访案件的办理和督查督办工作，做好信访工作，完成全国、省、市的“两会”值班工作任务，确保零非访、零滞留。

【信访数量】 2018年，永和县信访局接待来信来访129件543人次（不包括重访），与2017年123件639人次相比，件数上上升4.88%，人次上下降15.02%。其中，群众个体访60件63人次，占46.5%，与2017年同期64件74人次相比，件数上下降6.25%，人次上下降14.86%；群众集体访30件299人次，占23.3%，与2017年30件467人次相比，件数上不变，人次上下降35.97%。到市赴省进京上访39件181人次，占30%，与2017年同期29件97人次相比，件数上升34.48%。

【创新工作模式】 2018年，永和县按照《永和县县级领导干部信访接待日制度》，每天有1名副县级以上领导驻信访服务中心接访，面对面了解群众诉求，协调各职能部门尽快对群众来访反映的问题进行政策解释，确属应解决而未解决的，及时按政策解决，一时解决不到位的向来访群众做出解释。落实重大疑难案件主要领导包案、疑难事项县级领导批示制度。按照批示要求由县信访局及时向责任单位进行转办、交办，促进案件的化解，在《信访条例》规定的时限内加以解决，做到“事情能解决，程序要规范，群众都满意”。

【信访接待】 2018年，永和县信访局始终做到“来访必登记，登记必上网”，接待大厅对来访人首先核实身份，了解信访人诉求和理由，进行来访登记，能现场答疑的现场解决，确属信访范畴的，按照程序予以受理，由责任单位在规定时限内进行答复。发挥“信访要情”作用，遇有重大或群体性信访事项，信访局掌握情况后及时通过信访要情向县级领导和责任单位汇报案件，存在问题及需要机关单位协助解决的，做到领导及时掌握信息，责任单位尽快介入解决，使信访事项及时化解。

【督查督办】 2018年，永和县信访局采取日常督办和专项督办结合的方式排查梳理重点案件，协调业务骨干对重点案件进行督查督办，由网络交办人员对交办到期未回复的案件每月向督办人员进行汇报，由督查督办室汇总后进行日常督查督办，通过这种方式，推动案件化解。

【信访问责】 永和县在2018年召开的专项信访工作会议中强调，凡因工作不力导致信访事件造成不良影响的，要按照纪律处分条例进行严肃问责，增强干部的责任意识和担当意识，促进信访事项的化解；对一些信访不信法，缠访、闹访人员依照法律规定进行处置。

（齐　燕）

史志工作

【概　况】 2018年，中共永和县委党史研究室在县委、县政府的领导下，在上级党史和地方志部门的指导下，以中共十九大精神为指导，学习贯彻习近平总书记系列重要讲话精神，围绕全县“四大战略、八项重点”奋斗目标，克服困难，推进党史研究、方志编纂等工作，完成年初制定的各项目标任务，发挥资政育人、服务大局的作用。

【党史研究】 2018年，中共永和县委党史研究室按照临汾市党史研究室关于编写《改革开放40年口述文章》的要求，加强对中国改革开放时间段历史的研究，及时跟进历史，记载历史。确定研究主题后，工作人员到临汾、太原走访在永和县工作过的处级领导干部，在充分座谈、深入了解的基础上，编写《改革开放40年口述文章》，上报市党史研究室。

【党史宣传】 中共永和县委党史研究室为推进党史教育，扩大永和党史资料的赠阅范围，由向部分县直单位发放，扩大到向上级党史部门、县外党史工作兄弟单位及社会有关方面赠阅，努力把党史编研的重要成果转化为干部群众学习党史、宣传党史、运用党史的自觉行动。启动《中国共产党永和历史》编撰工作，编制印刷《永和县抗战损失汇编》一书。

【党史咨询】 围绕中心、服务大局是党史工作必须坚持的原则。2018年，中共永和县委党史研究室在服务永和县经济社会发展大格局中找准定位，发挥职能作用。结合永和实际，深入调研，进一步挖掘、整理，力求提炼出一些历史性的借鉴和启示，为领导决策提供历史借鉴，为教育党员干部不忘初心、获取继续前进之内在动力发挥积极作用。按照县委组织部的安排，对永和党史人物的历史和事迹进行研究、提炼，编写出15位优秀共产党员“不忘初心、牢记使命，砥砺前行”的事迹材料，发挥党史研究室的职能作用。

【县情资料推介】 中共永和县委党史研究室加强《永和县志》《永和乾坤湾志》《红军东征永和纪念馆志》等相关县情资料的推介工作。与山西省内外地方志办公室交换《永和县志》《永和乾坤湾志》《红军东征永和纪念馆志》20余部。免费为招商引资单位及社会各界人士提供县情、地情、风土人情资料查询和咨询150余人次。

【《永和县志》编修】 2018年，中共永和县委党史研究室以评审专家的意见为修改《永和县志》的方向，领会和消化评审专家的意见并梳理汇总，对照志稿，逐篇、逐章、逐节去修改，确保县志质量。树立精品意识，注重编纂质量，坚持以事实为基础，以典型为纲领，反映真实历史，促进现实发展，广集资料，仔细筛选。对二轮《永和县志》进行一、二、三、四稿的校对、修改，发现、解决问题数百处。完成临汾市地方志办公室安排的《临汾风景名胜志》永和卷的编纂工作，共3万余字，100幅图片，为宣传永和发挥作用。

【年鉴编纂】 2018年，中共永和县委党史研究室在校对、修改《永和年鉴（2017）》的同时，6月启动《永和年鉴（2018）》编纂工作。制定《年鉴编写大纲》，印发《年鉴编写通知》。全体编纂人员编写，聘请社会人员参与编纂，10月底完成初稿，全书50多万字，11月中旬《永和年鉴（2018）初稿》送临汾市地方志办公室审核，12月进入出版程序，完成省、市业务主管部门安排的志、鉴编纂任务。4月6日前完成《山西年鉴（2018）》和《临汾年鉴（2018）》永和篇的编纂、组稿和上报工作，总字数4000余字，图片十几幅。1月，上报山西省地方志办公室《大美乾坤惠风永和》宣传永和的地情资料稿件4篇，约1.2万字，图片40幅，率先在省“一周一域”网站刊登地情宣传资料，宣传永和文化。

【方志业务培训】 2018年，为提高方志编修人员的业务能力和综合素质，中共永和县委党史研究室组织相关部门和乡镇的编纂人员参加省、市地方志主管部门举办的地方志理论和业务培训，专门邀请上级专家为全县各承编单位主笔上课，讲解志鉴的编纂常识和一些需要注意的问题。根据有关承编单位的具体情况和要求，分系统进行辅导，就其在年鉴编写过程中所遇到的实际问题现场一一解答。

【下乡扶贫工作】 2018年，中共永和县委党史研究室与县编办联合在芝河镇后桑壁村包联扶贫。年初与村委班子制定全年工作规划，到贫困户家中进行座谈，了解情况，结对帮扶，帮助其解决生产生活中的具体困难。把下乡扶贫工作列入重要议事日程，“一把手”亲自抓，抽调全体党员干部组成扶贫工作队，具体指导日常扶贫工作的筹划和落实，抽出1名有基层工作经验的干部长期驻村工作，多次组织全体干部职工到后桑壁村进行调研、慰问，宣传党的扶贫政策，实地了解后桑壁村的经济状况和贫困群众的生活情况。协调水利部门为该村实施自来水入户工程，协调有关部门为贫困户送去鸡仔200只、杀虫剂40瓶、除草剂40瓶。组织单位职工捐款捐物，折合现金2000元，为贫困户购买面粉10袋、食用油10桶，以及洗衣盆、洗衣粉、毛巾等生活用品，帮助贫困户解决生产生活难题。

（冯瑞红）

党校工作

【概　况】 2018年，中共永和县委党校在县委、县政府的领导下，在临汾市委党校的指引下，高举中国特色社会主义理论伟大旗帜，学习贯彻中共十九大精神，围绕县委确立的“四大战略、八项重点”奋斗目标，发挥党校思想理论宣传的主阵地、主渠道作用，为永和县实现转型发展、脱贫攻坚发挥作用。

【主体责任落实】 2018年，永和县委把握党校办学的政治方向，深入学习贯彻习近平新时代中国特色社会主义思想。一期主体班次和一期读书班党的理论教育和党性教育课程设置均达到70%，做到工作重心向主课主业聚力、优质师资向主课主业聚集。明确县委作为党校办、管、建、用的主体，县委书记是第一责任人，校长为直接责任人。全市党校工作会议之后，县委召开5次常委会，政府党组召开3次会议专题研究党校工作。党政主要领导在县委党校开展调研指导，参与党校办学，把关课程设置，县委书记每年到党校主体班次、读书班上作开班动员并亲自讲党课，县委领导在主体班、读书班上亲自授课5场次。将办学经费列入财政预算，2018年办学经费10万元，基本满足办学需求。

【干部教育培训】 2018年，中共永和县委党校担负教育培训党员干部职责，开展专题调研，谋划制订培训计划和方案培训班。2018年举办年轻干部后备干部培训班，学制1个月，培训内容以习近平新时代中国特色社会主义思想、中共十九大精神，以及党章、党规等为主要内容，以政治理论、党性教育为主。举办习近平中国特色社会主义思想读书班。2018年11月初开始，举办永和县为期半个月的第一期学习贯彻习近平新时代中国特色社会主义思想读书班，学员为全县38名科级干部。重点就习近平新时代中国特色社会主义思想等内容进行培训。开展专题培训。重点举办中共十九大及十九届三中全会精神、巡回宣讲、领头雁、政法干部、党务干部、妇女干部、青年干部、非党干部、入党积极分子、“两代表一委员”（党代表、人大代表，政协委员）等专题培训班，培训干部2500余人次。开展基本能力培训。重点围绕中共十九大报告提出的新时代领导干部增强“八种本领”（学习本领、政治领导本领、改革创新本领、科学发展本领、依法执政本领、群众工作本领、狠抓落实本领、驾驭风险本领），按照“三基建设”（基层组织建设、基础工作建设、基本能力建设）14 种基本能力和 8 种专业能力培训要求，县委党校举办全县党政机关事业单位干部“三基建设”通用能力示范培训班，培训骨干人员 93 名。

（柳文格）

永和县人民代表大会

永和县人大常委会工作

【概　况】 2018年，永和县人大常委会以邓小平理论、“三个代表”重要思想、科学发展观、习近平新时代中国特色社会主义思想为指导，学习贯彻落实中共十九大会议精神，以习近平总书记视察山西重要讲话精神为指针，在中共永和县委的领导下，以创新方式、增强实效为重点，强化监督职能；以完善机制、优化服务为重点，做好代表工作；以增强素质、提升能力为重点，加强自身建设，发挥地方国家权力机关作用，为建设美丽永和、富裕永和、人文永和、平安永和做出新贡献。

【提高人大工作自觉性】 2018年，永和县人大常委会树立一线思想，承担县委安排的重大项目和重点工作。承担60个重点项目的督查和县城正大路改造、城市供热工程，承担《红军东征纪念馆志》《乾坤湾志》《三北防护林志》《永和精神》4本书的编辑工作。加强同四大班子的沟通，实现同频共振。提高干部任免质量。根据有关法规完善任免工作办法，规范任免工作程序。对县委推荐、“一府两院”提请任免的干部人选，实行任前公示、法律知识考试、任中供职发言、任后述职评议等任免程序，人大代表、常委会组成人员自觉遵守县委的决议和纪律，县委在拟提交人大常委会任免事项上，征求人大常委会意见，确保县委的指示得到全面贯彻。2018年，常委会任命工作人员13名，其中挂职副县长1名，政府组成机关干部4名，法院人民陪审员8名，实现党委满意与人民满意的有机结合。

【学法用法监督】 2018年，永和县人大常委会为提高领导干部依法行政、公正司法水平，采取普法讲座、集中学法、以考促学等方式，推进全县学法、用法活动，增强国家机关工作人员的法治观念，提高依法办事的自觉性。县人大常委会于7月组织1次法律知识讲座，邀请市县有关人员就《中华人民共和国宪法》《中华人民共和国行政许可法》《中华人民共和国预算法》，以及人民代表大会制度有关知识进行讲解，县人大常委会在“七五”普法工作中组织法律知识考试，将考试情况进行通报。加大对“一府两院”执法、学法、用法水平的监督力度。县人大常委会于12月专题考察法检两院和公安的工作，听取相关工作情况汇报，针对工作中存在的问题，提出加强执法队伍建设、提高执法质量、提升服务水平的建议。对县人大常委会的审议意见，司法部门加以研究。县人大常委会把监督与支持有机结合起来，按照县委的决策部署和全县工作大局，支持“一府一委两院”依法办事。

监 督

【食品卫生和药品管理监督】 2018年，永和县人大常委会抓好《中华人民共和国食品安全法》的落实。4月，对《中华人民共和国药品管理法》的贯彻情况进行考察。考察组到部分乡镇和县直药品经营单位实地检查药品经营销售情况，建议县政府及职能部门狠抓药品法律法规的宣传，加强药检队伍建设，完善药品销售网络，严打制售假冒伪劣药品行为，规范药品经营市场。6月，县人大常委会组织考察检查，督促政府强化食品卫生监管，保证全县食品卫生安全。根据群众反映超市食品经营存在的问题，县人大常委会组织人员对超市食品卫生进行专项检查。

【妇女儿童权益保障监督】 2018年，永和县人大常委会针对永和县民营企业发展、部分企业妇女职工权益得不到有效保障问题，组织人大代表对此项工作进行调查，向有关部门进行反馈，促进妇女劳动条件、劳动环境、劳动报酬的提高和改善。

【群众关心问题监督】 2018年，永和县人大常委会监督群众关注的问题，如河西路改造、绕城公路建设、脱贫攻坚、教育均衡发展、非洲猪瘟等问题。动员全县人民支持工程施工，促进和保障河西路建设顺利进行，县人大常委会组织省人大代表及部分市县人大代表、社区负责人和县政府职能部门负责人对永和县正大路建设进行实地考察。12月，县人大常委会对全县畜牧业发展情况进行考察，听取全县畜牧业工作情况报告。考察组到部分乡镇，实地察看畜牧养殖及疾病预防工作，提出做好宣传教育和舆论引导，增加经费投入，实行补偿和扶持政策，加强医学监督预防的建议，确保永和县畜牧工作发展。9月，县人大常委会针对年中查账中发现的问题，专门对全县的脱贫攻坚工作进行视察，就易地移民搬迁、政策兑现、产业发展、基础资料完善等方面提出12条具体的意见建议，推动全县脱贫攻坚工作的进程。10月，针对教育均衡发展问题，县人大常委会专门到教科局、永和县第一高级中学对教育均衡发展工作进行视察，听取相关工作情况汇报，提出建议意见，保证县教育均衡发展平稳过渡。县城交通压力大，高速公路建设是事关群众生产生活的大事，县人大常委会主动参与监督，组织部分委员和代表参与论证会讨论，实地进行调研，提出合理化建议4条。做好信访工作，行使监督职能。充实信访工作人员，完善代表议政室，重要信访案件由县人大常委会领导亲自接待处理。全年接待来信来访15件次。对每件上访案件认真解释、转办，督促有关部门解决群众反映和关注的一些实际困难和问题，化解社会矛盾，加强国家机关同人民群众的联系。

【创新监督工作】 2018年，永和县人大常委会探索改进监督工作的方式方法，使常委会会议和视察、检查活动做到议题求“准”，前期调查求“深”，议题审议求“透”，督促落实求“实”。县人大常委会对县城建设、环境保护、产业扶贫、“一村一品一主体”等19项工作进行审议和视察、检查，撰写调查报告6篇。审议工作汇报时，实行汇报人员回避制度，变集中审议为分组审议，审议意见书面交“一府两院”办理，通过主任会议或常委会议听取“一府两院”落实情况。

（呼志鑫）

永和县人民政府

永和县人民政府

【概　况】 2018年，永和县人民政府学习贯彻习近平总书记系列重要讲话精神，落实中共十九大精神，中央、省、市经济工作会议精神，按照山西省委“一个指引、两手硬”思路要求、临汾市委“345”发展战略部署，以脱贫攻坚统领经济社会发展全局，实施“四大战略”，突出抓好“八项重点”，围绕年初确定的目标任务，全县经济、社会等各项事业取得新突破、新成果、新变化。

【综合实力】 2018年，永和县地区生产总值完成9.12亿元，同比增长4.3%；社会消费品零售总额完成5.24亿元，同比增长7.8%；固定资产投资完成14.4亿元，同比增长31.6%；财政总收入完成2.79亿元，同比增长17.95%；一般公共财政预算收入完成1.14亿元，同比增长12.83%；全体居民人均可支配收入10787元，同比增长8.5%；城镇居民人均可支配收入22588元，同比增长8%；农村居民人均可支配收入4098元，同比增长12.7%。各项经济指标增长稳定处于全市第一方阵。其中，GDP增幅高于全市1.5个百分点，固定资产投资、全体居民人均可支配收入同比增速全市第一，城镇居民人均可支配收入增幅全市第二。

【脱贫攻坚】 2018年，永和县在产业扶贫上，制定出台《永和县“一村一品一主体”产业扶贫的实施意见》《“一村一品一主体”产业扶贫实施细则及操作流程》《永和县“五位一体”扶贫小额信贷实施办法》《永和县特色养殖业奖励办法》《永和县特色种植业奖励办法》等文件，指导、扶持各乡镇、村发展产业和主体。整合财政资金8113.8万元用于71个特色产业扶贫项目，以奖代补，为贫困户安排补贴资金700余万元。探索“公司+农户”“合作社+农户”的产业发展模式，发展黑枸杞、中药材、林下养鹅养鸡等。开展构树、油用牡丹、巨菌草、饲用玉米试种，荒山养蝎实验等工作。全县78个贫困村均明确主导产业和带动主体，实现全覆盖。2017年、2018年确定各类产业项目113个，可带动有劳动能力的贫困户3461户9000余口人，户均增收3000元以上。

【生态扶贫】 2018年，永和县将林业生态建设与脱贫攻坚紧密结合，将所有营造林工程任务由扶贫造林专业合作社采取议标的方式承揽。全县有36个造林专业合作社，涉及1286户贫困户3615名贫困人口，通过2017年、2018年两年实施荒山造林和退耕还林工程，户均年收入在1.2万元左右，人均年收入4000余元。聘用321名有劳动能力的建档立卡贫困户为护林员，通过管护，每户年收入在8000元左右，965名贫困人口稳定脱贫。2018—2019年，永和县实施退耕还林9万亩，5年落实生活补贴1.35亿元。涉及全县7个乡镇

5862户16439人，涉及贫困户2856户6518人，平均每户每年增收2413元。

【易地搬迁扶贫】 2018年，永和县易地扶贫搬迁任务为贫困人口2232人，同步搬迁724人，24个自然村整村搬迁。采取“大县城+中心村”的安置方式，规划2个县城安置点，新建9个中心村安置点，在县城安置贫困人口882人，同步搬迁516人，在中心村安置贫困人口1350人，同步搬迁208人。县城安置点采取回购现房的方式进行，拟定回购实施方案，进行安置工作。中心村新建9个安置点，完成1个安置点建设，剩余8个安置点已开工。2018年11月17日，坡头乡36户贫困户喜迁新居，28户贫困户领取新房钥匙。

【光伏扶贫】 2018年，永和县投资1.02亿元实施村级光伏扶贫电站建设，建设200千瓦电站61座，100千瓦电站16座，规模13.8兆瓦；投资8544万元实施屋顶光伏扶贫电站建设，安装2136座，规模10.68兆瓦；投资2.25亿元实施集中式光伏电站建设，规模30兆瓦。

【金融扶贫】 2018年，永和县推进“五位一体”小额信贷业务，投放金融贷款8624万元支持产业发展，受益贫困户1739户，占所有贫困户的26.46%。在电商扶贫上，申请电子商务进农村综合示范县项目，制定《永和县电子商务进农村综合示范县实施方案》，完成“电子商务示范基地”选地，确定电商运营团队。开发包含中介、团购、外卖、便民电话、实时资讯等便民服务的“各街网”服务平台和帮助贫困户销售农产品的“情暖永和”扶贫平台。永和县在各平台上帮助农户销售系列特色农产品，销售额725万元。

【旅游扶贫】 2018年，永和县引入“公司+农户+扶贫”运作模式，建设民俗旅游村，发展农家乐，带动贫困户脱贫致富。阁底乡建成农家乐窑洞113孔，具备接待300余人的住宿条件。依托红军东征永和纪念馆，创新干部培训体系，打造“主题党日班”“党性实践教育班”“红色文化体验班”等多个班次，承接山西省农科院、山西省焦煤集团、中煤集团、临汾市人才办、阳曲县委组织部、交口县委组织部等10余家单位1200余人次的委托培训，培训12班次，每班次平均60人，实现营业收入75万元，带动100余户贫困户增收4000余元。

【健康扶贫】 2018年，永和县免除建档立卡贫困人口医保费用，参合率100%。在县域内、市级、省级住院，个人年度自付封顶额分别为0.1万元、0.3万元、0.6万元，超出的费用由医保基金报销。全县贫困患者的自付比例为4.35%。开展健康扶贫“双签约”活动，永和县贫困人口签约率达100%。推进大病集中救治一批、慢病签约服务一批、重病兜底保障一批，大病救治407人、慢病救治1321人、重病救治41人，救治率100%。

【教育科技扶贫】 2018年，永和县实现学前教育、义务教育阶段贫困学生资助全覆盖，2018年对该年度高考达二本B类线以上大学生实行资助“全覆盖”政策。资助贫困学生42人，资助金额20.5万元。与蒲县宏源煤业集团责任有限公司达成协议，资助所有二本B类以上建档立卡贫困生。资助大学生27名13.1万元，对考入运城职业技术学院的学生，资助大专全部学费。实施劳动力转移就业培训，培训2974人，其中“建档立卡”农村贫困劳动力免费职业培训的209人实现就业。

【兜底扶贫】 2018年，永和县针对因学、因病、因灾、因残，难以依靠一般措施实现脱贫的群众，完善政策、兜底补短，确保不落一户、不漏一人，实现扶贫标准线和低保标准线“两线合一”。发放低保金913万元，受益家庭1585户2686人。全县所有贫困户购买意外伤害扶贫保险、大病医疗补充扶贫保险、人身综合保险，理赔291万元，742名贫困户受益。将红枣产业保险范围覆盖到全部贫困户，延伸到非贫困户，为全县3600户（其中贫困户2128户）购买红枣保险7.64万亩，确保枣农在红枣受灾后，仍能获得稳定收入。推进玉米“保险+期货”工作，5555户农户（其中贫困户2681户）从中受益，投保面积4.98万亩。山西省人保财险公司与永和县签订扶贫战略合作协议契机，探索推行集农业生产、家庭生活、意外事故等为一体的“一揽子”保险，构筑多层次、全险种保险扶贫保障网。在“一县一策”落实上，围绕山西省委、省政府攻坚深度贫困有关政策，下拨山西省扶贫周转金及永和县配套资金1276万元，用于支持20个企业和合作社，带动贫困户300余户。全县78个村的“一村一品一主体”项目全部采用议标方式，带动贫困户200余户，户均增收1800余元。2017年度、2018年度易地搬迁项目用地199.78亩，参照灾后重建政策执行，市政府予以批复，办理供地手续。为县内的2017年度、2018年度易地搬迁等项目优先办理土地手续，做到“边建设边报批”。完成5个“一村一品一主体”扶贫项目的备案工作，保证用地需求。对全县建设用地逐村逐地块调查，拟复垦建设用地2471.85亩。其中，易地移民整村搬迁25个自然村，可复垦建设用地面积964.95亩，将南庄乡郭家村委整村搬迁的团枣渠村、小舍窠村共计206.4亩纳入增减挂钩项目实施方案。统筹整合涉农财政资金2.8亿元，用于170个脱贫攻坚项目，实际到位资金45524万元，其中用于易地搬迁项目9764万元，扶贫光伏发电项目2760万元。争取到新医院建设、棚户区改造等项目政策性贷款12052万元。落实土地出让金政策，收回土地出让金1078万元。为永和县7个乡镇协调选派21名科技特派员；在《山西日报》、山西卫视、山西新闻网等媒体，制作宣传红枣、核桃、槐花等特色农产品专题栏目。

【林果产业转型】 2018年，永和县针对全县以20万亩红枣、18万亩核桃、4万亩苹果为主的经济林管理粗放、抗风险能力低等问题，与山西省农科院开展“院县合作”，通过建立示范基地、实地指导培训等方式，对红枣、核桃、苹果等传统产业进行科学管护，经济林产量和品质得到提升。针对红枣枣疯病及其他病虫害，采取防治措施，红枣挂果率95%以上。立足资源优势，完善芝河源头北方农耕梯田文化、桑壁河流域绿色有机农产品、阁西塬生态旅游、辛角塬特色农业等精品农业园区，夯实农业生产基础。

【天然气产业转型】 2018年，永和县以引进下游企业，加快转化利用为重点，推动“气化永和”建设。加大勘探开发力度，完成5口井钻探、4口井压裂试气。加快转化利用步伐，引入山西迅磊环保科技有限公司30万吨/年石油压裂支撑剂项目、山西万盛源天然气有限公司液化天然气储气调峰站项目。截至2018年11月20日，销售天然气9.2亿立方米，纳税2亿元，占财政总收入25761万元的77.64%；县级留存税收7294.59万元，占公共财政收入9811万元的74.35%。天然气开发和利用成为永和县县域经济发展、财政持续增收的重要支撑。

【旅游产业发展】 2018年，永和县依托文化旅游资源优势，围绕全省锻造“黄河、长城、太行”三大板块的总体思路，以AAAA级旅游景区创建和发展全域旅游为抓手，提升景区服务功能，推动旅游资源整体开发。2018年，山西黄河一号公路——沿黄扶贫旅游公路在永和县开工，开启旅游产业提档升级新步伐。该公路将连通永和县沿黄河4个乡镇，可解决44个行政村181个自然村32804人（其中贫困户5343户15124人）的出行问题，把乾坤湾的7个“S”形大湾及永和关、奇奇里等文化旅游村全部连接起来。永和县规划通用机场、干部培训基地等项目，推动旅游产业提档升级。依托2018年山西省旅游产业发展大会在临汾市召开的契机，举办永和县第三届槐花文化旅游节暨槐花扶贫活动、迎七一·助旅发——光未然《黄河颂》大型碑刻揭幕暨《黄河颂》专场音乐会活动、“乾坤湾·中国龙”2018国际摄影名家采风暨全国摄影家黄河风光摄影大赛活动、阁底乡奇奇里村第三届红枣采摘节暨国庆旅游黄金旅游周系列活动，开展旅游宣传营销活动。8月12日，山西宏源沿黄文化旅游发展有限公司与永和县签约投资18亿元的文化旅游合作协议，解决了永和县旅游整体开发合作伙伴和开发模式难题。通过长期合作整合提升已有资源，优化管理模式，实施一产、二产、三产融合发展，种植、养殖、加工、销售、旅游五环联动，建设集产业发展、旅游观光、投资兴业、养生养老、适宜栖居为一体的理想地。可直接带动黄河边上4个乡镇15124名贫困人口通过景区内从事农家乐、餐饮业、纪念品和农副产品销售以及景区服务等方式实现增收脱贫，也可辐射带动其他3个乡镇发展旅游产业，助推旅游扶贫纵深推进。

【城乡设施建设】 2018年，永和县投资7000余万元，实施城西路道路改造、正大路拓宽改造（续建）、滨河路改造、城东路排水管网改造等项目，完善城市服务功能。启动新建坡城中村改造、全民健身活动中心和文化活动中心建设项目。其中，全民健身活动中心完成设计招标工作；文化活动中心建设项目于2018年5月15日完成设计招标工作。完善乡村基础设施，实施4个乡镇7个村美丽乡村建设，投资1264万元，完成东征村、奇奇里村、阁底村、后甘露河村（含德成村）、郭家村和索驼村的建设任务。

【生态环境保护】 2018年，永和县坚持增绿与减排并重，推进造林绿化工程建设和环境保护。2018年完成营造林任务13.49万亩。大气污染方面。推进清洁取暖工程，完成集中供暖17.85万平方米，完成“煤改电”101户，完成“煤改气”111余户；推进散煤治理工作，依托柴油货车专项整治，加大对过境运煤车辆的检查力度，防治劣质煤炭进入永和县市场，截至11月下旬永和县购置优质煤炭2250余吨，发放1110户2059吨。2018年取缔燃煤锅炉17台；完成51家餐饮企业油烟净化器安装；开展秋冬季大气污染防治攻坚行动，抓好散乱污企业治理，秸秆禁烧，扬尘治理，打击黑加油、加气站点等专项整治行动，县域空气质量好转。地表水治理方面。编制完成河长制实施方案，制订县级会议制、信息报送制度、工作通报制度、工作督察制度、工作考核制度、工作验收制度等6项制度。划分县、乡、村三级河长制区域，共计省级河道1条4段，其他县、乡河流共9条14段，分别设立县、乡分段河长。永和县三级河长对黄河和县域内的9条河流巡河244次，其中县级河长进行24次巡河，乡级河长进行72次巡河，村级河长进行148次巡河，在各乡镇确定巡河员50名，加大河道垃圾及河流排污口清理，2018年取缔沿河排污口15个；投资760万元实施垃圾处理场渗滤液建设工程，土建工程完成全部工程量的90%；投资500万元实施污水处理厂尾水深度治理二期工程，投资1825万元实施永和县污水处理厂扩容改造工程，确保出水水质达标；加快养殖业粪便污水处理和资源化利用，完成永和县乡恋农牧专业合作社等4个养殖场的改造建设。

【民生事业】 2018年，永和县在民生事业上加大工作力度。教育工作方面。加强教师队伍建设，2018年永和县招聘43名特岗教师，充实师资队伍；邀请省内外名校专家教授20余人次到永和县组织实施“国培计划”“省培计划”，提升教师教学水平；实施“青蓝工程”、“三优”（优秀班主任、优质高效课、优秀教研团队）评选和“学科联动、名师同课异构”区域大教研活动，涌现出1个市级优秀学科教研团队、1名市优质课教师、10名县级中小学优秀教师。2018年，中考成绩达临汾一中、临汾三中统招线5人，定向达线31人，高考文科、理科二本以上达线人数由2017年的9人增至2018年的17人，对口升学达一本线3人。文体事业方面。为20个村配送音响等文化设施，为11个村级文化活动中心配送体育健身设备；开展“图书惠民暖冬行”活动，为全县50

个村补充价值15.8万元的图书；开展春节系列文化惠民活动、送戏演出活动、"幸福永和消夏月"活动、电影下乡放映活动，全年送戏42场，举办"我是舞王"大赛活动、"中海沃邦杯"消夏篮球赛、戊戌年"祭孔颂德活动、与时偕行"主题活动，完成电影下乡948场。医疗卫生方面。完成全县大病救治407人、慢病救治1321人、重病兜底救治41人；完成贫困妇女"两癌"筛查4052人、免费产前筛查与诊断服务176人；推进"健康暖心"工程，救助596人230.6万元；投资643.5万元，实施"移动智能+健康扶贫"项目，实现医疗资源上下贯通、信息互通共享、业务高效协同，便捷开展预约诊疗、双向转诊、远程医疗等服务，构建起高效有序的分级诊疗格局。社会保障方面。将符合农村低保条件的贫困家庭纳入农村低保范围，做到应保尽保，评定城市低保户777户1260人，发放低保金496.49万元，农村低保户1303户1746人，发放低保金438.13万元。

【安全稳定】 2018年，永和县在安全生产上树立"总体安全观"，每月召开安全生产工作例会，开展安全生产风险隐患大排查、大整治、安全生产执法年等活动，出动检查（督查）人员1922人次，检查（抽查）企业280家次，排查一般隐患278条，整改率100%；责令限期整改企业19家，责令停产停业整顿企业3家，暂扣吊销证照企业2家，关闭取缔企业2家，问责曝光工作不力的单位企业5家。落实"一岗双责"安全生产责任制和一票否决制，建立责任全覆盖、监督无缝隙、检查无盲区的隐患排查治理长效机制，确保全县安全生产形势持续稳定向好。开展扫黑除恶专项斗争，打掉恶势力团伙2个，核查扫黑除恶线索37起，办结30起。开展禁毒人民战争、打击"盗抢骗""缉枪治爆"、网络诈骗等严打整治专项行动，刑事案件立案103起，破获46起，破案率为44.66%，刑事拘留45人，抓获在互联网上通缉的逃犯13人，抓获吸毒人员4名。开展"法治下乡""七五"普法，完善科学民主决策机制，推行政务公开。开展县级领导大接访大走访、积案攻坚、源头预防等活动，矛盾纠纷和信访积案化解率升高。

（李　璟）

政府办公室工作

【概　况】 2018年，永和县政府办公室在永和县委、县政府的领导下，在临汾市政府办公厅的支持和帮助下，学习贯彻习近平总书记系列重要讲话精神和治国理政新理念，围绕中央、省、市关于政府办公室工作的相关要求，立足于"服务发展、服务决策、服务落实"的职能定位，不断增强做好办公室工作的责任感和使命感，提高自身"服务领导、服务基层、服务群众"的能力和水平，做好领导交办的每一件事，做好与部门、群众的沟通协调，督促落实每一件惠民实事，找准问题，强化举措，各项工作稳步推进。

【综合协调】 2018年，永和县政府办公室强化重点工作协调推进。参与脱贫攻坚战、创建国家卫生城市工作、全县66个重点项目建设、旅游资源开发、招商引资等重点工作，以及城乡环境综合整治、河西路改造、易地移民搬迁等难点工作，及时解决工作推进中遇到的困难和问题，先后召开专题协调会130余次，形成会议纪要25个。强化重大活动组织协调。组织参与永和县槐花采摘节、北京槐花节新闻发布会、苹果采摘节、"七一"中国共产党建党节等大型会议和活动，确保这些活动及会议顺利举行。强化重要任务的推动落实，切实做好县政府全体会议、县长办公会议、县政府党组会议确定的重大事项、重要政策、重点工作的协调和落实。加强纵向、横向联络沟通，主动做好与县委办、县人大办、县政协办的衔接，科学合理地安排政府工作，保障政府工作高效、有序运转。

【政务调研】 2018年，永和县政府办公室务实深化政策研究。围绕全县脱贫攻坚、创建国家卫生城市、生态环境、交通基础设施、“健康永和”建设等开展调研，了解经济社会发展中存在的“短板”，研究提出补齐“短板”的对策措施。注重把调研成果融入重大政策起草中，为全县经济社会发展建言献策。开展政务调研。围绕县委、县政府的中心工作，重点关注经济社会发展中的重点、难点问题和群众关心的热点问题，采取多种形式，开展调查研究，为领导决策提供参考。发动全办力量，去基层调查研究，为领导掌握情况、科学决策提供第一手资料，密切群众关系，提高调研能力。统筹起草综合文稿。把握领导意图，研究讨论，提升文稿的思想性、针对性、指导性，完成政府工作报告、专题会议领导讲话等重要文稿1300多篇。

【信息服务】 2018年，永和县政府办公室加强信息综合分析。围绕经济社会发展大局，总结重点特色工作，推介先进做法，为领导全面了解情况和科学决策提供服务。出台《永和县人民政府关于做好政务信息报送工作的通知》，上报政务信息258条。重视紧急信息报送。执行24小时值班等制度，特别是夏季地质灾害易发高发期，报送值班信息80余条，为领导掌握情况及时应对发挥作用。推进政务公开工作，制定《永和县2018年政务公开工作要点》，坚持以公开为常态、不公开为例外，围绕转型综改、创新驱动、脱贫攻坚、经济发展、民生事业的重点、热点、难点问题，坚持依法依规、问题导向、改革创新、务求实效，推进决策、执行、管理、服务、结果公开。推进县政府门户网站集约化建设，将县政府网站后台迁移至市网站集群，由市政府电子政务中心统一管理，确保县政府网站的网站安全和服务器安全。

【应急处理】 2018年，永和县政府办公室按照应急管理办法要求，根据《永和县人民政府办公室关于加强突发事件应急预案编制修订工作的通知》，督促各乡镇、相关单位按照应急预案编制程序进行应急预案编制修订，部分单位制定并印发应急预案。在县政府召开的安全工作例会上，对应急管理工作进行安排部署，完善应急预案，按照应急突发事件的报送格式及相关要求，报送应急突发事件。在重要节假日期间，政府办要求各乡镇、相关单位报送值班情况，加强应急值守，执行好领导带班、24小时值班制度。组织多次演练，如地质灾害防治演练、危险化学品运输突发事件应急演练、新天能源天然气泄漏应急演练等，通过演练提高相关单位及群众应急救援能力，有效验证应急预案的可操作性。

【政务督查】 2018年，永和县政府办公室以《政府工作报告》目标责任分解、县政府重点项目、县政府重要会议和文件贯彻落实情况、领导批示件办理情况等为重点，组织开展政务督查，及时跟踪、了解工作进展情况，反映存在的问题，推进政府工作落实，确保政令畅通。承办省、市级以上领导批示290余件，县政府领导批示2600余件。根据县政府领导在县政府全体会议、县政府党组会议、县长办公会议、专题会议等重要会议及日常工作中提出的明确要求，开展政务督查17次，涉及重点项目建设、脱贫攻坚、城乡环境卫生整治、应急值守等多个方面，对转变部门工作作风、督促各项工作落实起到推动作用。

【专题活动】 2018年，永和县政府办公室在“两学一做”学习教育常态化制度化活动中，制订学习计划，动员部署，推动活动高标准开展。永和县政府副县长李占军动员并向办公室全体党员讲专题党课，办公室负责人按要求讲专题党课、廉政党课。党员干部认真学习《中国共产党章程》，学习中共十九大报告、习近平总书记系列讲话精神，将中共十九大精神学习纳入“两学一做”学习教育常态化制度化活动中，开展研讨交流，撰写学习体会，不断提高学习教育活动实效。开展“重温入党誓词、党旗飘扬在心中”活动，组织党员干部到红军东征永和纪念馆学习参观，强化党性锻炼和宗旨观念。

（李　璟）

政务大厅工作

【概　况】 永和县政务服务中心位于永和县正大路27号，占地面积500平方米，其中管理中心占地250平方米，办事大厅占地250平方米。永和县政务服务中心是事业单位，为副科级建制，编制6个，2016年1月改称“永和县党务政务办事大厅”，有窗口单位25个（其中党务单位4个，群团单位3个，政务单位18个），内设窗口20个，窗口工作人员60余名。行政审批及便民服务类项目共270个（其中行政许可项目162个，便民服务项目108个），另设5个分厅（公安局、国税局、残联、交通局、卫计局）和7个乡镇便民服务中心。2018年，受理各类事项2990件，办结2988件，办结率达99.93%。

【制度管理】 永和县政务服务中心本着高效、廉洁的原则，简化办事程序，提高办事效率，推行政务公开，规范行政行为，形成“一条龙”配套服务，廉洁高效办事的行政服务制度，为办事群众提供优质、便捷的行政服务。建立和完善《关于机关工作人员分工的通知》《工作人员分工制度》《绩效考核实施办法》《卫生管理制度》。在试行双百分考核德、能、勤、绩、廉的基础上，实行“日常考核和年终考核”，即分别按照个人年度考核得分由高到低进行排列，确定年度考核名次，排名作为选拔“中心年度先进工作者”候选人的依据，激发党员的工作热情和积极性，推进服务中心的各项工作再上新台阶。

【党务工作】 永和县政务服务中心办事服务大厅有党务办事窗口单位4个，分别是组织部、机关工委、政法委、宣传部，有工作业务23项，实行党务政务公开，接受群众监督。围绕“群众需要知道”和“需要群众知道”，永和县政务服务中心按照要求，规范党内行政事务的办理流程，推进党务政务公开，延伸服务领域，推动党内民主，保障广大干部群众的知情权、参与权。

【政务工作】 2018年，永和县政务服务中心微信公众号正常运行，实现“14个单位”并联审批，运行督办好“13710”系统，有序开展政务服务标准化建设。

（李　娟）

人力资源和社会保障

【概　况】 2018年，永和县人力资源和社会保障局（简称“永和县人社局”）在省、市人社部门的决策和部署下，在县委、县政府的领导下，围绕人社领域工作目标，积极探索、勇于担当，各项工作有序开展。

【“三基建设”工作】 2018年3月，县委“三基办”、永和县人社局印发《永和县党政机关事业单位“三基建设”专业基本能力提升实施方案》（永人社发〔2018〕14号），要求各乡镇、县直各单位学习有关文件，制定该单位“三基建设”专业基本能力提升培训规划、实施方案，专业基本能力标准、专业基本能力训练大纲、专业基本能力评价标准、专业基本能力测评实施方案，建立干部基本能力提升档案。5月，县委“三基办”、永和县人社局印发《关于转发省委“三基办”、省人社厅〈关于进一步做好2018年度全省干部专业能力提升工作的通知〉的通知》（永人社发〔2018〕25号），各乡镇、县直各单位制定本单位年度干部专业能力培训计划，着力抓好集中培训，做到应训尽训；建立干部职工个人能力提升档案；全面完成干部专业能力测评工作。根据临汾市人力资源和社会保障局《2018年度干部专业基本能力提升及测评工作实施方案》（临人社发〔2018〕27号）文件精神，县人社局制订方案，及时组织单位进行岗位干部专业基本能力提升培训、测评工作。牵头负责信息、督办、文秘、信息技术、财务、统计、机要、档案等8个岗位专业能力培训和23个县级行业主管部门培训、测评工作，召开“三基建设”专业能力提升工作推进会。8月，县委“三基办”、县人社局印发《关于“三基建设”干部能力提升有关事项的通知》（永人社函〔2018〕11号）、《永和县党政机关事业单位干部通用基本能力提升培训示范班的通知》（永人社函〔2018〕12号）。县人社局和县委组织部多次召开“三基建设”干部专业基本能力提升工作推进会，明确工作重点和关键环节，推进“三基建设”干部专业能力提升工作。为提升党政机关事业单位干部通用基本能力，增强“四个意识”，提升“八项本领”，坚定“四个自信”，造就一支信念坚定、为民服务、勤政务实、敢于担当、清正廉洁的干部队伍。永和县人社局于2018年8月举办全县党政机关事业单位干部通用基本能力提升培训示范班，各乡镇、县直各单位负责人事教育的培训骨干参加培训。全县22个行业系统主管部门已完成对本系统干部职工专业能力测评，83个单位制订年度专业能力提升培训计划并建立干部职工个人能力提升档案，全县共计2514人建立起干部职工个人能力提升档案。永和县全年完成专业能力培训65班次，培训2855人次。

【全面技能提升工程】 2018年，永和县人社局根据《临汾市人民政府〈关于印发临汾市实施全面技能提升工程打造“临汾技工”品牌行动实施方案的通知〉》（临政发〔2018〕8号）文件精神，采取招投标、竞争性谈判等方式择优确定培训机构，保证培训工作顺利开展。通过政府采购竞争性磋商的方式确定2家培训机构（永和县梦晔职业培训学校和永和县职业技能培训中心）。2018年组织培训55期，共计2974人，其中创业培训146人，职业技能培训2828人。组织培训的职业（工种）及人数分别如下：中式烹调师4期240人，家政服务员5期290人，手工布艺1期77人，电工1期51人，保育员1期65人，创业培训5期146人，电子商务2期154人，果树修剪4期203人，保健按摩1期50人，果树管护4期100人，扫盲技术1期15人，红枣防裂果1期54人，农机操作手2期120人，缝纫裁剪2期103人，枣树修剪2期103人，钻井技术2期102人，药材种植1期189人，蔬菜培训3期189人，荒山养蝎74人，经济林管理3期176人，槐花采摘5期402人，核桃树管护1期24人，枣花馍培训1期11人，食用菌培训1期11人，赤焰椒培训1期11人，农家乐培训1期14人。

【就业服务】 2018年，永和县人社局在就业服务方面主要做了三方面的工作。一是出台《永和县全民技能提升工程实施方案》，大规模开展多层次的职业技能培训，坚持以提高劳动者技能、提升劳动者素质、促进劳动者就业、激发内生动力提高就业率。二是积极组织未就业人员参加企业招聘会，开展就业指导，全力促成未就业人员就业。10月27日，临汾市人社局举办2018年秋季人才招聘暨服务开发区企业（去产能）专场招聘会。此次招聘会有160家省内外用人单位参加，提供就业岗位6700余个。招聘会期间，永和县与3家省内外企业签订劳务合作框架协议，通过与用工企业对接，实现转移就业、增加收入、脱贫致富，为永和县就业开辟新的途径。三是为拓宽永和县技能人才成长通道，不断激发广大职工参加技能培训的积极性，推动技能提升工程向更深层次发展，实现更充分、更高质量的就业，局人社局组织有技能的人员参加职业技能大赛。8月15—16日，临汾市全民技能提升工程打造“临汾技工”品牌餐饮行业创业创新职业技能大赛在临汾市举办，永和县派代表队参加，经过角逐，永和县梦晔职业技能培训学校学员陈长红获得个人优秀奖，永和县获得优秀组织奖。10月30日，“临汾技工”创业创新职业技能系列大赛之“立恒杯”电工、焊工职业技能大赛在曲沃县举办，永和县派出代表队参加，获得优秀组织奖，永和县学员孙吉刚获得电工个人优秀奖。永和县组织代表队观摩蒲县举办的柳编大赛。

【医疗保障帮扶】 2018年，永和县人社局根据临汾市人社局《临汾市农村建档立卡贫困人口医疗保障帮扶实施方案》（临人社发〔2017〕73号）文件要求，通过政府支持、部门协作、委托商业保险机构经办实现“医保”撬动“商保”。实施“三保险”“三救助”，即基本医疗保险、大病保险、补充医疗保险和参保缴费救助、辅助器具免费适配救助、特殊困难救助等6项措施，为有效解决农村建档立卡贫困人口因病致贫问题奠定坚实的基础。2018年，永和县符合参保条件的建档立卡人员为18058人。2018年，建档立卡贫困人口个人缴费标准为每人每年180元，个人缴费部分由财政部门给予全额救助，所需资金按省级财政的70%（126元/人）、县级财政的30%（54元/人）比例分别负担，救助资金全部到位，人员全额参保。2018年，永和县建档立卡贫困人员住院1774人，住院总费用2237.511万元，基本医保支付1213.73万元，大病保险支付368.73万元，医保兜底230.88万元，补充保险支付68.73万元，医院承担2.25万元，民政救助245.7万元，合计报销2130.02万元，综合报销率为95.2%。

【健康扶贫“一站式结算服务平台”建设】 2018年，永和县人社局为了使永和县建档立卡贫困户在医疗保险待遇和民政救助费用结算时更加快捷，保障“三保险”“三救助”政策落地实施，解决好永和县建档立卡贫困户看病难的问题，经县政府安排专项资金，县人社局通过公开招标，由浙大网新恩普软件有限公司专门设计开发一套健康扶贫“一站式结算服务平台”技术软件。这套软件于2018年7月1日起正式上线运行，永和县“一站式结算服务平台”正式启动，彻底解决永和县在“三保险”“三救助”工作中涉及的部门多、资料多、时间长等问题，生成数据全面准确，实现“一个窗口受理、一套软件结算、资源共享”等目的，更好地切合“让数据多跑路、群众少跑腿，最大限度方便群众”的要求。永和县实行“一站式”结算的医院有3家，即永和县人民医院、永和县中医院、阁底乡卫生院。

【城乡居民养老保险扶贫】 2018年，永和县人社局落实各项社会保险扶贫政策，逐步提高社会保险待遇水平，助力参保贫困人员精准脱贫，避免因年老、疾病等原因发生返贫、致贫现象，永和县制定《关于将建档立卡贫困人口城乡居民基本养老保险纳入财政预算的通知》（永人社发〔2018〕9号），确保永和县建档立卡贫困人口、低保对象、特困人员等困难群体全部参加城乡居民基本养老保险，实现应保尽保，不漏一人。年满16周岁（不含在校学生），非国家机关和事业单位工作人员及不属于职工基本养老保险制度覆盖范围的城乡居民，具有永和县户籍，在缴费期间内均属代缴对象范围。县财政每年为符合条件的建档立卡贫困人口、低保对象、特困人员等困难群体代缴100元保费。永和县符合参保条件的建档立卡贫困人口为13564人，实代缴保费13564人，代缴率100%，代缴金额为135.64万元。截至2018年年底，永和县60周岁以上符合参保条件及待遇领取人员全部参保，并按月领取基础养老金每人每月103元，养老金按月足额实行社会化发放。

【就业工作】 2018年，永和县城镇新增就业800人，完成任务801人的99.88%；城镇登记失业率为4%，控制在4.2%以内；创业带动就业350人，完成任务351人的99.72%；失业人员再就业150人，完成任务152人的98.68%；就业困难人员就业70人，完成任务71人的98.59%；转移农村劳动力1300人，完成任务1302人的99.85%，其中建档立卡贫困劳动力转移700人，完成目标任务701人的99.86%。为贯彻党中央、国务院和省委、省政府关于打赢脱贫攻坚战的重大决策部署，根据《临汾市人民政府办公厅关于进一步做好2018年就就业扶贫工作的通知》（临人社函〔2018〕64号）文件精神，在全县范围内开展就业大行动。公共就业服务机构及时更新贫困劳动力就业扶贫信息平台数据，逐一核对每个贫困劳动力就业状况基本信息，实现动态管理，确保扶贫对象和帮扶信息真实、准确。加大政策宣传力度。成立以县委常委、政府副县长马健为组长的永和县创业就业工作领导组，统领全县就业工作，印发宣传资料1万余份，通过城市执法大队、社区、乡镇多方面宣传就业政策。通过培训促进就业。2018年永和县建档立卡贫困户培训729人，理论培训后组织学员到太原市贝亲好家政服务公司实操实训，签订就业合同，729人全部就业。对其他培训人员与省内外多家企业用人单位联系协商，组织参加招聘会，帮助学员尽快实现就业，2018年就业率达60%以上。通过举办就业招聘会促进就业。2018年2月26日，尧都区与永和县在尧都公园举办对接就业专场招聘大会，358家企业前来招贤纳士，提供8000余个工作岗位，来自尧都区、永和县、隰县、蒲县的2万多名求职者进场择业，签订就业意向的达4902人，永和县转移贫困劳动力50多人。2018年，县人社局和临汾高级技工学校、尧都区技工学校合作，在初中毕业生中招收部分技校生，河北中原石油招钻井工102人，灵活就业160多人。2018年，永和县农村劳动力转移1302人，其中农村贫困劳动力转移701人。

【社会保险】 2018年，永和县社会保险实施全民参保登记。年初召开全民参保登记动员大会，开展政策宣传，开展待遇领取人员资格认证、社保卡发放等各项工作。推行五险统征经办模式，不断扩大社保征缴面，确保各项社保基金征缴任务全面完成，同时加快社保卡的发放进度，通过与中国邮政银行永和县支行及永和县信用联社协商，把永和县信用联社作为社保卡制卡定点银行。不断加强社保基金监管。严格执行重大要情报告制度，通过收支情况季度报送、基金风险管控等措施实行基金非现场监督，认真落实预警和疑点信息，确保社保基金安全运行。2018年，企业职工基本养老保险参保1629人，征缴975万元，完成任务1618人、561万元的100.68%、173.80%；机关事业单位基本养老保险参保4039人，征缴6592万元，完成任务4042人、4814万元的99.93%、136.93%；城乡居民社会养老保险参保31873人，征缴431.03万元，完成任务31873人、200万元的100%、215.52%；城镇职工基本医疗保险参保5054人，征缴1199.5万元，完成任务5049人、1700万元的100.10%、70.56%；城乡居民基本医疗保险参保55135人，完成任务55039人的100.17%；失业保险参保2997人，征缴82万元，完成任务2989人、109万元的100.27%、75.23%；工伤保险参保3910人，征缴37.5万元，完成任务3900人、80万元的100.26%、46.88%；生育保险参保3055人，征缴93.1万元，完成任务3900人、80万元的78.33%、116.38%；社保卡累计发卡53000张，完成目标任务52281的101.38%。

【人才队伍建设】 2018年，永和县人社局加强对全县公务员和参照公务员法管理人员的日常登记管理，做好公务员信息录入、材料审核、汇总及上报工作。结合开展的“强严树”活动和“群腐”整治活动，开展以中共十九大精神、十九届三中全会精神、习近平总书记视察山西重要讲话精神、习近平新时代中国特色社会主义思想和党政机关干部通用基本能力为重点的公务员培训工作，逐步完善科学的公务员考核评价机制。实施以业绩为导向，平时考核与定期考核相结合，群众有效参与监督的公务员考核新机制，申报招聘公务员。2018年，永和县政府通过省考招聘永和户籍公务员13名，通过校园招聘为永和县医疗集团公开招聘医学专业应届毕业生3名。组织招聘事业单位工作人员，2018年永和县招聘事业单位工作人员47名。

【劳动关系】 2018年，永和县人社局加强劳动合同管理。宣传贯彻劳动合同“一法两例”（《中华人民共和国劳动合同法》《中华人民共和国劳动法实施条例》《劳动保障监察条例》），督促指导全县所有用人单位建立健全劳动合同管理制度，劳动合同签订率98%以上，劳动用工备案率96%。加强劳动监察执法力度。积极推进劳动保障监察网格化管理，推进人力资源市场秩序整顿、整治非法用工打击违法犯罪专项检查、劳动用工联合执法大检查、企业书面审查，依法保护劳动者的合法权益。2018年，开展各类检查9次，解决拖欠工资问题5件，涉及劳动用工156人，拖欠工资金额83万元。永和县投诉举报结案率100%，基本做到“三个清零”（农民工欠薪存量案件和大案要案必须限时清零，新发生案件必须在3个月内清零，年内发生的案件必须在年内清零）。强化信访和调解仲裁工作。逐步建立起企业、基层、社区等多层次的调解组织网络体系，最大限度地通过调解解决劳动人事争议。劳动人事争议仲裁结案率93%，劳动保障监察投诉举报案件结案率97%，完成年初制定的目标任务，确保“治欠保支三年行动计划”完成。

（郭凯杰）

民政工作

【概　况】 永和县民政局位于正大街县政府大院内北楼一层。民政局的编制由行政编制、事业编制、工勤编制三部分构成，行政编制为7个，事业编制15个，工勤编制1个。2018年，实际在册行政编制有7人，事业编制有14人，工勤编制1人。2018年，县民政局始终把“以人为本，为民解困，为民服务”的工作宗旨，落实到社会救助、社会福利、双拥优抚、基层民主政治建设和专项事务管理等工作中，全力保障民生，维护民利，落实民权，发挥民政工作在改善民生和社会维稳中的兜底作用。

【民政基础设施建设】 2018年，永和县民政局引进专项资金40万元，在南庄乡社里村、打石腰乡冯家坬村和白家山村及坡头乡孙家庄村建设4个日间照料中心。引进专项资金150万元在芝河镇官庄村，阁底乡奇奇里村、高家塬村、阴德河村、马家湾村、石家湾村、西庄村，交口乡索珠村，坡头乡白家崖村，桑壁镇署益村建设10个老年人活动中心。

【行政区划】 2018年，永和县根据《临汾市撤并行政村工作实施方案》（临撤并发〔2018〕1号）精神，于6月22日开始撤并行政村工作，9月30日结束。撤并南庄乡的百湾只村，芝河镇的后桑壁村，桑壁镇的新乡村、后河村4个行政村，其中，南庄乡的百湾只村委并入南庄乡的北河露村委；芝河镇的后桑壁村委并入芝河镇的官庄村委；桑壁镇的新乡村委并入南寨村委，后河村委的霍索自然村并入南寨村委，后河村委的前河自然村、后河自然村并入堡则村委。全县79个行政村撤并为75个。年底，永和县辖2个镇（芝河镇、桑壁镇）5个乡（阁底乡、交口乡、坡头乡、南庄乡、打石腰乡）4个社区（莲花社区、滨河社区、朝阳社区、康谐社区）75个行政村306个自然村。

【城乡低保】 2018年，永和县民政局完善农村最低生活保障制度，将符合农村低保条件的贫困家庭全部纳入农村低保范围，做到应保尽保。对新增保障人员，按照工作流程，做到“抓好每一环，把好每一关”。在主要街道、各乡镇、村委通报公示，接受群众监督，保证公开透明。同时，按照量化动态机制及时调整，确保农村低保标准不低于年度动态调整后的国家扶贫标准。由于动态调整，每个月的低保人数均不相同，2018年年底，城市低保户有664户1083人，全年发放低保金601.7486万元；农村低保户1002户1828人，发放低保金686.0932万元；共计发放低保金1287.8418万元。

【五保供养】 2018年，永和县民政局制定农村五保供养实施细则，对永和县297户（311人）五保户进行调查摸底，登记造册、健全档案，掌握农村五保对象的实际状况。全年发放五保金233.666万元，照料护理费34.2万元，五保供养对象的权益得到保障，农村五保工作得到完善。

【医疗救助】 2018年，永和县民政局改进救助方式，实行医疗救助资金专项列支、专款专用，健全和规范医疗救助程序，由乡（镇）、城管委统一上报，民政局统一审批、社会化发放，救助资金及时兑现到人。实现城乡医疗救助制度与城镇职工基本医疗保险、新型农村合作医疗制度的衔接，建立和完善医疗救助机制，提高救助质量和效益，遏制"因病致贫、因病返贫"。救助各类对象3478人次，计645.5033万元。

【灾害应急体系建设】 2018年，永和县成立减灾委员会，年初制订2018年汛期防灾减灾应急预案，购置添增应急物资：帐篷、棉被、棉衣裤、棉大衣、毛毯等。做好灾情的收集、核查，及时上报。

【优抚安置】 2018年，永和县民政局落实优抚安置政策支持军队和国防建设。落实优抚对象抚恤补助待遇。在全县范围内开展退役士兵走访活动，了解其生产和生活现状，倾听其诉求，解决其实际困难，为各类优抚对象发放光荣牌200块。对永和县的重点优抚对象进行实物慰问（每人发放1块毛毯、1件大衣）。

【临时救助】 2018年，永和县建立临时救助主动发现机制。通过"一门受理"和"主动发现"机制，做到救助无盲区；通过"协同办理"和"快速响应"，让困难群众救助有门，受助及时。细化临时救助政策措施。根据资金使用情况提高救助标准，优化申请审批程序，完善紧急救助程序，提高兜底保障能力和救助时效。推进"救急难"工作。发挥临时救助在救急难工作中的主体作用，创新急难救助的方式方法，解决群众的突发性不测和因病因灾造成的实际困难。救助1872户1872人，救助资金77.47万元。

【社会事务管理】 2018年，永和县民政局依法抓好各类社会组织的注册登记工作，加大各类社会组织的年检年审。永和县民政局直接管理的四类社会组织有13家（全部为社团），年检13家。永和县民政局在婚姻登记工作中做到合法、规范、便民。全年办理结婚登记373对，离婚登记82对，补办结婚证363对，登记合格率100%。落实孤儿保障救助政策，开展孤儿摸底排查、审核、登记、备案、资金发放等各项工作。全年救助31名孤儿，救助帮扶资金共计26.734万元。孤儿基本生活费按季度进行社会化及时发放，确保每位孤儿的基本生活。加大对流浪乞讨人员的救助力度，变"被动救助"为"主动救助"，开展"夏送清凉""冬送温暖"活动，全县救助各类流浪乞讨人员261人次，支出救助资金5.0197万元。

【养老机构】 永和县社会福利院成立于2010年，隶属永和县民政局，是以收养全县境内"三无"（无劳动能力、无生活来源、无赡养人和抚养人）老人为主要职责的社会福利性事业机构。福利院位于永和县药家湾村，全院占地1万平方米，建筑面积2500平方米，有床位70张。2018年，供养五保老人19名。

光荣院建于1982年，改建于2014年6月，2016年9月竣工。总建筑面积1483.57平方米，占地面积881.93平方米，建筑高度7.2米，属框架结构，两层南北对应，三孔窑洞位于正面，北楼是老人们的住处，有10个房间，20张床位，房间内设有卫生间，院内设有灶房、餐厅，可供老人们吃住。内部设有娱乐室、图书室、阅览室、棋牌麻将室。2018年，收住参战、参试、老红军遗属、带病回乡等7名老人。

阁底乡敬老院始建于2010年，占地面积1000多平方米，建筑面积750多平方米，院长刘侯祥，有工作人员2人。2012年5月正式运行，是集五保供养与老年人日间照料为一体的养老机构，主要用于阁底乡五保老人的集中供养和阁底乡东征村60岁以上老年人的日间照料。2018年，收住五保老人8人。

（冯　霞）

机关事务管理

【概　况】 永和县机关后勤服务中心属正科级单位，编制29个，有工作人员26人，副科级领导干部3人，设财务股、办公室、节能办、会务通讯组、综合修理组、环境卫生组、车队、保卫科、餐饮部9个科室。负责县委、人大常委会、政府、政协四大班子领导及32名行政事业单工作人员的后勤服务工作，主要包括财、物和水、电、暖的管理工作，办公用房及办公室的调配，室内外公用设施的维修、维护，车辆的购置、使用和管理，餐饮、机关卫生、保卫和消防等方面的管理。

【财务工作】 2018年，永和县机关后勤服务中心建立健全财务制度，推行“集中支付”财务管理模式。对领导、单位经费实行实销实包，一切以制度为准绳，支出合理。为方便机关大院各单位的经费管理，把原有的在本局管理的会计权限归属给各单位，机关经费支出得到有效控制。

【会务工作】 2018年，永和县机关后勤服务中心成立专门的会务工作组以做好组织、筹备工作，加强与主办单位的配合，明确分工，确保各级各类会议顺利召开。

【公务用车】 2018年，永和县机关后勤服务中心做好公务用车保障工作。加强安全行驶管理。召开2018年度驾驶员工作安全教育会议，加强驾驶员安全教育，严禁酒驾、疲劳驾驶等；做好车辆年审工作及到龄公务用车更换工作，置换7辆公务用车。严格公车管理。加强公务用车使用、维修审批、维修过程等环节管理。实行车辆定点加油、定点保险、定点维修制度，加强单车运作，控制运行费用，降低用车成本。做好车辆调度工作。科学、合理调配车辆，严禁违规用车，全年派出6800余次，行驶总里程百万公里。开展公务用车标识化统一标识。对25辆留用车辆统一粘贴“公务用车”标识，设置公务用车监督电话，加强公务用车的日常监督管理工作，社会反映良好。推进公车制度改革。启动事业单位公车制度改革摸底工作，建立事业单位车改领导机构，制定事业单位公车制度改革的实施方案。为节约开支，方便洗车，对原锅炉房和炉房旁的空地做下水处理，对地面进行硬化，改建成洗车场。

【办公用房】 2018年，永和县政府大院办公用房总面积3945.95平方米，服务用房面积5570.15平方米，设备用房679.21平方米，附属用房631.49平方米，共289间。清理腾退办公用房114.15平方米，督促大院各单位做好清理整改工作，不存在漏报遗报现象，没有空锁、闲置、封存的办公用房。

【公共机构节能】 2018年，永和县机关后勤服务中心加大节能宣传力度，开展“节能宣传周”“全国低碳日”等活动。通过展板展示、发放宣传册、开展体验低碳日能源紧缺活动等形式，传播节能理念，普及节能知识。完成2017年全县公共机构能耗网上直报工作，推广使用节能新技术、新产品，抓好以节水、节电为重点的节能工作，根据市机关事务局要求，按照市《公共机构能源资源消耗》文件精神，为指导公共机构节能工作提供数据支持。

【餐饮管理】 2018年，永和县机关后勤服务中心建立健全《机关餐饮管理制度》，加强对原料采购、食品加工等各个重要环节的管理和监督，明确每位员工的岗位职责，落实工作责任，积极为领导、职工搞好伙食服务，不断更新食堂菜单、主食花样，粗粮细做，色鲜味美，伙食质量提高，确保食品卫生监管无盲区。

【精准扶贫】 2018年，永和县机关后勤服务中心下乡扶贫对象是交口乡张家塬村委，班子成员与驻村队员每月去该村委进行调查研究，开展驻村工作，与村民同吃、同住、同劳动，针对存在的实际问题进行分析研究，做出5年发展规划。春节前，慰问张家塬村委贫困户，每户1袋面、1壶油。帮助完善张家塬村委党建工作资料和贫困户扶贫手册与所需资料，规范养驴合作社、林业专业合作社运行机制，发挥带动作用，提高和巩固贫困户的收入。

【安全保卫】 2018年，永和县机关后勤服务中心在安全保卫工作上坚持“安全第一、预防为主、综合治理”的方针，对机关大院和西楼一、二、三层楼道做全程监控，添加政协楼北面的高清监控，采取查制度看落实、查管理看漏洞、查设施看隐患的方式，时刻注意掌握辖区内安全保卫工作动态，整改隐患，堵塞漏洞，防患于未然，守岗待命，轮流值班，实行机关大院24小时巡逻，做到点线面结合，确保机关大院的安全。

【优化环境】 2018年，永和县机关后勤服务中心完成年初制订的各项维修计划，做好机关大院设施设备管护工作，对政府大院门体墙砖、花园花池进行维修维护，保持其整洁美观；对常委会议室及政协楼的部分办公室进行维修，改善办公环境。

（张　烨）

档案管理

【概　况】 永和县档案局设一室四股，即办公室，业务指导股、法制股、管理股、编研股。编制10个，2018年有干部职工11人，其中局长1名，副局长1名。永和县档案馆总建筑面积约456平方米，为独立两层建筑，库房面积约240平方米。有全宗137个，实用95个，馆藏数量22281卷。全县有档案室59个，其中档案工作规范化管理等级认定达国家级标准的4个，达省一级标准的10个，达省二级标准的6个，达省三级的39个。

【档案的接收征集】 2018年，永和县档案局强化档案收缴工作，落实国家档案局8号令，初步完成50个单位的机关文件材料归档范围和文书档案保管期限的审批工作。根据国家档案局9号令要求，完成县级档案馆收集名册、实施细则、全宗管理名册的工作。将15个单位2017年原生电子档案全部收集进馆，约230余份文件资料。征集电子版照片档案资料2100幅，收缴各类文书档案65卷。对明清时期的地契档案资料进行裱糊。档案目录录入达5万余条。

【档案业务指导】 2018年，为加强全县各级各类机关和企事业单位的业务指导，永和县档案局采取“重点突破，以点带面”的办法，对县纪委、政府办、巡查办、坡头乡、阁底乡、经管中心等6个单位和全县7个乡镇79个村的文书档案、工程项目档案、音像资料等进行重点指导。

【档案干部队伍培训】 根据省、市档案部门的指示精神，永和县档案局制定《永和县档案局2018年度干部专业能力培训规划》，对培训方式、培训内容、培训措施进行明确规划。建立干部培训档案，派出干部赴临汾市参加市局举办的档案培训2人次，赴吉县参观学习村级档案收集整理业能力提升培训班1人次，参加培训人员180余人，同时进行档案业务能力考试。对阁底乡、坡头乡村级21名档案人员进行村级档案培训，赴山西省档案局举办的培训班1人次。10月7日，举办全县基层档案人员专业知识培训5场次，实地示范档案的分类和装订。6月5日，邀请临汾政安消防培训部教官蒙建婷为档案馆全体人员进行消防知识培训，增强工作人员的消防意识和使用消防工具的本领。

【档案工作】 永和县档案局在2018年年初工作整顿期间，制定和完善《永和县重大活动档案管理实施细则》，将永政办发〔2018〕56号文件印发至各乡镇、县直各单位。对县委、县政府举办的槐花节资料实时进行收集整理。2018年，为全县干部、群众110余人次提供利用各类档案资料512卷，复制或复印210份，按规定制度调阅档案。为《三北防护林志》等书的撰写提供大量翔实的历史资料。

【包联帮扶工作】 2018年，永和县档案局在所包联的芝河镇长乐村进行调查研究，帮助其制定长期发展规划和当年计划，确定把林果业作为该村

2018年6月9日，国际档案日来临之际，永和县档案局以“档案见证改革开放”为主题，上街进行宣传

发展的主导产业。对贫困户实行机关人员结对帮扶，采取十大扶贫方式，进行精准扶贫。采取送法下乡、科技下乡等多种形式，给村民送去法律知识、科技知识，增强村民的法治观念和脱贫致富的本领，为该村脱贫致富奔小康打下基础。

（王晓琴）

政协永和县委员会

委员会工作

【概　况】 2018年，政协永和县委员会围绕工作中心和发展大局，学习贯彻中共十九大精神，以习近平新时代中国特色社会主义思想为指引，把握正确政治方向，围绕县委"实施四大战略、抓好八项重点、打好三场攻坚战、推动两大工程"的总体思路，凝聚思想政治共识，增强协商议政实效，强化民主监督职能，开创永和县政协工作新局面，为促进永和县经济社会发展、深化改革开放、健全协商民主制度等事业做出贡献。

【改革发展】 2018年，政协永和县委员会围绕全县经济社会发展中心和工作大局，履行职能，召开县政协九届三次全委会，召开主席会议6次，常委会议5次，组织专题协商讨论、视察调研活动20余次，形成调研报告、建议报告等20多篇。

【政治协商】 2018年，政协永和县委员会完善协商机制。围绕全县重点工作和政治、经济、文化、社会生活中的重大问题，确定常委会"312"协商工作计划，以主导产业发展、旅游开发利用、能源工业壮大、推进脱贫攻坚、创建国家卫生县城等重点问题进行调查研究、协商讨论，协商主题明确，紧扣中心工作。完善全会集中协商、常委会重点协商、主席会专题协商、专委会对口协商等机制，通过大规模讨论、小范围座谈、公开协商、内部沟通等方式，丰富协商形式，拓展协商渠道。深化重点协商。围绕"四大战略"、"三大攻坚"（坚决打好防范化解重大风险、精准脱贫、污染防治三场攻坚战）、"两大工程"（协同推进国家卫生县城创建工程、乡村振兴创建工程）等重大决策部署，运用好全体会议、常委会议、主席会议等协商形式，加强专题协商、对口协商、界别协商等协商方式，精选课题，精深调研，精准建言，广泛协商。提升协商成效。发挥政协人才济济、智力集中的优势，履行政协职能，选择县委和县政府重视、人民群众关注、政协有条件做好的课题进行调查研究，对特色产业发展、创建国家卫生县城、实施乡村振兴战略、扫黑除恶等重点问题进行调查研究、协商讨论，向县委、县政府提交《关于推进永和县县乡医疗卫生机构一体化改革的建议报告》《关于加快推进永和县安全生产重点工作的建议报告》《关于加快永和县生产性服务业发展的建议报告》等意见和建议，推动县委、县政府各项改善民生的决策落到实处。

【民主监督】 2018年，政协永和县委员会通过组织视察、考察、调研等活动，让政协委员了解和反映社情民意，行使监督职能。县政协九届三次会议以后，征集提案66件，立案64件。抓住群众关心的热点、难点问题，涉及经济发展、民生改善、城乡建设、脱贫攻坚等各个方面。增加集体提案比重，健全提案交办制度，召开提案交办会，与提案办理部门建立联系沟通、办理询问、研讨交流，探索党委、政府及职能部门与政协组织、委员协作办理提案工作机制，加强督办落实，推进提案办理由“答复型”向“落实型”的转变，提高办理质量和服务质量，确保提案所反映的问题得到解决和落实，做到“件件有着落，案案有答复”。办复提案64件，办复率100%。通过视察履行监督职能。针对脱贫攻坚、文化旅游融合、招商引资、医药一体化改革等重点工作，组织开展专题视察活动，委员们知情明政、参政议政，形成《关于振兴农业产业发展的调研报告》《关于“七五”普法工作的调研报告》等建议报告，开展脱贫攻坚专项视察监督，形成《关于加快永和县攻坚深度贫困政策落实情况的调研报告》。将了解民情、反映民意和促进群众反映问题的解决作为重要职责，拓展社情民意搜集渠道，引导委员在一线倾听群众呼声，反映各界群众的所思所想、所愿所盼。按照《委员履职考核办法》《信息工作考评办法》等制度，将信息工作与委员履职考核相挂钩，提高委员参与率，注重提高信息质量，打造精品信息，向党政领导反映高质量的具有重要参考价值的意见建议。县政协委员调研，反映上报《社情民意》26期41篇，多次被省、市政协采用，得到县委、县政府主要领导的批示。

【参政议政】 2018年，政协永和县委员会围绕县委确定的经济发展思路，精心选题，建实言、献实策、出实招、办实事，形成一批立意高、质量好的建议报告、建议提案，每项课题由分管副主席组织实施，抽调精通业务、具有较强工作能力的委员组成精干的调研队伍，开展调查研究。在九届三次全会上，委员们把握永和县经济发展的重点，围绕脱贫攻坚、产业发展等中心工作建言献策，提交议政发言材料24份。

【脱贫攻坚】 2018年，政协永和县委员会围绕县委、县政府中心工作，立足“脱贫摘帽、全面小康”的战略目标，按照脱贫攻坚工作的总体要求，投身脱贫攻坚主战场，班子成员及机关包联11个村委，实行主席、副主席带头，工作队包村联户帮扶工作机制，依托机关派驻村工作队，进乡镇、驻村入户进行帮扶。结合产业扶贫、生态扶贫、电商扶贫等十大脱贫工程，实行政协班子带头调查研究，工作队员包村联户帮扶的工作机制，与建档立卡贫困户面对面谈心交流，引导贫困户转变思想，筹措资金、引进技术、发展产业，开展产业扶贫、健康扶贫、电商扶贫“三项行动”，为桑壁镇2018年脱贫奠定基础。开展产业扶贫行动，围绕“一村一品一主体”产业发展目标，开展农村土地流转，发展巨菌草种植、经济林发展、畜牧养殖等特色产业，多渠道助推贫困村脱贫、贫困户增收。桑壁村整合资金80万元，成立农机合作社，扶持贫困户10户20人，户均增收3000元，增加集体收入2万元。建成永之和蔬菜种植产业基地，流转土地450亩，发展辣椒、南瓜等蔬菜经济作物规模化种植。高家塬村发展中药材种植及赤焰椒种植500余亩，成立养牛合作社，每年可增加集体收入1万元。开展健康扶贫行动，围绕“健康永和”建设，组织委员先后在乡镇、农村开展送政策、送医疗、送温暖等为民服务活动，宣传健康扶贫政策，强化健康素养教育，引导群众树立健康生活理念，贫困户不得病、少得病，减轻群众负担，减少因病返贫。开展电商扶贫行动，在10月17日国际消除贫日，利用苹果采摘节，组织电商联盟等多家企业与当地龙头企业、合作社、农户进行合作，签订网络购销协议，发挥政协委员在电子商务领域的资源优势和影响力，帮助贫困户在网上销售平台实现自营，拓展农产品销售渠道，解决销路不畅、产品价格过低的问题，促进增收、稳定脱贫。与山西工商学院传媒学院沟通联系，将桑壁镇中心校确定为帮扶支教基地，举行基地挂牌仪式。

【团结联谊】 2018年，政协永和县委员会开展政协“六讲”（讲政治、讲纪律、讲学习、讲团结、讲大局、讲贡献）活动，开展“迎老乡、回故乡、建家乡”活动，协助举办槐花节和全国摄影大赛，组织联谊活动，搭建招商引资、引智、引才平台，在北京、深圳、太原等地开展联谊活动，邀请在外工作、经商的永和籍人士回乡创业，支持家乡、反哺家乡，助力脱贫攻坚大业。响应“书香永和”和“健康永和”要求，以“同心书屋”为平台，组织开展“委员读书活动”，筹办委员书法培训班，支持倾城合唱团建设，协助筹建永和县田径协会，组织永和太极拳协会参加第八届全国杨氏太极拳邀请赛，获得集体赛金牌1枚、银牌1枚，个人赛金牌11枚、银牌7枚，捧回金奖杯1座、金牌19枚、银牌15枚。发挥政协文史工作“存史、资政、团结、育人”的独特作用，组织创作队伍，征集文史资料，完成《地质旅游在永和》《永和县药用植物资源汇编》等资料的编撰，启动《永和县政协志》的编撰工作。

（宋　勇）

纪检　监察

纪检工作

【概　况】2018年，永和县纪委监委学习贯彻中共十九大精神，以习近平新时代中国特色社会主义思想为指导，把握全面从严治党总要求，履行《中国共产党章程》赋予的监督执纪问责职责和宪法赋予的监督调查处置职责，以重点工作的突破带动全局工作的开展，推动全县党风政风持续向好，从严管党治党，推动各项工作向纵深发展。

2018年，永和县纪委监委有编制75个，其中行政55个、事业18个、工勤2个。机关内设9个科室，分别为办公室、党风政风监督室、信访室、案件监督管理室、第一至第二监督检查室、第一至第二审查调查室、案件审理室。下设3个事业单位，分别是信息教育中心、信访接待中心、警示教育中心。设派驻纪检监察组8个，其中综合派驻7个，单独派驻公安局1个。7个乡镇设监察员14名，79个村委设村级监督信息员79名、村务监督委员会79个。

2018年，在市纪委监委和县委的领导下，全县纪检监察机关树牢“四个意识”，坚定“四个自信”，做到“两个维护”，坚持“巩固、深化、拓展”工作总基调，忠诚履行纪检监察职责，发挥新体制新机制优势，持续在常和长、严和实、深和细上下功夫，扭住不放、深入推进，全县党风廉政建设和反腐败工作取得新进展、新成效。

【强化履职履责】2018年，永和县纪委监委发挥组织协调作用，以问责倒逼责任落实，传导责任压力。明确责任和管理办法。通过年初明责、年中督责、年底验责的方式，促使各单位、各部门领导班子和领导干部知责、明责、担责、尽责。在脱贫攻坚上要求双签责任制。县、乡、村三级分别与上一级党委、政府签订脱贫攻坚主体责任书86份，县乡领导和帮扶单位主要负责人与帮扶村签订帮扶责任书78份，做到责任明确。督促县委领导履行主体责任。县委常委会成员坚持以上率下、带头执行，认领责任、制定责任清单、签字背书，抓好联系乡镇和分管单位的党风廉政建设工作。县委书记加天山做到重要工作亲自部署、重大问题亲自过问、重点环节亲自协调 、重要案件亲自督办，2018年召开专题会议23次，督办重要案件4件，约谈副县级领导1人，与领导班子、各单位一把手谈话93人。推行落实“两个责任”履责留痕制度。向全县各级领导班子成员发放600余本红、黄、蓝三色履责留痕记录本，要求领导班子成员对履行党风廉政建设“两个责任”情况，特别是扶贫攻坚情况进行逐项记录、全程留痕。严格问责。2018年1—12月，党内问责42件案件42人（党组织），同比增长950%；问责党员领导干部46人，其中副科级以上领导干部38人，同比增长111.11%，问责党组织18个，专题通报17期。

【严明纪律规矩】 2018年，永和县纪委监委在严明纪律上狠抓理想信念教育和党纪法规学习。打造出“五位一体”的红军东征永和纪念馆廉政教育基地，即毛泽东廉政思想教育室、毛泽东伟人风范教育室、毛泽东书屋、红军东征永和廉政文化长廊、毛泽东廉政文化一条街。依托廉政教育基地，承接山西省农科院、山西省焦煤集团、中煤集团等10余家单位1200余人次的廉政教育培训，全年受教育干部群众12万多人。开通“廉政永和”微信公众平台，平台每周更新工作动态、时政要闻、警示案例、法纪知识等8项内容，更新66期528条内容30余万字。建立“廉政永和”电子读书平台，平台涉及毛主席著作、主席廉政思想、主席照片、网上教育展馆等6个板块内容50余万字照片200余幅，丰富延伸“五位一体”内容，宣传毛泽东思想、习近平新时代中国特色社会主义思想、廉政思想。组织全县105个党组织以“强严树”活动为契机，在“七一”中国共产党建党日前夕开展“不忘初心、廉洁履职，迎七一、向党说句心里话”主题学习讨论活动，组织7个乡镇79个村委的党员干部在东征纪念馆廉政教育基地接受廉政教育。开设《廉政永和》电视专栏、“廉政永和”微信公众号、“清风阅报栏”3个宣传平台，分专题对党纪法规、扶贫政策、典型案件宣传360余期。组织全县9个党总支7个乡镇党委开展学习贯彻《中国共产党章程》《中国共产党纪律处分条例》《中华人民共和国监察法》等党纪法规知识测试、知识竞赛活动。组织全县2500余名党员参加党纪法规知识测试16场，组织全县纪检监察干部参加党纪法规知识测试5场300人次，由县纪委常委张文洲牵头为全县900余名党员干部专题讲解《中华人民共和国监察法》《中国共产党纪律处分条例》3期，组织全县16支队伍64人参加党纪法规知识竞赛，选出获奖队伍6支，获奖人员24名。把党章、准则、条例、农村基层干部廉洁履行职责若干规定纳入农村“两委”主干、农村领头雁、3支队伍培训的主要内容。2018年6月28日，由县纪委牵头，组织20余个涉农部门在县文化广场举行“大宣传 大接访 听民声 解民忧”宣传活动，收集群众反映问题，宣传党纪法规和强农惠农政策。

【警示教育】 2018年，永和县纪委监委对查处的性质比较恶劣、群众反映强烈的14期典型案件进行通报。结合永和县查处的典型案例，在全县乡（镇）党政领导班子、县直单位领导班子、重点单位关键环节、重点岗位人员、村两委主干、会计等人员中开展为期1个月的廉政提醒谈话活动，用身边的事教育身边的人。活动涉及县直单位83个乡镇7个，共769人。向全县党员干部下发题为《正确选择 相信组织 勇于承担 主动作为》的一封信，要求主动交代问题。

【纠正“四风”】 2018年，永和县纪委监委制定《中共永和县委关于进一步落实中央八项规定精神实施办法》《中共永和县委关于党员干部贯彻中央“八项规定”精神廉洁自律“十严禁”》，下发《关于在全县党政机关企事业单位实行禁酒令的通知》，出台《永和县纪委监委关于规范四风检查的工作方案》《永和县纪委监委关于开展四风问题自查自纠专项活动的通知》，完善《关于严禁党员干部借婚丧嫁娶等事宜大操大办借机敛财的通知》，建立“廉政永和”微信公众号的“四风”举报平台，推动中央八项规定的落实。全年发现“四风”问题线索41件，办结41件，办结率100%，给予党纪政务处分17人（党内严重警告3人，党内警告10人，记过3人，警告1人），诫勉谈话19人，约谈3人，责令检查6人，发通报4期（通报17个问题）。

【试点改革】 2018年，永和县纪委监委在试点改革上主要做了以下工作：加强党对反腐败工作的集中统一领导。4月4日成立永和县委反腐败领导小组，4月9日召开县委反腐败领导小组第一次会议。与县政法委之间实行问题及线索双向移交办法。组织反腐败领导小组成员单位召开4次专题会议研究违纪违法移送案件，推进党对反腐败工作领导的常态化、制度化、长效化。解决人员编制突出问题。纪委在全县缺编、缺人的情况下，机关编制增至75个，从全县划转38个编制配备到派驻纪检监察组，乡镇纪委克服困难，配齐监察员。2批次借调28人，经过考察、试用、培训，调入21人，8名非党员的身份问题得到解决。对监督检查、审查调查、审理工作进行重新分工。监督检查和审查调查工作由2名副书记分开管理，案件审理工作由1名纪委常委监委委员分管。《中华人民共和国监察法》颁布后，永和县重新对监督检查对象进行梳理汇总，梳理出监督检查对象5660人，全县65名纪检监察干部平均每人监督87人，完成“两推开”工作，在83个县直单位成立8个派驻纪检监察组，在7个乡镇设置14名监察员。派驻纪检监察组以监督“两个责任”落实脱贫攻坚主体责任，落实整治“四风”“三重一大”等方面的10项工作，加强日常监督。乡镇纪委和派驻纪检组办案数量和质量提升，全部实现零突破。2018年，8个派驻纪检监察组处置问题线索66件，谈话函询25件，初核41件，了结37件，立案28件，结案28件，处分28人。7个乡镇纪委共处置问题线索22件，初核12件，谈话函询10件，了结11件，立案11件，结案11件，处分11人。加强3支队伍建设。全县75个行政村选举产生村务监督委员会，村务监督委员会由3人组成，设主任1名，成员中配有1名懂财务管理知识的，全县有村务监督委员会委员214人。村务监督委员会中选出1名监督信息员，要求必须是党员。村两委班子成员不得担任村务监督委员会成员。全县75个行政村选出红白理事会委员494人，探索出县纪委指导、乡党委政府牵头、扶贫单位赞助、村委出资、村务监督委员会监督、红白理事会实施的管理模式。规范工作制度、工作程序、工作机制，对3支队伍进行培训，对“三务公开”“三资管理”“群众反映强烈问题”进行监督，全县乡村实现“最后一公里”监督全覆盖。

【案件审查】 2018年，永和县纪委监委实行领导包案、全员办案、精准办案制度，加大案件查处力度，查处阁底乡原正科级副乡长董某套取扶贫专项资金案，打石腰乡马家岭村党支部书记马某“香椿树”案，芝河镇红花沟村委主任李某套取退耕补助款案，芝河镇后桑壁村原党支部书记任某违反工作纪律为其父套取退耕补助款案。

2018年，永和县纪委监委处置问题线索271件，同比增长120.3%，其中初步核实132件（含谈话函询转初核10件），同比增加53.5%；谈话函询147件，同比增加568.2%；直接立案2件。另立案91件，同比增加167.6%，结案93件，同比增加138.5%，处分93人，同比增加151.4%。处分中乡科级35人，同比增加150%，其中重处分18人，同比增加50%；诫勉谈话46人，约谈12人；移送司法3人，采取留置措施1人。

2018年，永和县纪委监委运用“四种形态”处置问题线索301件，同比增加213.5%，其中运用第一种形态处置208件，占“四种形态”处理总人次的69.1%；运用第二种形态处置77件，占“四种形态”处理总人次的25.6%；运用第三种形态处置13件，占“四种形态”处理总人次的4.3%；运用第四种形态处置3件，占“四种形态”处理总人次的1%。

监察工作

【监督检查】 2018年，永和县纪委监委在整治群众身边腐败问题工作中成立领导小组，制定实施方案，成立4个督察组，开展专项整治。2018年受理群腐问题线索81件。给予党纪政务处分65人，其中开除党籍3人，留党察看2年；降低岗位等级2人，留党察看1年；降低岗位等级2人，留党察看3人。撤销党内职务1人，党内严重警告20人，党内警告25人，降低岗位等级2人，记过1人，行政警告6人。组织调整或处理16人，其中诫勉谈话6人，责令书面检查5人，提醒谈话、约谈等其他处理5人。

【扫黑除恶监督问责】 2018年，永和县纪委监委制定下发《关于扫黑除恶专项斗争监督执纪问责的工作方案》（永纪发〔2018〕13号），明确3个整治重点，制定8项工作措施。县纪委监委按照方案要求，紧盯问题线索，梳理排查涉黑涉恶腐败和“保护伞”问题线索。对公安机关定性的1起涉黑涉恶案件进行分析研判，经过研究，该案件4人中都不涉及公职人员涉黑涉恶腐败和“保护伞”问题。芝河镇红花沟村委原主任李某涉嫌诈骗案中，李某父子涉黑涉恶腐败问题，经分析研判不涉及公职人员涉黑涉恶腐败和“保护伞”问题。对县纪委信访室自2014年以后的17件涉黑涉恶信访问题线索进行多次分析研判，梳理筛选出公职人员涉黑涉恶腐败问题线索1件。对县公安局提供的2014年以来永和县国家公职人员、党员违反犯罪情况7件问题线索，经过县纪委2018年8月22日涉黑涉恶腐败和“保护伞”问题线索分析研判会，梳理筛选出2件公职人员违法犯罪案件，不涉及涉黑涉恶腐败和“保护伞”问题。对部分单位扫黑除恶工作重视不够、部署不到位的问题进行通报问责，4个问题涉及5个党组织。

【扶贫领域腐败问题和作风专项整治】 永和县纪委监委融合全县监督资源，统筹安排部署。采取3个办法破解“人情干扰”问题。采取“异地交叉、关系回避”的办法开展工作，回避人情关系。采取“不打招呼、不发通知、不听汇报、不让陪同、直奔基层”的办法，接触群众、摸清情况、形成事实、立即汇报。采取周报、月报的方式，对不落实的进行约谈，督促开展工作。突出重点建立8本监督台账。以扶贫领域为重点，建立扶贫项目和资金8本台账：扶贫领域基本情况台账、扶贫项目资金台账、重点项目实施跟踪监督台账、扶贫领域问题线索台账、领导包案督办台账、扶贫领域重点对象监督台账、典型案例台账、合作社台账。通过台账发现问题线索29条，移交问题线索13条，责令整改9条，约谈7人，诫勉谈话1人。聚焦6项专项行动开展工作。开展案件大起底和“回头看”，2016—2018年的问题线索152件，整改55件，办结97件，给予党纪政务处分74人。下达监察建议28份，涉及问题线索85件，问责党员干部57人，3个党组织，移送司法机关3人，留置1人。开展大额资金专项监督，对光伏发电和易地移民搬迁2个项目建设和资金拨付情况进行督查，发现问题线索24条，整改2条，问责12个单位，诫勉谈话1人，警告处分1人。开展明察暗访，4个明察暗访小组围绕易地扶贫搬迁、危房改造、光伏发电、“一村一品一主体”产业、贫困村退出、粮食直补、扶贫责任落实、干部工作作风等问题，通过实地走访、查阅资料和电话询问等方式，发现问题线索15条。开展扶贫领域相关单位专项巡察。县委第六轮巡察对打石腰乡、交口乡等13个单位的脱贫攻坚工作进行重点巡察，各项工作有序开展。推动扶贫领域信息公开。建议有关单位制定《扶贫资金项目信息公开制度》《易地扶贫搬迁相关信息公示制度》《扶贫局政务信息公开工作制度》。开展驻村干部在岗情况督查，巡察96次，督促253人次，提醒约谈11个单位“一把手”、36名驻村干部。2018年，处置扶贫领域问题线索67件，党纪政务处分47人，诫勉谈话4人，移送司法机关3人，留置1人。

【政治巡察】 2018年，永和县发挥巡察机构“显微镜”和“探照灯”作用，组织开展巡察、交叉检查、进村入户核查，发现问题、督促整改。完成临汾市委第三轮对永和县巡察的整改工作，

2018年临汾市委第三轮巡察移交40条共性问题，整改完成40条，占比100%；移交问题线索28件，进行线索处置28件，办结28件，完成率100%。按照临汾市巡察要求，上报数据文件80多件次，完成档案整理、数据归类等相关工作。2018年，永和县开展县委第四轮、第五轮、第六轮巡察工作，对全县26个单位进行巡察。县委第四轮巡察发现的83个共性问题全部整改完成，19个问题线索全部办结，县委第五轮巡察发现共性问题115个，整改完成115个，完成率100%；发现问题线索20个，移交处置20个，处置完成18个，完成率90%；县委第六轮巡察发现共性问题167条，个性问题线索40条。2018年，永和县委巡察办开展巡察向村（居）延伸工作，对全县26个村委进行延伸巡察，按照“三条路径”要求对全县村（居）巡察进行细化。

（杨永康）

军　事

人民武装

【概　况】2018年，永和县人民武装部（简称“永和县人武部”）学习贯彻中共十九大精神特别是习近平强军思想，学习领会山西省军区、临汾军分区党委扩大会议精神，在县委、县政府正确领导下，按照“抓首位把方向、抓武备谋打赢、抓班子带队伍、抓基层打基础、抓安全保稳定”的工作思路，用实际行动建设全面过硬人武部，完成年度各项任务，部队建设取得新进展，永和县人武部被临汾军分区表彰为“2018年度战备训练工作先进单位”。

【“强军风采”群众文化活动】2018年7月，永和县人武部由现役干部、民兵组成的代表队，参加军分区组织的“强军杯”篮球赛，比赛中，全体队员密切配合，敢打敢拼，勇于争先，展现出良好作风和精神面貌，获得集体优胜奖，应急连指导员白云获得个人优胜奖。发挥人武部服务三军、面向军地的优势，利用永和县第一高级中学教学资源丰富的优势，创作军味战味浓郁、官兵喜闻乐见的文艺节目，向军分区选送演出节目配乐朗诵《就是要当兵》。配合“传承红色基因、担当强军重任”主题教育，组织干部职工观看专题片《强军》《厉害了，我的国》。

【军事训练活动】2018年1—3月，永和县人武部重点组织基础军事理论学习和平时工作业务训练，提高全体干部的理论素养和业务水平。每月定期参加省军区、军分区集中辅导授课，按时上交函授作业，确保不缺一课，不漏一人。对个人主要结合工作岗位进行针对性的自训。按照军分区统一安排部署，6月中旬采取区分类别、集中组织、全面普考的方式，组织专武干部、民兵骨干、库工、现役人员进行以军事理论、业务技能和军事体育为主要内容的比武竞赛活动，提高参训人员的军事素质。县人武部部长朱定海参加省军区第二批首长机关集中轮训考核中，取得省军区第13名，军分区第1名的优异成绩，县人武部副部长王永平参加省军区组织的群众岗位练兵比武，取得军区第3名，军分区第1名的成绩。

【优秀教练评比竞赛活动】2018年9—10月，永和县人武部专门召开会议，研究部署教练员评比竞赛活动，提升各类骨干教学能力和军事素质，借鉴专武干部、民兵骨干集训成果，挖掘优秀教练员人才。推荐教练员参加全省评比，县人武部副部长段海毅被评为省军区优秀教练员。

【“太行-2018B”国防动员课题训练】2018年11月19—23日，永和县人武部利用5天时间，分4个阶段，组织军地人员联合参加省军区、军分区实施“太行-2018B”国防动员课题训练。演练前，部党委高度重视，前期专门召开会议组织全体干部学习晋中军分区课题演练成果，按照新颁布的大纲，对组织课题训练的内容、方法、程序等进行学习。组织所有参演人员对组织实施国防动员的任务理解、职责分工、阶段划分进行再学习。演练总指挥由永和县政府县长范洋平担任，副总指挥由政府副县长马健，人武部部长唐勇、政委迟大鹏担任，有关职能单位派人参加。

【民兵调整改革】 2018年，永和县人武部联合县政府出台《关于2018年民兵整组工作的安排意见》。结合整组新任务、新形势、新特点、面临的新问题，针对县域企业少、外出人员多的特点，协助县政府组织各乡镇党委书记和专武干部召开民兵调整改革和“整组”任务部署会议，划分任务，明确要求。由部领导对重点编组单位进行走访调研，掌握人员分布情况，科学划分编组任务，召开推进会议，推动“整组”工作落实。

【专武干部、民兵骨干集训】 2018年3月，永和县人武部利用一周时间，组织专武干部和民兵骨干进行培训，依据新修订的《民兵军事训练大纲》，坚持“务实基础、提高能力、学用一致”的原则，以军事理论、基本技能、业务工作、组织指挥4项内容为重点，采取个人自学、辅导授课、操作练习、考核验收等方法，组织所有参训人员完成四套函授作业，编写单个军人队列动作教案，撰写1篇调研材料。

【民兵分队军事训练】 2018年4—6月，永和县人武部按照年度任务安排，组织基干民兵进行军事训练。训练依据新修订的《民兵军事训练大纲》，坚持“打基础、强素质、练作风”的原则，以共同基础训练和专业训练为主，重点对民兵组织建设、中国周边形势等内容进行理论授课，邀请林业局专业人员对森林火灾扑救行动进行辅导授课，对灭火装备进行操作使用，通过学军事、练技能、强体能，使基干民兵熟悉军事应知应会常识。

【征兵工作】 2018年，永和县人武部针对县域适龄青年外出上学多、务工多，前期兵役登记工作相对滞后的实际情况，召开专武干部例会，通报工作进展情况。采取组织人员到各个学校进行集中登记、专武干部进村入户全面登记、电话联系网上登记、纠正错误、准确登记等方式，提高兵役登记工作质量。

【“传承东征精神，争当红军传人”系列活动】 2018年，在第十八个全民国防教育日前夕，永和县人武部集中组织全体干部职工、专武干部、已批准入伍的应征青年及阁底乡东征小学学生100余人，在红军东征永和纪念馆开展主题教育系列活动。12月26日是毛泽东诞辰纪念日，组织应征青年参观红军东征永和纪念馆，举行“传承东征精神，争当红军传人”宣誓活动，邀请东征村曾参加酒泉战役的85岁高龄的老战士冯文荣讲述战斗故事。

【训练保障】 2018年，永和县人武部加大训练保障投入力度，完善训练设施，提高训练保障水平。为满足必要的训练场地需求，对营院进行改造，修建单双杠器械场和30米 ×2蛇形跑场地。对值班室进行规范化建设，购置无线胸麦、录音电话，制作各类标识牌、挂图，完善硬件设施。在专武干部、民兵分队训练中，做好相关物资器材及食宿保障。根据民兵应急连拉动携带物资要求，按编制配备物资。

【活动促进安全建设】 2018年8月，永和县人武部集中组织人员观看《交通事故警示教育片》。加强车辆日常检查维护，安装行车记录仪和胎压报警器，落实车辆动用、派遣制度，确保安全行车。根据军分区“百日安全活动”方案，人武部组织全体干部职工，进行学习动员部署，成立活动领导小组，向分区上报本部活动方案，制作倒计时牌和安全文化版面，营造浓厚的氛围。同时对照9个方面42个问题进行自查自纠，促进安全稳定工作。

【地质灾害防范救援】 2018年，永和县人武部履行应急应战指挥部职能，协调地方政府和相关职能部门，坚持把工作做在前面，指导县国土局对梳理出的171个隐患点全部拉单建账、标识清楚；构建覆盖县乡村三级地质灾害监测队伍体系，随时掌握隐患点灾情动态变化；开展应急救援行动演练，动用民兵分队、专业分队、车辆装备、搭设指挥保障帐篷，熟悉流程、明确职责、搞好协同，提高军地各级突发事件应急处置和救援能力。

【多渠道帮扶】 2018年，永和县人武部协调争取帮扶项目，落实帮扶资金，拓宽脱贫人口增收渠道，实现对口帮扶交口村整体脱贫。引进“一村一品一主体”产业扶贫项目，全村新建夏黑葡萄园40.5亩，亩产达到2500千克，总产量达到20.25万千克，户均每年增收2万余元，带动29户贫困户稳固收益。指导帮助17户贫困户建立100千瓦村级光伏电站，每户年均增收3000元左右。与县水利局协调沟通，解决交口村自来水管道老化问题，对长2000余米的管道进行改造、配套、升级，让全村210余人用上安全水、放心水。

【先进单位和个人】 2018年，永和县人武部被临汾军分区表彰为“战备训练工作先进单位”，永和县交口乡人民武装部、阁底乡人民武装部分别被临汾市政府、临汾军分区表彰为“先进基层人民武装部”，永和县人民武装部政治委员迟大鹏被军分区表彰“个人嘉奖一次”，永和县桑壁镇人民武装部部长王世平被临汾市政府、临汾军分区表彰为“优秀专武干部”，永和县人民武装部职工焦文林被临汾军分区表彰为“优秀职工”。

（李　凯）

武警永和县中队

【概　况】 2018年，武警永和县中队以稳中求进为总目标，瞄准打造全面过硬中队的奋斗目标，落实“稳中求强、全面过硬”总要求，按照“学用制度讲政治、真练实备抓中心、再创佳绩扬内涵、全面保障促安全”的工作思路，呈现出学习生活保障好、执勤战备训练好、各项制度落实好、争创先进氛围好的良好态势。

【聚焦打仗能力】 2018年，武警永和县中队坚持聚焦打仗思维，在思想政治建设上，抓好主题教育，按照“一队一品”“一队一案”“按纲建队计划”要求，抓好中队队风建设。在日常工作中抓好军事训练工作，落实各级领导指示精神，落实好现场工作，完善中队军事力量体系。紧盯执勤能力弱这一短板，开展好执勤讨论、执勤隐患排查等活动，抓实执勤工作不出问题。做好抗洪抢险、山体滑坡救援等工作准备，为永和县全年安全稳定发挥作用。

【从严治军】 2018年，武警永和县中队坚持依法从严治军，贯彻落实总队、支队通知精神，响应部队大局号召。在坚决落实尧都区正规化现场会基础上，中队立足已有条件，推进正规化建设。在日常教育学习中，加强《中国人民解放军纪律条令》《中国人民解放军士官管理规定》等内容学习，提高中队官兵法治思维。坚持支部科学统筹，中队精细管理，规范抓建秩序，力争先进中队。中队范围内实行“新老结合互促、以老带新提高、坚持相互学习”的总原则，持续推进中队经常性工作有序开展，获得省总队、市支队认可。

【综合保障】 2018年，武警永和县中队贯彻落实建设现代化后勤保障精神，提升官兵保障水平。加强自我保障和专项训练，完成中队伙食保障工作。严格经费管理，加强经费使用学习，做好群众监督，真正把钱都花得明白，用得合理。

【领导调研】 2018年，武警总队副主任初成南、副司令员陈玉东先后到武警永和县中队检查指导工作，看望慰问中队官兵。

人民防空

【概　况】 永和县人防办按照省、市人防办及县委、县政府的安排部署，贯彻落实习近平总书记系列讲话精神和视察山西重要讲话精神，根据目标责任考核要求，结合实际，狠抓各项工作的落实。

【人防工程建设和易地建设费收缴工作】 永和县人防办按照省、市要求，结合永和县人防工作的实际情况，以永和县人民政府办公室文件印发的《关于进一步加强人防工程建设与管理工作的通知》明确成员单位主要职责。与县住建、国土等部门沟通，做到无缝衔接，确保人防前置审批制度有效落实。在人防易地建设费追缴困难的情况下，通过相关部门协调配合，追缴回昆仑管道销售有限公司人防易地建设费68730元。

【宣传教育】 永和县人防办利用国防宣传日、法制宣传日，开展防空警报试鸣活动，每年防空警报试鸣活动前，连续一周在县有线电视台滚动播放《警报试鸣公告》，通过微信、微观永和等多渠道进行宣传《中华人民共和国人民防空法》等。采取设立咨询台、发放宣传资料、电视宣传等多种形式，加大《中华人民共和国人民防空法》、人防结建工程、易地建设费收取等人防法律法规的宣传教育力度。

（李　璟）

脱贫攻坚

综　述

【概　况】2018年，永和县学习和贯彻落实习近平总书记关于脱贫攻坚的系列重要讲话、重要指示，贯彻落实山西省委农村工作暨脱贫攻坚会议、全省攻坚深度贫困现场推进会、临汾市委农村工作暨脱贫攻坚会议、全市脱贫攻坚工作推进会等会议精神；贯彻落实省、市《关于坚决打赢脱贫攻坚战三年行动的实施意见》和“一县一策”；推动脱贫攻坚责任、政策和工作“三落实”，出台《永和县2018年脱贫攻坚行动计划》《永和县关于“一县一策”集中力量攻坚深度贫困县的意见的责任分解》《永和县关于坚决打赢全县脱贫攻坚战三年行动的实施方案》《永和县加快推进2018年财政资金统筹整合使用试点工作实施方案》。落实政策、推进措施、压实责任，推进产业扶贫、生态扶贫、易地扶贫搬迁、教育科技扶贫等各项扶贫措施，2018年统筹整合财政扶贫资金28488.33万元，用于脱贫攻坚的170个项目中，取得25个贫困村退出、1776户4945人摘帽的优异成绩。

【凝聚攻坚合力】2018年，永和县围绕抓党建促脱贫攻坚、促乡村改革、促乡村振兴的“一抓三促”思路，组建县委书记、县长共同指挥，县党政班子成员为副指挥长的脱贫攻坚指挥部，针对易地扶贫搬迁、产业扶贫、光伏扶贫等26项重点工作，成立26个工作小组，形成指挥体系。确定由县级包村领导、乡镇包村干部、第一书记、驻村工作队、支部书记组成的“5人小组”，负责贫困村扶贫工作。以“村社合一”农村改革为抓手，强化党组织对各类农村合作社的领导，确立“产业推进到哪里，党组织就建到哪里”的发展思路，提出“村村有产业带动、业业有党组织引领、户户有党员结对帮扶”的总体目标，通过创建功能性党组织，将党的政治引领和企业的经济优势结合，坡头乡索驼村在“百头牛业生态养殖农场”建立党小组，建立起“有纠纷找组织、有困难找组织、有需要找组织”的党群高效对接、共助产业发展机制。吸纳贫困户38户，带动户均年增收5000元左右，村集体经济收入突破8万元。全县建起红枣、核桃、苹果等产业党小组28个，可带动600户贫困户户均增收3000元左右。在推动产业发展上起到关键作用。在产业相近、地域相邻、资源互补的阁底乡雨林村等8个村委，依托华龙果业，成立苹果产业“联合党委”，带动409户苹果种植户增收致富。阁底乡东征村、马家湾村、石家湾村、阁底村依托优质旅游资源，建立“联村党总支”。“党建+旅游”助力脱贫攻坚。出台“帮扶队伍”领办创办产业项目实施方案，落实第一书记创业资金5万元，推动“帮扶队伍”在脱贫主战场建功立业。奇奇里村第一书记郭若桥，蹚出影像扶贫、旅游扶贫新路径。阁底村第一书记张琼依靠牛、蘑菇、花馍3个产业，带动全村100余人增收致富，被称为“牛书记”“蘑菇书记”“花馍书记”。出台《关于在推进“一村一品一主体”中发挥党员先锋模范作用的通知》，中共党员华龙果业公司总经理李永红，通过收益分红、就业用工、订单农业等方式，辐射带动4个乡镇7个村1400余户贫困户，户均年增收2500余元。全县261名党员带头领办创办合作社221个，吸纳带动贫困户3125户。

【强化责任引领】 2018年，永和县出台《关于聚焦深度贫困集中力量攻坚的实施意见》《关于聚焦深度贫困集中力量攻坚的实施细则》，以“永和扶贫日”为抓手推动扶贫责任落实。结合主题党日、党建共建日等系列活动，将每月17日设定为“永和扶贫日”，坚持每月定期活动，包联领导、帮扶单位、第一书记等，通过入户宣讲、发放宣传册，建立微信群，召开群众会、田间会、庭院会等方式，了解群众的诉求和意愿，解决群众反映强烈的突出问题500余个。全县各级驻村干部开展为民服务事项850余件，开展政策、法律、法规宣传1100次，排查、化解矛盾纠纷320个，帮助解决热点问题261个，协调落实脱贫项目115个，争取帮扶资金2300余万元。动员社会各界力量投入脱贫攻坚。数十位永和籍在外企业家“回故乡、建家乡”，开展教育资助。中国疾病预防控制中心、国家卫计委国际交流与合作中心等团购“永和乾坤湾”大礼包近100万元，帮助群众脱贫增收。加强督导检查推动落实。县纪委监委、县委组织部、县干部驻村帮扶组抽调专人，聘请离退休县处级老干部成立2个督查组，坚持全天候、全方位、全覆盖、常态化巡察，对不驻村、不请假、不在岗的驻村干部，发现一次提醒约谈、两次诫勉、三次召回。全年巡察196次，对全县7个乡镇79个行政村全部巡察10次以上，督促253人次，提醒约谈11个单位“一把手”、66名驻村干部。强化执纪问责推动落实。永和县坚持把扶贫领域腐败问题作为重点，发现受理群众身边腐败问题线索23件，办结9件。给予党纪政务处分27人，其中重处分4人，移送司法机关3人，双重处分1人；问责领导干部17人；问责党组织10个。

【强化人才引领】 2018年，永和县抓好人才选拔工作。坚持在脱贫攻坚一线考察识别干部、培养使用干部。先后4个批次，调整干部56人次，其中提拔重用13名，充实加强扶贫局、各乡镇、县纪委监委、巡察办等重点部门力量。突出培训提升。实施“走出大山”培训工程。组织乡村两级干部170余人到汾阳市贾家庄开展“领头雁”培训；组织7个乡镇党委书记和县直有关单位负责人，到贵州省龙里县、水城县、盘县等地考察学习；组织县乡党政干部50余人到浙江大学，开展为期一周的“乡村振兴与农村电商”专题培训。创建“新时代农民讲习所”。把新时代农民讲习所作为党建品牌工作，建立涵盖党政干部、党校教师、技术人员、外聘专家等550余名人才的讲习师资库，定期在脱贫一线开展“讲”“习”活动。

【激发内生动力】 2018年，永和县按照习近平总书记“三个着力”的要求，研究出台《永和县关于激发贫困群众内生动力的实施意见》，通过目标引领、政策倾斜、典型示范、利益连接、技能培训、结对帮扶等措施，激发贫困群众主动脱贫的积极性。制作专题片，组建宣讲团，进行宣传。落实外出务工奖励制度，为县内连续3个月以上、县外连续4个月以上的务工人员，每人每月奖励200元。2016—2017年，为1577人次发放补助资金248.64万元。落实特色产业补助，为贫困户安排补贴资金700余万元，鼓励林下养鸡养鹅，发展巨菌草、荒山养蝎等。落实产业保险，为全县3600户枣农（其中贫困户2128户）购买保险7.64万亩。突出技能培训。全年组织各类职业培训11期，培训660人，建档立卡贫困劳动力209人全部就业。强化典型引领。在脱贫攻坚的实践中，永和县涌现出许多典型，如身残志坚的刘书祥、勇于创新的药爱民、自学成才的樊成锁等。刘书祥创办1个小型养鸡场，业余从事收购农产品、脱粒等工作，家庭年纯收入3万元，从脱贫向富裕迈进。药爱民勇做电商扶贫带头人，注册成立山西人人淘电子商务有限公司，每年销售红枣60余吨、核桃30余吨等。樊成锁自学技术，在政府的补贴下种植核桃树20亩、养鸡200只，年收入2.5万元以上，实现高质量脱贫。

扶贫工作

【产业扶贫】 2018年，永和县按照农业供给侧结构调整要求，以推进“一村一品一主体”为重点，对农业产业进行调整，推进产业扶贫。突出规划引领。在产业项目布局中，为降低单一产业面临的市场风险，按照产业特点，在每个村选择两种或多种产业发展模式进行搭配互补，形成产业支撑，提高抵御市场风险的能力。全县78个贫困村均明确主导产业和带动主体，实现全覆盖。2017年、2018年确定各类产业项目111个，涉及种植、养殖、农产品加工、服装加工、旅游、运输等各个方面，可带动有劳动能力的贫困户3461户9000余人，户均年增收3000元以上。突出政策带动。推进“政府、银行、保险、实施主体、贫困户”的“五位一体”精准扶贫小额信贷工作，出台《永和县“五位一体”扶贫小额信贷实施办法》，2018年投放金融贷款8624万元，受益贫困户1739户，占所有贫困户的26.46%。推动传统产业提档升级。做强做优以红枣、核桃、苹果为主的经济林产业，向质量要效益，连续6年实施经济林提质增效工程，通过品种改良、高接换优等措施，亩均增产20%，人均年增收400～900元，受益贫困人口10287人。发展新型产业。探索“公司+农户”“合作社+农户”的产业发展模式，发展黑枸杞、中药材，计划利用3～5年时间，形成稳定增收产业。通过财政补助，鼓励贫困户发展林下养鹅、养鸡10户1万只，户均年增收5000元。以“合作社+农户”的模式，投资60万元，在阁底乡奇奇里村、南庄乡郭家村分别发展林下养鸡1万只，预计年收入100万元，可带动47户贫困户增收。开展构树、油用牡丹、巨菌草、饲用玉米试种，荒山养蝎试验等工作。

【生态扶贫】 永和县将林业生态建设与脱贫攻坚结合，实施“四大工程”，实现脱贫攻坚与生态建设互补共赢，受益贫困人口达50%以上。实施生态治理工程。将所有营造林工程任务由扶贫造林专业合作社采取议标的方式承揽。全县有36个造林专业合作社，涉及1286户贫困户3615名贫困人口，通过2017年、2018年实施荒山造林和退耕还林工程，户均年收入在1.2万元左右，人均年收入4000余元。实施退耕还林工程。紧抓新一轮退耕还林政策，2017年栽植水果、核桃经济林4.5万亩，每亩补贴500元，受益贫困户1705户4939人，占到全县贫困户的25.8%，当年平均每户增收2400元。2018—2019年，脱贫办陆续实施退耕还林9万亩（落实地块、预整地及栽植工作已全部完成），落实生活补贴达到1.35亿元。涉及全县7个乡镇5862户16439人，其中：贫困户2856户6518人，平均每户每年增收2413元。实施生态管护工程。全县纳入天然林资源保护面积105万亩，聘用321名有劳动能力的建档立卡贫困户为护林员，通过管护，每户年收入在8000元左右，965名贫困人口稳定脱贫。实施干果经济林提质增效工程。实施干果经济林提质增效，覆盖全县7个乡镇46个行政村，涉及贫困户1356户15364亩（核桃1016户10256亩，红枣340户5108亩），可帮助贫困户稳产增收，实现脱贫。

【易地扶贫搬迁】 永和县“十三五”易地扶贫搬迁对象核准贫困人口4193人，同步搬迁人口785

人，25个自然村整村搬迁。2016年，永和县采取消化县城库存房源、集中安置和分散安置相结合的方式，安置243户900人。2018年，永和县易地扶贫搬迁任务为贫困人口2232人，同步搬迁724人，24个自然村整村搬迁。采取“大县城+中心村”的安置方式，规划2个县城安置点和新建9个中心村安置点，在县城安置贫困人口882人，同步搬迁516人，在乡镇新建安置点安置贫困人口1350人，同步搬迁208人。县城安置点采取回购现房的方式进行，出台《永和县2018年易地搬迁回购安置住房实施方案》，以“政府主导、群众自愿”为原则，坚持“户均自筹不超过1万元”“人均面积不超过25平方米”两条红线，选定“五证”〔建设用地规划许可证、建设工程规划许可证、建设工程施工许可证、国有土地使用证和商品房销售（预售）许可证〕齐全、“六通”（通路、通电、通水、通电视、通通信、通网络）达标的现房为回购安置房，安置搬迁对象274户1032人；中心村新建9个安置点，完成1个安置点建设，其余8个安置点完成工程总量的65%，完成年度目标任务。推进搬迁后续产业及拆旧复垦工作，后续产业覆盖率达到100%，完成拆旧复垦57户60.3亩。

【教育科技扶贫】 在教育扶贫上，永和县对本年度高考达二本B类线以上大学生实行资助“全覆盖”政策。资助贫困学生42人，资助金额20.5万元。与山西宏源集团有限公司达成协议，对2017—2020年录取的所有二本B类以上建档立卡贫困生进行资助，资助大学生27名,13.1万元，对考入运城职业技术学院的学生，资助大专全部学费。在科技扶贫上，围绕全省科技产业扶贫引导项目计划和“三区”人才支持计划，加大科技人才引进力度，选派到位科技特派员12名，其中，红枣、核桃、畜牧、食用菌各3名。争取到“三区”人才19名（省级12名、市级7名），成为永和县科技培训师资和科技顾问。整合涉农技术培训和实用技能培训资源，实施劳动力转移就业培训，全年培训2974人，其中“建档立卡”农村贫困劳动力免费职业培训的209人实现就业。

【政策兜底扶贫】 永和县针对因学、因病、因灾、因残，难以依靠一般措施实现脱贫的群众，永和县完善政策、兜底补短，确保不落一户、不漏一人，实现扶贫标准线和低保标准线“两线合一”。2017—2018年，发放农村低保金1295万元，受益2370户3750人次；发放五保供养补助440万元，受益625人次。支持有条件的贫困残疾人创业就业，为100户贫困残疾人发放助残补助资金30万元，支持创业就业；保障残疾人生活需求，2017—2018年发放重度残疾人护理补贴105.16万元，惠及1922人次，涉及贫困人口1457人次。开展特殊群体“关爱行动”，印发《关于开展关爱孤寡老人结对帮扶的通知》和《关于保障民生开展对孤儿帮扶的通知》，通过县级领导、乡镇书记和县直单位“一把手”结对帮扶，为126名孤寡老人和30名孤儿解决实际问题。

【“光伏+扶贫”模式】 针对光伏电站见效快且收益稳定的特点，永和县提出村级光伏电站和符合条件的户用光伏电站全覆盖目标，实施光伏扶贫。光伏电站建设由村级光伏扶贫电站、屋顶光伏电站和集中式光伏电站3个部分构成，是临汾市光伏电站覆盖面最大的县份，总投资4.12亿元。村级光伏扶贫电站投资1.02亿元，为每村建设200千瓦或100千瓦的光伏电站，全部建成且并网发电。每个村级光伏电站年收益可达到24万元，其中14万元用于贫困村产业发展和公益事业；10万元用于贫困户扶持，可带动34户贫困户增收，贫困户年均增收3000元左右。屋顶光伏扶贫电站投资8500余万元，为全县有条件且有意愿的2136户建档立卡贫困户每户建设5千瓦的光伏电站，全部完成且并网发电。每户每年收益3000元左右。30兆瓦集中式光伏电站，总投资约2.25亿元，总占地面积约66.67公顷，基本建成且并网发电。项目投产后年均可发电3300万千瓦时，实现利税320万元。该投资企业每年从收益中出资360万元用于扶持贫困户，可带动建档立卡贫困户1200户，年均增收3000元左右。以上3项光伏电站建设项目的实施，可带动全县6022户建档立卡贫困户，覆盖率达到91.3%。

【“保险＋扶贫”模式】 永和县针对立地条件差，基础设施滞后，道路安全、地质灾害等事故频发的实际，创建全省保险扶贫示范先进县，实施保险扶贫举措，完善兜底扶贫保障体系。人人享有保险。自2014年起，县财政每年为全县所有干部群众办理小额人身意外险、自然灾害人身意外伤害险、见义勇为人身意外伤害险3份保险。累计赔付1099.9万元，192人得到救助。贫困户特殊保险。为全县所有贫困户购买意外伤害扶贫保险、大病医疗补充扶贫保险、人身综合保险，缓解贫困户因病致贫返贫现象，理赔291万元，742名贫困户受益。产业保险。针对红枣、玉米、核桃产业发展中的风险，2017年，脱贫办为全县2146户贫困户枣农购买红枣保险5.28万亩，保费标准为80元/亩（政府代缴），投保金额422.74万元，全年理赔金额达1303.4万元，户均收益6000余元，最高赔付额近3万元，确保全县近1/3的贫困人口稳定增收。2018年，红枣产业保险范围覆盖到全部贫困户，延伸到非贫困户，为全县3600户枣农（其中贫困枣农2061户）购买红枣保险7.64万亩，确保枣农在红枣受灾后仍能获得稳定收入。推进玉米“保险＋期货”工作，农户通过保险公司购买玉米价格指数保险，可使5555户农户（其中贫困户2627户）受益，投保面积4.98万亩。探索推行集农业生产、家庭生活、意外事故等为一体的“一揽子”保险，构筑多层次、全险种保险扶贫保障网。

【“健康＋扶贫”模式】 2018年，永和县贫困人口中因病致贫、因病返贫3515人，占到贫困人口的19.4%。永和县推进“健康永和”战略，把健康扶贫作为破解因病致贫的重要抓手来落实。落实健康扶贫政策。免除建档立卡贫困人口医保费用，参合率达到100%；为所有建档立卡贫困人口建立健康档案；对建档立卡患者推行“先诊疗、后付费”制度和县直医院“一站式”即时结算服务；落实“三保险”“三救助”政策，在县域内、市级、省级住院，个人年度自付封顶额分别为0.1万元、0.3万元、0.6万元，超出的费用由医保基金报销。2018年年底，全县贫困患者的自付比例仅为4.35%。开展健康扶贫“双签约”活动。在县医疗集团的统一组织下，县、乡、村三级医疗卫生机构组建79个家庭医生签约团队，推行以家庭为单位，对家庭成员分类管理、重点人群应签尽签的服务模式，贫困人口签约率达到100%。全面落实“三个一批”（大病集中救治一批、慢病签约服务一批、重病兜底保障一批）行动计划。推进大病集中救治、慢病签约服务、重病兜底保障“三个一批”，累计大病救治407人、慢病救治1321人、重病救治41人，救治率达到100%。实施“健康暖心”工程。为596名贫困患者进行医疗救助，缓解城乡居民因病致贫、因病返贫问题。在临汾市率先打造“5+N”健康扶贫模式。“5”，即省级医疗卫生机构与永和县5家县直医疗卫生机构对口帮扶全覆盖。“N”，即争取到中国扶贫协会、尤迈基金会、白求恩基金会等国内10多家社会团体和企业的卫生健康项目支持，无偿援助资金6200余万元。

【“消费＋扶贫”模式】 永和县以电商进农村综合示范县创建为抓手，围绕“一品、一网、一店、一业”（打造农村电商公共品牌、开拓农产品互联网上行通道、建设农产品O2O体验店及实体渠道、带动农文旅产业链发展）建设，拓宽消费渠道，通过在全国范围多渠道营销县域品牌农产品，带动农村经济发展，实现贫困群众增收致富。电商平台营销。与“临邮乐购”“公益中国”“吕梁山货”“拼多多”“亚阳e购”“融e购”

等电商平台实现精准对接，通过线上平台销售红枣、核桃、花椒、野菜等农特产品。自主开发便民服务平台“各街网”、扶贫销售平台“情暖永和”，通过平台1次直播，为贫困户冯福双销售花椒76千克、直接创收7600元。截至2018年10月底，全县农产品电商线上线下交易额达981万元，同比增长56%，带动1800余户贫困户增收300～2600元。宣传推介展销。组织农特产品参加展销6次，开展红枣、苹果采摘节及槐花扶贫活动，销售农特产品。线上线下销售槐花110吨，创造季节性岗位300多个，带动1800户贫困户增收300～1000元不等，为电商、物流、包装及仓储企业创造营业收入450万元。主体带动助销。通过国家卫健委、山西省委组织部、山西省粮食局、中国银行山西省分行等帮扶主体，助销红枣、核桃、槐花、小杂粮等农特产品，累计销售金额达68.3万元。在春节、中秋节期间，通过国家卫健委推介，销售“永和乾坤湾”大礼包1100余份，销售额30.3万元，带动100户贫困户增收1000～2000元。发挥龙头企业、农产品加工企业辐射带动作用，2018年销售农特产品416吨，销售金额568万元，辐射带动800余户农户大幅增收。永和县与山西省肿瘤医院签订农特产品供货意向书，对接国家卫健委直属机关中日医院、中国医学科学院整形外科医院、动研所等机构，拓宽农特产品直供渠道，实现贫困户收益最大化。

【“旅游＋扶贫”模式】 2018年，永和县依托乾坤湾、红军东征永和纪念馆等优质旅游资源，持续实施“旅游兴县”战略，推进文化深耕和旅游产业发展，探索“旅游＋扶贫”永和模式。完善基础设施。先后投资约3亿元，实施景区旅游公路、游客接待中心等一批基础设施项目，打造红军泉、小木屋等特色景点，景区基础设施完善、服务能力提升。黄河中国一号公路——山西沿黄扶贫旅游公路在永和县率先开工，惠及沿黄4个乡镇44个行政村181个自然村、4085户11180个贫困人口，破解沿黄群众出行难、农特产品销售运输难题，助推脱贫攻坚。实施农家乐改造。采取政府补助方式发展农家乐。全县有农家乐201户、农家乐窑洞312孔，其中阁底乡126户190孔农家乐投入运营，农户以自家窑洞作为资产入股，政府协调资金进行标准改造，形成“资源变资产、资金变股金、农民变股东”格局，农户与村集体按比例分配收益。按集体与个户2∶8分成来计算，户均增收8000元左右。建设美丽乡村。发展以休闲度假、旅游观光、农耕体验、乡村手工艺为主的乡村旅游，打造环境优美、宜居舒适的“美丽乡村”。投资1454万元，完成阁底、坡头、芝河、南庄4个乡镇7个村的美丽乡村建设任务。实施政企合作。8月12日，永和县与山西宏源集团有限公司签订沿黄现代农业文化旅游带合作协议。项目总投资18亿元，将通过长期合作整合提升现有资源，优化管理模式，实施一产、二产、三产融合发展，种植、养殖、加工、销售、旅游五环联动，把永和县厚重历史、革命遗迹、优美风光、质朴风俗民情等优质自然资源和文化资源，纳入创新干部培训体系。依托红军东征永和纪念馆这一红色教育基地优势，打造出“主题党日班”“党性实践教育班”“红色文化体验班”等多个班次。已承接山西省农科院、山西省焦煤集团、中煤集团、临汾市人才办、阳曲县委组织部、交口县委组织部等10余家单位1200余人次的委托培训，累计培训12班次，每次平均60人，实现营业收入75万元，带动100余户贫困户增收4000余元。永和县脱贫攻坚的创新做法，在中央政研室主办的《学习与研究》2018年第1期和山西省委主办的《山西工作》2018年第8期刊登。阁底村、东征村、奇奇里村的脱贫经验被新华社、《人民日报》、《半月谈》、央视《新闻联播》等国内知名媒体报道。

【道路交通工程】 2018年，永和县着重解决村道

“畅返不畅”问题，对建制村具备拓宽条件的窄路的路基路面拓宽至4.5米，不具备拓宽条件的加密错车道，确保行车安全；继续实施农村公路安全生命防护工程。推进较大人口规模的撤并建制村通硬化路建设。2017—2018年，实施52个行政村233.58千米通村公路硬化。

【饮水安全工程】 2018年，永和县实施安全饮水提升专项行动，采取新建、改造、配套、升级、联网等方式，解决好水源保护和贫困群众饮水安全问题；落实贫困户入户工程经费50%补助政策，做好管网入户改造升级工作；加强饮用水水源地保护、备用水源建设和水质监测工作。累计投入5600万元，实施212处饮水安全工程，其中提水工程183处，引水工程29处，解决214个自然村13643户42307人（贫困户5131户14217人）的饮水问题。

【电力建设工程和宽带网络工程】 2018年，永和县新建及改造10千伏线路31.65千米，新增及增容改造10千伏配变48台，增容改造成套配变8台，新建及改造低压线路41.73千米。全县78个贫困村通互联网59个。

【10项共享政策情况】 2018年，永和县鼓励市级搭建统贷统还投融资平台，省市县三级财政共同注入资本金，撬动金融资本、社会资本投向深度贫困县基础设施、公共服务和产业发展。永和县成立扶贫开发投资有限公司，承接省移民搬迁扶贫资金贷款5853.99万元。落实扶贫周转金2142万元，其中县级资本金1071万元，用于支持华龙果业等28个企业和合作社，带动贫困户300余户增收。

永和县参照造林扶贫合作社的做法，永和县出台《永和县关于对小型基础设施、公共服务设施等工程实行议标的实施办法》，将县域内具备条件的小型基础设施、公共服务设施工程，采用议标方式由扶贫专业工程队实施，带动更多贫困劳动力参与受益。工作中优先安排扶贫专业工程队和专业合作社。组建41个扶贫专业工程队和117个专业合作社，扶贫工程队吸纳贫困户200余户，户均增收1800余元。

永和县参照灾后重建政策执行易地扶贫搬迁项目用地手续。项目占用耕地的按下限缴纳耕地开垦费，补充耕地在省内统筹落实。落实同步搬迁人口旧房拆除土地复垦奖补政策。对不可拆除的土窑洞、不具备复垦条件的宅基地，村集体可有偿收回，统筹开发利用。永和县易地搬迁项目用地199.78亩，参照灾后重建政策办理供地手续。耕地开垦费全部按统一年产值的8倍缴纳，补充耕地在县域内统筹解决。对涉及同步搬迁人口奖补的参照建档立卡贫困户奖补办法执行，资金由县财政统筹解决。拆旧复垦57户60.3亩。针对不可拆除的土窑洞和不具备复垦条件的宅基地，永和县出台《永和县易地扶贫搬迁旧房拆除宅基地腾退复垦的补充意见》，对涉及的317户土窑洞、宅基地，采用拆旧复垦奖补标准有偿收回，进行产权变更。

养殖、加工、市场流通设施等农业产业扶贫项目建设用地，涉及农用地转用和土地征收的，在做好补偿安置前提下，允许边建设边报批。制定《永和县关于推进“一村一品一主体”产业扶贫的实施细则及操作规程》，对涉及加工、市场流通设施等农用地转用和土地征收的，在做好补偿安排前提下，组织国土、环保等12个部门联审，实行边建设边报批。下发《关于“一村一品一主体”扶贫项目及时办理设施农用地备案手续的函》，协助实施主体办理设施农用地手续。全县78个村委111个“一村一品一主体”产业项目进展顺利，可带动有劳动能力的贫困户3461户，户均增收3000元。

允许低档耕地依据实际粮食产能，采用对等折价办法交易，新增耕地优先纳入全省耕地占补平衡交易平台。永和县出台《永和县鼓励和引导社会资本参与土地整治的管理办法（试行）》，投资318.65万元，实施4100亩高标准农田建设项目，带动170户565人（其中带动贫困户56户186人）人均增收1300余元。编制《永和县2018年度城乡建设用地增减挂钩南庄乡、打石腰乡项目拆旧区实施方案》，批复实施，可产生结余指标789.86亩，跨省域异地交易收益将全部用于脱贫攻坚。

按照上级要求，各市政府债券支持深度贫困县额度不低于当年政府债券安排脱贫攻坚规模的20%，用于易地扶贫搬迁、光伏扶贫和贫困村提升工程等支出，不得用于经常性支出。2018年，永和县到位债券资金45524万元，全部用于易地扶贫搬迁、光伏扶贫、乡村公路、三大旅游扶贫路等重点民生项目。

政策性金融机构提高放贷效率，项目贷款县级资本金按国务院规定的最低比例执行。永和县多次与农发行对接，争取到“新建坡城中村棚户区改造项目”政策性贷款授信2.74亿元，到位17590万元，县级资本金8260.56万元，占总投资的23.16%。

土地出让金应缴纳省市部分全部留县，用于脱贫攻坚。永和县下发《永和县关于土地出让金缴纳省市部分全部留于县用于脱贫攻坚的通知》，2018年征收土地出让金1078万元，全部留在县级，用于脱贫攻坚项目建设与产业发展等。

统筹整合相关力量，为每个乡镇按需选派2～3名科技特派员，支持特色产业扶贫。结合永和县实际需求，争取山西省科技厅为永和县7个乡镇选派21名科技特派员。其中，果树专家10名，农学专家6名，畜牧兽医养殖专家3名，其他方面专家2名。重点抓好养殖疫情防治、经济林提质增效等工作。为永和县建立红枣管护示范点，遏制枣疯病蔓延。2018年，永和县红枣挂果率达95%以上。

永和县与中央、省及各种新型网络媒体对接，在央视1套、2套、13套和山西电视台宣传永和县红枣、槐花等农产品，在人民网、新浪网、抖音等网络媒体开设红枣、核桃等专栏，点击量3亿人次。《山西日报》、山西卫视、山西新闻网及新闻客户端等在黄金时段、显著版面开设专栏，免费宣传推介深度贫困县特色农产品。通过多渠道宣传推介永和县农产品，线上线下销售达981万元，带动2500余户贫困户，户均年增收2600余元。

【专享政策落实】 永和县的专享政策是支持发展天然气产业，鼓励驻地企业在当地注册独立法人公司，将产值、税收留在当地。山西省“一县一策”文件出台后，永和县与山西省国资委、国新能源公司联系并致函，协调在永和县设立国新能源子公司。完成山西天然气有限公司永和销售分公司的注册、开户、税务登记手续，办理危化品经营许可证和总公司授权销售合同，2018年年底形成税收。

（贺文慧）

永和县委副书记、政府县长范洋平（左三），政府副县长王润贵（左四）等到县脱贫办检查工作

法 治

政法委及综治

【雪亮工程建设】 2018年，永和县在技防建设方面加大投资力度。雪亮工程建设项目于8月30日开工。2018年年底，完成80%的基础建设和前端传输建设，剩余基础建设因旅游线路施工无法进行。

【严打违法犯罪】 2018年，永和县开展禁毒人民战争、打击“盗、抢、骗”、打击文物犯罪、“缉枪治爆”、打击网络诈骗、电信侵财、网上追逃等严打整治专项行动，全年刑事案件立案118起，破获51起，破案率为43%，刑事拘留45人，抓获网上逃犯17人，抓获吸毒人员10名。成功破获付某某等人系列盗窃案、“3·30”赌博案、张某某盗窃案等一批社会影响恶劣的严重刑事案件，为群众挽回直接经济损失50余万元。6月26日，在国际禁毒日，对2017—2018年永和县公安局收缴的毒品咖啡因257千克、制毒工具120余件进行集中销毁，震慑犯罪分子。

【推广枫桥经验】 2018年，永和县推动“枫桥经验”落地生根，在全县开展学习推广新时代“枫桥经验”暨“枫桥示范”创建活动，坚持矛盾不上交，全县调解各类矛盾纠纷216件。

【扫黑除恶专项斗争】 2018年，永和县成立以县委书记加天山担任组长，县委副书记、政府县长范洋平担任第一副组长，其他县级班子成员担任副组长的扫黑除恶专项斗争领导组，召开全县扫黑除恶专项斗争动员会、推进会、宣传会、落实中央督导组要求整改会议、边督边改等会议，对每一阶段的工作进行安排部署。制定《永和县关于开展扫黑除恶专项斗争的实施方案》《关于落实中央督导要求边督边改及时核查办理督导组移交线索的工作方案》等一系列方案。明确专项斗争各个阶段的工作目标、实施步骤、各单位的职责分工以及边督边改等内容。加大宣传力度，形成强大气场。宣传人员在全县79个行政村、306个自然村以及县城重点位置、场所、文化广场、乾坤湾景区、各乡镇各单位黑板报、固定墙等醒目位置张贴宣传通告800余份，刷写扫黑除恶宣传标语、固定宣传展板、橱窗、电子屏、横幅等500余条。发放扫黑除恶手提袋、宣传手册1.5万余份，公开信3万多份，围裙和挂历8000余块（幅），在电视广播、微观永和、广场电子屏等媒介进行全天候宣传。公布举报电话、设立举报箱、实行有奖举报，发动群众检举、揭发黑恶犯罪线索。动员各方力量，主动摸排线索。永和县组织力量对现行案件调查和深挖串并，到各乡镇、各村委进行走访摸排，摸排线索、掌握了解情况。接收摸排各类线索43条，办结33条；打掉涉嫌黑恶势力犯罪团伙2个，抓获犯罪嫌疑人10人，破获刑事案件6起；检察机关批准逮捕2人，提起公诉3案4人；法院一审宣判3案4人。加大“打伞”“断血”力度，深挖细查保护伞。永和县政法部门加强同纪检监部门协作配合，对侵害群众利益、插手村级项目、违反组织生活原则的领导干部、政法机关内部可能存在的涉黑涉恶问题坚决做到一查到底，对发现的涉黑涉恶腐败和“保护伞”问题线索，向纪检部门汇报情况移交线索。永和县未发现涉黑涉恶腐败和“保护伞”问题线索。强化监督检查，边督边改。针对中央督导组指出的山西省4个方面和临汾市12个方面的主要问题，永和县对号入座，边督边改。对制度不健全的9个单位（村委）、宣传发动不充分的18个单位（村委）、线索摸排方式单一的23个单位（村委）进行整改，确保全县扫黑除恶工作有序规范推进。在中央督导组进驻山西期间，永和县对扫黑除恶工作相对薄弱、工作开展不力的两个成员单位主要领导进行问责，在全县范围内进行通报。

【脱贫攻坚】 2018年，永和县政法委包联阁底乡西庄村。政法委按照精准扶贫要求，参加阁底乡脱贫攻坚周例会，多次到包联村委和贫困户家中进行帮扶。修建蓄水池、安装路灯，给村民购买核桃苗、化肥、脱粒机等。

【生态环境保护】 2018年，永和县政法委贯彻落实县委关于环保工作的决策部署，加强对包联村的环保工作督导力度，落实环保工作责任制，建立健全长效工作机制，从源头上控制污染事故发生。环保问题已全部完成整改任务。

（杨锁龙）

法治政府建设

【规范文件】 2018年，永和县人民政府法制办对生态环境保护规范性文件、涉及著名商标制度的政府规章和规范性文件和证明事项进行清理，对规范性文件报备程序、审查要求、报备时限等进行明确，在规范性文件制定过程中，做到“有件必审、准确报备、及时报审”。其中涉及安全生产工作规范性文件3个，分别是《关于重特大安全事故防范及其行政责任追究办法》（永政发〔2002〕22号）、《永和县安全生产隐患排查治理工作管理办法》（永政办发〔2014〕43号）、《永和县重大安全生产事故隐患认定办法》（永政办发〔2014〕44号），因部分条款不适用于新修改的《中华人民共和国安全生产法》《山西省安全生产条例》，经研究，要求安委办牵头重新修订。

【法治宣传】 2018年，永和县人民政府法制办围绕“学习宣传《中华人民共和国宪法》，推进依法行政”活动主题，重点对《中华人民共和国宪法》《法治政府建设实施纲要（2015—2020年）》《山西省贯彻落实〈法治政府建设实施纲要（2015—2020年）〉的实施方案》《中华人民共和国行政许可法》《中华人民共和国行政诉讼法》《中华人民共和国行政强制法》等法律、法规，以及城市管理、环境治理、安全生产等行业领域法律法规进行宣传、学习；通过县政府门户网站、县电视台、微信公众号等平台，利用悬挂条幅，进社区、进农村、进家庭宣讲等方式，对依法行政相关文件和政策进行宣传。8月29日，县法制办组织司法局、国土局、交通局、住建局、环保局、林业局、安监局、工商质监、食药监、公安局、人社局、文化等部门，在文化广场开展“依法行政”集中宣传咨询活动，发放宣传资料3000余份，接受咨询200余人。

【依法办理行政复议】 截至2018年11月19日，永和县政府收到行政复议案件3件，依法予以受理，其中1件复议案件申请人为自然人（刘霞复议县交警队不予信息公开案件），2件案件申请人为企业法人〔华油工建、山东四方（华泰）公司复议县人社局劳动监察整改案件〕；被申请人均为县政府所属部门。已办结复议案件2件，依法中止复议案件1件（申请人提请对案件审理主要证据进行司法鉴定）。

【推进行政应诉】 截至2018年11月19日，县政府收到行政应诉案件9件，其中按审理方式划分，公开审理案件7件，调查审理案件1件，依据案卷审理1件；按案件期限划分：往期案件3件（贺某诉信息公开案件、冯某诉撤销房产证案件、任某诉行政不作为案件），本期案件6件〔刘某、任某、贺某诉行政补偿案件（二审），刘某诉行政撤销案件，刘某诉行政补偿案件（一审、二审）〕。2018年年底，判决或裁定案件8件，全部为驳回诉讼请求。

【行政执法管理】 永和县有行政执法单位31个，其中：行政执法主体24个，委托执法单位7个。有执法人员编制728个，实有行政执法人员180个（执法人员162个，监督人员18个）。为加强行政执法证件管理，2018年9月，经部门申报，县人社局、县编办核查，县法制办审核，对2018年新申领行政执法证件人员277人基础资料进行上报，起草制定出《2018年山西省行政执法（监督）人员资格认证考试永和县考务工作安排》，待省政府法制办批准后开展执法证件考试工作。

【依法行政】 2018年，永和县全面落实设立政府法律顾问制度，由永和县政府法制办牵头，就法律顾问遴选工作进行专题研究，制定出台《永和县人民政府法律顾问工作规则》，在县司法局选聘2名公职律师作为政府法律顾问；聘请山西省如山律师事务所为常年法律顾问。从2017年10月起，县政府法律顾问参与所有行政复议、行政诉讼案件的办理，确保依法行政。县政府法制办牵头负责，对县政府重大合同（协议）及重要事项进行法律审核，为县政府重大决策提供法律依据，保障依法行政。

（李　璟）

公　安

【情报信息预警研判】 2018年，永和县公安局强化情报信息预警研判，上报国保信息220条，市局采用195条。在反恐工作方面，上报反恐信息78条，组织反恐督导检查12次，下达整改通知书24份，组建反恐快反小分队，对全县反恐重点目标单位涉恐隐患开展常态化滚动式排查。

【扫黑除恶专项斗争】 2018年，永和县在扫黑除恶专项斗争中，先后打掉恶势力团伙2个，核查扫黑除恶线索44起，办结33起，查实10起，查否23起，成案率30%，其中市转线索15起，县纪委转办线索3起，县政法委转交线索12起，群众来访来信举报线索14起。中央督导组到临汾督导期间，公安局异地核查交办涉黑涉恶违法犯罪线索7批12条，4条线索重复，其中查实9条，查否3条，成案率75%，全部在规定期限内予以办结。针对征地拆迁矛盾较多、采砂业利益链条复杂以及天然气开采等重点行业、重点领域，开展重点行业线索摸排基础工作，向行业主管部门（水务局、中小企业局、交通局、银监局等）出函，要求其在日常行政管理中，注意摸排发现涉黑涉恶线索，确保打击到位。加强扫黑除恶专业队伍建设，抽调多名精干警察充实到公安局“扫黑办”，组织扫黑除恶业务培训9次，培训200余人次。投入资金20余万元为公安局“扫黑办”建立60平方米的专门办公场所，落实扫黑除恶专项经费30万元。

【打击违法犯罪】 2018年，永和县公安局开展禁毒人民战争、打击“盗抢骗”、打击文物犯罪、“缉枪治爆”、打击网络诈骗、电信侵财、网上追逃等严打整治专项行动，全年刑事案件立案118起，破获51起，破案率为43%，刑事拘留45人，抓获网上逃犯17人，抓获吸毒人员10名。组织开展“6·26”国际禁毒日大型宣传暨全县毒品集中销毁活动，对县公安局收缴的毒品咖啡因

257千克、制毒工具120余件进行集中销毁，成功破获付某等人系列盗窃案、“3·30”赌博案、张某盗窃案等一批社会影响恶劣的严重刑事案件，为群众挽回直接经济损失50余万元。

【社会公共安全管理】 2018年，永和县公安局强化消防安全管理。检查单位420家，发现火灾隐患662处，督查整改火灾隐患654处，责令“三停”（停产停业、停止施工、停止使用）单位6家，临时查封单位5家，组织大型消防应急演练2次，开展消防安全宣传活动9次，发放宣传资料2000余份。强化道路交通安全管理。查处交通违法行为7645起，其中现场处罚2596起（不按规定车道行驶126起，安全设施不全3起，大货车不按规定靠右行驶780起，其他违法行为344起）；行政处罚63起（饮酒驾驶13起，醉驾1起，无牌14起，超载6起，无证驾驶29例）；非现场录入4986起；未发生重特大道路交通安全事故。强化民爆物品管理。成立以县委常委、政府副县长马健为组长的永和县民用爆炸物品安全管理委员会，以县政府红头文件制定下发《永和县打击、整治枪支爆炸物品违法犯罪联席会议制度》；开展打击枪爆违法犯罪专项行动，群众上缴导火索200米、火雷管3枚、26毫米绿光信号弹4发，集中予以销毁。收缴导火索30米、火雷管5枚、子弹7发、钢珠枪1支。强化监管场所整合。4月中旬，永和县看守所在押人员转至蒲县看守所羁押，永和县看守所停用。

【公安信息化建设】 2018年，永和县加强公安信息化建设，全面提升公安信息化实战应用能力和水平。开展“雪亮工程”建设，投入资金580余万元，在全县7个乡镇、65个行政村新增视频监控；投入资金265.5万元，开展办案中心、案卷管理中心、涉案财物管理中心、指挥中心等“四个中心”升级改造；投入资金47.5万元，开展等级机要室和加密网专用机房建设；开展移动警务建设，投入资金65.44万元，采购警务通98部；投入资金9.36万元，采购4G执法记录仪20部。

【“民生警务”】 2018年，永和县公安局加强“一网通、一次办”平台建设，印制宣传海报800份、宣传单3000份、宣传册8000份，制作宣传板2块，局党委班子亲自带领各部门、各警种开展集中宣传活动，面对面地帮助群众注册。截至2018年底，公安局“一网通、一次办”平台共受理307条业务，全县关注人数达到10831人，关注占比16.46%。全面启动省内跨县居民身份证异地受理、挂失申报和丢失招领工作，开展户籍窗口便民服务日活动，高考期间，开辟二代身份证办理“绿色通道”，延长办证窗口工作时间、实行预约服务。2018年，共办理省内迁入378人，省外迁入36人，出生上户807人，死亡注销235人，受理身份证5017人，临时身份证255人，受理护照444人，港澳通行证37人；提供户籍预约服务136次，户籍业务电话咨询452余次，窗口服务群众满意率100%。

【暖警工程】 2018年，永和县公安局开展暖警工程，与相关部门沟通、协调，将全局92名财政供养人员的“两项津贴”落实到位；组织全局民警、离退休老干部和志愿者323人进行年度体检，建立民警个人健康档案；重视民警心理压力疏导，挑选2名具有相关资质的民警担任心理咨询师，组织心理教育讲座3次，为民警开展心理疏导25人次。向县委、县政府争取经费443.7万元，坚持“积极稳妥、规范管理”原则，推进辅警体制改革。通过报名、推荐、资格审查、政审、体检、尿检、笔试、体能测试、面试等多个环节，公平公正、择优过渡，切实用好辅警队伍。

【脱贫攻坚】 2018年7月，永和县公安局在阴德河村组织开展“永和扶贫日”暨阴德河村爱心枣树认领活动，筹集爱心枣树认领款3.54万元，用于枣树栽培、管护，实现“枣树未挂果，枣农先领钱”的精准帮扶工作新模式。制定“一村一品一主体”扶贫计划，开展“百亩花椒示范项目”，完成后可实现户均年增收近千元；协调争取相关部门支持，投资约40余万元，对阴德河至后山里2.5千米“村村通”公路进行拓宽；协调集体光伏发电200千瓦并网工作，投入运营，每年可为村集体增收20余万元，73户贫困户安装50千瓦光伏发电，已投入使用，户均年增收2000余元。

（牛燕卫）

公安交通管理

【概　况】 2018年，永和县交警大队以“防事故、保安全、保畅通”为工作核心，加强源头管控，排查道路隐患，开展压事故、整秩序、保平安工作，加大宣传力度，强化队伍管理，完成各项工作任务。全县道路交通事故三项指数均下降，全县道路交通安全形势持续平稳。

【源头隐患清理】 2018年，永和县交警大队督促运输企业完善安全管理制度，从源头上消除安全隐患。对照支队源头隐患清理工作的要求，五类重点车辆报废率100%，公路客运检验率100%，挂车检验率99%，重型货车检验率97%，面包车检验率99%，B2以上驾驶人审换证率99%。办理补证换证349例，注销登记12例，年度体检1例，信息变更4例，驾驶人审验662例，机动车注册登记89例，转移登记34例、变更登记15例、注销登记33例，转入业务20例，补换牌证合格标志45例，补换登记证书6例，档案更正1例，核发检验标志363例，委托检验2例，受托检验46例，锁定业务2例。

【交通秩序整治】 2018年，永和县交警大队按照临汾市交警支队的安排，结合永和县实际，开展“春季行动”，普通公路、城市道路“两项整治”工作、“压事故、整秩序、保平安”工作、“秋风行动”“百日安全行动”暨事故预防工作等的要求，开展整治工作。现场处罚2596例，其中不按规定车道行驶126例，安全设施不全3例，大货车不靠右行驶780例，随意抛洒756例，排放不达标203例，篷布遮盖不严14例，变更车道时影响正常车辆203例，逾期未检验167例，其他违法行为344例；行政处罚63例，其中无证驾驶29例，饮酒驾驶13例，醉驾1例，无牌14例，超载6例；非现场录入4986例。

【交通安全宣传】 2018年，永和县交警大队在学校开学日、中小学生安全教育日、清明节、“六一”国际儿童节、“12·2”全国交通安全日，在乡镇、校园开展交通安全宣传活动，对学生及交通参与者进行交通安全知识宣传，利用“双微”平台在重要节点对交通形势进行研判，节前在微信平台上进行“两公布一提示”，其间更新微信平台信息176条，微博更新158条，开展交通安全宣传18次，在农村开展交通宣传4次。

【事故预防】 2018年，永和县交警大队结合“压事故、整秩序、保平安”“秋风行动”“挖根源、找症结、定对策，抓落实，预防交通事故”工作，“百日安全行动”暨事故预防工作，针对辖区交通事故根源，具体采取“三项措施”。即加大路面巡查力度。对重点违法行为，对造成事故发生的违法行为进行严查。强化源头管理。对达到检验和报废的车辆通知车主办理相关手续，在路面加大查处力度。补齐农村地区交通管理短板。针对农村交叉路口多，交通事故多发，排查道路隐患，强化交通安全设施，降低农村交通事故的发生率。排查道路隐患22处，下发隐患通知书18处，政府挂牌督办4处，22处隐患已整改。发生交通事故331起，死亡6人，受伤52人，财产损失12.22万元。出具简易事故认定书104起。与2017年同期相比，事故起数下降8.0%，死亡人数下降45.4%，受伤率上升15.6%，财损率下降18.9%。针对辖区交通事故实际情况，分析研判交通安全形势，从源头管理、隐患排查、秩序整治、交通安全宣传入手，运用集成指挥平台，做好辖区的事故预防工作。

【驻村帮扶】 2018年，永和县交警大队帮扶阁底乡罗岔村，推进贫困户建档立卡工作；实行党员一对一包联贫困户，解决群众实际困难；利用农闲时间，加大对该村机动车及驾驶员安全宣传教育，预防和减少交通事故的发生。

（段兰娣）

永和县消防中队

【行业部门主动监管】 2018年，永和县消防中队协助永和县消防安全委员会定期召开消防工作联席会议，定期对教育、民政、卫计、文化等重点部门开展行业系统的专项消防安全治理进行督导，联合开展消防安全检查、火灾隐患排查整治和消防宣传教育。各行业、各部门对辖区人员密集场所、易燃易爆场所、文物古建筑、高层建筑等逐一建立工作台账，制定落实行业系统消防安全管理标准和工作制度，做好消防工作。

【单位责任有效落实】 2018年，永和县各部门、各企事业单位按照政府消防工作目标，将排查火灾隐患、处置初期火灾、组织引导人员疏散和日常消防安全检查、巡查、消防宣传教育以及火灾隐患排查整治纳入各单位重要议事日程，建立健全消防安全隐患自查自纠的管理体制，从源头上消除火灾隐患漏洞。

【安全源头管控】 2018年，永和县坚持定期检查与行业单位自查相结合，开展多层次、立体化、全方位消防安全大检查，排查整改火灾隐患，严防各类火灾事故发生，开展“夏季消防检查”“冬春火灾防控工作”行动，组织开展人员密集场所、“九小”（餐饮、购物、住宿、公共娱乐、休闲健身、医疗、教学、生产加工、易燃易爆危险品销售储存等规模较小场所）场所、易燃易爆场所、文物古建筑等专项整治工作。开展“县、乡（镇）、村”三级“网格化”排查工作，火灾隐患排查工作实现“横向到边，纵向到底，不留死角”。

【排查整治各类火患】 2018年，永和县把火灾隐患排查整治工作作为减少火灾事故的关键环节，围绕火灾多发季节及重要节日期间的消防安保工作，把隐患排查整治放在重要位置。开展自查自纠。各乡镇、各部门按照“谁主管谁负责、属地管理”原则，在本单位、本行业、本系统开展隐患自查自纠工作。公安消防大队、各派出所对27家消防安全重点单位、“九小”场所、“三合一”场所进行排查，从严惩治违法行为。联合排查。县政府定期组织安监、消防、住建等单位成立检查组，对重点区域、重点行业进行督导检查，登记造册，建立台账，实现对火灾隐患的实时动态掌控。对发现的火灾隐患，明确责任，限时整改，确保消除火灾隐患。检查社会单位762家，发现火灾隐患1247处，督查整改火灾隐患1236处，责令“三停”单位10家，临时查封单位10家，罚款7.1万元，遏制火灾事故的发生。

【消防宣传教育】 2018年，永和县结合消防宣传“六进”（进学校、进企业、进社区、进家庭、进农村、进单位）活动，每逢重大节日、重大活动，发挥广播、电视、网络、微信等媒介作用，普及消防法律法规，提高全县人民群众消防法律意识。组织开展消防安全宣传教育培训16次，在霍永高速路永和出口设置大型户外消防宣传广告牌1块，在文化广场建成消防宣传主题公园1个，开设消防知识讲座7次，发放消防宣传资料3000余份、宣传品1000件，受教育人数5000余人。

【公共消防基础建设】 2018年，永和县政府重视消防基础设施建设和消防经费保障，加大资金投入力度，确保消防工作持续健康发展。上级转拨资金18万元配齐消防员个人防护装备。结合河西路和康谐路改造工程，新建市政消火栓6个、消防水鹤1个，提升抗御火灾的能力。

【消防队伍建设】 2018年，永和县政府增加消防人员预算资金达116万元，增加配置政府专职消防队员30名，这30名消防队员的工资、保险方面达到政策规定标准。在消防大队后院建成的警体训练馆投入使用。

【灭火应急救援】 2018年，永和县政府加强全县应急救援队伍建设，提高综合应急救援保障能力，科学制定灭火救援预案，到宾馆、商场、加油站等重点单位场所开展实战演练，参与联动应急演练、防汛抢险应急演练等，增强应急救援队伍的作战水平和处理突发事件的应变能力。同2017年相比，2018年全县火灾形势基本平稳，未发生较大火灾事故和群死群伤恶性人员伤亡火灾事故，参战人员无伤亡。

检　察

【"法律进校园"学雷锋志愿服务活动】 2018年9月19日，永和县检察院结合精神文明创建工作，以"弘扬雷锋精神 践行核心价值 争当志愿先锋"为主题，在永和县第三初级中学开展"法律进校园"学雷锋志愿服务活动。检察院干警身着志愿者服装，走进校园对老师、家长和学生进行法律宣传和讲解，结合案例，让学生明白什么是违法，什么是犯罪，违法与犯罪之间的联系。分析青少年违法犯罪的动机与原因，告诫同学们管理好自己的情绪及行为，培养健康良好的生活习惯，远离犯罪。指导学生珍惜学习机会、提高鉴别能力、学会感恩、谨慎交朋友、切莫虚荣攀比、增强防范意识、掌握自救本领、文明上网等。发放宣传资料1500余份。

2018年9月19日，永和县检察院刑事检察部干警走进永和县第三初级中学，开展"法治进校园"活动

【"12309"检察服务中心揭牌仪式】 2018年8月2日，永和县检察院举行"12309"检察服务中心揭牌仪式，县人大常委会副主任连永梅，县政协副主席师卿，县检察院党组书记、检察长周柳荫为"12309"检察服务中心进行揭牌，"12309"检察服务中心实体大厅启用。"12309"检察服务中心实体大厅集合检察服务、检务公开、接受监督等服务人民群众的功能，涵盖代表委员联络、人民监督员监督、控告、申诉、国家赔偿、法律咨询、案件信息公开、辩护与代理、网上预约等三大模块，13项功能。

2018年8月2日，永和县检察院举行"12309"检察服务中心揭牌仪式

【上级领导调研】 2018年11月7日下午，山西省检察院法警总队副队长宁志宏、支队长胡彩霞，铁检分院支队长高秋文，运城市院法警支队长李小海一行在市院司法警察支队长任竹峰的陪同下，到永和县检察院检查指导工作，永和县检察院党组书记、检察长周柳荫以及全体司法警察参加调研座谈会。宁志宏一行查看县检察院办案工作区以及检务公开服务大厅、法警值班室、警务装备室等场所，查阅法警工作制度建设资料，了解值班值勤情况。召开调研座谈会。2018年11月29日，临汾市检察院党组书记、检察长马红彬一行6人到永和县人民检察院调研，县人大常委会主任马连青、县政协主席宋新亮、县政法委书

记刘元福陪同调研。马红彬察看检务大厅、办案工作区、档案室、检委会议室、未检工作区、院史展览室、文体活动室、党员活动室等，看望慰问干警，同永和县检察院班子成员及员额检察官进行座谈。

【侦察监督】 2018年，永和县检察院受理公安机关提请逮捕案件15件36人，经审查批准逮捕案件5件15人，不捕案件10件21人；受理监委会移送涉嫌贪污犯罪案件3件3人，依法批准逮捕案件3件3人；立案监督案件5件5人。在审查每一起批捕案件牢记证据意识，审查证据的“三性”，即客观性、关联性、法律性，所办案件无一错案和漏捕的情况，结案率100%，有力地打击了违法犯罪。

【公　诉】 2018年，永和县检察院受理公安机关移送审查起诉案件21件44人，受理监委移送审查起诉案件3件3人，依法提起公诉案件17件22人，不起诉案件3件3人，正在起诉案件4件20人。对移送审查起诉的每一起案件严审细查，坚持严把事实关、证据关和法律适用关，介入侦查，加快办案节奏，对可能判处3年以下有期徒刑、拘役、管制、单处罚金的案件，适用简易程序，降低诉讼成本，减少诉累，起诉准确率100%。

【民事行政检察】 2018年，永和县检察院强化民事行政监督。民事检察创新工作思路，加大监督力度，严格执法办案程序，受理对民生行政审判程序中的违法行为监督案件3件，对民事行政执行活动监督案件7件，对行政机关不当履行职责的监督案件3件。公益诉讼类案件6件，办理不服法院生效刑事裁判申诉案件3件，办理国家赔偿案件1件。

【控告申诉检察】 2018年，永和县检察院做好涉检信访工作。完善信访工作机制，畅通群众信访渠道，设立群众来访“绿色通道”，建立首接首办“一站式服务”机制，受理群众来访8件，其中来信2件，来访6人次；检察长接待2人次。

【扶贫帮联】 2018年，永和县检察院帮扶领导组成员及检察干警到帮扶村委调查摸底，与贫困户结对53户，信息核对150户；完善农村医疗保险；利用永和县扶贫日，到义合村贫困户家中讲解政策，了解农户困难，发放健康宣传资料130余份；帮助曲沙村把抽水柴油机更换为电机水泵，架设电线，解决群众吃水难问题；安装村集体光伏200千瓦。

【刑事侦查活动监督】 2018年，永和县检察院以监督和纠正有案不立、有罪不究、以罚代刑、刑讯逼供以及违法立案等问题为重点，采取实体监督与程序监督并重、原告陈述与被告供述同核，对侦查活动中的违法行为不袒不护、不迁不就。对受理的案件全程监督，保证原、被告的合法权益，促进公安机关规范执法、严格执法的自觉性。监督公安机关应当立案而不立案2件2人，监督不应当立案而立案2件2人，监督行政机关移送案件1件1人，给公安机关发纠正违法通知书2次、检察建议2次、口头建议2次。

【审判活动监督】 2018年，永和县检察院深化刑事审判法律监督专项检查活动，对16起案件向法院提出量刑建议，法院采纳9案，向法院提出纠正违法通知书2次。

【民事行政监督】 2018年，永和县检察院民行检察创新工作思路，加大监督力度，执法办案程序，受理对民事行政审判程序中的违法行为监督案件3件，对民事行政执行活动监督案件7件，对行政机关不当履行职责的监督案件2件，公益诉讼类案件6件，办理不服法院生效刑事裁判申诉案件3件，办理国家赔偿案件1件。

【执行和监管监督】 2018年，永和县检察院加强监管场所和社区矫正监督工作。向监管场所发出纠正建议2份，口头建议3次，给社区矫正发出纠正建议18份，给法院发出财产型纠正建议19份，开展法治教育4次，加强社区矫正监督，加强与法院、公安局、司法局的联系和监督力度。

【加强内部监督制约】2018年，永和县检察院案管中心对各项执法办案活动进行源头控制、全程管理、动态监督、案后评查、综合考评。在审查批捕、起诉刑事犯罪案件中，坚持严把事实关、证据关和法律适用关，确保及时、准确、有力地打击犯罪。开展为企业和个人行贿档案查询工作。开展行贿档案查询900次。

（黄效民）

法　院

【刑事审判】2018年，永和县法院推进以审判为中心的刑事诉讼制度改革，坚持罪刑法定、证据裁判、非法证据排除、疑罪从无等原则，坚持宽严相济刑事政策，扩大量刑规范化范围，规范刑罚裁量权，确保有罪的人受到公正惩罚、无罪的人不受刑事追究。贯彻落实中央关于“扫黑除恶”专项斗争的部署，在县扫黑除恶领导小组的协调下，联合公安、检察、司法行政等部门，深挖涉黑涉恶线索，对2014—2018年的87件刑事案件进行全面排查，对涉黑涉恶犯罪依法从重处罚。2018年受理各类案件653件，审执结646件，结案率98.93%。受理刑事案件18件，审结15件，审结率83.3%。审结盗窃案件1件，故意伤害案件5件，毒品犯罪案件1件，交通肇事、危险驾驶等其他案件8件。

【民事审判】2018年，永和县法院坚持“能调则调，当判则判，调判结合，案结事了”的民事审判原则，做好当事人的辨法析理工作。受理民事案件427件，审结424件，审结率99.3%。全年审结婚姻、继承等家事纠纷案80件，审结人身损害赔偿、土地承包、拖欠农民工工资等涉民生纠纷案72件，审结借款合同、买卖合同、建设工程合同等纠纷案272件。

【执　行】2018年，永和县法院建立与金融机构、公安、房产、税务等部门“总对总”集中查询系统，查询被执行人存款、房产、车辆，查询程序变得简便、快捷，让失信户的财产无所遁形，对查到的财产立即采取查封、冻结等措施，促使被执行人自动履行法律义务。对不主动履行的则采取强制措施，提高执行效率，节约执行成本，对被执行人及潜在赖账者形成威慑。受理执行案件208件（旧存2件，新收206件），执结207件（执行完毕92件，终结执行98件，终本11件，保全完毕3件，部分保全3件），执结率99.52%，执行总标的1688.18万元，实际执行到位556.25万元。在执行网络查控系统线上查询989人次，公开失信被执行人51人，限制高消费100人，拘留7人，有12案19人主动履行义务。以“涉民生案件”、“三个百日”（从2017年11月至2018年8月，山西省三级法院同步实施关键决心、利剑行动、法制力量“三个百日”行动）专项行动为抓手，采取查封、扣押、罚款、拘留强制措施，破解一大批执行案件。

【司法便民利民】2018年，永和县法院对接当事人各类诉讼需求，升级改造诉讼服务中心，推行诉讼引导、立案登记、案件查询“一站式”服务，开通“2368”诉讼服务热线。开通启用POS机收取诉讼费。启用执行款“一案一账号”管理模式，解决执行案款的管理难题。依法开展诉讼费缓、减、免工作，对符合条件的困难当事人缓、减、免诉讼费9368元，确保当事人打得起官司。多方争取“特困群体执行救助专项基金”，对因不能执行而导致生活特别困难的7位执行申请人给予司法救助13.74万元。

（冯　刚）

司法行政

【概　况】2018年，永和县司法局实施“139”行动：围绕服务县域经济建设这一目标，狠抓创建国家卫生县城、打赢扶贫攻坚战役、发挥司法行政职能三个重点，做好法治创建、普法宣传、法律服务、社区矫正、安置帮教、人民调解、法律援助、公证服务、律师管理九项工作。

【**法治宣传**】2018年，永和县司法局以“学法、守法、用法”主题宣传活动为载体，开展法治宣传，提升全民法治素养。与县纪委、县委组织部、县政法委联合举办法律知识竞赛活动，与团县委、县妇联联合开展“护航春蕾、与法同行”活动，与县教科局联合通过法治讲座、主题班会、国旗下讲话、实践教学等方式开展“七五”普法进校园等活动。开展宪法、民法、国家安全法等主题宣传活动。结合春节、元宵节、“3·15”国际消费者权益日、“三下乡”、扶贫日、环境保护日、安全生产月等节点，联合多部门开展扫黑除恶、创卫、环保、“打击非法集资”、民法普及等宣传活动。在做好常规普法宣传教育工作的基础上，在脱贫攻坚、扫黑除恶等重要领域开展专项宣传教育。组织全县无纸化普法考试工作。2018年，永和县司法局开展各类普法讲座40余场，集中宣传54次，发放宣传资料2000余份，宣传品1000余份，解答法律咨询5221人次。

【**人民调解**】2018年，永和县司法局在人民调解工作中采取两项措施：一是结合“法治下乡”“一村一法律顾问”等活动，加大调研力度，掌握第一手信息，建立健全动态矛盾纠纷排查制度，发挥县、乡、村三级调解组织作用，把不稳定因素化解在萌芽状态；二是聚焦全县重大项目建设、重大改革措施所涉及的征地拆迁、资源整合等改革发展领域的矛盾纠纷，聚焦劳资、医疗、交通、环保等民生领域和涉法涉诉类矛盾纠纷，聚焦行业、专业领域纠纷，开展人民调解工作。2018年，各级人民调解委员开展涉及邻里纠纷、婚姻家庭、山林土地、征地拆迁矛盾纠纷调解1000余件次。

【**法律服务**】2018年，永和县司法局把公共法律服务体系建设、提升法律服务水平作为重要抓手，以“法治下乡”“一村一法律顾问”活动作为落实司法部《关于推进公共法律服务体系建设的意见》、健全法律服务网络、整合法律服务资源、拓展法律服务领域的具体措施。新建永和县公共法律服务中心场所，配齐办公设施设备，理顺机构工作人员，完善工作流程机制，发挥服务大厅作用。提供无偿法律援助30案；办理公证712件，其中具有强制执行效力的文书646件，领取和保管存款共30件，房屋买卖合同共10件，委托9件，房屋赠予合同4件，执行证书1件，车辆交换合同1件，收养协议1件，存款继承5件，租赁合同2件，协议1件，声明2件。接待咨询465人次，为群众提供法律服务和法律保障。

【**安帮矫正**】2018年，永和县司法局召开社区矫正安置帮教工作专项会议，全面部署、明确重点、细化责任，确保特殊人群监管工作顺利开展。修缮基层司法所业务用房，备齐办公用品设施，配备定位专用手机，为开展特殊人群监管工作提供基础保障。坚持每月25日为社区矫正工作人员培训日。组织社区服刑人员系统学习社区矫正相关知识，建立司法局劳动基地，结合“创卫”工作，定期组织社区服刑人员开展公益劳动，社区服刑人员找准定位，服从管理。2018年，组织工作人员集中培训7批80余人次，组织社区服刑人员集中学习教育12批310余人次，组织社区服务10次。

【**脱贫攻坚**】永和县司法局帮扶打石腰乡郑家塬村委。全村有贫困户144户，其中司法局驻村工作队18人，结对帮扶53户。在帮扶工作中，永和县司法局突出法律服务、政策宣传、矛盾调解等职能优势，宣传发放法律法规、扶贫政策、扫黑除恶等读本300余册，无偿为贫困户提供公证、律师、法律援助服务，降低农村法律服务门槛，扩大农村法律服务范围。按照“一村一品一主体”要求，协助成立“移园红枣专业合作社”，为郑家塬村委会建设红枣烤房，开展枣树认领活动，举办扶贫培训班，培训内容涉及红枣树、核桃树的栽植、管护等知识。完善电商平台建设，推广农村土鸡蛋、小杂粮、手工艺品等农副产品销售，为36户贫困户安装光伏发电设备。在元旦、春节、中秋节、国家扶贫日等时间节点开展帮扶慰问。

【扫黑除恶】 永和县司法局成立扫黑除恶专项斗争工作领导组，制定实施方案，召开推进会8次，组织集中学习28次，建立扫黑除恶专项工作日排查、周报告、月总结制度。开展扫黑除恶宣传，把黑社会性质及恶势力的组织定义和组织特征等相关内容制作成扫黑除恶斗争系列宣传资料，利用元宵节、普法日、槐花节、“三下乡”、扶贫日等重要节日进行大量发放，通过现场咨询、张贴标语、放置展板、悬挂条幅等传统手段进行辅助宣传，通过微信、微博、“永和司法”公众号，微观永和、永和事事通等新媒体，扩大宣传覆盖面，增强群众的法治意识。加强重点人员管控，从严管控社区服刑人员外出、变更居住地等事项，做好刑满释放人员的衔接工作，建立健全刑释人员及有黑恶势力前科高危人员的动态管控机制，落实动态管控措施。加强律师行业管理，强化对律师办理黑恶势力犯罪案件辩护代理工作的指导监督，完善律师办理涉黑涉恶案件情况的请求报告制度、集体讨论制度和责任追究制度，从严管控律师执业行为。

【荣誉表彰】 2018年2月27日，永和县司法局被临汾市司法局表彰为“2017年度完成重点工作优秀单位”。2018年6月27日，永和县司法局被中共临汾市委表彰为“先进基层党组织”。

（药永青）

群众团体

工　会

【劳模示范工程】 2018年"五一"国际劳动节期间，永和县总工会召开劳模表彰大会，对全县16个先进集体和各条战线60名劳动模范人物进行表彰，6月组织全体劳模进行健康体检。通过宣传、慰问活动，在全社会营造学习劳模、尊重劳模、关爱劳模、争当劳模的氛围。

【帮扶救助工作】 永和县总工会加大帮扶中心建设，履行"第一责任人"职责，总结经验，典型引导，加大宣传力度，引导和推进帮扶工作，帮扶解困工作实现"四个转变"，即由"生活帮"向"就业帮"转变，从"输血"帮向"造血"帮转变，从建立短效机制向长效机制转变，从治标向治本转变。坚持"发现一个，录入一个、帮扶一个"的原则，完善困难职工档案。开展元旦、春节送温暖，夏天送清凉活动。元旦、春节对困难职工进行实物救助14万元。6月，开展送清凉走访慰问活动，为工作在一线的巡查大队工作人员、交警执法工作人员送去板蓝根、决明子、冰糖等消暑物品，共计3万元。开展2018年金秋助学活动，帮助困难职工子女圆大学梦。了解职工困难，将"金秋助学"品牌活动做深做实，从8月初到9月底，资助困难职工子女26名，资助金额7.8万元，缓解全县困难职工家庭子女上学问题。截至2018年11月底，为全县160余名困难职工提供大病救助4万多元。

【基层工会组织建设】 永和县总工会多次召开全县各基层工会组织和企业分管组织工作的负责人会议，对非公有制经济组织"党建带工建、党工共建"工作提出要求。搞好全县非公有制经济组织普查登记工作，坚持依法建会、依靠职工建会、灵活建会的理念，坚持"哪里有职工，哪里就要建立工会组织"的原则，把非公有制经济组织中的广大职工组织到工会中去，提高工会组建率和职工入会率，实现工会组建工作力量的扩张，2018年全县新组建工会组织5个、法人单位10个，新增会员400余人。年初组织100名困难职工进行家政技能培训。响应临汾市总工会号召，2018年11月30日开展助力环保攻坚宣传活动，号召全县各级工青妇组织和职工、青少年，践行低碳环保理念，助力污染防治行动。

【"关爱女工"活动】 永和县总工会深化"关爱女工"全市女工维权品牌，提高"关爱女工"知晓率、满意度。加强"爱心妈妈小屋"建设，实施女职工"素质提升、岗位建功"行动和女职工心理护航计划，深化"美丽健康·创新创业"讲堂活动，做好困难女职工的帮扶救助工作，加强女职工组织建设。

【脱贫攻坚工作】 2018年，永和县总工会加大对署益村的帮扶力度，以"贴近职工，强化服务"为目标，以"工会在您身边"活动为载体，通过

"四个精准"（情况精准、措施精准、程序精准、效果精准）和"三项举措"（思想上"引"、创业上"扶"、生活上"帮"）促落实，确保扶贫攻坚工作开展。完善贫困户建档立卡。总工会领导班子到署益村贫困家庭，制订脱贫工作计划，了解贫困户的生活状况。做到一户一档案，一户一计划，一户一措施。在工会系统开展"进千家门，访千家情，结千家亲"活动，工会干部多次入户与困难群众联络感情，了解家庭情况，精准帮扶。利用部门优势，开展科技、文化进村活动，丰富村民业余文化生活。

（吕小英）

共青团县委

【团组织建设】 2018年，永和团县委在政务大厅开设群团服务窗口，增强乡村两级团组织工作力量，选取2个试点乡镇成立群众工作部，7个乡镇配备兼职副书记21名。成立联合团支部38个，配备村级团支部书记，依托党建带团建。强化共青团干部队伍建设，团县委定期组织各乡镇团委书记、学校团支部书记等进行学习培训，帮助基层团干丰富知识，开阔视野。

【共青团改革】 永和团县委召开共青团改革工作推进会，进行具体安排部署，对各乡镇、学校及县直团支部负责人60余人进行省、市共青团改革的精神传达暨培训。永和团县委班子成员与乡镇领导座谈了解乡村一级共青团改革中的困难与问题，协商解决办法。制定出台《共青团永和县委常委会、全委会工作制度及办法》等多项制度、办法。

【"五四"庆祝活动】 永和团县委开展纪念"五四"运动99周年系列活动。2018年4月24日下午，永和团县委在永和县第三初级中学举办"惜别童年 · 迈向青春"标准化离队入团仪式。46名到龄离队的优秀少先队员面向队旗，唱队歌、行队礼，摘下红领巾、折叠好放入红领巾珍藏箱里。4月26日下午，永和团县委在永和县第一高级中学举行十八岁成人仪式。永和县第一高级中学、永和县职业中学全体学生面对国旗，庄严宣誓。团县委全体干部及永和县第一高级中学全体教职工一起见证2015级学子跨入成人行列的时刻。

【"青春风采 · 书香永和"活动】 2018年4月23日上午，县文旅委、团县委、县妇联举办以"推动全民阅读，建设书香永和"为主题的数字阅读推广活动。4月25日晚，永和团县委在县图书馆举办"悦读亮青春 · 书香沁永和"好书分享会。县人大常委会副主任连永梅、政府副县长薛新平、县政协副主席冯书霞等100余人参加活动。

【其他活动】 2018年，永和县文明办、永和团县委以"弘扬雷锋精神，共建和谐永和"为主题，在全县青少年中开展志愿服务活动。推进"书香永和"建设，3月15日晚8点，永和团县委在永和宾馆四楼会议室举办"青莲读书会 · 永和学习组"启动仪式。县委书记加天山，县委常委、组织部部长张淑明，政府副县长王丽霞出席启动仪式。4月27日晚，永和团县委特邀国家二级心理咨询师、双宏心理优秀讲师瓮芳翠在永和宾馆会议室作题为"创造有品质的生活，遇见更美好的自己"的专题心理辅导讲座。来自各团支部的百余名青年代表参加此次讲座。5月28日下午，永和团县委在永和县第一高级中学组织开展以"禁毒防艾 净化校园"为主题的宣讲活动，600余名学生代表参加此次活动。宣讲活动邀请临汾警校志愿者服务队到永和县，通过专题知识讲座、展板展示、发放宣传资料、广播等方式向在校师生宣传毒品的危害、毒品的种类和科学预防艾滋病的相关知识。永和团县委配合县环保局开展2018年"6 · 5"世界环境日"美丽中国，我是行动者"宣传系列活动。6月14日，县委宣传部、县文明办、团县委共同举办的"我们的节日 · 端午”诗词展示活动在永和宾馆举行。永和县8个省、市级文明单位，3个文明乡镇和2个文明校园选送的诗歌朗诵等节目进行展演。11月，永和县工会、永和团县委、永和县妇联联合开展以“美丽永和·我们在行动”为主题的“助力污染防治攻坚战”环保宣传活动。12月20日，永和团县委联合教科局、妇联开展“相约青春　尽展风采”联谊会。

2018年3月15日，永和团县委在永和宾馆四楼会议室举办“青莲读书会·永和学习组”启动仪式

【文化活动平台】 永和团县委举办“红领巾心向党”、改革开放四十周年等主题教育活动，以办专栏、制板报、开团（队）会等形式让核心价值观入脑入心内化为自觉行动。在永和县科技、文化、卫生“三下乡”活动中，永和团县委为坡头乡送去图书、文艺节目，为2个特困户送去面粉、食用油等慰问品。与工会、妇联联合开展“美丽永和·我们在行动”宣传，以全县各级团组织为单位进行“守护蔚蓝临汾·青春见诸行动”主题环保知识宣传。“12·4”全国法制宣传日，永和团县委成立法制宣传队伍，宣传《中华人民共和国未成年保护法》《中华人民共和国预防未成年人犯罪法》等法律知识，对群众的询问做出解答，发出宣传资料300余份。

【新媒体平台建设】 永和团县委通过“永和青年”“微观永和”等微信平台以及永和共青团微博及时发布工作动态，链接“青年之声”，宣传共青团新动态、新方法，召集网络文明志愿者，以微信、微博、QQ、手机报等新媒体为依托，以永和团县委微博和微信平台为阵地，组织青年参加“传播倡导正能量”宣传活动。

【科技创新平台建设】 永和团县委多次与县中小企业局联合开展电商培训、永和电商发展座谈会，通过培训让更多青年了解并加入到永和电商队伍中，拓宽永和县农副产品的销售渠道。

【志愿服务】 永和团县委组织青年志愿者和基层团员青年按照“雨润青春、扶贫帮困”活动要求，以孤寡老人结对帮扶、关爱失独家庭等为重点，集中筹划开展一系列青年志愿服务活动。在永和县举办的“槐花节”“沿黄摄影展”“红枣采摘节”“七一演唱会”活动中，永和团县委承担志愿者服务的工作，按照活动的具体要求，组织志愿者和礼仪人员，就志愿服务、礼仪的服务要求进行培训。

【脱贫攻坚】 永和团县委在包扶村开展“青年创新创业和小额贷款”等方面的政策宣传活动，联合市帮扶工作队建立金融服务站，村民能够在本村实现转账、代缴电费、小额取现等金融服务，为14户贫困户安装个户光伏发电设备，协助村委为3户贫困户办理林业员协议。按时保质完成县、乡政府安排的扶贫工作。

（侯　娜）

妇女联合会

【巾帼脱贫行动】 2018年年初，永和县妇联举办妇女手工艺品制作培训班，邀请夏县嫘祖文化传播有限公司经理田亲为全县70余名妇女培训。10月组织开办为期一周的农村妇女家政服务培训班，50名农村妇女参加培训。县妇联每月至少3次到包扶村东索基村了解帮扶贫困户情况及需求，通过申请低保、帮助其申请扶贫贷款开展养殖等方式，帮助他们解决困难。在元旦、春节、

“三下乡”活动、端午节、国庆节等重要节日和一些重要活动期间，开展慰问活动，为帮扶群众送去米、面、油及农业知识相关书籍、家风家教册子等慰问物资。开展女性文化学堂健康知识讲座、美妆知识讲座等活动。协办“巾帼手工艺品”展、消夏文艺演出、庆祝红枣节、槐花节、百人旗袍表演、广场舞大赛、书画作品展览等主题群众文化活动。

【关爱帮扶行动】 永和县为全县4286名35～64周岁农村适龄妇女进行“两癌”免费检查，县妇联为永和县符合条件的9名“两癌”患病妇女争取到“贫困母亲两癌救助”中央专项彩票公益金9万元，为12名特困妇女送去山西省妇联给特困妇女的1.8万元救助金。开展基层“妇女之家”音响配备发放活动，为全县40个村（社区）妇联捐赠40台音响设备。在“三八”国际妇女节、“六一”国际儿童节等节假日期间，为永和县留守儿童、困境儿童发放名著、绘本等图书、学习用品共375件（套），为40名困境儿童提供每人1000元的救助。开展妇女权益保障知识宣传、“安全知识进校园”“建设美丽永和·巾帼在行动”系列宣传活动，发放《中华人民共和国婚姻法》《中华人民共和国妇女权益保障法》《中华人民共和国反家庭暴力法》等各类维权宣传资料5000余份，举办普法宣传讲座10余场，给妇女群众普及法律知识，提升妇女群众自我保护意识。化解3起婚姻家庭矛盾。

【妇联换届工作】 2018年10月，永和县妇联召开县第十次妇女代表大会，完成妇联换届工作。每月召开妇女工作例会，要求各乡镇、各村妇联每月上报工作信息。开展执委联系群众工作制度，县妇联印发2018年工作台账，继续做好联系妇女群众的工作，开展兼职副主席轮值工作制度和项目化工作法，推进各项妇联改革工作任务。各乡镇妇联、兼职副主席、执委们开展“两委”换届宣传，推动永和县“两委”换届工作开展。

【系列亲子阅读活动】 2018年，永和县妇联举办“家和万事兴——家教家风”主题展览活动，印发《家风家教主题集》。围绕“书香永和”建设，开展系列家庭亲子教育活动。2018年4月，临汾市妇联“相伴共读 书香润德”家庭亲子阅读活动启动仪式在永和县药家湾小学举办。县妇联在全县打造13个亲子阅读示范基地，聘请10名永和县家庭教育亲子阅读指导讲师，开展“活力永和·百日诵读”“书香满家庭·书韵伴成长”“相伴共读·书香润德”等系列亲子阅读活动，推进“书香永和”的建设。全县群众及县纪委、司法局、卫计局、编办、党史研究室等60多个单位组织党员干部群众进行参观学习。

2018年5月16日，永和县妇联在县政府视频会议室举办家庭教育亲子阅读工作推进会

【巾帼环保宣传活动】 永和县妇联在全县开展“建设美丽永和·巾帼在行动”系列环保宣传活动。11月，妇联全体人员、部分兼职副主席、执委及巾帼志愿者在文化广场开展以“建设美丽永和·巾帼在行动”为主题的助力污染防治攻坚战环保宣传活动。为群众发放环保知识宣传单，向群众讲解环保知识。志愿者们前往敬老院开展关爱老人志愿活动。在各级妇联组织、各级妇委会中开展践行“节能环保十小事”活动，征集践行“环保十小事”微视频并开展“美丽庭院”创建宣传工作。

【“最美家庭”评选活动】 永和县妇联在国际家庭日之际召开“乡村振兴，巾帼行动”争做“最美家庭”工作推进会。会后组织巾帼志愿者们上街开展“乡村振兴，巾帼行动”宣传活动，发放“乡村振兴，巾帼行动”倡议书500余份，号召群众参与“最美家庭”的评选推荐活动，为美丽永和建设贡献巾帼力量。“五好家庭”穆玲家庭，被全国妇联评为“全国五好家庭”；“五好家庭”靳艳红家庭，被山西省妇联评为“山西省五好家庭”；“最美家庭”刘林翠家庭，被临汾市妇联评为“乡村振兴巾帼行动”最美创业致富家庭。桑壁镇人民政府组织委员、妇联主席冯贵莲，被山西省妇联评为“山西省巾帼建功标兵”。

（秦　霞）

科学技术协会

【科普宣传活动】 2018年5月9日，永和县科学技术协会（简称“科协”）全体人员在桑壁镇参加科技、文化、卫生“三下乡”活动。活动中发放科普挂图100余张，科普宣传资料2000余份，科普书籍500本。引导群众学科学、用科学，做依靠科学致富的新型农民。9月21日，科协联合县科技中心开展以“创新引领时代，智慧点亮生活”为主题的全国科普日活动，发放科普书籍1000余本，科普宣传资料3000余份。永和县政府副县长薛新平参加此次活动。

中国科技馆流动巡展

【科普进校园活动】 2018年5月10日，临汾市科技馆到永和县城关小学和永和县城关第二小学进行科普表演，让科普走进校园，8月17日至9月8日在永和县城关小学开展中国流动科技馆第二轮巡展。活动期间，接待参观人数3000余人次，提高孩子们“学科学、爱科学、用科学”的兴趣。

【科协扶贫工作】 2018年2月5日，科协开展“走访慰问送温暖，扶贫帮困暖人心”活动，党员干部到帮扶村赵家岭村，发放现金2200元，面粉11袋，食用油11桶，折合现金3850元。2018年6月，科协根据县委、县政府精准帮困扶贫工作部署，由原来的帮扶村交口乡赵家岭村调整到交口乡峪里村。

【全民科学素质会议】 2018年10月30日，永和县在县政府四楼视频会议室召开全民科学素质会议。参加会议的有各成员单位、各乡镇、各社区的分管领导30余人。永和县政府副县长薛新平讲话，各成员单位、乡镇、社区的分管领导签订目标责任状。

（李宏琴）

工商业联合会

【概　况】 2018年，县工商业联合会（简称“工商联”）发挥工商联职能作用，利用工商联服务平台，架起县委、县政府联系非公经济人士之间的桥梁，做好政府管理和服务非公经济的助手，引导永和县非公经济转型跨越发展的各类活动。工商联把“百企帮百村行动”与精准扶贫工作有机结合，在民营企业中开展“百企帮百村、助力精准扶贫”活动。

【民营企业结对帮扶】 2018年，永和县华龙果业发展有限责任公司通过就业带动76户贫困户，户均增收2200元，通过产业帮扶辐射带动7个行政村405户贫困户增收；永和县舌一哈食品有限公司通过收购农特产品带动100户贫困户年增收4000余元；永和县永维农业发展有限责任公司带动50户贫困户，年户均增收2000元；县域电商企业依托发展订单农业，构建起贫困户与新型农民经营主体利益联结机制。截至2018年年底，全县电商帮扶贫困户2945户7613人，年人均增收1045元。山西省国新能源发展集团永和综合开发有限公司2018年投资13.98万元为芝河镇红花沟村建设种植大棚1座，为芝河镇药家湾村、霍家沟村、东峪沟村、红花沟村和官庄村开展那氏大穗玉米种植项目。

【民营企业家结对帮扶】 永和县客多超市总经理刘建华结对帮扶贫困户5户，为他们送去慰问金、物品共1000元，在超市为贫困户提供就业岗位。永和县四海工程机械有限责任公司总经理宋春印连续4年为大学生冯记青资助学费，共计2.8万元；为阁底乡佛堂村加宽公路、修建学校出资8万元；为贫困户提供30多个就业岗位，2018年高考后出资5万元资助贫困大学生。永和县永维农业发展有限公司总经理孙永军，帮助全县的贫困户出售槐花、谷子、苹果、核桃等农副产品共计12.5万千克。永和县文昌印刷有限公司总经理李文祥为贫困户提供就业岗位，2018年出资5万元资助贫困大学生。永和县舌一哈食品有限公司总经理刘海宏为贫困户提供20多个就业岗位，收购贫困户农特产品。

【社会扶贫】 永和籍在外企业家、太原市禧宝汇科技股份有限公司总经理毛书红为永和县文化馆、体育馆建设融资2亿元。7月17日，永和县工商联和县委组织部一同在永和县第一高级中学组织开展“永和扶贫日”暨爱心助学公益活动。参加活动的领导有永和县委书记加天山，县委副书记、县政府县长范洋平，县人大常委会主任马连青，县政协主席宋新亮，以及各单位干部、10名爱心企业家、师生代表等。由工商联联系的10家爱心企业分别捐资52.4万元用于学校建设和资助8名特困生。7月21—22日，深圳市山西商会组织30多家爱心企业助力永和脱贫攻坚。爱心企业人士到阁底、交口、芝河等乡镇的8户贫困户家中进行慰问和资助。深圳市嘉正天和投资有限公司董事长周帆在走访慰问中了解到孤儿李宇博品学兼优，决定与李宇博结成帮扶对子，每年给予资助，直至大学毕业。深圳广播电影电视集团交通广播主持人蓝明了解到阁底乡罗岔村家境贫寒的李龙2018年高考以优异的成绩被太原理工大学录取时，决定与李龙结成帮扶对子，帮助其完成大学学业。山西飞虹光电科技集团有限公司、山西澳坤生物农业股份有限公司、山西乐村淘网络科技有限公司3个企业意与永和县签订帮扶协议。

【商会活动】 2018年3月25日，永和县四大班子领导与县工商联负责人等赴深圳参加深圳市山西永和商会座谈会，看望慰问部分深圳市和珠海市的永和籍企业家及务工人员。4月26日，县工商联在北京与永和籍优秀企业家进行北京市永和商会的筹备探讨。2018年12月14日，深圳市山西永和商会成立。

（郭秀红）

文学艺术联合会

【《乾坤湾》杂志】《乾坤湾》杂志是永和县重大活动赠送外来客人的礼物。2018年，《乾坤湾》杂志出刊2期，在杂志上发表文化类作品达20万字，摄影作品近百幅，书法、篆刻、木刻、剪纸等作品50余幅，其影响力和辐射力增强。

【文学创作】 2018年，永和县文联在文学创作上有新的突破，创作的一批有影响力的作品在省级以上报纸、杂志、电台、电视台发表和播出并获奖。主要作品《山梁上的村姑》收入中国电影出版社出版的“曹禺杯”获奖作品集，发表在《戏剧之家》杂志上，散文《出门记》发表在中国作家协会《文艺报》上，一批散文作品发表在《山西日报》《延安文学》《太原日报》《临汾日报》等报纸杂志上，电影剧本《山凹中的奔跑》获全国体育剧本优秀奖。

【其他活动】 永和县文联根据县委安排，接待上级领导、画家、作家和媒体工作10多次。参与临汾市文联各协会的换届工作等，应邀参加中国报告文学学会全国报告文学创作会，负责《永和精神》一书中“农耕文明与古村落”一章的文稿编撰工作，参与《永和乡约》的编纂工作。

（马毅杰）

残疾人联合会

【全县残疾人基本情况】 永和县有持证残疾人2120人，其中一级残疾388人，二级残疾736人，三级残疾402人，四级残疾594人。2120人中建档立卡贫困残疾人979人，已脱贫338人，未脱贫641人。从残疾类型来看，涉及视力、听力、语言、肢体、智力、精神等多种类别，肢体残疾居多，智力残疾其次。

【残疾证办理】 永和县残疾人联合会（简称“县残联”）按照程序化运作、规范化管理的工作要求，坚持“不滥发、不漏发、不错发”的工作原则，完善残疾申报、审核、评定等一系列工作程序，形成工作流程，对疑似残疾人群进行残疾评定服务，为246人发放残疾证。

【康复服务】 县残联确定永和县医疗集团、妇幼保健站为0～6岁儿童残疾初筛、复筛机构，全年为16例0～6岁初筛阳性残疾儿童提供诊断服务，完成临汾市下达的全年目标任务的160%。为17名残疾儿童进行抢救性康复项目，完成临汾市下达全年目标任务15人的113.3%，其中0～14岁聋儿助听器免费适配5人，0～6岁智障儿童康复训练5人，0～6岁肢体残疾儿童康复训练4人。为2名肢体残疾人适配功能型假肢，为330名残疾人进行盲人定向行走、理疗、康复按摩等项目支持性服务。确定实施无障碍改造135户，涉及建档立卡贫困户117户，6月27日在临汾市公共资源交易中心完成采购程序的公开招标，7月9日签订施工合同。本着“应保尽保、应助尽助”的原则，通过调查和征求意见，对辅具进行精准发放。截至2018年年底，发放辅助器具590件，惠及建档立卡贫困人口327人。

【残疾补贴救助】 县残联为8名残疾人申请燃油补贴，其中建档立卡贫困户5人。全年为1053人发放燃油补贴59.22万元，涉及贫困人口522人。2018年，为100名贫困残疾人提供3000元的创业扶持资金，助其发展种植、养殖、手工等产业。高考后，在对残疾贫困家庭子女的入学情况摸底盘查的基础上，对10名残疾贫困家庭二本以上大学生和专科以上残疾大学生发放助学金2.32万元。

【社会帮扶】 县残联为贫困残疾人白永金在临汾市协调就业岗位。县残联依托临汾市爱尔眼科医院在对全县4300人实施眼疾普查，筛查出眼疾患者498人，免费实施手术306例，其中白内障手术108例，翼状胬肉手术179例，其他手术19例。永和县四海工程机械有限公司为永和县残联捐赠助残辅具80余件（价值1万元），于9月5日举行发放仪式。在“一店三基地”（盲人按摩示范店，就业创业基地、实训基地、扶贫基地）工作中，永和县宏润养殖专业合作社带动13名残疾人，其中建档立卡贫困残疾人6名。

【精神帮扶】 县残联在进行物质扶持的同时，坚持扶智和扶志相结合。7月，举办贫困残疾人扫盲教育培训班，对15人进行为期5天的培训，内容包括生活常见字的认识、生活用品操作、相关示数读取等相关知识。7月9日，与永和县梦晔职业培训学校联合开展3期农村贫困残疾人实用技术培训，培训100人次。9月10日，组织39名残疾人举办为期10天的保健按摩培训班，组织、推荐盲人于小兰参加“唱响新临汾”文艺会演。11月上旬，组织10户贫困残疾人家庭，赴延安市举办“五个一”活动，即读一本书、看一场电影、游一次园、参观一次展览、举办一次文体活动。

【托养服务】 县残联依托星峰家政服务公司签约，分2批为45名精神、智力、重度肢体残疾人提供“阳光家园”居家托养服务，每名1500元，共计6.75万元。

【典型推荐】 县残联结合实际，采取“优中选优”的方式，把永和县刘书祥、药爱民2名主动创业、积极作为的残疾人推荐上报。2017年，刘书祥被授予全市“最美残疾人”称号。

【残疾人享受政策情况】 2018年，永和县建档立卡贫困残疾人979人，脱贫338人，未脱贫残疾人641人。享受高龄补贴残疾人38人，重度残疾人护理补贴501人，贫困残疾人生活补贴202人，大学生救助10人，雨露计划24人。享受易地扶贫搬迁109人，危房改造301人，地质灾害搬迁12人，无障碍改造117人。基层党组织助残扶贫215人，光伏扶贫271人，合作社带动103人，发展畜牧养殖43人。未脱贫贫困残疾人中，享受低保、五保政策的残疾人有360人，占未脱贫人数的56.1%，通过政策兜底实现脱贫目标；通过护林员工资性收入、合作社带动实现脱贫的残疾人41人，占未脱贫残疾人6.3%；通过光伏扶贫可确保146名残疾人实现脱贫，占未脱贫残疾人22.8%；通过发展养殖业可确保24名残疾人实现脱贫，占残疾人的4%。

（药冬凤）

经济管理

发展与改革

【光伏扶贫项目】 光伏扶贫是永和县产业扶贫的重大项目之一，涉及户用光伏电站、村级光伏电站、集中式光伏电站3项，总规模54.48兆瓦，总投资4.13亿元。户用光伏项目为建档立卡贫困户建5千瓦屋顶电站，安装2136座，规模10.68兆瓦，投资8544万元，2017年3月开工，2018年6月竣工，全部并网发电。截至2018年年底，产生清洁电力约800万千瓦时，实现收益近780万元，全部发放给贫困户。村级光伏项目为永和县村级光伏扶贫电站建设项目，建设200千瓦电站61座，100千瓦电站16座，规模13.8兆瓦，投资1.02亿元，2018年3月开工，7月底基本完工，全部并网发电。截至2018年年底，产生清洁电力约515万千瓦时，预计实现收益近437万元。集中光伏项目为永和县美能新能源有限公司30兆瓦集中式光伏扶贫项目，在坡头乡索驼村和任家庄村建设一座集中式光伏扶贫电站，总规模30兆瓦，投资2.25亿元，全部为企业投资。2018年3月开工，6月30日并网发电，平地电站安装完毕并投入运营。截至2018年年底，产生清洁电力约700万千瓦时，实现收益近600万元。

【天然气下游产业项目】 2018年，永和县在天然气上游勘探开发能力不断提升的基础上，天然气下游产业得到快速发展。北京伟润燃气有限公司交口—桑壁（永宁2集气站—西气东输88号阀室）管线建设项目，气源为中石油煤层气公司临汾分公司勘探开发的大吉区块，计划投资4.7亿元，在大吉区块钟楼山—桑壁88号阀室建设管线35千米、加压站1座。项目建成后，年销气量达5亿立方米，完成税收5000万元。在永和县注册永和县伟润燃气有限公司，办理土地、规划、核准等手续，2018年年底项目建设接近尾声。永和县LNG液化调峰站项目，拟建设于永和县坡头乡，总投资约5亿元，占地面积13.3公顷，建设生产LNG 100万标准立方米/天，储存1.8万吨LNG的液化调峰站。项目拟于2018年9月开工建设，截至12月底，完成备案、征地、勘探工作、厂区平整和调峰储罐基础建设，预计2019年11月完工投产。山西迅磊环保科技有限公司建设年产30万吨石油压裂支撑剂建设项目，建设规模及内容为设计建设生产规模30万吨/年石油压裂支撑剂生产线，占地面积6公顷。总投资2.7亿元，全部为企业投资。项目于2018年10月开工，截至12月底完成场地的“三通一平”，预计2019年8月完成一期工程，投产试运营。

【以工代赈项目】 2018年，永和县完成总投资671万元的7个以工代赈项目申报、评审、批复等前期工作，项目计划全部下达，由项目所在乡政府开工建设。打石腰乡龙王庙—张家塬村以工代赈乡村道路建设项目投资70万元，打石腰乡辛舍窠村、马家岭村以工代赈基本农田建设项目投资151万元，坡头乡白家崖村黑圪塔山—黄生姜地以工代赈乡村道路建设项目（二期）投资50万元，芝河镇东峪沟村—前圪蹬村以工代赈乡村道路建设项目投资150万元，坡头乡县道575—南岔村以工代赈乡村道路建设项目投资85万元，坡头乡任家庄村—范家峪村以工代赈乡村道路建设项目投资65万元，南庄乡红崖渠村以工代赈田间路建设项目投资100万元。7个项目全部开工建设。

【农村网络工程建设】 永和县有79个村委，截至2018年年底，实现网络覆盖的村委62个，覆盖率达78.5%；6个村委正在建设中，分别为下辛角、郑家塬（桑壁）、白家腰、赵家岭、坡头（交口乡）、冯家堖，预计2019年1月底通网；未覆盖村委11个，分别为辛舍窠、社里、南庄、北河路、峪里、园则沟、西后峪、乌华、乐生、百湾只、马家岭，预计2019年年底实现通网。

【重要指标】 2018年，永和县地区生产总值91150万元，同比增长4.3%，其中一产完成23345万元，同比增长7.7%；二产完成16227万元，同比下降7.4%；三产完成51579万元，同比增长6.8%。2018年，全县固定资产投资完成143543万元，同比增长31.56%，全市排名第一。规模以上工业增加值增长6%。2018年，全县规模以上工业增加值完成6618.4万元，增速-30.54%。社会消费品零售总额目标任务增长7%。全县社会消费品零售总额完成52383.7万元，增长7.8%。万元地区生产总值能耗目标任务下降3.2%。第一至第三季度永和县GDP能耗增速0.21%，工业增加值能耗增速73.7%。

【项目审批】 截至2018年12月底，永和县有2个项目进入承诺制流程，分别是永和县年产30万吨石油压裂支撑剂建设项目和永和县LNG液化调峰站建设项目，已召开联席会议，并签订承诺书。截至2018年12月底，审批项目33个，总投资441563万元，其中审批可研及实施方案33个，初设批复项目6个；备案项目95个，总投资123970万元，其中光伏电站备案79个，其余为企业投资项目16个。

【商务工作】 永和县制定下发《关于开展清理整治成品油市场专项行动的实施方案》（永商发〔2018〕1号）文件，在全县范围内集中开展为期3个月的清理整顿成品油市场专项行动。2018年，出动执法人员18人次，检查企业32家（其中中石化2家，社会加油站5家），下达整改通知书1份。全部达到国六标准，油气回收运行正常。打击黑加油站点。永和县成品油领导组召开打击取缔黑加油点联席会议，制定《永和县严厉打击取缔黑加油加气站点专项行动工作方案》。2018年，发改联合公安、消防、交通、工商、安监、国土、石油公司、供电、芝河镇等相关部门和乡镇打击取缔榆林只路段、响水湾路段、河口村、杨家庄村（2个）、呼家岔村等地6个黑加油站点，出动执法人员59人次，出动执法车辆19辆次。下发18个函（永油整办函）给相关部门，下达《现场强制处理措施决定书》5份，查封扣押黑加油车3辆、加油机1台，封存柴油罐1个、柴油桶8个，没收加油枪1支，公安拘留1人，宣传报道2条。规范酒类流通市场运行。2018年，永和县有酒类经营批发商3户，酒类经营零售商

2018年10月8日，发改局工作人员在城北加油站检查石油销售

64户。组织商务执法人员进行1次专项检查。1—12月，出动执法人员15人次，检查商户11个。通知3家酒类批发企业进行网上2017年检，印发《关于开展整治酒类流通违规经营专项行动的实施方案》（永商发〔2018〕2号）文件，开展1次酒类流通违规经营专项整治行动，检查酒类经销商（包括超市、批发商、零售商）4个，下达整改通知书2份。

【经信工作】 2018年6月，发改局在文化广场进行节能宣传，发放500余份资料，解答群众疑问。7月，发改局联合西气东输管道公司对东峪沟村进行安全宣传并进行“和谐结对”活动，与村委签订协议，向社会公众人员宣传管道、通信、电力安全方面的政策法规、安全防护等知识。突出抓好服务企业常态化机制工作。为做好“服务企业活动周”，制定《永和县人民政府办公室关于引深服务企业常态化开展“服务企业活动周”活动的通知》（永政办发〔2018〕73号），县级服务企业常态化部门联席会议成员单位对全县重点企业和项目全覆盖。实现规模以上企业全覆盖，全县1户规模以上工业企业由分管副县长包联，确定联络对接部门，做好服务工作；纳入2018年小升规培育范围的规模以下企业由县统计局、县发改局负责联络，加大培育力度；实现重点项目全覆盖，县内的重点项目确定联络单位，全程协助项目办理手续，协调解决项目施工中的问题，开通“96302”企业服务热线，安排专人负责此项工作，进行业务培训，通过省、市热线测试，确保该项业务正常运行。加强安全生产检查。2018年年初，与新天能源有限公司、西气东输管道公司签订安全责任书。2018年5月16日，西气东输山西管理处联合甘陕管理处开展大型山区管道泄漏突发事件应急演练，协调解决沿黄旅游路交叉施工2处，协调大棚占压管道1处，协调南庄乡刘家圪塄村民施工矛盾1处，对芝河镇段家河3处跨河管道进行检查，对电力公司、联通公司、移动公司进行大检查，下达安全检查告知书1份。

【招商工作】 2018年，永和县完成临汾市下达的招商引资签约项目4个，总投资9亿元，其中北京中海沃邦能源投资有限公司永和分公司生产调度中心投资1亿元，永和县日昇昌大酒店项目投资1亿元，永和县万吨级秸秆综合循环利用项目投资3亿元，永和30万吨/年石油压裂支撑剂项目投资4亿元。永和县委、县政府对招商引资高度重视，积极参加全市举办的所有招商活动，利用招商平台加大永和县的招商力度，招大项目，招好项目，提高签约项目质量。6月12日，由尧都区、永和县、大宁县联合组织举办一次招商活动，会上，永和县政府县长范洋平作专题演讲和推荐，成功签约2个项目，分别为山西迅磊环保科技有限公司的永和30万吨/年石油压裂支撑剂项目、永和县上德益农生物质新材料有限公司的永和县万吨级秸秆综合循环利用项目。

【重点办工作】 2018年，永和县确定的省、市、县重点项目13个，计划总投资13.81亿元，其中省重点项目1个，计划投资4.31亿元；市重点项目5个，计划投资7亿元；县重点项目7个，计划投资2.5亿元。截至12月底，项目开复工11个，累计完成投资14.55亿元，完成年度计划13.81亿元的105.36%。

【粮食工作】 永和县粮食局组织全体人员在县文化广场举办以“中国好粮油”“山西好粮油行动计划”为内容的宣传活动。发放《粮食流通管理条例》《粮食食品科技小常识》《粮食政策你问我答小册子》等宣传资料2600余份，贯彻《粮食流通管理条例》。完成全县7户粮食收购许可证的年检工作。年检重点对经营户在合法经营、备案台账、统计报表等方面进行严格审核，帮助督促其逐步完善相关资料，促进永和县粮食流通合法合规。加大市场监管力度。牵头联合工商、食药监、物价等部门，利用节假日在全县范围内开展粮食流通市场和食品安全执法检查，完成执法 29 人次。按照临汾市〔2018〕84 号的文件要求，报送监测样品。建立应急网络，由永和县粮食局与永和县粮油贸易总公司、放心粮油配送中心以及 5 家放心粮油供应网点签订《粮食供应应急承诺书》。落实储备粮食轮换工作。粮食收购过程中，到国有粮食收购企业进行指导，帮助企业筹措资金，腾仓并库，整理器械，要求企业转变服务态度，延长收购时间，明码标价，张榜公布，采取上门收购、预约收购等方式，按市场价收购农民手中余粮，实现应收尽收，杜绝卖粮难、拖欠粮款、压级压价现象。轮换储备小麦 200 万千克，未发生一起粮食收购违法投诉案件。

【项目资金】 2018 年，永和县争取中央预算内投资 11150 万元，涉及项目 5 个，其中永和县 2018 年吕梁山生态脆弱区防护林工程投资 550 万元，永和县 2018 年天然林资源保护工程二期工程投资 100 万元，永和县 2018 年农村饮水安全巩固提升工程投资 900 万元，永和县 2018 年退耕还林工程投资 3600 万元，永和县 LNG 液化调峰站项目投资 6000 万元。

（李硕卿）

国有资产监督管理

【国有资产监督管理】 永和县政府先后出台《关于印发国有企业公司制改制实施方案的通知》（永政办发〔2018〕36 号）、《关于印发永和县县属国有企业管理暂行办法的通知》（永政办发〔2018〕37 号），由县分管副县长组织相关部门及企业对工作任务进行安排部署。2018 年，永和县计划完善公司制改制国有独资公司 5 户，对粮食局及下设的永和县桑壁粮站、永和县交口粮站、永和县花儿坡粮站、永和县阁底粮站、永和县署益粮站进行合并。

（李硕卿）

统计管理和调查

【概　况】 2018 年，永和县统计局按照县人大常委会年初建账的目标，牢固树立“为经济社会发展服务是统计工作第一要务”的思想理念，以推进深化体制改革为主线，党建引领、依法工作，重规范、强督查，推进各项工作任务开展。

【常规统计工作】 永和县统计局落实中央关于防范和惩治统计造假、弄虚作假的批示指示精神，严守统计法律法规，落实统计工作制度要求，组织协调各报表单位上报各类报表，严格审核把关，确保上报数据的及时性和准确性。

【普法宣传工作】 永和县统计局利用班前集中学习、每月主题党日活动和各种业务培训会、全县法宣在线学习等多形式、多渠道，对局机关人员进行强化学习。把统计法律知识贯穿到报表布置、人员培训、数据采集等统计调查全过程，推进提高各调查单位统计人员依法统计意识。在微信平台“微观永和”上持续刊发《永和县统计诚信倡议书》。自经济普查启动以来，借经济普查的机会，对统计法律法规进行大力宣传。印发领导干部统计知识及统计法应知应会手册等相关资料。7 月，县统计局与县组织部和县党校协调将《中华人民共和国统计法》列入党校培训常规学习科目，开展培训，收效良好。9 月，对乡村两级统计人员开展统计普法培训。永和县统计局利用县人代会和政协会议、《中华人民共和国统计法》专题培训会、各乡村集贸市场等重大时间和重要场合，开展集中宣传，印发统计法宣传资料万余份。

【乡镇首席统计员制度】 永和县成立永和县乡镇首席统计员制度工作推进领导小组，由分管副县长王润贵任组长，成员单位包括县财政局、县委组织部、县人社局、县统计局及各乡镇。6月27日，县人民政府召开县长办公会，研究通过《乡镇（社区）首席统计员管理制度实施方案》，于6月28日印发《乡镇（社区）首席统计员管理制度实施方案》（永政办发〔2018〕45号）文件。县统计局委派农调队工作人员先后6次到全县7个乡镇，对首席统计员落实情况及统计规范化建设工作进行督查，要求各乡镇整改存在的问题，协调4个社区和7个乡镇完成新任首席统计员的调配工作。

【统计工作规范化建设】 永和县统计局按照《山西省统计基层基础工作规范化建设验收方案》要求，以会代训，实地培训督导，对全县重点企业统计人员进行规范化业务普及全覆盖培训宣传，树立法治化和规范化意识。抓制度规范完善：按照省市规范化要求，制定出台完善机关制度，以文件形式下发至各联网直报单位。推行乡村规范化建设，重点是完善79个行政村源头数据来源，制发永和县农户基本信息表，要求各行政村登记，汇总上报数据，与所有统计调查单位人员签订《永和县统计诚信承诺书》。实行日常业务指导和专门督导相结合，抓督导落实：组织专门督导6次，实行问题导向，将每次督导问题以文件形式及时通报反馈，限时整改。完成自评工作，其中县级自评得分93分，乡级3个乡镇达90分，6个规模以上单位达到中等级别。

【统计信息咨询服务】 2018年，永和县统计局做到及时发布信息，做好经济运行分析和预测预警工作。全年编报信息110条，分析25篇，其中66条信息、8篇分析被市统计局内网采用，上半年在全市信息编报评比中，永和县为临汾市超额完成任务的12个区县之一。每季编发《永和统计》，重点对季度性经济运行进行分析预测，为县领导和社会各界提供决策依据。配合省市调研，完成乡村振兴战略和“三卡”（村卡、乡卡、县卡）调研工作及农村居民收支调查。

【第四次全国经济普查】 第四次全国经济普查工作启动后，永和县统计局协助县政府下发文件，参加省、市相关业务培训，完成全省综合试点工作。协调工商、税务、民政、编办等部门对永和县的基本单位名录库进行核实比对完善，为经普单位底册整理奠定基础。永和县普查办落实省、市工作要求，结合永和县实际，制定清查办法，实行领导组成员单位包联责任制，普查办业务骨干包联社区、乡镇普查区域责任制，对清查进度和问题实行日通报并及时召开协调推进会，多措并举，推进清查工作。

（赵　甜）

国土资源管理

【重点项目】 永和县2017年的高标准基本农田建设项目建设规模为4100亩，新增耕地6.1亩，总投资为318.65万元，2018年工程全部完工。2018年，高标准基本农田建设项目规模4850亩，新增耕地15.38亩，总投资为394万元，计划2019年1月16日施工开标。2018年，永和县落实的300亩土地开发项目3个（芝河镇榆林则等2个村土地开发项目、坡头乡任家庄村土地开发项目、南庄乡白家腰村等2个村土地开发项目）全部完成，新增耕地278.5亩，通过实施项目，实现农业增产、农民增收。

【脱贫攻坚】 永和县国土局帮扶南庄乡南庄村，由局投资实施的南庄村土地开发项目建设规模为96.04亩，新增耕地52.35亩，总投资59.04万元。惠及南庄村贫困户16户35人，项目全部完成。2018年，2个批次增减挂钩项目拆旧区总面积1583.8亩，可复垦耕地617.9亩，农用地865.6亩，通过易地交易结余指标，预计可收益4.7亿元。

【数字永和地理框架建设】 永和县开展数字永和地理空间框架建设项目，完成成果汇交。项目建设对于加快测绘成果转换、提升测绘服务大局、服务社会、服务民生的能力和水平意义重大。能够形成权威的、标准的、通用的地理信息公共平台，永和县地形、地貌、交通、水系等基础地理信息将全面呈现出来，为城镇和新农村建设提供数据支撑。各部门在此平台上建立的应用系统，可以实现部门间信息的共享，提高信息的利用率，减少重复建设、重复投资，为永和县扶贫工作开展提供地理信息保障，推动政务信息管理的网络化、空间化和协同化，为扶贫管理决策提供有力支撑。

【耕地保护】 永和县严格落实耕地保护责任。全县落实耕地保护面积31.35万亩，耕地保护率100%；永久基本农田保护面积27.21万亩，基本农田保护率100%。永和县涉及的2个省级耕地开发资金项目变更批复下达后，后续工程全部完工，验收申请上报临汾市国土局。

【用地工作】 2018年，临汾市国土局下达永和县用地计划600亩，落实用地指标351.51亩，其中批复易地扶贫搬迁项目199.78亩，其他保障性用地项目62.6亩，上报易地扶贫搬迁项目89.13亩。2018年，国有建设用地供应计划完成628.17%，住宅用地供应计划完成446.08%。近5年农转征项目平均供地率为77.53%，开发利用巡查比例100%，坐标填报比例100%，无闲置、无违约、无预警。永和县批而未供土地面积17.0216公顷，清理供应宗地面积13.6943公顷。2018年共出让8宗土地，出让面积4.6492公顷，创造国土收益1336.1375万元。

【土地规划】 2018年，永和县乡级规划编制完成，并上报临汾市国土局审查。为满足永和县煤层气LNG调峰站项目等重点项目的用地需求，在开展土地利用总体规划中期评估的基础上，编制《坡头乡土地利用总体规划修改方案》。2018年，共为5个能源项目办理用地预审手续，总用地规模22.4936公顷，其中农用地15.7009公顷（耕地4.6243公顷）。2018年，完成2个批次增减挂钩实施方案的批复，完成1个土地复垦方案的评审。

【地籍调查】 永和县召开第三次国土调查工作动员会，组织业务骨干、基层站所人员参加省、市、县三调技术大型培训3次，将350万元纳入2018年财政预算，省级配套经费到位50万元，保障第三次土地调查工作经费，日常按要求做好技术单位招标工作。培训与业务开展相结合。永和县国土局按规定时间节点完成第三次土地调查前置工作任务（实施方案、领导小组、办公室分工等）。

【地灾防治】 2018年，永和县调整地质灾害隐患排查巡查领导机构及八大包片工作小组，组织召开县级地质灾害工作会议5次，层层签订防治目标责任书，压实责任，加强巡查排查，贯彻落实应急值守和信息报送制度。开展县级地质灾害防治宣传4次，县级培训1次，县级应急演练1次，主要加强冬季地质灾害防治工作。对全县155户隐患户实施地质灾害治理搬迁，搬迁方式为货币化补偿。

2018年5月27日，永和县在县政府四楼会议室召开当下特殊地质灾害和汛期地质灾害紧急安排会

【执法监督】 2018年，永和县国土局加大执法监督检查力度，日常执法巡查中共发现土地违法行为4宗，立案查处4宗，结案4宗，向市局上报典型案例3宗。2017年度，卫片执法违法用地占

用耕地面积的比例为5.37%；2018年，北京市督察局共下发疑似违法监测图斑37个，完成举证工作，通过北京市督察局验收。在打击非法违法采矿方面，开展2018年冬2019年春严厉打击非法违法采矿行为专项行动，重点巡查砖厂、天然气开采区域和历史零星采石采砂点，出动执法巡查人员770余人次，巡查车辆180余辆次，经巡查未发现非法采矿行为。

【不动产登记】 永和县不动产登记中心进驻永和县政务大厅，实现不动产登记、房产、税务一窗受理，配备硬件设备价值29.45万元。全年发放证本及证明138本（份）。

【扫黑除恶】 永和县国土局为做好扫黑除恶专项斗争各项工作，建立健全线索发现移交机制。在线索摸排方面，制定扫黑除恶专项斗争履责督导谈话表、“黑”“恶”“乱”线索谈话记录表、扫黑除恶线索举报奖励办法，建立《扫黑除恶线索摸排台账》，对全县国土资源领域各类线索进行大起底、大排查，上报问题线索3个。

【蓝天保卫战】 2018年，永和县国土局强化耕地保护，落实耕地保护制度，坚守耕地保护红线。强化履职监管，把好土地规划、项目用地审查、矿产勘查开发的审批关口，防止以牺牲生态环境为代价的用地用矿行为。打击非法盗采乱挖行为，保护山体原始生态植被和结构，促进地质结构自然优化。做好黄河蛇曲国家地质公园保护工作。

（药建霞）

工商行政管理和质量技术监督

【商事制度改革】 2018年，永和县工商行政管理和质量技术监督局（简称“永和县工商局”）加强企业登记注册服务。围绕提高注册登记效率，推进市场主体全程电子化登记，实行全程网上申请、受理、初审电子营业执照模式，实现申领人到窗口即时可申领营业执照，做到一站式服务。推进“多证合一、一照一码”工作。截至2018年10月，全县登记各类企业653户，注册资金165851.5万元；个体工商户1781户，注册资金14345.76万元；农民专业合作社5395户。2018年，新设立登记各类企业121户，变更登记合作社116户、企业118户；注销合作社28户，企业30户；新设立登记个体工商户296户，变更登记93户，注销登记124户。加强“双随机、一公开”工作。通过随机摇号的方式，实地核查，对市场主体的通信地址、联系电话、存续状态等信息作为一般检查信息，截至2018年5月21日，工商局将临汾市工商局下发的“双随机、一公开”抽查人员名单下发，按要求将抽查和录入方式再一次进行培训。出动执法人次16人，完成对总局001号抽查任务定向检查2次，对广告经营企业专项抽查3次，对市场主体（企业、农合、个体）不定向抽查29次，对2017年度移出异常名录企业定向抽查2次。

【消费维权】 永和县工商局加快“12315”一体化建设。完善“12315”工作体系，推进“12315”五进工作。截至2018年10月底，“12315”受理消费者申诉4件，成功调解4件，成功率100%，挽回消费者的经济损失。发挥政府部门、行业组织、新闻媒体以及其他维权组织的作用，开展以“品质消费 美好生活”为主题的“3·15”国际消费者权益日活动。发放消费教育知识问答卷300余张，《中华人民共和国消费者权益保护法》、《中华人民共和国商标法》、《中华人民共和国广告法》、《中华人民共和国反不正当竞争法》、消费提示（警示）等各类宣传材料4000余份，接受咨询32人次，为贯彻落实《中华人民共和国消费者权益保护法》，打击侵害消费者合法权益行为，维护消费者合法权益。

【市场安全监管】 永和县工商局对全县特种设备使用单位进行多次检查。出动检查168人次，按照巡查计划检查县域内特种设备使用单位65家次，下达《特种设备安全监察指令书》6份，责令其限期整改。发现安全隐患18个，整改18个。按照计量工作法律法规严格履行职责，开展压力表、加油机、公平秤等强制性计量器具检定的监督管理，建立健全计量档案，登记备案7份，包括7家使用单位的107台（件）设备。对县域内电梯和危险化学品领域特种设备、液化气充气站使用单位进行检查。开展打击假冒特种设备作业人员证专项治理行动，对辖区内特种设备使用相关单位开展持证上岗情况的专项检查。组织检查人员对永和县辖区内的宾馆以及小区电梯和重点特种设备使用单位进行检查。做好2018年春节、元宵节、中秋节、劳动节、国庆节等节日期间特种设备安全监管工作。出动检查人员200余人次，对县内全部特种设备使用单位27家，下达《特种设备安全监察指令书》10份，责令其限期整改。发现安全隐患31个，整改31个。立案查处1起，罚款0.5万元。宣传安全知识，利用版面、标语、条幅、宣传彩页到企业，进单位，结合相关安全部门进行宣传咨询等活动。发放相关宣传资料200余份，回复群众咨询20余次。向人民群众宣传特种设备安全知识，回答人民群众关心的问题，效果良好。在全国“安全生产月”宣传活动之际，按照活动要求，组织开展“6·16”安全生产月咨询日现场咨询活动，滚动播放关于电梯、气瓶、特种设备的安全教育短片15次。

【成品油和散煤环境治理】 2018年，永和县工商局对成品油市场监管实行日常巡查和突击检查相结合。加强机动车尾气污染管控，防止劣质油进入市场，改善大气环境，参加永和县柴油货车和工程机械污染综合治理启动仪式。开展打击流通领域销售假劣车用汽柴油专项行动，禁止辖区成品油销售企业销售普通柴油和低于国六标准的车用汽柴油，建立台账。配合永和县专项行动组，抽调2名执法人员到南庄乡永和关蹲点设卡进行检查。8月24日，组织全县7家加油站负责人进行行政约谈会议。2018年，永和县有加油站7座，均处于正常营业状态。

摸清辖区内散煤销售底数，与散煤经营户签订散煤经营承诺书，宣传政府印发的禁煤区通告。督促散煤用户全部搬出城区。对4户散煤经营户进行质量抽检，其中对3户不符合环保要求的经营者进行取缔。对政府规划公示的1户储煤场检查1个批次，该储煤场具有合格检验报告。逐步引导乡镇和农村使用优质煤炭，改善空气质量。

【农资市场监管】 永和县工商局开展红盾护农专项整治行动，对全县的农资市场进行全面检查。2018年4月，开展“农资打假下乡”活动，现场设立投诉举报和咨询台，接受农资生产销售违法行为投诉举报，解答农民存在的疑难问题，接受咨询350余人次，发放宣传资料3000多份。

【网络市场监管】 在2018年的网络商品交易监管工作中，永和县工商局以消保股为主力，网络检查和实地检查相结合，对辖区内相关网络经营者的经营资格、发布信息、经营商品、经营行为等开展检查，严厉打击网络销售假冒伪劣商品和侵犯商品专用权等违法违规行为。

【扫黑除恶工作】 永和县工商局研究制定扫黑除恶工作实施方案，成立领导小组，坚持日常监管与专项整治相结合，严厉打击黑恶势力欺行霸市、不正当竞争、垄断经营及制售假冒伪劣商品等违法行为。加强日常巡查，对容易滋生黑恶势力的重点行业和重点领域实行准入审查，注册登记时信息采集要完善详尽，保证有源可溯、有根可寻。整治容易滋生黑恶势力的商贸市场、旅游市场、生产领域等重点行业存在的欺行霸市、强买强卖、收取保护费现象及传销行为，发现在工商质监职责内的违法行为，从严从重从速处理，若超出工商质监职能管辖，依法移交相关部门。

2018年，召开专项会议11次，学习培训会3次。工作中设举报箱4个，悬挂宣传条幅4幅，张贴、发放各类宣传资料2068份。多次进行走访摸排和调研，摸清了全县市场底数。永和县有注册企业652户、个体1777户、农民专业合作社497户。永和县市场发育不成熟，没有大型批发市场、大型集贸市场，有乡镇集市5个，早市1个，旅游市场1个。排查超市7次、早市集市23次、乡镇集市28次、商场6次、广场15次、企业351户、个体工商户730户。

审计监督

【预算执行审计】 2018年，永和县审计局以促进深化财政管理改革和提高财政资金使用绩效为根本目标，开展预算执行审计工作。完成对县财政局、民政局等部门的审计工作。在对县财政局2017年度本级财政预算执行情况的审计中，发现县本级财政预算执行情况较好，仍存在滞留专项转移支付资金等问题。在对部分单位预算执行情况的审计中，发现存在未实行政府集中采购、差旅费违规报销、固定资产未上账、往来款长期挂账及财务收支不规范等问题。

【专项审计和审计调查】 2018年，永和县审计局根据山西省审计厅的统一安排，开展专项审计工作，完成年度稳增长、促改革、调结构、惠民生、防风险政策措施落实情况跟踪审计。对落实进度缓慢、整改落实不力的重大政策措施，提出相应的审计意见建议，加快政策落实进度。永和县审计局派出审计组对全县城市供热行业2016年和2017年建设运营管理情况进行专项审计调查，重点对城市供热总体情况、政府投入情况、政策执行情况、供热管网建设情况和供热企业管理情况进行审计调查。

【经济责任审计】 永和县审计局于2018年对9名单位主要领导任期履行经济责任情况进行审计。审计资金总额22110万元，查出违纪违规资金95.64万元。针对被审计单位财政财务收支及资产管理方面存在的问题和薄弱环节提出整改意见和建议18条。

【政府投资审计】 2018年，永和县审计局完成政府投资项目审计22个，审计资金5725.21万元，核减工程款333.22万元，核减率5.82%，对评估项目建设的经济效益、社会效益、环境和生态效益提出审计意见和建议，促进规范政府投资项目建设和管理，节约政府资金。

【审计成果】 2018年，永和县审计局全年完成审计项目43个，查出违规金额4.17万元，管理不规范金额3521.2万元，提交审计报告43篇，提出审计建议69条，做出处理处罚金额4.17万元，移送处理5件，其中纪检监察机关1件，财政部门1件，税务部门3件，制发审计信息38篇。

【扶贫工作】 永和县审计局定期开展“扶贫日”活动，分析冯家山村现状以及存在的棘手问题。为缺水的冯家山村协调建设水窖1座，为长期在村居住的72户村民安装卫星接收器，让村民免费收看所有卫星频道，拓宽信息接收渠道。协调联通公司为冯家山、靳家山2个自然村接通宽带网络。把该村旧学校翻新作为党员活动阵地。鼓励、引导贫困村民在身体条件允许的情况下发展种植、养殖，有9户贫困户养牛、1户贫困户养蜂、1户贫困户种花椒、1户贫困户种南瓜。

（贺慧龙）

物价管理

【概　况】 2018年，永和县价格管理中心以《中共中央国务院关于推进价格机制政策的若干意见》为指导，落实稳增长、控物价、调结构、惠民生、促和谐等价格调控政策，加大价格调控力度，提升价格管理水平，为全县经济社会发展创造良好环境。

【物价调控措施】 永和县价格管理中心组织人员对粮油、家资市场进行检查、抽查，对个体商贩进行跟踪调查，了解市场重要商品行情，对哄抬物价的苗头及时给予制止，对个体户进行价格法宣传教育，维护消费者的合法权益。利用价格杠杆优势，培养新的市场增长点，落实各项综合调控措施，确保永和县居民消费价格总水平控制在3%以内的目标。针对农民工进城买房多的现状，永和县价格管理中心通过调研、检查、测算，制定出台《全县小区物业收费的统一标准》，规范物业管理，形成一套系统管理、收费标准和服务项目收费原则。加大对天然气收费的管理，永和县价格管理中心出台全县天然气收费标准，以便更好地服务全县用户。

【价格收费管理】 永和县价格管理中心牵头，会同教育、医疗、养老、卫生等部门进入学校对个别教师有偿补课行为进行遏制，对全县医院、药品销售零售门市的所有药品进行跟踪调查，规范药品零售价格，要求药品明码标价，一品一价，对临时调整的药品价格逐一报告，维护全县人民的合法权益。

（吴春生）

安全生产监督

【体制和责任体系】 2018年，永和县强化安全生产领导。县委、县政府高度重视安全生产工作，由常务副县长分管安全生产工作，各副县长担任县安委会副主任。在春节、“五一”国际劳动节、中秋节、国庆节等重要时间节点，永和县委书记加天山专题调研安全生产工作，在重点企业督查隐患整改情况。县长范洋平组织召开4次全县安全生产工作会议，分析研判永和县安全生产形势，安排部署各重点行业领域主管部门在重大政治活动、重大节日开展安全生产检查。邀请中国应急管理学会常务理事、国家行政学院教授、山西省政协经济委员会副主任刘德政对《地方党政领导干部安全生产责任制规定》和《山西省贯彻落实〈地方党政领导干部安全生产责任制规定〉实施细则》进行专题解读。抓好安全生产领域改革，县安委会出台《永和县推进安全生产领域改革发展实施意见》。定期召开全县安全生产工作例会，分析研判、研究部署安全生产工作。各行业管理部门按照“谁主管谁负责”“谁审批谁负责”“谁监管谁负责”原则，履行职责，加强配合，齐抓共管，共同消除安全生产“盲区”。

【安全生产】 永和县督促生产经营单位落实企业安全生产主体责任，树立“把隐患当成事故对待”的意识，严格隐患排查治理，杜绝“三违”（违章指挥、违章作业、违反劳动纪律）行为。全县上报执法案例31个，其中关闭不符合安全生产条件的烟花爆竹经营店2家，取缔黑加油点2家，停业整顿8家企业，对10家企业进行处罚，罚款11.95万元，对2名违法个人进行处罚，罚款1.32万元，行政拘留1人。开展安全生产大检查活动。在全县所有乡（镇）、所有行业领域和人员密集场所开展为期2个月的安全生产大检查活动，加强隐患排查治理，加大处罚力度，落实“四个一律”（对非法生产经营建设和停产整顿未达到要求的，一律关闭取缔，一律按规定上限予以经济处罚，一律责令停产整顿，一律严格追究法律责任），实行“四个清单”（任务清单、安全隐患清单、隐患整改清单、验收清单）管理，促进全县安全生产形势持续稳定好转。全县出动检查（督查）组353个，出动检查（督查）人员1922人次，抽调专家32人次，检查（抽查）企业280家次，排查一般隐患278条，列入县级挂牌督办的重大隐患问题1项，全部整改到位。下达行政执法文书19份，责令限期整改企业19家，责令停产停业整顿企业3家，暂扣、吊销证照企业2家，实施行政处罚罚款3.65万元，关闭取缔企业2家，问责曝光工作不力的单位、企业5家。抓好重点行业领域安全生产专项整治。县安委会印发《关于开展安全生产十大专项整治行动的通知》，要求非煤矿山、危险化学品、道路交通、建筑施工、旅游、消防、特种设备、天然气、城镇燃气、长输油气管线等十大行业领域由主管部门牵头，开展安全生产专项整治，排查整治事故隐患，加大监管执法力度，落实企业安全生产主体责任，严防各类安全生产事故发生。联合执法打击取缔黑加油站点。根据县政府安排，参加联合行动，会同发改、公安、工商质监、交通、国土等部门对永和县芝河镇杨家庄、呼家岔等地发现的3处汽柴油黑窝点进行彻底取缔，下达《现场强制处理措施决定书》，对杨家庄1处私自存储柴油点的8个柴油桶进行封存，在呼家岔没收1把加油枪并对柴油桶进行封存，对杨家庄另外一处汽柴油黑窝点用土就地掩埋。

【应急救援】 永和县加强对非煤矿山、危险化学品等易发生生产安全事故的重点行业、领域企业的监督和管理，督促企业针对重点部位和重点环节建立完善专项应急预案和现场处置方案，督促指导客多超市、都客润超市、中海沃邦能源投资有限公司永和分公司、龙泉加油站按照规定重新修订应急预案。强化重点企业、施工单位的应急预案备案工作，要求中海沃邦能源投资有限公司永和分公司施工单位中石化胜利石油黄河钻井总公司永和项目部、中石化中原石油工程有限公司在向甲方企业备案应急预案的同时向永和县生产监督管理局备案。突出实战演练。与相关行业主管部门配合，开展道路交通客运车辆起火应急救援演练、地质灾害应急救援演练、中小学应急疏散演练、电线线路起火应急救援演练。组织西气东输管道公司开展山区管道泄漏突发事件联合应急演练，组织中海沃邦能源投资有限公司永和分公司开展井喷失控事故应急救援演练和井口阀门刺漏应急处置演练，组织客多超市、中石化城关加油站、亨通加油站、信誉加油站开展消防应急救援演练。突出日常预警预测。利用微信工作群和公众号、短信平台、广播电视等媒介，发布极端恶劣天气预测、预报和预警，通报降雨、降雪等情况。2018年，发布各类预警信息100余条。突出应急值守。重视安全生产应急值守工作，坚持领导24小时带班、值班人员24小时在岗坐班制度。

【安全教育】 永和县安委会加大宣传安全生产知识力度，制作安全生产法律、法规、规章、操作规程，以及消防安全知识、特种设备安全知识、交通安全知识、职业健康安全知识和公共安全知识等方面的宣传资料。在文化广场集中开展安全生产咨询日活动。活动中拉宣传横幅、条幅23幅，摆放宣传板45块，发放安全生产法律法规宣传单3万余份，现场接受群众咨询2000余人次。在县政府网站开设专栏，发布党中央、国务院和省、市、县关于加强安全生产工作的决策部署，曝光各类安全生产非法违法行为。在县电视台开辟《生命至上、安全发展》专栏，在黄金时段播放科学救援等警示教育片和安全生产公益广告；在县文化广场和青少年活动中心大屏幕，播放安全生产宣传语、警示语和天然气管道爆炸、煤矿、交通等安全生产宣传片；在县安全生产微信公众号和县安委会微信工作群推送与安全相关的文章和安全常识；在公交车和出租车LED显示屏轮播安全生产警示语。

【脱贫攻坚】 永和县安全生产监督管理局每月定期对贫困户进行走访，完善贫困户信息，加大扶贫政策宣传，确保群众对扶贫政策熟知。完善入村道路安保工程和排水设施工程；争取国土资源局资金建设百湾只村高标准耕地1000亩；协调移动公司完成信号塔设备安装，实现村移动通话信号全覆盖；落实“一村一品一主体”，推动百湾只村绒山羊养殖专业合作社项目落地，该村安装200千瓦光伏发电站，已并网。邀请临汾市人民医院、市中心医院、市二院、市三院等9家医院的30余名专家，开展健康扶贫义诊活动。

（冯建华）

食品药品监督

【落实监管责任】 2018年，永和县食品药品监督管理局研究出台《永和县食品药品监督管理局2018年度重点工作计划》。发挥食品安全委员会牵头作用，筹备召开全县食品安全工作会议，对2017年全县食品安全工作进行总结，对食品安全形势进行综合研判，对2018年县食品安全重点工作进行安排，与各乡镇、学校（含托幼儿园）签订食品安全责任书。

【夯实监管基础】 永和县食品药品监督管理局在2018年3月15日、3月31日到县城学校及周边、景点景区、集贸市场等区域，通过发放资料、宣传品，现场讲解答疑、微信平台推送信息等方式宣传《中华人民共和国食品安全法》等法律法规知识。全年发放宣传手册5000余册、宣传资料1.8万余份，制作宣传板12块、宣传条幅42幅，微信平台推送信息180条，接受群众咨询70余人次。设立“12331”投诉热线、投诉举报箱，收集食品药品违法线索。依法实施行政许可，全年核发食品经营许可35家，食品小作坊6家，食品小经营店65家，从业人员办理健康证323人，办理延期10家。

【厘清监管底数】 永和县食品药品监督管理局组织监管人员对县域内“四品一械”（药品、餐饮食品、保健食品、化妆品，医疗器械）生产经营单位进行地毯式摸查，为相关建筑物、门店建立电子台账。全县范围内有食品生产经营单位587家（包含食品生产企业15家，大型食品经营单位65家，食品小作坊35家，食品小经营店472家）。药品经营单位19家，医疗器械经营单位9家，药械使用单位88家，化妆品经营单位18家。开展食品药品隐患排查、春季校园食堂专项检查、酒类产品质量安全专项整治、校园及周边“五角钱食品”整治、包装饮用水中铜绿假单胞菌不合格问题集中整治、药品流通领域质量安全集中整治、疫苗质量安全专项检查、含特殊药品复方制剂专项检查、非法回收药品、基本药物流通环节专项检查、中药材中药影片专项检查、保健食品虚假宣传等12项专项治理行动等，发现各类问题33个，下发责任整改书33份，立案查处2起。开展食品安全保障工作。在“两节”、“两会”、中高考期间，派执法人员现场驻点，全程监管，保障食品安全。全年开展抽检任务240批次，抽检结果均合格。部门联动，凝聚监管合力。发挥政府抓手作用，牵头组织食药监、公安、畜牧等食品安全委员会成员单位对重点区域、重点单位、重点品种的食品安全进行联合检查，填补监管灰色地带。年内，对公众关注度较高的猪肉、白酒等重要品种进行多次检查。强化依法稽查，出动执法人员1830人次，检查企业825家次。立案查处40起，罚没款总计17797.5元。贯彻国务院和山西省政府有关食品行政执法有关规定要求，加强与公安部门的协调沟通，2018年开展联合执法行动8次。通过强化日常监管，加强隐患排查和现场检查频次，建立风险隐患清单，督促企业落实主体责任，严防食品安全事故发生。食品生产企业新建立追溯体系1家，药品领域上报不良反应52件。

【环保工作】 永和县食品药品监督管理局办理食品经营许可证时，现场审查相关经营单位的烟煤取代（煤改气、煤改电等）和油烟净化设施安装使用情况，不达标或整改不到位者一律禁止从事相关服务行为；督导药品、医疗器械经营使用单位建立健全特殊药品、过期失效药品、医疗器械废弃物等管理制度的执行；加强对餐饮服务单位的监管，督促餐饮服务单位规范油脂等餐厨废弃物的处理。开展“创卫餐饮先行行动”，制定发放永和县餐饮服务单位创卫标准（标准中明确餐饮服务单位必须采用气、电等清洁燃料）。开展常态监管和“环保问题回头看”。年内，督导52家餐饮服务单位完成烟煤替代、油烟净化器安装使用任务，完成县环保领导工作组交办的3批次14个问题。餐饮服务单位环保整改工作实现全覆盖。

工　业

中小企业工作

【中海沃邦天然气勘探开发项目】 2018年，中海沃邦能源投资有限公司永和分公司累计投资3.508亿元，完成钻井14口，其中直井2口，水平井12口；完成压裂井10口，其中水平井8口，直井2口；完成地面管线建设约9千米，18井区永和中心处理站新增2台压缩机组安装进度完成40%，18井区污水处理建设工作完成85%。每日外输气量约170万立方米，累计销售气量约6.913亿立方米，累计产气量6.923亿立方米。

【中石油天然气勘探开发项目】 2018年，中石油天然气公司累计投资1.4亿元，完成钻井17口，完成压裂井17口。2018年，地面工程在永和境内拟建6条井场支线9千米，主体工程完成，完成2017年地面工程剩余的大吉线1千米的施工。每日外输气量约75万立方米，累计销售气量3.14亿立方米，累计产气量3.15亿立方米。

【电子商务示范县的申请及推进】 永和县中小企业局制定《永和县电子商务进农村综合示范县实施方案》，经过电子商务进农村综合示范评审会，申请电子商务进农村综合示范县项目。选好“电子商务示范基地”地址和电商运营团队，做好实施方案。

【人员培训】 2018年，永和县举办10次培训，槐花采摘培训7次1000余人次，其中，建档立卡贫困户占70%左右，贫困户通过采摘槐花和槐花加工用工，带动1800户贫困户增收300～1000元不等。邀请霍州市花馍专家到永和县对贫困户进行为期1周的花馍专业技术培训，其中阁底乡阁底村培训1次，县城培训2次，通过蒸花馍带动16户贫困户人均增收819元。

【槐花节举办】 2018年4月26日，在北京召开“山西永和文化旅游暨槐花产业扶贫活动新闻发布会”，组织永和县电商企业进京展销永和特色农产品，在现场举行免费槐花菜品试吃活动，与YY平台合作进行现场直播，永和县的农产品及槐花特色产业的知名度得到提升。2018年5月5日，在永和县花儿坡举办“山西永和文化旅游暨槐花产业扶贫活动”。永和县电子商务联盟组织全县电商企业赴花儿坡展销本企业特色农产品，为“永和乾坤湾”区域品牌的打造奠定基础，舌一哈食品有限公司负责人刘海宏负责制作槐花宴，宣传永和县的槐花产业，推动永和县鲜槐花的销售。槐花节期间，永和县线上线下销售槐花110吨，带动1800户贫困户增收300～1000元不等。带动电商、物流、包装及仓储企业营业收入1000万元。

【农产品展销】 2018年9月17—21日，山西旅游发展大会在临汾市举行，永和县借此机会带上全县的农产品到“戎子文化产业园永和馆”展销，宣传永和县“永和乾坤湾”品牌。2018年，临汾市委副书记（挂职）、永和县委副书记（挂职）胡小濛在国务院扶贫办为永和县争取在辽宁盘锦建设农特产品销售专区。该博览会为期5年，每个展厅均按照各地产品特色设定专区，进行展览及销售，以图片、展板等方式对各地的名优特产及地域特色资源等进行宣传，永和县报名参加。

【电商扶贫】 永和县电商扶贫以在本土电商平台销售农特产品为主要方式，2018年开发2个平台，包含中介、团购、外卖、便民电话、实时资讯等便民服务的服务平台——“各街网”；帮助贫困户销售农产品的扶贫平台——“情暖永和”，做好贫困户产品的销售服务工作，贫困户获得农产品便捷销售渠道。2018年6月27日，首次在阁底乡滩只里村冯福双家进行直播，帮助其销售花椒76千克，增收7600元。2018年7月7日，在坡头乡白家崖村进行直播，帮助村民销售香菇近200千克，帮助村集体增收2700元。

【消费扶贫】 阁底村第一书记张琼进行枣花馍产业扶贫，春节期间销售1000余件“永和乾坤湾”花馍礼包，创收6万多元。1—2月筹备员工春节福利期间，国家卫计委“计划生育监督中心”副主任胡小濛、程万军推荐“永和乾坤湾”春节大礼包，国家卫计委下属单位中国疾病预防控制中心、国家卫计委国际交流与合作中心团购“永和乾坤湾”春节大礼包1000余件，中小企业局协同电商联盟为“吕梁山货”春节大礼包提供部分产品4000余件，销售收入38万元，帮助百余户农民增收1000～2000元不等。中秋节前夕，胡小濛推荐“永和乾坤湾”中秋大礼包，销售100份礼包，合计3万元，帮助8户农民增收1万元。2018年11月9日，永和县在北京参加国家卫健委消费扶贫农产品推介会后，国家卫健委、阜外医院、山西肿瘤医院、国家卫健委国际交流与合作中心、流动人口中心、预防医学会等机构销售永和核桃1552.5千克、永和红枣6500多千克、永和小米7800多千克、苹果21000多千克、蜂蜜2550千克等特色农产品，销售额160余万元。

【销售情况】 永和县在“乐村淘”“邮乐购”“吕梁山货”“农芯乐”“淘宝”“京东”“拼多多”“公益中国”“亚阳e购”“融e购”“各街网”“情暖永和”“微店”等平台上销售，线下对接帮助农户销售核桃、红枣、花椒、小杂粮、野菜系列、槐花系列、健康休闲食品等特色农产品，销售额达1000余万元。

【中小微企业工作】 永和县民营经济增加值占比提高，完成增加1.2%的指标。2018年培育的“小升规”企业有3家，分别是永和县芝泉酿酒有限责任公司、永和县四季鲜农副产品有限责任公司、中石油昆仑燃气公司。2018年年底，中石油昆仑燃气公司成为“小升规”企业，完成培育1个“小升规”企业的指标。2018年，永和县新注册中小微企业70余户，完成创办70户小微企业的指标。永和县顺康醋业有限责任公司成功申报“专精特新企业”，完成认定1个专精特新企业的指标。永和县顺康醋业有限责任公司成功申报“管理标杆企业”，完成认定1个管理标杆企业的指标。

（药丹星）

国网永和县供电公司

【概　况】 永和县供电公司隶属于国网临汾供电公司，供电面积1214.38平方千米。2018年，公司贯彻临汾公司党委各项决策部署，以“六大战役”为统领，以“旗帜领航·三年登高 对标管理年”为抓手，完成高掉闸线路、积压工程歼灭战和高损台区整治、优化营商环境及服务地方经济发展的光伏、煤改电等重点工程项目。

【业务指标】 2018年，永和县供电公司完成全年的各项指标任务，售电量累计完成4797.81万千瓦时，完成年计划（4550万千瓦时）的105.45%。综合线损率：累计完成12.04%，比计划降低1.96个百分点。平均电价累计完成559.31元每千千瓦时，比计划升高4.19元每千千瓦时。电费回收率：累计应收电费2864.87万元，回收率100%，截至12月31日，永和供电公司实现连续安全生产9950天。

【电网建设】 2018年，永和县域内有1座110千伏变电站，主变2台，容量8万千伏安。2座35千伏变电站，其中城关变电站主变2台，容量9000千伏安；交口变电站主变2台，容量2万千伏安，由国网隰县供电公司运行维护。永和供电公司有10千伏线路16条，阁底开闭所以35千伏交口站为电源，一进四出。10千伏线路总长618.5千米，10千伏配电变压器585台，总容量43775千伏安（其中公变426台，容量28035千伏安；专变159台，容量15740千伏安）。农村0.4千伏低压线路长度为558千米。担负着全县20230多户的工农业生产及生活供电任务。

【光伏发电】 2018年，永和县加快屋顶光伏扶贫项目建设，按期并网。投资3482.56万元，新建及改造10千伏线路20.264千米，改造低压线路117.046千米，新增及改造配变140台，总容量13700千伏安，保障村级光伏电站建设项目按期接网。投资1808万元，新建及改造10千伏线路52.32千米，改造低压线路3.36千米，新建及改造变压器台区77台，总容量17600千伏安，6月30日全部按期并网。

【安全生产】 永和县供电公司成立以经理为组长的安全生产反违章纠察队，实行各级领导包片责任制，签订安全生产责任书，建立三级安全网和领导责任分工。进行“四不两直”（不发通知，不打招呼，不听汇报，不用陪同接待；直奔基层，直播现场）督查。利用微信群上传照片，呈现现场作业的整个流程，落实现场作业关键点，截至12月30日，管控各类作业现场48个，各级管理人员及反违章纠察队现场纠察180次，发现违章15次19人，全部整改完成。

【营销工作】 永和县供电公司以“一站式”服务为抓手，促进优质服务提升。推行“一站式”服务和专职客户经理上门服务机制，开展“互联网+营销服务”工作，利用“掌上电力”、微信公众号、“电e宝”等线上服务，宣传各种方便快捷的线上服务功能，实现客户足不出户进行业扩报装和电费电量的查询缴费。简化业务流程，优化职责界面，深化线上办电，落实“一口对外、一证受理、一站服务”，实现客户办理业务“最多跑一次”的目标。开展“一般工商业电价降价宣贯和优化营商环境提升获得电力优质服务”综合监督，明察暗访，打造“六最”（审批最少、流程最优、体制最顺、机制最活、效率最高、服务最好）电力营商环境。依托营销系统、用电信息采集系统平台，分析高损原因；开展工作现场业务知识培训，加大技术改造力度，对部分高损台区进行新旧线路倒接，开展更换计量箱、接户线等技术改造；倒接台区46个，新建村村人畜饮水、移民搬迁、一村一品、扶贫光伏等惠民工程台区166个。截至12月底，公用台区570个，高损合格台区月线损达标547个，台区合格率占比达95.96%。2018年，推广居民线上缴费业务，推广占比达86%，大电量客户推广企业网银缴费业务，缴费金额完成分公司任务的133%，减轻营业厅收费和优质服务压力。

【农电管理】 永和县供电公司根据星级供电所建设工作要求，制订乡镇供电所逐级晋升提升计划，应用全能型、星级供电所评价细则，梳理完成供电所综合类台账资料。加强专业帮扶，督促问题整改，形成供电所百分制考评，促推供电所基础管理水平提升。交口供电所通过“四星级”供电所考核验收。

【科技与信息化】 永和县供电公司信息中心机房位于公司大楼4层，不间断电源（UPS）、蓄电池位于中心机房内。信息中心机房建于2015年，主机房面积50平方米，配电室面积25平方米。2018年有机柜10面，内设1台空调。部署1套10千伏安 UPS 机头，18 块 12 伏 100 安时蓄电池及 2 面专用电池柜，IP 地址按照本部办公楼层、多经企业、供电所进行划分。公司有通信站点 5 个，电力通信网传输设备包括光端机 1 台。

【优质服务】 永和县供电公司开展优质服务宣传活动，营造服务氛围。3 月 15 日，在文化广场开展以“你用电，我用心，电力优质服务，共享美好生活”为主题的消费者权益宣传活动，讲解分布式光伏、电能替代、新型业务 7 次。开展秋季大走访活动，对用户反映的业扩报装申请、光伏不发电、低电压等问题，采取梳理光伏用户信息变更流程、建立光伏发电量监控机制、现场排查光伏发电异常、调整分支线路负荷等措施。服务“光伏发电”并网，2018 年 6 月 30 日前完成分布式屋顶光伏项目 718 户和 78 座村级电站的并网任务，公司采取集中力量打攻坚战的办法，开辟“绿色通道”，受理光伏项目并网申请。成立光伏工程前期协调设计、物料供应、安全质量监督、后勤宣传保障、光伏并网报装、现场施工等 6 个工作小组，落实责任。截至 12 月底，全县屋顶光伏总户数为 2136 户，容量 10680 千瓦，村级电站 103 座，容量 16500 千瓦。

2018 年 10 月 9 日，供电公司工作人员入户宣传安全用电知识

【其他工作】 2018 年，永和县供电公司围绕工程“安全、质量、进度、规范”4 个核心，抓安全责任落实，抓施工队伍建设、工程验收，抓青苗赔偿扫除障碍、工程资料规范。年度参与重点工程项目：永和县村级、屋顶光伏扶贫，沿黄公路建设，易地扶贫搬迁，水利工程，煤改电，移民小区通电，正大路电缆入地等。

进驻永和的企业选介

【山西佰农尚品电子商务有限公司】 山西佰农尚品电子商务有限公司是在山西省永和县注册的电子商务有限公司，2015 年以来，持续开展扶贫产品的展销活动，活动得到国家卫生健康委员会财务司、山西省扶贫办和多位中央驻晋帮扶单位挂职干部支持，联合开展“吕梁山货”网上展销、年货节及中央单位巡展等活动。联合吕梁山片区 52 个贫困县 100 多家企业，汇集 200 多种特色产品。建立吕梁山货扶贫微商城，得到国家卫生健康委员会、中国科协、中国证监会、北京理工大学、国家中医药管理局、中国民航信息集团公司、东方电气集团公司、中国保利集团公司等中央单位支持，多家单位工会发文在系统内倡议各单位及职工购买贫困地区农产品，建立定点采购关系。

【山西众扶普汇电子商务有限公司】 山西众扶普汇电子商务有限公司是在山西省永和县注册的电子商务有限公司，重点打造公众区域品牌“吕梁山货运营中心”，利用自有“吕梁山货特色馆”微商城的优势，组织电商业务，帮助销售永和县特色产品。通过对对口扶贫县的农产品打造，整合出多款礼包组合。吕梁山货运营中心协同各直播平台与永和县相关部门合作，提供直播专业技术和技能培训，在合作县当地挖掘、发现、培养当地直播主播优秀新人；扶持合作县当地优秀个人，成为精准扶贫典范性、标志性直播网红；形成榜样力量，带动当地直播脱贫、电商脱贫的群体效应。2018 年，组织多次直播销售活动，其中，在永和县槐花节活动同 YY 直播平台合作，以直播方式帮助销售各贫困县的特色产品。

【和田疆里疆外网络科技有限公司】 和田疆里疆外网络科技有限公司依托天津、北京、杭州、上海等众多实力企业群而成立，是以创新型的实体贸易供给侧为业务核心的实体贸易 + 互联网企业，以北京、天津、杭州、新疆为业务基地。和田疆里疆外网络科技有限公司以电子商务进农村综合示范县建设为抓手，2018 年 12 月 1 日入驻永和县，围绕工业品下乡、农产品进城和农村电商综合服务需求，健全农村电子商务支撑服务体系，支持电商落地农村，扩大农村电子商务应用，改善农村电子商务发展环境，提升农村流通现代化水平，推动农产品进城，工业品进村，助力区域经济，精准扶贫。

（药丹星）

县内中小企业选介

【永和县华龙果业发展有限责任公司】 永和县华龙果业发展有限责任公司成立于2014年5月29日，注册资金 2000 万元，主要从事果树种植，苹果、核桃、红枣销售等业务。公司位于永和县芝河镇红花沟村，占地面积 1.01 万平方米。公司建成苹果种植基地 1562 亩，其中桑壁镇堡则村 301 亩，坡头乡均庄村 360 亩，芝河镇药家湾村 210 亩，阁底乡高家塬村 541 亩，交口乡鹿角村 150 亩。挂果面积达 220 亩，年产优质苹果近百万斤，产值 300 万元。主要销往北京、广州、成都、南宁等城市。2016 年 10 月，在北京新发地农贸市场山西厅开设分公司，设有电子商务中心和产品展示中心。同年 11 月注册商标“大美乾坤”“乾坤宝”。为更好地服务全县苹果产业的发展，公司在红花沟村投资 5400 万元建设 5000 吨果品交易市场，建设规模为年贮藏销售果蔬 5000 吨。建设恒温库 1920 平方米、选果车间 1440 平方米、仓库 870 平方米、苹果营销服务中心 1909 平方米、商务接待中心 5040 平方米。截至 2018 年年底，5000 吨果品交易市场一期工程、1000 吨果品保鲜贮藏库、二期工程果品营销服务中心投入使用。公司采用“公司 + 合作社 + 基地 + 果农”的发展模式，为果农提供产前、产中、产后一条龙服务。采取“订单农业”的模式，每年通过降低农资成本和提高果品销售价格，可使果农户均增收 3000 元左右，促进当地果业的发展。公司为永和县苹果产业达到“基地规模化、布局科学化、生产标准化、产业配套化、营销品牌化、果农专业化”的目标贡献力量。2016 年被评为“市级产业化龙头企业”，2017 年被评为“永和县民营企业先进单位”，2018 年被评为“永和县劳动模范单位”，获得“永和县脱贫攻坚工作创业带动奖”。

【永和县昌盛粮油有限公司】 永和县昌盛粮油有限公司是一个股份制企业，具有独立法人资格，法人代表刘志宏，经营地址在永和县正大街，注册资金 231 万元，公司有员工 30 人，技术人员 5 人，公司充分发挥当地的油料及小杂粮资源优势，成为永和县唯一一家集购、加、存一体化，产、供、销一条龙的小杂粮加工公司。公司于 2006 年申请注册“茶布山”牌商标，于 2007 年被临汾市工商局授予“守合同重信用企业”称号，于 2010 年 12 月被山西省工商行政管理局授予“守合同重信用企业”称号。2012 年 9 月投产，安排农村剩余劳动力 60 人，下岗职工再就业 30 人，农民直接受益村庄 90 余个，可带动沿黄 5 个乡镇 3000 余户农民人均增加收入 2300 元。

【永和县舌一哈食品有限公司】 永和县舌一哈食品有限公司成立于 2017 年 2 月 23 日，公司位于永和县交口乡南塬村，前身为舌一哈野菜农家乐，2017 年 2 月 23 日变更为永和县舌一哈食品有限公司。公司注册资金 88 万元，总投资 285 万元，其中固定资产 55 万元。占地面积 4300 平方米，建筑面积 2400 平方米，职工 22 人，季节工 56 人，公司通过野菜加工和品牌包装生产许可论证，属于永和县农业产业化发展“龙头”企业，是永和县 2018 年脱贫攻坚战的主体企业，是永和县产业结构调整重点企业之一。为贯彻执行党中央的有关农业供给侧结构性改革和脱贫攻坚工作精神，公司坚持以科技求品牌，以安全求效益，以诚信求发展，以奉献求业绩的服务理论，采取“公司＋合作社＋农户＋互联网”的运营模式，发挥公司优势，延伸产业链条，带动农户科学采摘，科学种植，保护环境，形成品牌效应，公司“舌一哈”商标经山西省工商行政管理局审定，被确定为山西省著名商标。公司拥有2条野菜系列产品生产线，对槐花、蒲公英、茵陈、苦菜等野菜系列产品进行深加工及真空包装，公司主要产品为槐花系列产品。公司通过线上线下销售，加工的野菜系列产品进入太原、临汾、平遥、阳泉等地市场及农家乐餐厅，真空包装的槐花系统产品销量直线上升。公司2018年种植杂麻花26亩，贫困户共种植杂麻花约30亩，生产杂麻花系列休闲食品土泡泡、干圪稂等，通过互联网进行销售。

【永和县永和缘农业开发有限责任公司】 永和县永和缘农业开发有限责任公司，注册商标“永和缘”，是综合性农业开发公司，本着用良心做农业，让安心农产品进万家的经营理念，开发农产品服务消费者，致力于有机农产品的种植、加工、销售，黑小米为公司主打产品。采用“公司＋合作社（永和县良辛种植专业合作社）＋农户”的模式，聘请农科院谷子专家进行全程有机指导，种植基地面积300多亩，年产值120余万元，有花椒基地100亩。2017年，申请豆类、谷类的无公害认证。

【永和县显博食品有限公司】 2017年，为扩大市场销路，由永和县佳旺红枣销售专业合作社转型成立永和县显博食品有限公司，公司坐落在晋陕大峡谷黄河东岸边的打石腰乡冯家山村，以红枣烘干、脆枣、蜜枣、紫晶枣生产为主，依托与乾坤湾定情岛相邻的优势，申请注册“定情枣”商标。厂房占地面积5000多平方米，注册资金200万元，总投资200万元。线上线下以红枣、核桃等销售为主。

【山西人人淘电子商务有限公司】 山西人人淘电子商务有限公司位于永和县中小微企业（大学生）创业基地二楼众创空间1～3号，注册资金300万元，成立于2016年4月27日，主营网络运营、农副产品加工与销售等，提供电子商务业务知识培训、电商平台服务。2018年，有员工40～50人，拥有“喜和合”“槐花恋”注册商标，主要产品有永和饼系列，包括槐花饼、茵陈饼、核桃饼、枣夹核桃饼；蜂蜜系列，包括喜和合槐花蜜、枣花蜜、百花蜜；红枣、核桃、杂粮等系列农产品。

（药丹星）

农 业

农业和农村工作

【概　况】 2018年，永和县农委结合永和县农业农村工作实际，启动实施2个重点项目，落实3项惠农政策，抓好5项重点工作，夯实农业发展基础，壮大优势特色产业，改善农村人居环境，全县农业生产和农村工作成效显著。

【重点项目】 2018年，永和县农委启动实施2个重点项目，即中药材种植及加工厂建设项目和农技推广补助项目。种植及加工厂建设项目由永和县万霖生态农业综合开发有限公司承建，总投资3000万元，建设年产量6000吨的中药材加工厂，计划免费提供3年的中药材种子，用3年时间发展柴胡、远志4.5万亩。2018年完成种植面积1万亩。加工厂厂址拟选在坡头乡索托村（原高速路项目部），达成土地复垦协议。农技推广补助项目属于新成果、新技术的应用推广，补助资金60万元，为特色农业示范基地建设和184户科技示范户培育、农科指导员队伍建设。通过考察基地经营主体的示范效应和减贫扶贫利益链接机制，选定在芝河镇官庄村建设以菌草为母质，繁育生产高品质香菇示范基地；在阁底乡西庄村建设以种植黑小麦、黑谷、糯玉米、酿酒用高粱示范基地。在全县7个乡镇遴选184户文化素质较高的农民作为科技示范户，通过农科传输、物资补助，推广应用新成果、新技术，带动农民依靠农业新成果、新技术增产增收。

【耕地地力保护补贴】 2018年，永和县农委将原来国家对小麦、玉米、小杂粮分类直补调整为耕地地力保护补贴，统一每亩补贴67元。根据土地确权面积予以补贴，补贴金额为3000万元。按照先易后难、搁置纠纷、分批次补贴的办法，各乡镇开展全面普查核实工作。

【农业保险】 为减少自然灾害对农业生产造成的损失，永和县农委在2017年风险保险的基础上，增加价格保险。2018年1月落实农业保险补贴资金936万元，涉保面积28.73万亩。其中：红枣参保3600户76366.14亩、核桃参保617户10000亩、玉米参保5417户200889.84亩。

【特色种植业发展补贴】 永和县农委结合永和县特色种植业生产发展的实际情况，制定《永和县特色种植业发展补贴方案》，明确水果种植、设施农业、特色蔬菜、特色野菜系列种植的奖补办法、程序、标准。10月开始全面核定验收，12月奖补到位，补贴资金700多万元。

【区域经济转型升级指标】 2018年，永和县区域经济转型升级指标完成情况良好。农村居民人均可支配收入，目标值增长7%，同比增长完成12.6%；农林牧渔业增加值，目标值增长2%，同比增长完成20.12%；年销售收入500万元以上农产品加工企业销售收入，目标值增长10%，同比增长完成8%；“三品一标”（无公害农产品、绿色食品、有机农产品和农产品地理标志）目标任务1.8万亩7个品种，申报绿色产品认证企业3个、8个品种（其中四季鲜农副产品责任有限公司糯玉米、谷子认证2个，面积0.2万亩；华龙果业发展有限责任公司苹果认证1个，面积0.2万亩；昌盛粮油有限责任公司玉米、绿豆、谷子认证3个，面积0.15万亩）。无公害产品认证企业1个（舌一哈有限责任公司野菜认证2个，面积1万亩）。复查核证2个品种，面积0.2万亩。

【“一村一品一主体”产业扶贫项目】 2018年永和县7个乡镇33个村申请“一村一品一主体”产业扶贫项目38个。其中种植业15个，养殖业14个，农产品加工业7个，旅游业2个，总投资7000多万元，申请财政扶持资金2000多万元，贫困村“一村一品一主体”产业扶贫项目实现全覆盖。制定出台《永和县特种养殖业资金运行管理办法》《关于进一步明确特色产业扶贫项目县级部门联审职责的通知》，明确联审的程序、范围、部门职责，采取实地核验的方式，符合规定的现场签注意见、盖章，不符合规定的一票否决或下发限期整改通知书，严格项目入库程序。下发《关于对特色产业项目主体进行审计的通知》，用2个月的时间完成对所有贫困村主体的审计，规范主体经营行为，确保主体的健康运行。

【农业服务】 永和县农委将春季农资市场稽查工作视为农业行政执法工作的重中之重，组织开展春季农资宣传与打假活动。2018年，重点加强对社会上农资经营人员的教育培训，从源头上禁绝假冒伪劣农资流入农村，组织16户农资经营人员到临汾市农委参加行业规范教育培训。在各村确定农民监督员，发现有流动商贩串入兜售农资现象立即举报，对举报人给予奖励。查处4起违规案件，确保春耕备耕阶段农资市场良好秩序。永和县农委与移动、联通、电信签订合作协议，打造永和县农情信息服务平台，9月实现农情信息户户通全覆盖。宣传普及农技知识和各项惠农政策；通报气象信息、灾害性天气的预警防控、农作物疫情的预警防控；公示公告涉农资金项目，接受群众监督。2018年，永和县农委选好规划编制队伍，召开座谈会、联席会、研讨会等听取各方面的意见和建议。按照产业优势、地理条件、行政区划、人口比例等方面提出发展思路，编制出具有前瞻性、科学性、实用性强的指导今后五年的战略发展规划。9月，开展编制工作，年底规划初稿完成。

（白建华）

林业工作

【概　况】 2018年，永和县林业局抓住国家生态文明建设机遇，以改善生态环境、促进经济发展、增加农民收入、助推脱贫攻坚为目标，坚持“林果富民、生态立县”战略不动摇，实施生态林、退耕还林等项目，改善生态环境，为全县农民脱贫致富贡献力量。

【营林生产】 根据临汾市林业局〔2018〕5号文件精神，永和县2018年营造林总任务13.49万亩，其中人工造林12.69万亩，封山育林0.8万亩。国家重点造林工程9.8万亩，其中人工造林9万亩，封山育林0.8万亩。具体有三北防护林封山育林工程任务0.5万亩，集中安排在打石腰乡马家岭村，全部集中封育，全部完成；天然林保护封山育林工程任务0.3万亩，工程地点位于永和县岔口国有林场、陈家沟、白家崖，全部完工。根据国土部门提供的25°以上坡耕地情况，全县25°以上可退耕面积9万多亩。2018年，永和县实施退耕还林9万亩，造林投资7200万元，涉及全县7个乡镇，实施主体是乡镇，到位资金3600万元。退耕还林后，国家分5次，每亩给群众补助1500元的生活补贴，9万亩补贴1.35亿元。2018年年底，退耕还林全部完成，涉及5862户16439人，其中贫困户2856户6518人

22980亩，平均每户每年增收2413元。2018年，永和县有省级重点工程任务2.51万亩，2个项目，全部为人工造林，其中，吕梁山生态脆弱区荒山造林绿化项目投资1520万元，在桑壁镇完成吕梁山生态脆弱区荒山人工造林1.9万亩，到位资金950万元，2018年任务全部完成；通道及两侧荒山绿化项目投资488万元，在芝河镇、打石腰乡霍永高速路两侧完成荒山人工造林0.61万亩，到位资金305万元。按照“立足实际、突出特色、精雕细琢、创建精品”的原则，高标准进行工程规划。苗木全部采用1.2米以上的侧柏大苗、油松，行间插栽山桃、山杏。落实各项营林技术，确保一次成活，一次成林，一次成景。2018年任务全部完成。省级重点区域造林任务0.3万亩，被永和县政府整合用于通道绿化，2018年全部完成。森林植被恢复造林任务0.38万亩，工程建设地点在阁底乡奇奇里村，工程全部完成。中央财政造林补助（退化林分修复）任务0.5万亩，建设地点在永和县红旗林场，全部完成。干果经济林提质增效项目任务2.8万亩，涉及全县7个乡镇46个行政村，涉及总户数2134户，其中贫困户1356户15364亩（核桃1016户10256亩，红枣340户5108亩），分别采取高接换优、整形修剪、去枯死枝、施肥、病虫害防治等措施，推广应用常规配套的实用技术，促进苗木更新复壮，增强树势，逐步恢复提高产量，2018年工程全部完成，通过省级验收。

2018年10月21日，县林业局和科技中心邀请省农科院园艺所红枣专家在打石腰乡河会里村举办“红枣防裂果示范总结暨技术培训”

【森林防火】 永和县林业局建立和完善各项森林资源管护制度和办法，初步形成一套行之有效的护林保绿的管护体系。修订完善《森林防火扑火预案》，制定《森林防火值班制度》《森林防火应急演练方案》，层层签订责任书。并进行演练，快速高效处置突发火情。森林公安派出所人员全天候值班备勤，坚持每天巡山，做到有火打火，无火巡查，一旦发生火情，第一时间赶往火场，为快速处置火情提供保障。在电视台开设森林防火专栏，出动宣传车辆到镇村发放森林防火宣传单、手册等宣传森林防火知识。出动宣传车200余次，散发森林防火传单1.5万余份，发放《森林防火安全手册》2000余册，森林防火宣传围裙、门帘8000余件（块），悬挂防火宣传条幅230余幅。2018年，全县无森林火灾发生。

【林业检疫防治】 永和县林业局经对全县林业有害生物进行普查监测，测报准确率达到95%以上，对林业重点工程所有苗木进行产地检疫，检疫率达到100%，对经济林常规病虫害进行无公害防治，防治率达到95%以上。

【驻村下乡帮扶】 2018年4月，永和县林业局的帮扶村由芝河镇官庄村调整为芝河镇刘家庄村。局班子成员及全体干部职工开展帮扶工作。为帮扶村的贫困户免费发放有机肥462袋，折合人民币3.5万余元。为帮扶村的贫困户免费发放农药24件，折合人民币9000余元。结合“主题党日”“党建共建日”“永和扶贫日”活动开展慰问帮扶村的五保户，帮助贫困户掰收玉米，以实际行动助力精准脱贫。聘请山西省林科院、临汾市技术推广站专家为林农举办核桃培训1次，受训人数达100余人次。

【造林务工脱贫】 永和县林业局以扶贫攻坚造林专业合作社为抓手，推进造林绿化，将所有营造林任务通过议标的方式安排给有贫困群众参加的造林合作社实施，确保建档立卡贫困人口在参与造林过程中获得劳务性收入，确保贫困社员长期有活干，务工可持续，能够长期稳定脱贫。全县36个造林专业合作社，有社员1840名，其中，贫困劳力1286人，占69.9%，人均可获得劳务费1.2万元左右。

（李永青）

水利工作

【概　况】 永和县水利局有全额财政供养人员47名，退役军人安置7人，临时工3人，下设事业单位自收自支工作人员5人（包括退休2人）。水务局党支部有党员19名，其中退休党员6名，借调党员2名，在职党员10名，预备党员1名。水务局内设办公室、水保站、农水站、供排水站、水资办、水质检测中心、河道站、防办8个科室，下设水利水保抗旱服务队，5个乡镇水管站。

【重点工程】 淤地坝除险加固工程。该工程建设地点为芝河镇和坡头乡，总投资1017万元，其中中央资金953万元，县级配套64万元。2018年7月20日开工，完成10座淤地坝除险加固。生态建设与水土保持工程。该工程建设地点为交口乡，建设坡耕地治理2600亩，封禁治理3万亩，该工程于2018年5月29日完成招标工作，6月20日开工，总投资500万元，全部为中央资金。农村饮水电力配套工程于7月16日开工，总投资348.5万元。农村饮水安全巩固提升工程涉及7个乡镇71个自然村，总投资2300万元，于6月12日开工，2018年年底到位1840万元中央资金。山洪灾害防治非工程措施建设项目涉及群测群防体系建设、自动监测站点更新改造、县级监测预警平台完善、维护费、运行费、看护费，总投资27万元。

【水政执法】 永和县水利局利用3月22日“世界水日”和“中国水周”加大对水利法规的宣传，提高全民的法律法规意识。建立永和县用水总量控制，控制用水总量。严格水资源论证和实施取水许可。完善黄河采砂管理和河道治理工作，规范黄河采砂秩序，坚决制止和打击私挖滥采，严格执行持证开采。加大河道管理的执法力度，严厉查处乱弃、乱倒等违法行为，确保河道正常运行。对县境内黄河河道彩钢房等临时用房共计5处1152平方米进行拆除。通过联合执法，对违法采砂的所有船只强制上岸，由海事处进行集中查封。

【防汛工作】 2018年5月27日，永和县水利局组织召开2018年防汛工作会，对防汛工作进行安排部署，组织人员对全县境内63座淤地坝、1座水库进行排查。组织施工队对排查出的隐患进行逐项逐坝修复整改。到基层检查山洪灾害防御措施，对全县16处自动雨量监测站、3处自动水位监测站、41处预警广播、51处简易雨量站进行排查。

【水质检测工作】 永和县水利局重视村民饮水安全问题，根据上级部门要求，2018年完成全县283个自然村的水质检测工作，检测水样频次290次。

【河长制工作】 2018年，永和县结合实际情况，落实“河长制”推进工作。编制完成《“河长制”实施方案》；设立河长办公室，河长办公室设在水利局，县委书记加天山和政府县长范洋平任总河长，分管政府副县长周宏任副总河长兼办公室主任。划分县、乡、村三级“河长制”区域，省级河道1条4段（黄河流经南庄、打石腰、交口、阁底等4个乡），落实河长；其他县、乡河流共9条14段，分别设立县、乡分段河长。制定六项制度，即县级会议制、信息报送制度、工作通报制度、工作督察制度、工作考核制度、工作验收制度；设立县、乡两级公示牌18块。基本形成县、乡两级河长制体系，于2017年12月8日通过市级验收。2018年，永和县三级河长巡河244次（巡黄河和县域内9条河流），其中县级河长进行24次巡河，乡级河长进行72次巡河，村级河长进行148次巡河。在各乡镇确定巡河员50名。

【扶贫工作】 2018年，永和县水利局为帮扶村阁底乡高家塬村实施农村饮水安全工程基础设施改造，总投资10万元，为高家塬村安装机泵1台，建设机房1间，水源水池1座，提供上下水管道1200米。

畜牧业

【畜牧业生产指标】 截至2018年年底，永和县畜禽饲养量：绒山羊12.8万只，牛1.1万头，鸡23.8万只，猪1.5万头。永和县肉类产量完成3310吨，禽蛋产量1810吨。

【春秋季动物重大疫病防控】 2018年，永和县对于强制免疫类疫病牲畜口蹄疫、高致病性禽流感、高致病性猪蓝耳病、猪瘟、鸡新城疫的强制免疫，做到应免尽免，全年免疫猪口蹄疫1.2万头，猪蓝耳病1.15万头，猪瘟1.1万头，禽流感21万只，鸡新城疫20.8万只，羊口蹄疫11.2万只，牛口蹄疫0.9万头。组织村级防疫员和乡镇兽医站人员对全县的畜禽疫病进行排查，对动物免疫进行抗体监测，采集各种动物血清160头份送临汾市畜牧局，抗体水平均达到合格，保证各类动物疫病的严密防控。

【非洲猪瘟防控】 2018年8月3日，永和县成立以政府县长范洋平为组长的非洲猪瘟防控工作领导组，下发《关于进一步加强非洲猪瘟防控工作领导包联工作的通知》，对全县所有养猪场（户）实行网格化管理。由县畜牧发展中心牵头，加强对养猪场（户）的排查力度，组织乡镇兽医站人员、村级防疫员对全县的养猪场（户）进行排查，排查14万头次，对全县12户泔水喂猪户进行人盯人排查，转化为饲料饲喂；对全县的养猪场（户）进行全面消毒，采取集中消毒和分散消毒相结合的方式，累计消毒面积100多万平方米。发放《致养猪户的一封信》120余份，非洲猪瘟防控技术资料120余套。

加强对生猪调运的监管，在南庄乡永和关、坡头乡岔口村、交口乡交口村设立3个非洲猪瘟防控临时检查点，加大对外来生猪及其产品的防堵力度，特别是厢式货车的查验，防止夹带猪肉。对正常调入的生猪及其产品，严格查证验物，加强对运载工具的消毒，严把生猪调入关，排查车辆4500多辆。投资近20万元购买便携式非洲猪瘟检测仪器1台。

永和县有泔水饲喂史的养猪户12户，养猪339头，其中有2户养的28头猪长期饲喂泔水，存在严重的疫情隐患。与养殖户协商购买其养殖的猪，以演练的形式进行扑杀，对其余10户有过泔水喂猪的养殖户进行重点监控，降低永和县发生非洲猪瘟的风险。

【畜产品质量安全】 永和县畜牧发展中心开展兽药饲料专项整治、动物诊疗专项整治、瘦肉精专项整治、生鲜奶专项整治活动，以畜牧投入品为重点，狠抓畜禽养殖、流通、经营等环节，加强畜牧兽医综合执法力度，出动执法人员80余人次，检查养殖户112户，加工经营户18户，饲料兽药经营户6户，立案处理1件，处罚金300余元。完成猪肉、鸡蛋、生鲜奶的抽检任务，完成11批次。通过加强畜牧执法力度，规范永和县畜牧生产秩序，保证永和县畜产品的质量安全，维护消费者的合法权益。

【畜牧产业扶贫工作】 2018年，全县各村委确定经营主体111个，其中畜牧业经营主体58个，占经营主体的52.2%。畜牧中心从多方面开展工作，加强畜牧经营主体的健康发展，为全县脱贫攻坚助力。

【强化技术服务】 永和县畜牧发展中心组织业务骨干人员到贫困养殖户家中了解畜禽生产情况，实地指导贫困户学习掌握春季养殖及疫病防控技术，发放驱虫、消毒药品，完善防疫档案，解决养殖户实际困难，做到疫情防疫不留死角、全覆盖，确保永和县贫困户的养殖产业健康发展。发放消毒药品40箱，驱虫药3000袋。

【畜牧产业提升工程】 畜牧产业提升工程项目资金48万元，属省级资金，县级统筹安排使用。畜牧中心加强对全县畜牧养殖经营主体养殖场硬件设施的改造，重点扶持阁底乡高家塬村村级经营主体养牛场、南庄乡郭家村发展林下养鸡、阁底乡奇奇里村发展舍饲养羊、桑壁镇新乡村宏祥养殖专业合作社养牛场、交口乡乡恋农牧专业合作社养驴场5个养殖场。对5个养殖场进行扩建、完善基础设施、购置养殖加工机械等，完成项目建设。

【畜牧养殖业的奖励补贴】 永和县畜牧发展中心会同各乡镇、村委、乡镇兽医站、脱贫办产业组，本着“见畜见户”的原则，利用1个月的时间，对全县畜牧养殖业的养殖、繁殖情况进行验收，奖补范围涉及养牛、养驴、荒山养蝎、种草、笼养肉鸡、林下养鸡养鹅，通过核对信息、公示、申报、发放奖励补贴资金，发放奖励补贴资金123.555万元，涉及323户贫困户。

【优种牧草种植】 永和县畜牧发展中心在2017年推广种植巨菌草10公顷，取得较好效果。根据各乡镇的不同情况，2018年推广种植巨菌草、高丹草以及优种紫花苜蓿，在阁底、芝河、坡头、桑壁、交口5个乡镇进行种植，面积700多亩。引进构树进行试种，在交口、桑壁、坡头、芝河4个乡镇试种80多亩。在种植过程中，畜牧中心选派技术人员从地块的选择、种苗的调运、适时栽植、中期管理等各个环节严格把关，实地指导。

【养殖技术培训】 永和县畜牧发展中心聘请山西省农科院畜牧研究所专家到永和县进行猪病防治技术培训，受训90余人，对猪病毒病的防治和良种引进进行讲解。针对永和县荒山养蝎的情况，邀请榆林市开源蝎业专家进行荒山养蝎技术培训，从地块选择、养殖技术以及日常管理方面

2018年4月28日，永和县在畜牧发展中心举办荒山养蝎培训班

进行讲解，得到参会群众80多人的好评，调动群众的养蝎积极性。

【畜禽养殖场环保治理工作】 永和县畜牧发展中心加强对规模养殖场粪污处理情况的排查，排查养殖场48个，下发整改通知书20余份。取缔禁养区内整改不到位的3个养殖场。争取到省级畜禽粪污治理项目，总资金60万元，对全县10个规模养殖场的粪污处理设施进行建设。全县养殖场的粪污处理情况有明显改善，促进全县环保整治工作。

【驻村帮扶工作】 2018年，永和县畜牧发展中心到桑壁镇后河村、桑壁村，开展帮扶工作。与县交通运输局协调，对后河村的主干公路进行建设；完善贫困户的基本信息，桑壁村的50多户贫困户是单位2018年新包联的贫困户，单位的干部职工多次到桑壁村贫困户家中，了解基本信息，有针对性地开展扶贫工作，发放紫花苜蓿种子25千克，帮助贫困户发展养殖业。开展访贫问寒慰问活动，中秋节、重阳节期间，对后河村、桑壁村的贫困户和80岁以上高龄老人进行慰问；结合单位的实际工作特性，加强对后河村的经营主体永和县宏祥养殖专业合作社的技术扶持，多次到养殖场指导养殖，提高养殖场整体的饲养管理水平。

（穆治元）

农机管理

【概　况】 永和县农业机械化发展中心位于正大路33号，隶属全民事业单位（参公），正科级建制，下属1个大型站，中心机关内设办公室、监理站、推广站。农机中心有编制19个，至2018年底，农机中心有在职人员14人。2018年，全县新增农机总动力4.2356万千瓦，落实农机购置补贴资金137.264万元，结算资金130.41万元，占已实施补贴资金的95%。补贴各类农机具420台（套），其中新增动力机械52台，新增耕整地机械172台；补贴机具数量420台套，其中，玉米收获机新增3台，达到28台。新建农机专业合作社3个，完成社会化服务项目1个（资产性收益扶贫实施合作社3个）。

【农机购置补贴】 2018年，永和县农机购置补贴实行“自主选择购机、补贴标准定额、县级审核结算、资金直补到卡”的方法。完善措施，改进工作，强化服务监管，确保购机补贴政策落实不走样，农民得到真实惠。2018年，完成机补资金130.41万元，补贴农户323余户，补贴机具420台（套）。

【农机操作手培训】 永和县农业机械化发展中心委托永和县梦晔职业培训学校于2018年8月6—11日，对120名农机操作手进行培训，培训项目资金为12万元。培训内容主要包括新型职业农民创新与创业实务、现代农机化发展趋势、丘陵山区农业机械化发展、农机修理与机械保养、农民专业合作社的创建与财务管理、农机相关法律法规等。通过培训，为永和县现代农业发展培养一批具有一定市场意识、懂经营、会管理、有技术的新型职业农民和农机作业服务人员。

【扶贫工作】 永和县农业机械化发展中心包扶打石腰乡李家塬村。2018年初，帮助村委会制定2018年度扶贫目标。工作人员调整帮扶对象。按照要求分别和被帮扶对象见面，了解每户贫困户的基本情况，制定脱贫计划，有针对性地进行扶贫。在“两节”期间，农机中心对扶贫村进行慰问，干部职工对帮扶对象进行慰问，加深党群干群关系。

【资产性收益扶贫】 2018年，永和县农业机械化发展中心有社会化服务项目资金35万元，分3个合作社（永和县庆丰农机合作社，法人代表刘新明；永和县永辉农机专业合作社，法人代表张培辉；永和县春耕农机专业合作社，法人代表冯永琴）负责实施；每个合作社吸收贫困户10～15户，年底贫困户分红分别为1580元/户、890元/户、2653元/户，加大农机助脱贫力度。农机深松整地项目资金90万元。作业面积3万亩，每亩补助30元。现代农机推广项目6万元，实施地点在阁底乡西庄村，由惠丰农机专业合作社实施，主要是购置一套榨油设备，责任单位为阁底乡人民政府，农机中心为主管监督单位，农机购置补贴资金140万元，调出20万元，剩余120万元，2017年结余17.264万元，2018年，使用补贴资金130.41万元，结余6.854万元。2018年，购买各类农机具420台，受益农户323户。

【其他农技推广】 2018年，永和县农业机械化发展中心把推广适宜永和县的中小型农业机械与推广农机新技术有机地结合起来，狠抓机耕机播的推广，集中在桑壁镇、阁底乡、交口乡、芝河镇实施土地深松，面积3万余亩。发放农机安全、农技宣传资料1800余份，到乡村田间地头30余次。参加、举办各类农机培训13期，培训各类农机人员70人次，其中，参加市局组织培训10次（农机补贴、农机推广、农机土地深松、农机作业人员培训工作管理），培训32人次，中心组织3次（深松、农机补贴、社会化服务），培训38人次。争取国家农机购置补贴指标金额140万元，召开全县农机购置补贴暨农机安全工作培训会议，对全县相关人员进行培训。把应该让农民知道的关于农机具补贴政策、程序、网址、服务人员、联系电话、举报电话等在永和县农机购置补贴专栏进行公示。下发农机安全生产专项整治文件，打击黑车非驾。开展“放心农机下乡宣传周”活动、“安全生产宣传日”活动。启动农机监理工作，农机监理站2人进驻县政务中心，理顺拖拉机、联合收割机的注册登记和年检审验工作，实现一站式服务，办结所有的证照，登记拖拉机51台。“3·15”期间，发放宣传资料1500余份，接待农民朋友咨询25人次。

（郝建明）

农业综合开发

【概　况】 2018年，永和县农业综合开发办公室以促进农村发展、农业增效、农民增收为目标，实施农发项目建设，改善生产条件，发展主导产业。永和县农发办组织实施7个项目，包括千亩高标准苹果园示范园区建设项目、交口乡苹果树示范园建设管护项目、华龙果业有限公司新建果品营销市场建设项目、海纳养殖有限公司林麝养殖示范项目、阁底乡石家湾村采摘园建设项目、千亩苹果提质增效标准化综合托管示范项目、2018年国家农业综合开发阁底片区高标准农田建设项目，完成投资2350.1万元。

【千亩高标准苹果园示范园区建设项目】 千亩高标准苹果园示范园区建设项目位于芝河镇长乐村，投资总额为380万元，全部为财政资金。项目规划建设高标准苹果园1035.2亩。农业措施包括土地深翻旋耕、秸秆还田、整修田间道路、田埂修筑；林业措施包括定点放线、植树挖坑、增施有机肥、整理树带、苗木引进、苗木栽植、拌土回填施肥、黑膜覆盖、浇水、整理树带、培土防寒、纸缠农膜、定干封口；机械围栏措施包括刺丝围栏，人工挖基坑、混凝土柱；科技推广措施分为技术培训和示范推广。技术培训100人次，培训对象为技术骨干、项目区农户和干部，进行刻芽、套管、修剪、水肥措施等栽植技术和病虫害防治等管理培训。2018年，项目整体形象进度完成。

【交口乡苹果树示范园建设管护项目】 交口乡苹果树示范园建设管护项目位于交口乡南楼村、都苏村，投资总额为500万元，全部为财政资金。项目总治理面积为1450亩。农业措施包括土地深翻旋耕、秸秆还田、整修田间道路、田埂修筑；林业措施包括定点放线、植树挖坑、增施有机肥、整理树带、苗木引进、苗木栽植、拌土回填施肥、黑膜覆盖、浇水、整理树带、培土防寒、纸缠农膜、定干封口；机械围栏措施包括刺丝围栏、人工挖基坑、混凝土柱；科技推广措施分为技术培训和示范推广。技术培训100人次，培训对象主要以技术骨干、项目区农户和干部为主，进行刻芽、套管、修剪、水肥措施等栽植技术和病虫害防治等管理培训。2018年，项目整体形象进度完成。

【华龙果业有限公司新建果品营销市场建设项目】 华龙果业有限公司新建果品营销市场建设项目是县政府确定的重点工程项目，是县农发办重点扶持带动全县苹果产业发展的重点龙头企业项目。该项目采用产业补助财政资金和企业自筹资金的方式进行工程建设。在项目管理上，采取不定期对项目建设进行全方位督查，单项工程逐个检查的方式，按照上级批复内容严格监督项目的建设。项目位于芝河镇红花沟村，投资总额为540万元，其中财政资金260万元，自筹资金280万元。项目总建筑面积为1909.20平方米，建筑层数为地上4层，建筑高度4.5米（1层），3.9米（2～4层），室内外高差0.1米，总建筑高度18.25米。结构形式为框架结构。地上一层为厨房、餐厅、展销中心、农资配送中心；地上二层、三层为办公室、培训中心、电商中心、休息室；四层为果商接待中心。2018年，项目整体形象进度完成。

【海纳养殖有限公司林麝养殖示范项目】 海纳养殖有限公司林麝养殖示范项目位于芝河镇韩家塬村，投资总额为60万元，其中财政资金30万元，自筹资金30万元。建设草房162平方米，进行地面硬化，购置切丝机1台、粉碎机1台、液相色谱仪1台、电子天平1台、变压器及配套1套、摄像头40个以及1套40路套装、2台42寸显示屏。引进林麝10只（公麝2只、母麝8只）。项目完成并通过审计与验收，资金全部拨付。

【阁底乡石家湾村采摘园建设项目】 阁底乡石家湾村采摘园建设项目位于阁底乡石家湾村，投资总额40万元，全部为财政资金。主要建设三大板块，采摘区、观景区、体验区，各板块通过砂石路和果蔬廊架连接。新建入口大门、凉亭、田间超市及300米砂石路、200平方米观景平台，新种植各类果树约6.7亩。

【千亩苹果提质增效标准化综合托管示范项目】 千亩苹果提质增效标准化综合托管示范项目位于阁底乡阁底村、高家塬村、雨林村，投资总额为472.6万元，全部为财政资金。项目管护面积1951.8亩。农业措施包括土地旋耕、施肥（冬季和春季）、黑膜覆盖、生草覆盖，林业措施包括夏季修剪、刻芽、环制、抹芽、拉枝、摘心、病虫害防治、树干涂白等。2018年，项目整体形象进度完成，进行验收、决算审计。

【2018年国家农业综合开发阁底片区高标准农田建设项目】 2018年国家农业综合开发阁底片区高标准农田建设项目2018年8月下达第二批中央财政农业综合开发资金，资金总额为667.5万元，其中中央财政资金445万元，省级财政资金209.15万元，市级财政资金13.35万元。实施位置为阁底乡西后峪村。项目的总治理面积558.78亩，全部栽植优质苹果响富，建设普通苹果园。水利措施包括修建蓄水池6座、提水泵1台、提水管道3.67千米、消防软管管道检查转换井5个及其他检查井60个；农业措施包括土地深翻，秸秆还田，整修田间道路，硬化路面，排水沟，修筑田埂，坡地改平地，修建排水涵洞2座、停车掉头点4处；林业措施包括营造优质苹果园558.78亩，内容包括定点放线、植树挖坑、拌土回填施肥、整理树带、黑膜覆盖、浇水、培土防寒、纸缠农膜、定干封口。技术培训200人次，培训对象以技术骨干、项目区农户和干部为主，进行刻芽、套管、修剪、水肥措施等栽植技术和病虫害防治等管理培训。2018年，项目整体形象进度完成40%。资金拨付185万元。

（刘　霞）

气象工作

【概　况】 永和县气象局是科技型基础性事业单位，编制7个，2018年有在职干部6人，编外2人。内设防灾减灾科和综合管理科2个机构。1个直属业务单位：永和县气象台，为中央级预算型事业单位，国家级一般站，担负着辖区内气象资料的观测和气象服务产品的制作、气象防灾减灾、气象现代化建设等工作，为社会公益性单位。

【重点项目】 2018年，永和国家气象观测站迁建项目由永和县气象局承担，项目总投资490.37万元，资金由县财政解决。项目征地资金120万元拨付芝河镇，完成项目征地和招投标，计划2019年7月工程竣工。

【气象服务】 2018年，永和县气象局15个区域自动气象站运行情况稳定，国家级站数据资料传输及时率达99.8%，定时数据无缺报，区域自动站、土壤水分资料传输率98.9%。业务人员加强预报预警及各个业务平台的培训与学习，熟悉掌握MICAPS、SWAN等各种预报平台。全县建有16套区域自动气象站点。通过电视、广播、电子显示屏、预警信息发布平台、手机短信等多种途径，发布天气预报、灾害性天气等信息。抓好汛期及重大节日的精细化天气预报和气象服务。

2018年，制作春运气象服务专报40期、发放12期《长期天气预报》、10期《重要天气信息》、69期《气象灾害预警信号》、2期专题《中高考气象服务》、7期节日专题预报。全年发送各类气象信息短信12万多人次，发布气象预警信号69次，开展人工影响天气作业2次。工作人员24小时严密监测降水过程，汇报降水强度和量级，利用手机短信、大喇叭、显示屏等途径定期向红枣、苹果、核桃等种植农户发布气象预报、预警信息及作物各生长发育期所需气象条件等信息，提供直通式特色服务产品。

焰炉增雨作业

【扶贫攻坚】 永和县气象局围绕扶贫攻坚任务，紧扣自身职能，上下联动，根据关系群众切身利益的重点事项和群众反映强烈的突出问题，确定把农业气象服务体系和农村气象灾害防御体系作为“扶贫攻坚”的根本抓手重点建设。根据贫困户调研气象帮扶需求，研究制定气象帮扶措施。春节前为贫困户送去面粉、食用油、大米、衣物和气象科普书籍。

（郑杨罡）

交通　邮电

公路建设与管理

【公路养护】 2018年，永和县公路段日常养护工作：完成清理边沟216千米，整修路基边坡171.2平方千米，整修绿化平台129.1平方千米，种植草坪13600平方米，补植行道树2015棵，清倒零星塌方土1231立方米，清扫路面14922平方千米，清理涵洞242道，清倒路面堆积物和边沟垃圾819.2立方米。对于5毫米以上的裂缝沥青灌缝53.9千米，5毫米以下的贴缝1.45千米。水稳填补坑槽6次完成2.98平方千米，刷油14.21平方千米。完成维修边沟704米，恢复维修挡墙护坡207立方米；投资4.4万元，完成三大线K193+800处水毁恢复。加强干线公路扬尘治理，加大路面清扫频率，做好公路清扫保洁、抛洒车辆治理工作。加大对所辖干线公路的隐患排查和治理，做到“早排查、早发现、早处治”。完成补栽警示柱105根，警示墩41个，波形护栏200米，划设标线7275平方米，完善警示标志7套。永和县公路段利用撒化肥机改装3台撒融雪剂机，该机可调节融雪剂流量。抛洒宽度4米左右，三轮车2挡行驶，50千克融雪剂可撒200～300米。

【基础设施管理】 永和县公路段投资53.9万元，对土罗村停车区、桑壁村停车区基础服务设施进行改造。道班图标按要求制作并悬挂，更新基础资料及各种台账数据，所有养护工程资料齐全完善，分类装订成册。依法办理路政许可1起，做到程序、内容、时限合法，无违规、越权审批，无未经许可擅自设置项目。结合路域环境集中整治、城乡环境集中整治以及永和县创建国家卫生城市等活动，永和县公路段与沿线乡镇政府、城市执法大队、交通综合执法大队、运管所及县交警队协同治理路域环境。发放责令整改通知书10份，进行路政宣传5次，散发传单资料500余份。清理垃圾30平方米，拆除非公路标志牌10块，发现路政案件2起，收回赔补偿费1.90万元；柴油车和散装物料车专项治理行动：永和县公路段参与治理柴油车、散装物料车和车辆超限超载工作，负责岔口—交警队路段，全年出动人员190余次，出动车辆90余次，查处过往车辆500余辆，配合运管所处罚超限车辆1辆。

【安全生产管理】 2018年，永和县公路段加强冬季除雪、节假日和关键节点道路安全生产工作。建立健全相关的规章制度和各项应急预案，设有专门值班室，24小时值班，建立应急救援队，队伍设备配备到位，抢险物资储备充足，对宽路窄桥、危险路段定期进行隐患排查，发现安全隐患及时处置。邀请永和县安监局、永和县交警队领导排查道路安全隐患，修复损坏的安保设施，危险路段增设波形护栏200米，补画标线，增设警示标志7套，确保道路安全畅通。完成市级督办隐患治理1处，县级督办隐患治理2处。

【脱贫攻坚】 2018年，永和县公路段帮扶打石腰乡郭家山村，帮扶贫困户21户。成立帮扶工作队，进村入驻，完善各种资料，做好帮扶工作。全体党员都有帮扶对象，定期进行入户帮扶，宣传国家扶贫政策，开展春节、中秋节慰问活动，帮助贫困户采摘红枣等。投资1.5万余元维修帮扶村水泥路；投资1万元推平整修村级200千伏光伏场地10亩。

【财务工作】 2018年，财政预算养路事业费拨款266万元，截至2018年年底，支付工资126.8万元，各项保险59万元，公用经费14万元，车辆维护运行费3.2万元，公务接待0.5万元，取暖费6.5万元，其他费56万元，支付率100%。小修保养费拨款322万元，支付人工费117万元，机械使用费用34万元，材料费54万元，其他费用58万元，支付率100%。

交通运输

【农村路建设】 2018年，永和县“四好”农村路建设规模174.44千米，总投资18089万元。其中：农村公路“资源路、旅游路、产业路”郭家村—社里公路改造工程10.7千米，投资4001万元；行政村通硬化路33项139.74千米，总投资10305万元；永和县坡桑线（坡头—暑益段）养护提质24千米，投资360万元；乡道安全生命防护工程76.1千米，投资1902万元；村道安全生命防护工程52.8千米，投资1330万元；危桥改造2座，投资191万元。

【郭家村—社里公路改造工程】 郭家村—社里公路改造工程起点位于永和县南庄乡郭家村，与乡道（Y032）大寨岭—郭家村线衔接，向西经花腰里、桃树山、铁花里，终止于南庄乡社里村，与县道（X525）沿黄扶贫旅游公路衔接，全长10.7千米。按四级公路技术标准建设。设计速度采用20千米/时，路基宽度采用6.5米。该项目于2018年7月6日开工，完成投资2700万元。

【行政村通硬化路工程】 2018年，永和县行政村通硬化路建设任务33项139.74千米，涉及28个行政村，总投资10305万元。具体项目为：桑西线—可托、永泊线—鹿角线、永泊线—南坡头、南陈线—峪里、沿黄公路—义合、沿黄线—阎家坡、X525—辛宜、小南楼—桑西线、红崖渠—南庄、白家腰—崖头、大寨岭—北河露、白家腰—尖山里、沿黄线—社里、桑西线—护国、坡大线—东索基、堡则—后河、碑河—兴义、新乡—前河、岔上—侯家庄、庄则坪—李家山线、阁底—园则沟线、马家湾—鳌头、南阁线—郑家塬、南阁线—马家岭、高山—山方里、红武岭—南阁线、望海寺—郭家山、永泊线—长乐、红花沟—东后峪、红花沟—乐生、上罢骨—霍家沟、S248—午门、坡桑线—索车线。项目于6月15日开工建设，截至2018年年底，完成投资9069万元。

【养护提质工程、安全生命防护工程和危桥改造工程】 2018年，永和县坡桑线（坡头—暑益段）养护提质工程24千米，完工，完成投资360万元；安全生命防护工程28条，隐患里程128.9千米（其中乡道安防76.1千米，村道安防52.8千米），总投资3232万元。完工12条路段76.1千米，完成投资2036万元；危桥改造2座191万元，完成投资153.6万元。

【沿黄旅游公路建设】 2018年，沿黄旅游公路主线工程在南庄乡—阁底乡段36.924千米，投资55636万元，2018年完成投资20000万元；阁底乡—大宁县界31千米，投资13235万元，2018年完成施工图设计工作；段家河—河会里支线公路改造工程22.729千米，投资8929万元，开工22.729千米，完工里程22.729千米，完成投资8500万元。

【大寨岭—郭家村公路改造续建工程】 2018年，永和县交通运输局大寨岭—郭家村公路改造续建工程项目起点位于永和县南庄乡大寨岭，与省道（S328）洪洞—永和关线（衔接处桩号为K157+117）衔接。终点位于永和县南庄乡郭家村，与乡道（Y030）郭家村—社里线衔接。路线全长12.6千米。施工单位于2017年6月29日进驻工地，6月30日开始施工，2018年全部完工，完成投资4425万元。

2018年，永和县交通局工作人员检查道路建设

【公路养护】 日常养护。2018年初成立阁底二班对新增养护路段实行大道班精细化养护，2018年养护中心下设养护班队17个，养护县乡公路8条171.5千米。养护中心完成对3条新增养护路段（西奇线、东阴线、阁高线）路容路貌的全面整修，并实行大道班精细化养护。交于线、交坡线、坡桑线、沿黄线、龙葛线继续沿用2017年的养护制度，养护中心加强管理。2018年，养护中心疏通边沟23.85万延米，补坑槽1200余平方米，清理落叶、杂物、淤泥、塌方3800余立方米，出动洒水车30余车次，清洗路面50千米，清理涵洞150道，挂线整边10万余米，周正标志牌8个。

中、小修保养。养护中心对中、小修保养工程做到及时排查、科学安排、规范施工、质量优良、确保安全。7—9月，永和县连续降雨，道路出现水毁：排查隐患11处，整改11处，发现及时未造成重大隐患；清理塌方、塌石1500余立方米，修补路面坑槽1200余平方米，涵洞出水口改道修建排水渠1150余米、1650余立方米，填土1200余立方米，投资190余万元；坡桑线养护提质工程完成旧路基挖除6400余立方米、水稳层铺设4800余立方米、油层1.6万余平方米，完成投资410余万元。对交于线道路进行标线施划和沥青灌封，消除安全隐患。

【道路环境改善工程】 2018年，永和县交通运输局对养护道路进行排查，对公路用地范围内乱堆乱放现象进行排查登记，限期整改；对交于线、西奇线、东阴线34千米路肩、护坡进行整修和花草种植，绿化、美化道路环境，对农村公路后河—花儿坡线、辛舍窠通村路的路容路貌进行整修并种植花草进行绿化、美化，路旁树涂白9000余株，长城墙粉刷5600余米，配备养护作业三轮车集中处理秸秆、落叶，杜绝焚烧造成的大气污染。

【交通执法】 2018年，永和县营运车辆拥有量为626辆，二类维修企业1家，其中有货运企业10家，营运货车545辆，城市客运企业2家，出租车辆44辆，公交车辆32辆，客运站营运客车5辆，投放县内班线9条，全县7个乡镇通班车率100%，全县79个行政村通班车率94%。客运管理。对永和县4家客运企业制定专项整治方案，查处违章行为5起，督促企业开展驾驶员培训教育达100余人次。完善客运车辆退出机制，强化客运驾驶人员教育培训，化解班线经营矛盾2起。货运管理。从4月1日起，对全县10家货运企业重点货运车辆进行摸底和排查，开展专项整治。指导货运企业完善管理制度，强化过程管理。完成对货运企业的诚信考核。开展环境污染“三大战役”和维修行业环保整治工作，对永和县城城区维修、洗车行业进行情况摸底和政策法规宣传，要求规范作业，杜绝污染，对维修经营者废机油随意倾倒、噪声污染、喷涂、露天电焊作业等行为进行查处，要求其错时作业；做好营运类“黄标车、老旧车”退出营运市场工作；督促企业强化车辆技术管理，开展车辆技术排查，确保车辆技术状况良好；做好三类以上维修企业质量信誉考核工作。货运源头管理。2018 年，县政府对全县的货运源头进行重新公示。完善路警联合治超机制，实行“一超四罚”（对超限运输车辆的承运人、装载企业、货运企业、驾驶员实行处罚）和“黑名单”抄告通知制度；构建智能化的治超信息和共享系统，实现“一处超限，处处受限”的精准管理格局。2018 年，处理行政执法案件 36 起，其中环境整治抛洒扬尘 20 起，治理超限车辆 8 起，其他营运车辆违法 8 起，处罚款 5 万多元。柴油货车和散装物料运输车污染治理。制定《永和县柴油货车和散装物料运输车污染治理联合执法专项行动实施方案》及任务分解表，成立永和县柴油货车和散装物料运输车污染治理联合执法专项行动领导组，组建联合执法队伍，设立 S328 省道永和关站点和 S248 省道岔口站点。抓住“车、油、路”3 个重点环节，重点整治柴油货车超标排放和散装物料运输车辆密闭不严、沿路抛洒以及道路扬尘污染，优化重型货车和散装物料运输车辆过境城区通行路线。2018 年，永和县联合执法人员检查车辆 26756 辆，引导劝返车辆 2772 辆，违法违规车辆未进入永和境内。检查维修企业 14 家，下达整改 9 家，查处关停无营业执照 2 家，处罚散装物料运输车抛洒扬尘污染不遮盖篷布 4 起，罚款 7000 元。完成临汾市、永和县提出的柴油货车、散装物料运输车污染治理阶段性目标。

【安全生产】 2018 年，永和县交通运输局开展道路运输、水上交通、公路安全设施、工程建设四大领域大检查、大排查、专项整治活动。全年排查各类安全隐患 13 处，整改 13 处，整改率达到 100%。安全生产月期间，展出安全警示宣传牌 36 块，发放安全宣传资料 1.6 万余份。组织企业负责人、安全管理员、特种作业人员培训 120 余人次，促进企业落实从业人员岗位培训制度，做到持证上岗。

【精准扶贫】 2018 年，永和县交通运输局以基础设施建设为本，将交通项目纳入省、市、县规划项目库，用于贫困乡村公路建设。投资 190 万元对白家腰—尖山里 3 千米水泥路进行硬化，工程完成；投资 4 万元为刘家圪塄村、白家圪塄村和张家坬村修通田间路 6 千米，工程完成；投资 12 万元为刘家圪塄村、白家圪塄村和张家坬村 3 个自然村修筑吃水路危险路段 200 米安全防护栏，2018 年底工程全部完成。

【扫黑除恶专项斗争】 2018 年，永和县交通运输局召开交通运输系统扫黑除恶专项斗争动员大会。全年召开扫黑除恶专项斗争学习培训和推进会 23 次，分析研判会议 6 次，利用宣传栏、公交车、出租车电子屏幕、悬挂横幅和发放宣传资料，加大扫黑除恶专项斗争的宣传力度。2018 年挂宣传标语和电子屏宣传标语 900 余条，其中城市公交 300 条、六合出租 360 条、客运站 170 条、施工现场 40 条，街道、乡道、码头等 30 条，发放公告通告、宣传资料 1.2 万余份。在县客运站、六合出租公司、城市公交站、维修企业、在建工程、渡口、码头等走访宣传排查 480 余人，调查问卷 120 余人，巡查公路 7000 余千米，高速公路征地拆迁存在 6 条线索；沿黄扶贫旅游公路永和县段家河—河会里段公路改造工程中存在征地拆迁阻工 5 条线索；在道路运输领域经排查发现在交泊线渝 AN6529 号车有超限超载现象，予以处罚，整改到位；在客运领域有强揽乘客现象，明确站点运行，在规定的途经站点进站上下旅客，无正当理由不得改变行驶线路，不得站外上客或者沿途揽客。

（陈调燕）

交通运输执法

【概　况】 临汾交通运输执法局永和县分局位于永和县滨河路 15 号，有内设机构 3 个（综合办公室、财务室、执法监督室），有干部职工 6 人，其中党员5人，大学以上学历3人。永和分局负责永和县域内交通运输行政执法行为的监督与检查。辖区内被监督单位有4个（永和县交通运输局、永和县公路段、永和县道路运输管理所、永和县地方海事处）；辖区内公路段管辖公路：省道328、省道248，计103千米；交通运输局管辖公路有县道、乡道，计377.6千米。辖区内被监管企业3个（永和县客运站、永和县公交公司、永和县六合出租公司）。永和分局建立交通局系统、公路系统、运管系统的执法机构及执法人员台账，健全监督单位的单位档案、企业档案、车辆档案、人员档案等基础信息。对被监督单位实行日常化、常态化管理。

【行政执法】 2018年，临汾交通运输执法局永和县分局按照各项监督业务实施方案和每月计划的要求开展监督工作。2018年，开展安全生产监督巡查60次，出动车辆60台次，出动人数180人次；执法监督明察暗访巡查40次，出动车辆40台次，出动人数120人次；治超监督明察暗访130次，出动车辆130台次，出动人数390人次，保证永和县境内道路交通运输安全畅通的监督效果。

（刘利利）

快递物流选介

临汾市百世汇晋通网络技术有限公司永和县分公司

【概　况】 临汾市百世汇晋通网络技术有限公司永和县分公司成立于2012年5月，法人代表刘锦枚，实际经营地址在永和县城关第二小学街面，邮政编码041499。

2014年，百世汇晋通网络技术有限公司永和县分公司，法人变更为李继梅，财务负责人李彩梅，企业核算方式为独立核算企业，企业性质为私营有限责任公司，经营地址变更为河西坡地税局家属院，纳税人识别号为141032000004235，注册资金10万元，企业经营范围为国内快递。2016年3月，百世汇通更名为百世快递，公司变更为山西顺之诚商贸有限公司永和县分公司。纳税人识别号变更为91141032MA0GW3WO85。2018年，山西顺之诚商贸有限公司永和县分公司，营业面积30平方米，有员工4名，车辆3台，年货物寄进、寄出达10万多件。

联合通信

【概　况】 中国网络通信集团有限公司永和县分公司（简称“永和联通”）位于永和县正大路43号，总建筑面积2410平方米，公司有干部员工32人。公司有2个后台支撑部门、5个一线营销部门，下设1个班组，11个接入网点（综合支撑中心、接入网维护中心、集团商务客户服务中心、城区营销服务中心、农村营销服务中心、社会渠道中心、自有营业厅中心、设备维护综合值守组）。

【业务收入】 2018年，永和联通围绕临汾市公司打造“五新”（新基因、新治理、新运营、新功能、新生态）联通的工作思路，结合创新营销模式，业务收入完成519万元，移动业务用户达6552户，固网宽带用户2672户。

【宽带网络】 2018年，永和联通基本实现光纤到户。宽带100兆网速资费降幅20%，农村区域，宽带资费降幅25%。完成郭家村等18个村的网络覆盖工程，新建杆路100余千米、新建光缆180余皮长千米，完成项目投资300余万元。

【网络设施建设】 2018年，永和县新建和优化4G基站20余个，逻辑基站数量135个，基本实现大行政村4G网络覆盖，其他行政村2G覆盖。开展“2+4”（2G和4G两种模式同时运行）和“3+4”（3G和4G两种模式同时运行）网络优化补盲工作，发挥联通4G独有的“双4G、双百兆”优势，提高手机上网速率和通话质量，用户满意度95%以上。

【其他业务】 2018年，永和联通打造“质优、价廉、售后绿色通道”联通平价手机卖场，使人民群众买得放心、用得舒心。建立山西联通微客服、临汾联通微信公众平台和“96169”宽带专家热线，为用户提供便捷的24小时服务。成立“中国联通智慧沃家工程师”队伍，解决用户在宽带使用中的各种问题。

（陈　磊）

邮政事业

【概　况】 永和县邮政分公司有职工48人，固定资产1538.9万元，房屋建筑面积2942.68平方米；管理机构设综合办公室、市场经营部、金融业务发展中心、渠道平台中心、文化传媒中心、寄递事业部、邮政中心营业厅、城南营业所、正大街营业所、投递组。县城投递段6个（普邮3个，特快专递3个），农村投递段6个，邮路总长度800多千米，农村投递路线总长度600多千米。企业经营函件、包裹、报刊发行、机要、邮政储蓄、代理保险、代收话费、代售航空机票、汇兑、特快、集邮、电子商务、分销配送等多种业务。

【寄递业务】 2018年，永和县邮政分公司为适应业务量增长的需要，建设300平方米的分发场地和仓储中心，为寄递业务打实基础。2018年，业务总收入完成594.04万元，完成年计划（665万元）的89.33%，其中金融专业完成468万元，完成计划（460万元）的101.74%；集邮与文化传媒专业完成59.28万元，完成计划（105万元）的56.46%；渠道平台专业完成28.11万元，完成计划（50万元）的56.22%；包裹快递专业完成38.51万元，完成计划（50万元）的77.02%；机要专业完成0.02万元，完成计划（0.12万元）的16.67%；其他专业完成0.12万元。

【电商运营】 2018年，永和县邮政分公司利用邮政电商平台“临邮乐购”“邮乐网”将永和县土特产推向全国，主要有红枣、黑小米、核桃等一系列产品，吸引很多农企朋友参与电商运营。利用网络寄递平台优势与县坡头乡昌盛粮油有限公司签订寄递协议，2018年邮寄3600件，产生寄递费用2.52万元，发展乡镇经济，增加农民收入。利用集团公司“9·19”电商节活动宣传永和县土特产并进行网上销售。

【渠道平台】 2018年，永和县邮政分公司利用邮政春季惠农化肥的优势销售化肥1600袋，销售收入15.68万元。2018年6月，与永和县国家税务局签订代收税款合作协议，方便纳税人开具发票。纳税人足不出户可网上申领，发票邮寄纳税人。

（王建斌）

移动通信

【概　况】 中国移动通信集团山西有限公司永和县分公司（简称“永和移动”）是一家国有控股、海外上市的通信企业的下设分公司，于1999年9月1日挂牌成立，主要经营移动通信业务（包括话音、数据、多媒体等）、IP电话及互联网接入服务等业务。公司位于永和县药家湾村，主要有1个自办厅和1个专营店，在乡镇及行政村设立代办点33处，渠道网点覆盖城区主要街区、热点区域，服务全县移动用户3万多户，是永和县最大的移动通信运营企业。公司有干部职工25人。基站数量140座，实现全县网络覆盖。2018年，永和移动围绕新增用户发展、宽带用户发展、4G套餐用户发展、数据业务发展、集团客户项目拓展等开展营销，向用户推荐移动互联王卡、光纤宽带、4G套餐、流量包、积分兑换业务、云企信资费、彩铃新业务等业务让客户使用。

【业务指标】 2018年，永和移动通信服务收入完成全年目标进度106.86%，全市排名第二，集团通信和信息化产品收入完成全年目标进度

115.98%，全市排名第二。移动份额79.48%，全年新增、净增用户份额均居全市第一。4G用户规模及DOU（月均流量）提升，4G用户数26410户，4G流量总量较2017年增长222.2%。宽带用户规模扩大，宽带净增用户完成全年目标进度114.31%，宽带用户份额超过60%。扩展58元及以上4G套餐用户规模，渗透率完成全年目标进度102.8%，居全市第二。借助“永和网”小号规模较大的基础，做好资费升级“云企信”的宣传推广，在营业厅和代办点，营业员等向新入网用户或语音通话较多的用户结合其特点推广云企信产品。推进“满意100”主题服务活动。在营业厅设立体验式柜台，在农村开展“下乡驻村扶贫”活动，落实“一对一服务”，把移动的服务送到每个客户的身边。在“3·15”国际消费者权益保障日、“5·17”电信宣传日等重要节日宣传客户通信自我保护知识，打击手机网络淫秽色情信息，治理垃圾短信，推动客户实名制工作，保护客户信息安全开展各项志愿服务活动，为高考学生家长服务等。加大对移动网络信号的覆盖和优化力度，尤其是4G信号，新建开通扶贫4G基站12座，解决县城、脱贫村、旅游区及主要交通道路的4G覆盖，新建宽带小区8个。截至2018年底，全县有在网运行基站141座，其中4G基站92座，基本实现县域内重点区域和全部行政村网络信号覆盖。

【脱贫攻坚】 2018年，永和移动帮扶村为交口乡都苏村。完成驻村光纤宽带覆盖，完成整村自来水入户，完成辛宜村道路硬化等基础设施建设。推动消费扶贫，帮助贫困户销售小米3000余千克，实现贫困户增收，完成当年脱贫任务。

（曹　琪）

建设 环保

住房和城乡建设

【概　况】 永和县住房保障和城乡建设管理局担负着永和县住房保障、城乡规划、城市建设与管理、市政基础设施建设与运营管理等重要任务，有干部职工47人（不包括临时职工），内设综合办公室、规划建设股、住房保障股3个股室；单位下设3个事业单位（永和县环卫监察管理队、城建执法监察队、质量监督管理站）和2个企业单位（污水处理厂和垃圾处理场）。

【城区市容市貌管理】 2018年，永和县住房保障和城乡建设管理局环卫队清理市容小广告、条幅及门店对联1800余条，城区下水道维修更换箅子39个，累计疏通堵塞下水道50次，维修损坏污水、给水井口15处，整改芝河污水口12处，并对食品公司附近河道、变电站附近、药家湾旧桥、永和县药家湾小学后方独桥东西两侧、东山路两侧、河家庄河道6处近5000立方米积存垃圾进行清理。为阻止小商贩及居民向河道倾倒垃圾，在药家湾高山流水小区旁拉防护网120多米、上塔沟桥旁40多米。对药家湾新桥北段进行平整，加大河道的保洁力度。每天定时在主街道洒水，降低扬尘污染。城区基础设施完好率达98%，路灯亮灯率95%以上。

【城区绿化工作】 2018年，永和县住房保障和城乡建设管理局完成绿化面积1.03万平方米。其中道路绿化新增面积7000平方米，包括正大路道路绿化5000平方米，滨河路道路绿化2000平方米；单位庭院新增绿化3300平方米，包括永和县第一高级中学绿化2800平方米，青少年活动中心绿化500平方米。对县城正大路、滨河路、体育街、城西路、府西街、康谐路、东山公园、文化广场等绿化区域8万平方米的管护，按照高标准养护程序和要求，依次进行涂白、除草、抹芽、浇水、修剪、病虫害的防治及养护工作。

【永和县新建坡城中村改造项目】 永和县新建坡城中村改造项目计划于2018年实施棚户区改造1714套，其中新建坡城中村改造1247套（拆迁333户），前河口村城中村改造210套（拆迁77户），同顺店城中村改造257套（拆迁89户）。永和县新建坡城中村棚户区改造项目面积共计68238.61平方米，征收共涉及被拆迁户333户，拟还迁安置1247套，项目总投资约3.56亿元，永和县计划筹集资本金8260.56万元，申请贷款2.74亿元。2017年，永和县筹集项目资本金2260万元，申请到贷款金额7490万元。2018年，永和县共筹集项目资本金3043.66万元，申请贷款金额1.2174亿元。2018年年底，新建坡城中村改造基本完成631套，其中签订并录入山西省住房保障建设管理平台237户协议631套，征收38461.38平方米，补偿金额12415.45万元。

【危房改造项目】 2018年，永和县农村危房改造目标任务94户，其中四类重点对象94户。永和县制定出台《永和县2018年农村危房改造实施方案的通知》(永政办发〔2018〕13号)，2018年3月20日印发给各乡(镇)、永和县直各相关单位。截至2018年年底，永和县农村危房改造94户，全部改造完成，出台验收方案。2017年10月，永和县聘请第三方对永和县农村没有参加过危房改造的2646户一般户的住房进行安全鉴定，确定1213户住房存在安全隐患，经过乡(镇)政府再排查摸底确定686户有改造需求，2018年对需求户资格进行审查。

【建筑市场管理】 2018年，永和县住房保障和城乡建设管理局严格建设程序，监督管理各方主体，加强建筑市场管理。受理各类业务32件，其中建设项目选址意见书9件，建设用地规划许可证4件，建筑工程规划许可证4件，建筑工程施工许可证11件，竣工规划认可证4件。项目报建率、上工程图纸图审率、入市招标率、施工许可率、质量监督率达到100%。规范工程质量监督行为。提高监督队伍人员素质，严格规范工程质量监督行为。搞好工程竣工验收程序，落实工程竣工备案制度，按工程竣工备案程序实施工程竣工验收备案，杜绝出现劣质工程。加大对建筑工地的安全管理力度，搞好建筑工地安全生产防范，要求施工单位按施工程序操作施工。组织人员对永和县城区内建筑年代较长、建设标准较低、失修失养严重的居民住宅以及所有保障性住房和棚户区改造安置住房等老楼危楼安全状况进行排查，对排查出的危旧房屋做好记录，建立台账，督促房屋产权及使用人依法采取措施。

【城市供水建设】 2018年，永和县住房保障和城乡建设管理局为彻底解决城区居民吃水问题，投资1200万元，聘请山西省和顺县太行山井巷水文工程队和临汾市“213”地质勘查队分别在芝河镇官庄村和东峪沟村委后圪蹬村新打井4口，建水塔4座。该工程于2018年6月开工建设，2018年年底已完成2处打井任务，其中后圪蹬村打井深480.15米，每小时出水40立方米；官庄村打井深60米，每小时出水60立方米。后圪蹬铺设供水管网4579米，已全部接通灌入东山水厂营运；官庄水源铺设供水管网4495米，已完成4395米。

【城市集中供热供气】 2018年，永和县继续实施集中供热工程。新增集中供热17.85万平方米，其中新众合供热公司新增集中供热8万平方米，春源供热公司新增集中供热9.85万平方米(集中供热全部实现气化)。截至2018年年底，城市燃气累计敷设中压管线15千米、低压庭院管网30千米，累计发展居民用户1600余户、非居民用户20余户。

【城市道路建设】 城西路道路改造建设项目。2018年，永和县城西路道路改造建设项目工程计划总投资5319.11万元，道路改造全长3.2千米，建设内容包括道路工程、污水、给水、照明、绿化、交通设施及其他附属工程。2018年年底，供水、供热、污水等地下管网铺设完成，沥青混凝土面层全部铺设完成，完成总工程量的90%。

永和县正大路拓宽改造续建项目。永和县正大路拓宽改造工程于2017年10月底完成地下管网铺设和道路工程。2018年投资985.9万元，对正大路道路两侧实施外立面处理工程。该工程于2018年4月开工建设。截至2018年12月30日，外立面处理11950.68平方米，改造石窑洞8间，铺设花岗岩面砖2000平方米，完成工程量的90%。

滨河路雨污分流及道路改造续建工程。滨河路雨污分流及道路改造工程于2017年12月13日完成地下管网铺设和路面铺油工程。2018年，主要建设内容包括安装路侧石1800米，铺设人行道6000余平方米，铺设供水二网13处，铺设供热二网600米，铺设沥青混凝土面层13565平方米。该工程于2018年4月开工建设，2018

年10月竣工，铺设人行道面砖9528.36平方米，安装栏杆450米，侧石安装2140.55米，绿化1235.8平方米。

【公厕建设】 2018年，永和县投资50万元，在交警队十字路口新建高标准公厕1座，总建筑面积130.04平方米，内设管理室1间，工具间1间，男女厕蹲便各5个，坐便各1个，洗手池各2个，男厕小便池5个，无障碍厕所1间。该工程由林州市永盛建筑有限公司中标承建，2018年10月开工建设，于2018年11月25日竣工。

【文体设施建设】 文体活动公共服务设施PPP项目包括文化活动中心建设和全民健身活动中心建设2个项目，已于2018年年底全部立项。其中全民健身活动中心于2017年12月13日完成设计招标工作，2018年进行设计调整工作；文化活动中心建设项目于2018年5月15日完成设计招标工作，2018年进行工程设计，计划新建8个功能不同的文化活动场馆（“一院三馆四中心”）以及相应的配套设施。

【污水处理厂扩容改造】 2018年，永和县污水处理厂采用“A2O+纤维束过滤器”工艺，处理规模2500立方米/天，实施污水处理厂扩容改造工程，扩容改造后日处理规模达到5000立方米/天，对原有处理工艺进行升级。计划总投资1283万元。该工程于2018年4月开工建设，完成2座二沉池、过滤池、污泥池、污泥贮池、好氧池、混凝沉淀池和设备安装等工程。2018年12月15日竣工，2018年年底竣工验收。

【垃圾处理场渗滤液建设】 2018年，垃圾处理场渗滤液建设项目工程计划投资760万元，实施垃圾处理渗滤液工程改造，提升规模至日处理垃圾40.3平方米，新建配套化验室、监测井、防护围栏、洗车场、绿化工程等。工程设备由内蒙古寅岗建设集团有限公司中标供应，工程配套施工部分由山西河海建设工程有限公司中标承建，由山西力拓建设监理咨询有限公司监理，2018年1月开工建设，2018年12月15日竣工，2018年年底竣工验收。

（梁艳芳）

城市供水

【概　况】 永和县供水指挥部成立于1974年，1975年奠基，1976年1月成立永和县自来水公司。公司位于永和县新店45号，2018年有职工36人。永和县城有固定水源地4处，分别是龙口湾村1号水源地、东峪沟村2号水源地、永和县第三初级中学3号水源地、东峪沟村6号水源地水井。2018年，自来水公司总供水量50.2万吨，年收入107万元，其中电费支出57万元，维修费支出8.4万元，供水普及率89%。严格抄表收费管理，综合漏损率控制在15%以下，水质综合合格率100%。

【水质安全】 2018年，永和县自来水公司掌握水质变化情况。在水质安全方面，公司进行日检10项，月检36项，月检随机报送临汾市水质检测科检测，每月水质监测结果在政府网站公开。4处水源地24小时专人值班，电子监控，专人专锁把控，出入登记。对24小时水位进行记录，做到无缝连接。

【水源储备】 永和县自来水公司聘省、市专家到永和县实地勘查、物探、钻孔、设计。坚持打井补水，提升供水量。2018年8月开始实施水资源综合开发利用项目，分别在城区龙口湾村、后圪墪村、官庄村各打井1口，该工程总投资1673.66万元。2018年，实现新建2口水井、新建2条供水管线的建设目标。各水源地井房、蓄水塔及其附属工程的建设正在筹备中。

（暴云龙）

房地产管理

【廉租房保障】 2018年，永和县房产中心为加强廉租房小区物业管理，制定《永和县廉租房小区物业管理规定》。要求小区建设花池并栽植各种花草，安装监控录像，建设存车棚，安排专人管理。对符合领取城镇低收入家庭廉租住房租赁补贴的家庭781户（1626人），按照每户3人（包括3人）以下发放2600元，每户3人（不包括3人）以上发放3100元的标准，发放城镇低收入家庭廉租住房租赁补贴209.61万元，发放准确率100%。

【精准扶贫】 2018年，永和县房产中心帮扶南庄乡社里村。组织干部职工到南庄乡社里7个村民小组下乡驻村10余次，开展与定点扶贫村支部联村、党员职工联户的“双联”活动。春节前，永和县房产中心对70户贫困户进行慰问，给每户送去面粉1袋、食用油1桶，价值12400余元。对帮扶任务进行细化、量化，明确帮扶任务、完成标准、完成时限。全村有128户贫困户安装光伏发电设备，其中20户安装好，并网发电，108户选好地基。给50户贫困户提供养殖小额贷款，每户5万元，共250万元。

【档案管理】 2018年，永和县房产中心用时2个月，对历年来产权产籍档案进行整理，查阅整理历年档案3500余份、1.75万多页，登记备案上台账10余本。将历年来的房屋产权籍档案全部录入电脑，建立电子档案。

【房屋租赁备案】 2018年，永和县房产中心在房屋租赁工作中遵循市场发展规律，加大执法和宣传力度，坚持依法行政，提升房屋租赁管理工作。2018年，办理商品房租赁备案1700余份，全县商品房租赁走向规范化。

（牛　燕）

环境保护

【环保宣传】 2018年，永和县环保局开展“美丽永和，我是行动者”宣传系列活动。制作报送永和县“6·5”世界环境日宣传展板2块、宣传书画摄影作品10幅，在临汾市进行宣传；通过永和县电视台及永和县文化广场电子屏幕滚动播放永和县环保倡议书；开展纪念“6·5”世界环境日大型宣传活动，展出专题板面12块，悬挂条幅20幅，发放宣传册5000余册、宣传单2000余份，答复群众咨询27条；在交通干线、县境出入口、乾坤湾旅游景区等处刷写固定标语20条。

【重点项目】 2018年，永和县环保局实施的重点项目是永和县污水厂尾水深度治理二期项目，项目主要建设人工湿地工程，投资500万元，主要建设河道挡墙及湿地垂直潜流池3个共2500立方米。该项目于6月开始建设，2018年年底完成建设任务，开始试运行。永和县环保局争取财政支持资金91.25万元，实施“煤改电”项目，完成“煤改电”121户，其中芝河镇官庄村煤改电74户，滨河社区煤改电47户，比预定任务（101户）超额完成20户。

【考核指标】 污染减排指标。2018年，临汾市环保局未下达减排任务。水指标：化学需氧量、氨氮由永和县尾水湿地工程、永和县污水处理厂扩容改造工程、永和县垃圾处理场渗滤液处理工程完成，永和县尾水湿地工程4月试运营，分别减排化学需氧量（2.1吨）、氨氮（0.6吨）；大气指标：二氧化硫排放量较2015年下降4%，较2015年重点工程减排量0.001万吨；氮氧化物排放较2015年下降4%，较2015年重点工程减排量0.0003万吨；二氧化硫和氮氧化物减排均由永和县春源供热公司完成。

水环境质量考核指标。根据芝河出口断面检测情况，永和县2018年断面水质有5个月（3月、4月、10月、11月、12月）达到Ⅲ类，有3个月（6月、7月、9月）为Ⅳ类，1个月（8月）为Ⅴ类，1—2月芝河下刘台断面结冰未监测，5月为劣Ⅴ类。

空气环境质量指标。永和县环境空气质量改

善目标：二氧化硫2018年目标36微克每立方米、细颗粒物（PM2.5）目标35微克每立方米、优良天数比例为70%。截至12月31日，永和县环境空气质量综合指数为4.75，与2017年同期相比上升0.08，二级以上天数为278天，同比减少52天；六项监测指标中二氧化硫、一氧化碳两项浓度值同比均下降，PM2.5、可吸入颗粒物（PM10）、二氧化氮和臭氧浓度值同比上升，其中PM2.5浓度均值为37微克每立方米，同比上升5%；二氧化硫浓度值为18微克每立方米，同比下降50%；截至12月31日，全年目标（二氧化硫目标36微克每立方米、PM2.5目标35微克每立方米、优良天数比例为76.4%）除PM2.5目标未完成，其余两项均完成。

土壤方面。2018年，新增南楼村、郭家村、奇奇里村进行土壤监测。配合山西省环保厅委派的第三方公司（中环宏达环境有限公司）进行企业土壤污染地块调查，永和县垃圾处理场列为被调查对象，2018年该工作完成。

生态转移支付。永和县环保局每个季度向生态环境部上报国家重点功能区县域环境质量考核指标，涉及环境空气质量（东山水厂、粮食局）、地表水（上刘台、响水湾）、地下水（永和县第一高级中学、永和县东峪沟水源地）、污染源（永和县污水处理厂）等考核指标，通过国家考核。

【生态环境治理攻坚行动】 永和县于2018年2月10日召开全县生态治理攻坚行动动员大会，成立永和县生态治理攻坚行动工作领导组。6月13日，召开永和县生态环境治理攻坚暨“八大工程”推进会。全县“八大工程”任务共12项，其中涉及大气污染治理的5项，包括清洁取暖、制砖和搅拌站改造、煤炭销售治理、建筑工地扬尘治理、餐饮油烟治理。水污染防治的7项，包括污水厂扩容和提标改造工程、污水厂尾水深度治理工程、垃圾处理场渗滤液系统建设工程、河西路雨污分流改造工程、加油站油罐双层罐或防渗改造工程、芝河城区段排污口整治工程、集中式饮用水源地保护工程，年底前完成加油站油罐改造。

【环保督察问题整改】 2018年，临汾市委、市政府强化对永和县的环保督察，发现问题131项，整改127项。2018年8月20日至2019年1月1日，生态环境部对永和县强化督查共9批次，问题反馈15个。2018年年底前，反馈问题全部完成整改。

【民生领域专项整治】 2018年，永和县环保局成立永和县环保局民生领域腐败和不正之风生态环保专项整治工作领导小组，形成由环保牵头，公安、住建、发改共同参与的联动机制，对2013年以来的群众举报、上级移交和转办的环境破坏案件（共25起）进行“回头看”。经走访调查无“反弹”迹象。

【精准扶贫】 2018年，永和县环保局派驻1名专职人员驻村帮扶，机关14名干部职工与小南楼村42户贫困户结对帮扶。永和县环保局党组成员多次到所包扶村坡头乡坡头村进行走访调研，与坡头乡包村干部、村两委班子、第一书记、群众代表座谈，开展扶贫工作。

【环境监察执法】 2018年，永和县环保局新配置移动执法终端3部，完成局环境监察人员配备执法终端的工作。9月，应用新的排污许可证管理系统。对需要纳入排污许可证管理的企业12家，完成核发企业2家，剩余10家企业在申报中。全年出动执法人员300余人次，下达行政处罚决定书10份，查封扣押决定书1份，处罚金额47.035万元。同时，解决环境污染信访事件14起，其中网络舆情1起，市局举报中心转办2起，微信2起，来访3起，来电1起，市长热线5起，办结率达100%，群众满意率100%。

【环保审批】 2018年，永和县环保局共受理建设项目环境影响报告书（表）17件，完成审批12件。剩余5件审批项目2018年年底按照程序办理。受理主要污染物总量核准项目9件，完成8

件的核准及交易工作，剩余1件正在进行交易中。完成25个建设项目用地与水源地保护区范围重叠情况核查，其中临时用地建设项目4个，永久用地21个。针对永和县"一村一品一主体"扶贫项目较多的实际情况，采取规模以上的养殖项目纳入环境影响评价管理，规模以下的养殖项目由所在地乡镇、村委进行日常监管，不纳入环境影响评价管理等管理办法，完成建设项目环境影响登记表备案系统备案43个。

【环境污染源普查】 2018年，永和县进入第二次全国污染源普查清查和全面普查阶段，清查污染源445个，其中工业企业现场清查337个，纳入普查26个，不纳入普查311个。规模化畜禽养殖现场清查80个，纳入普查7个，不纳入普查73个。无生活源锅炉现场清查。集中式污染治理设施现场清查2个，纳入普查2个，没有不纳入普查设施。入河排污口现场清查24个，规模以上2个。2018年底前基本完成普查阶段入户调查工作。

【县域生态红线划定】 山西省第一次划定永和县生态保护区红线总面积443.19平方千米，占永和县总面积的36.49%。从煤层气勘探开发、公路建设、风力发电、光伏发电、工业园区建设、土地利用规划、县城总体规划7个方面，于2018年3月12日进行意见建议反馈，第二次反馈永和县生态保护红线总面积158.89平方千米，占全县面积的13.08%。5月29日再次上报意见建议，生态保护红线总面积61.58平方千米，占全县面积的5.1%。第三次未上报反馈意见建议，永和县生态保护红线总面积调减为15.83平方千米，占全县面积的1.3%。

（李焱旭）

财政　税务

财　政

【公共财政预算收入】 2018年，永和县财政总收入完成27851万元，比2017年增收4238万元，同比增长17.95%，其中税收收入完成25567万元，非税收入完成2284万元。公共财政预算收入预算目标11036万元，实际完成11399万元，占年初任务的103.29%。

【公共财政预算支出】 2018年，永和县实际支出146083万元，债券还本支出100万元。上级补助收入125406万元，债券转贷收入11494万元，调入预算稳定调节基金2233万元，永和县总财力变动为151684万元。剔除安排预算稳定调节基金363万元，上解支出15万元，债券还本支出730万元，年终公共财政预算支出实际执行146083万元。结转下年4493万元，比2017年增加支出21119万元，同比增加16.9%。

【政府性基金和社会保险基金预算收支】 2018年，永和县政府性基金收入完成1073万元，支出执行36381万元，占全年预算的195.85%。2018年，永和县社会保险基金收入14045万元，其中企业职工基本养老保险基金收入3545万元，城乡居民基本养老保险基金收入1660万元，机关事业单位基本养老保险基金收入8840万元。社会保险基金支出执行10693万元，其中企业职工基本养老保险基金支出2790万元，城乡居民基本养老保险基金支出987万元，机关事业单位基本养老保险基金支出6916万元，结余3361万元。2018年年末，滚存结余12539万元。

【收支平衡情况】 2018年，永和县总财力151684万元，其资金构成为永和县公共财政预算收入11399万元，返还性收入905万元，一般性转移支付收入63043万元，专项转移支付收入61458万元，债券转贷收入11494万元，调入预算稳定调节基金2233万元，2017年结余收入1152万元。2018年，公共财政预算支出146083万元，地方政府债券还本支出730万元，安排预算稳定调节基金363万元，上解上级支出15万元，结转下年使用数4493万元。2018年，永和县“三公”经费〔政府部门人员因公出国（境）经费、公务车购置及运行费、公务招待费〕支出执行482万元，同比增加9.05%。

【财政政策】 2018年，永和县财政局完善综合治税制度体系，加强税源控管，堵塞收入征管漏洞，规范非税收入管理，确保收入稳定增长。永和县一般公共预算收入实际完成11399万元，占临汾市目标任务11036万元的103.29%。整合各类涉农资金27576.39万元，拨付27342.58万元，占整合资金总数的99.15%。这些资金全部用于永和县脱贫攻坚的九大类扶贫项目。在扶贫投入上专款专用，各成员单位按时完成涉农资金整合任务。

【财政管理】 2018年，永和县财政局围绕资金安全，强化财政监管。坚持一个部门一本预算，将政府各部门所有收入和支出都列入县级预算。坚持先预算后采购、先评审后采购、先公告后采购，通过公开招标、竞争性谈判、单一来源、询价，确定中标价格。政府采购总预算39749.39万元，总成交价38239.54万元。节约金额1509.85万元，节约率3.79%。2018年，送审扶贫投资项目67个，绩效评价资金12848.3万元，占扶贫项目资金的46.59%。2018年，预算投资评审项目137个，送审资金130796万元，核减资金6888万元，核减率为5.27%。

【国际资金管理】 2018年，永和县国际资金管理局按照省、市要求，抓好世行贷款、奥地利政府贷款的还本付息工作。归还山西省财政厅世行贷款利息13.29万元，奥地利政府贷款归还本金9.47万元，利息2.67万元。

（李培宏）

非税收入征管

【概　况】 永和县非税收入征收局（原预算外收费中心）成立于2002年1月1日，单位性质为全额事业单位，为正科建制，人员编制10个，隶属永和县财政局管理，2012年更名为永和县非税收入征收局。2018年，有人员11名，其中管理岗2人，技术岗9人。

【非税收入征收工作】 2018年，永和县非税收入征收局从抓管理、促征收抓起，规范工作流程，实行“收支两条线”管理，加大稽查工作力度。2018年，永和县非税收入1723万元，预算外收入210万元，共计1933万元。

【脱贫攻坚】 2018年，永和县非税收入征收局帮扶芝河镇后甘露河村委。该村委有4个村民小组163户477人，有贫困户52户。工作队多次到贫困村和贫困户家中开展交流、座谈，为贫困户排忧解难，每个工作人员至少包联3户贫困户。王家塬至小豆圪塔村的道路因灾害造成中断，给老百姓带来很大困难，永和县非税收入征收局多次与昆仑公司考察、协商，筹措资金，使中断的道路恢复通行。

（张艳红）

税　务

【概　况】 国家税务总局永和县税务局属国家行政机关，正科级。成立于2018年7月，由原永和县国家税务局和原永和县地方税务局合并组成。实行国家税务总局为主与永和县人民政府双重领导管理体制。内设13个股室，3个税务分局，2个事业单位。围绕征管体制改革“三大主攻战”，完成各项改革任务，新税务机构集中挂牌完成，“三定”（定机构、定职能、定编制）工作平稳落地，社保费和非税收入征管职责划转完成。2018年，永和县税务局完成各项收入26204万元，同比增长17.58%，其中税收收入完成25567万元，同比增长17.78%，非税收入完成637万元。税收收入中，地方级收入完成15796万元，同比增长12.83%，中央级收入9771万元。地方级收入中，县级收入完成9115万元，同比增长11.19%，省市级收入6681万元。

2018年7月23日，永和县税务局成立并举行挂牌仪式

【征收管理】 2018年，国家税务总局永和县税务

局召开个人所得税改革动员会和推进会，编印手册，组织专题培训，实现对个税新政全覆盖宣传辅导。开展管户对照和税源摸底调查工作，强化数据质量治理，“金推进三”并网并库，夯实征管基础。发挥新成立风险管理部门的优势，整合风险管理数据，建立风险任务台账，提醒并反馈应对结果。

【营商环境】 2018年，国家税务总局永和县税务局深化“放管服”改革，开展便民办税春风行动，“一厅通办”“一门办税”“一窗式受理”“最多跑一次清单”让纳税人享受到便利。“零门槛”办税、“套餐式”服务、取消增值税发票认证、对符合规定的增值税纳税人年申报增值税次数由12次简并为4次，开展“万名税务干部入企暨领导干部驻厅服务”和民营企业大调研大走访活动，问需求、解难题、优服务，优化税收营商环境。

（李守亮）

金融　保险

永和县人民银行

【金融服务】 2018年年底，永和县银行信用社各项存款余额239500万元，比2018年年初增加43545万元，增长22.22%；各项贷款余额79819万元（其中票据转贴现23000万元），较年初增加33906万元（其中票据转贴现14000万元），增长73.85%。

永和县人民银行精准把脉金融需求，加快金融扶贫力度。对接建档立卡贫困户金融需求，完善永和县金融系统关于贫困户类型、属地、年龄等数据共享机制，明确责任，强化措施，加快小额信贷投放力度。对接产业发展金融需求，推动“产业扶贫贷款”建设。2018年年末，发放产业扶贫贷款余额1050万元；永和县精准扶贫贷款余额17549.9万元，较年初增加3110.01万元，增长率21.54%。永和县各项贷款增速过快是由于永和联社2018年票据转贴现增加而形成的，剔除联社票据转贴现后，各项贷款增速为15.18%，精准扶贫贷款增速高于各项贷款增速13.95%。支持建档立卡贫困户2596户，支持永和县全县脱贫攻坚工作。

运用扶贫再贷款货币政策工具，助推永和县脱贫攻坚。按照扶贫再贷款的相关规定，督促农村信用社严把贷款用途和利率关，在风险可控前提下，简化手续，加快支农贷款投放进度。2018年，中国人民银行永和县支行积极向中支申请增加扶贫再贷款限额，截至2018年底，通过永和县农村信用联社向建档立卡贫困户和能带动贫困户发展的合作社、能人大户、小微企业等发放贷款1.3亿元，支持县域扶贫脱贫工作。

强化沟通协调，保证小额信贷保障制度落实到位。为保证扶贫小额信用贷款足额按时贴息，中国人民银行永和县支行积极协调沟通，消除扶贫部门和银行之间的制度壁垒。参与《永和县风险补偿金实施办法》和《永和县扶贫小额信用贷款贴息办法》的修订，推动扶贫部门及时向各金融机构足额拨付风险补偿金1180万元。为防止因欠息影响建档立卡贫困户的信用记录，协调银行机构适当调整扶贫小额信贷的结息时间，如永和县邮政储蓄银行由按月结息调整为按季结息，永和县农行由按季结息调整为按半年结息，确保建档立卡贫困户拥有良好信用记录。2018年，建档立卡贫困户享受贴息资金242.93万元。

依托深化农村信用村创建工作，加大评级授信力度。2018年，为9390户农户建立电子档案，评定信用农户9116户。其中，评级授信建档立卡贫困户2596户，占永和县建档立卡贫困户6572户的39.5%。剔除丧失劳动能力户数2019户后，占比为57.02%；再剔除65周岁（含）以上221户后，占比59.93%。评级授信户占永和县建档立卡贫困户较年初比例明显提升。

开展金融宣传活动，扩大受惠群体。通过组

织召开“行长联席会议”和“金融工作座谈会”向金融机构宣传货币政策；组织金融机构利用“3·15”国际消费者权益保护日、“6·14”信用记录关爱日、“珍爱信用记录，守护您的‘经济身份证’宣传月”“诚信文化宣传月”“全国扶贫日”，以及国家重要节日和重要纪念日，到广场、社区和金融综合服务站等开展宣传活动；借助“山西永和文化旅游暨槐花产业扶贫活动”、中支征信管理科与支行党支部联建活动、各乡镇集会等机会，分别到集市、农村、贫困户家中以及农民专业合作社进行宣传。全年，辖区内组织宣传336人次，投入85个工作日，出动宣传车辆20余次，发放宣传资料10万余份，张贴标语30余次，受惠群众1.7万多人次。通过向市民、农户、贫困户宣传各类金融政策、扶贫政策和相关知识，提高群众诚实守信意识和金融知识水平，让老百姓了解日常金融知识。

【利率市场化改革】 2018年，中国人民银行永和县支行做好利率市场化改革的监测及各项日常工作。监测利率变动趋势，做好人民币利率监测分析系统（2.0）的上报工作，组织人员对永和县辖区法人金融机构定价行为开展2次宏观审慎利率定价评估。

【存款准备金管理】 2018年，中国人民银行永和县支行完善存款准备金管理工作。加强存款准备金日常管理，执行各项政策和规定，落实存款准备金率调整政策；考核存款准备金，加强对流动性变化的跟踪监测。

【金融风险监测评估】 2018年，中国人民银行永和县支行加强金融风险监测评估工作。针对永和县农村信用社存款保险评级级别低的状况，进行跟踪监测评估和风险预警提示，掌握法人机构风险状况。上半年，对永和县农村信用社开展存款保险真实性进行按月核查，向其发出早期预警纠正书6份。

【重大事项报告】 2018年，中国人民银行永和县支行健全完善金融机构重大事项报告制度。加强对辖区银行业、保险业日常监测分析，对银行类机构的流动性风险监测。关注和评估房地产贷款、产能过剩行业、民间融资等风险状况，加强跨行业、跨市场业务风险防控。落实金融稳定工作协调制度，推进信息交流和工作合作。

【征信管理和金融消费权益保护】 2018年，中国人民银行永和县支行开展中小企业信用体系建设工作。截至2018年11月底，为1243人次查询自然人个人信用信息，查询企业信用报告34份；做好信用档案建设工作，发放信用机构代码证228份，其中换发信用机构代码证20份，补发丢失证6份，发放率100%；围绕全县征信市场、个人信用、征信知识以及中小企业信用体系建设，撰写上报4篇调研文章及20篇专题信息，其中中支专题信息采用5篇。开展金融消费权益保护专项检查，维护金融消费者权益。

【国库管理】 2018年，中国人民银行永和县支行落实国库经办人员、国库业务主管、国库部门负责人和国库主任四级风险防范责任制，明确岗位职责；执行轮岗制度，加强对重要岗位的检查与管理。2018年3月8日，对国库重要岗位进行大轮换。严格岗位交接、坚持换人复核、换人对账制度，杜绝业务处理“一手清”，加强环节控制。截至12月底，发生预算收入业务23170笔，金额29114万元；各类支出业务10160笔，金额177427.72万元；办理退库90笔，金额14万元。

【支付结算服务】 2018年，中国人民银行永和县支行加大反洗钱及正确使用银行卡等知识的宣传力度，深化农村支付环境建设，引导金融服务站拓展服务功能，推进农民养老金发放、领用等涉农补贴在服务站落地。推进移动支付便民工程，要求辖区内各机构分区域稳步实施，推动示范工程的开展。各类结算账户余额1258户，其中基本存款账户1114户，一般存款账户53户，专用存款账户84户，临时存款账户7户。

【优化人民币流通环境】 2018年，中国人民银行永和县支行加强人民币流通服务监督和管理，开展反假货币知识宣传和教育；做好市场现金流通和小面额货币供需情况的分析工作以及残损币回收工作，优化流通中货币的结构；对辖区残损人民币、反宣币、假币收缴和流通中人民币、小额人民币的供给、收缴、整洁度等情况及反假货币网络进行检查指导，完善农村反假货币长效机制和农村反假货币网络体系建设。

（吴爱民）

2018年6月14日，永和县人民银行工作人员在宣传金融政策和扶贫政策

银监工作

【金融监管】 2018年，永和监管组开展银行业金融机构案防评估、农村信用社监管评级，对金融机构经营风险程度打分评级；通过召开会议、约见谈话、现场督导等方式督促联社按要求、按程序推进改制化险工作。全年开展7次现场检查，发现问题查找依据，撰写检查报告，完成每项现场检查任务。清理非标资产。采用逐月逐步收回方法，截至2018年7月末，永和联社收回全部对外投资4.5亿元非标资产。组织开展打击非法集资宣传活动，召开会议安排部署，组织活动开展。全年各机构组织大型宣传活动6次，悬挂横幅6条，发放宣传手册700余份，接受群众咨询约880人次。

【金融扶贫】 2018年，永和监管组通过跟进督促指导，完成全年扶贫小额贷款任务。通过政府组织多部门召开联席会议，就扶贫小额信用贷款数据统计口径不一致问题，进行沟通、协调，确保各部门数据上报的一致性。截至2018年12月末，永和银行业金融机构发放扶贫小额贷款942户，金额4705万元，完成全年任务4550万元的103.4%，其中永和县农行累放158户，金额788万元，完成全年任务121.2%；永和县邮储银行累放262户，金额1307万元，完成全年任务100.5%；永和县联社累放522户，金额2610万元，完成全年任务100.4%。参加贫困村帮扶。2018年，永和监管组帮扶交口乡索珠村12户贫困户，多次进村入户，与贫困户谈心、谈话，宣传扶贫政策，完善扶贫资料，制定脱贫方案。全年下乡100余人次，充实完善“扶贫手册”24本，发放“帮扶政策牌”12个，落实帮扶措施5项，送去慰问品12份。完成永和县扶贫小额信贷工作考核。2018年12月下旬，永和监管组开展永和县扶贫小额信贷工作考核，到扶贫局现场察看，永和监管组按照考核标准逐项查阅印证资料，分析评判。

【金融乱象治理】 2018年，永和监管组在日常监管中发现永和县大华天丰农业科技发展有限公司按照银行模式经营粮食购销业务，以“银行”字样制作招牌、牌匾、传单宣传业务。永和监管组向政府金融办汇报，分管副县长召集银监、工商、人行、企业开会，听取永和监管组就“粮食银行”风险情况汇报，决定由永和监管组牵头，工商、人行配合，到企业调查，依规依纪作出处理。经永和县政府同意，下发整改通知书，停止该企业的违规经营行为。摘除、更换印有“银行”字样的牌匾，清除“银行”字样的标识，收缴印有“山西益农粮食银行”字样的宣传单250余份，存折47本。

（王蛇林）

永和县农行

【概　况】 2018年，中国农业银行股份有限公司永和县支行（简称“永和县农行”）强化客户建设、风险防控、“三农”服务工作，提升各项业务发展质量，提升市场竞争力、风险控制力，助力永和经济发展。

【业务指标】 2018年，永和县农行存款余额72135万元，较年初净增12291万元，其中储蓄存款余额为37371万元，较年初增加6585万元；对公存款余额34764万元，较年初增加5706万元。各项贷款余额9204万元，较年初增加5185万元，其中个人贷款余额2783万元，较年初增加904万元；对公贷款余额6421万元，较年初增加4281万元。营业收入1574万元，中间业务收入175.49万元，个人掌上银行活跃客户增量2938户，信用卡有效客户新增1256户，聚合码有效户净增79户，POS机净增9户。

【营销工作】 2018年，永和县农行树立“服务就是效益”的理念，提升服务的渗透度、覆盖面；提升服务产品；推出“网捷贷”“质押贷款”“聚合码”“惠农e商”“惠农e贷”“惠农e付”等电子产品，“营销宝”“易商道”“惠农e管家”等APP；提升网点服务。临汾市行2017年打造金钥匙和广惠2个“金钻”网点，2018年推广到全市各个网点。2018年年底，永和县农行硬件设备基本到位，3台超级柜台缓解传统柜台的压力，无卡扫码取款全面覆盖。

【驻村帮扶】 郭家村是永和县农行帮扶的贫困村，2018年，永和县农行坚持一户一对策，一户一帮扶，发挥“一对一”结对帮扶作用，全年向郭家村发放扶贫贷款30万余元，农行员工自带米面油肉等生活用品对贫困户进行慰问，员工集资3000余元购买71个电热水壶，送到贫困户手中，自筹4000余元慰问贫困户。

（王琪蓉）

山西省农村信用社永和联社

【概　况】 山西省农村信用社永和联社（简称“永和县信用联社”）内设10个部室，下辖1个营业部、5个信用社、1个分社、1个储蓄所共8个营业网点。2018年，在岗员工117人。有ATM自动取款机6台，分布在永和县6个乡镇。截至2018年年末，永和县联社各项存款余额12.76亿元，较年初净增32151万元，各项贷款余额66089万元，较年初净增30517.77万元，各项收入5281.45万元，实现净利润319.96万元。

【清欠贷款】 2018年，永和县信用联社重拳出击，清欠不良贷款，确保资产质量优化。按月听证问责，实施责任清收，截至年底，处罚相关责任人9名，收回不良贷款507.43万元；对赖债户、钉子户、难缠户实施依法清收，2018年起诉贷款17笔，金额580万元，收回310万元。改制化险中，尧都农商行资金认购不良贷款3100万元，职工认购不良贷款1590万元。2018年年末，不良贷款率为2.49%，为历年最低。

【精准扶贫】 2018年，永和县信用联社召开银企座谈会，在座谈会上与县供暖公司达成协议，为其办理450万元贷款；创新推出和推广大学生助学贷款、“白领贷”、“强农贷”、“富民贷”等产品；支持农业龙头企业、农民合作社、家庭农场、建档立卡贫困户等各类农业主体发展，在扶贫小额贷款发放方面，支持产业扶贫、易地搬迁扶贫、光伏扶贫、教育扶贫、科技扶贫等扶贫脱贫产业，坚持“四有两好”信贷政策，满足客户需求，确保资金使用安全。

【商行改制】 2018年，永和县信用联社通过自身努力和尧都农商行帮扶，推进股金规范、土地确权、不良贷款处置、股金募集等改制工作。

（许　剑）

中国邮政储蓄银行永和县支行

【概　况】中国邮政储蓄银行永和县支行（简称“邮储银行永和县支行”）于2011年11月1日挂牌成立，邮储银行永和县支行主要业务包括个人业务、公司业务、“三农”业务、投资理财、信用卡、电子银行六大类100多项金融产品和多元个性化服务。邮储银行永和县支行是永和县具有竞争力且功能齐全的金融服务机构。

【服务地方经济】2018年，邮储银行永和县支行立足服务地方经济的政治高度，依托遍布城乡的网络优势，按照支持地方经济建设、服务“三农”的要求创新金融产品，支持永和县政府经济建设、企业发展和居民脱贫致富。小额贷款包括扶贫贷、助保贷、再就业贷、消费贷、一手房贷款等多个品种。响应县银监局“村村通”工作部署，在全县50多个行政村布放助农取款机63台、POS机具82台，投入10万余元。2018年，邮储银行永和县支行在永和县设有自营网点1个、代理网点2个、自助银行3处、ATM机5台；拥有本外币账户数6万户，各项存款3.1亿元，发放各项贷款近31564万元。

【脱贫攻坚】邮储银行永和县支行于2015年5月开展金融扶贫工作，成为永和县域最先启动金融扶贫的金融机构。2015年7月，与永和县财政局、扶贫局联合制定《永和县金融支持特色产业发展富民扶贫工程2015—2018年实施方案》，开始投放扶贫贷款。截至2018年年底，邮储银行永和县支行投放扶贫贷款4022余万元，无逾期不良贷款，直接受益贫困户665户。

（宋程宏）

中国人民财产保险股份有限公司永和支公司

【概　况】2018年，中国人民财产保险股份有限公司永和支公司开展建立良好的社会关系活动，加大市场占有面。加强内部管理，提升员工业务素质和业务能力，把巩固老客户车险和拓展新客户车险市场作为业务工作的重中之重，除巩固原有的车险外，争取赢得更多的“回流”保险业务。全年完成车险保费193.22万元。

【农　险】结合扶贫攻坚政策，通过保险政策最大化降低贫困户因红枣裂果带来的损失，助推全县扶贫攻坚发展，是中国人民财产保险股份有限公司永和支公司2018年的工作重点。2018年，完成对全县3600户建档立卡贫困户610万元的红枣保险承保任务。通过与政府协调，承包全县政策性玉米种植保险9370.04亩、“玉米+期货”保险10万亩，推进“一揽子”扶贫保险的落地。

（刘　栋）

中国人寿保险股份有限公司永和县支公司

【概　况】2018年，中国人寿保险股份有限公司永和县支公司围绕“保增长、重价值、防风险”九字方针，各项业务取得一定成绩。2018年，总保费实现3708万元，同比增长15.54%，高出全市平均水平7.25个百分点，新单保费1080万元，高出市公司平均水平7.61个百分点，首年期缴保费702万元，10年期及以上278万元，大短险259万元，其中个险首年期交639万元，3年期289万元，5～9年期91万元，银保期交63万元。互动业务保费收入185万元，完成年任务150万元的123.33%。

【个险条线】2018年，中国人寿保险股份有限公司永和县支公司围绕“以业务发展为生命线，以队伍建设为根本线”，狠抓基础管理，落实转型升级的5项重点工作，获得2018年“个险业务发展先锋单位”和“队伍建设优秀单位”的称号。

个险首年期交保费639万元，3年期交289万元，5～9年期91万元，10年期保费259万元，短险66万元。全年有效人力156人，申请在永和公司召开签约班。制定临汾培训奖励方案，调动新人培训积极性，狠抓导师队伍建设，有星级导师12名。强化周经营模式，从周一至周日固化经营，从早会内勤包揽到外勤主导的规定动作，周经营逐步规范。

【团险业务】 2018年，永和县统保业务由2018年前的每人每年25元增加到每人每年30元，增加保费33万元。考虑到贫困人口和非贫困人口的政策待遇差距的矛盾，2018年停止扶贫保险的续保，学生保险保费收入16万元，达成分公司下达15万元任务目标，团险保费收入280万元。

【综合柜面】 2018年，中国人寿保险股份有限公司永和县支公司综合柜面加快“科技国寿”的应用，搞好窗口服务，理赔做到快速高效，扩大上门赔款面，加大宣传力度。办公单证做到防范风险，每周定期开早会宣传销售误导、非法集资、反洗钱等知识，做到防微杜渐，把风险消灭在萌芽阶段，无违规违纪案件发生。

（冯立新）

商　贸

商　业

【概　况】 永和县于2015年3月设立永和县发展改革和经济信息化局（挂县商务粮食局牌子），是永和县政府主管全县国民经济和社会发展中长期规划和年度计划，主管工业、商贸方面生产和市场发展、粮油购销等业务。内设综合办公室、发展规划办公室、经济和信息化管理办公室、商务市场管理办公室、粮食流通管理办公室等5个股室。下设2个股级事业单位：永和县信息管理中心、永和县酒类市场管理办公室。

【成品油市场管理】 2018年，永和县发改局在全县范围内集中开展为期3个月的清理整顿成品油市场专项行动。出动执法人员18人次，检查企业32家（其中中石化2家，社会加油站5家），下达整改通知书1份。达到国六标准，油气回收运行正常。

【打击黑加油站点】 2018年，永和县成品油领导组召开打击取缔黑加油点联席会议，对各部门职责进行明确分工，制定《永和县严厉打击取缔黑加油加气站点专项行动工作方案》。1—12月，发改、公安、消防、交通、工商、安监、国土、中石化、供电、芝河镇等相关部门和乡镇联合行动，打击、取缔榆林只路段、响水湾路段、河口村、杨家庄村（2个）、呼家岔村等地6个黑加油站点，出动执法人员59人次，出动执法车辆19辆次。根据各部门职责，分别下发18个函（永油整办函）给相关部门，下达《现场强制处理措施决定书》5份，查封扣押黑加油车3辆，加油机1台，封存柴油罐1个，封存柴油桶8个，没收加油枪1支，公安拘留1人。

【规范酒类流通市场】 2018年，永和县开展为期3个月的整治酒类流通违规经营专项行动。制定印发《关于开展整治酒类流通违规经营专项行动的实施方案》。推荐1家酒类生产企业加入临汾市国际商会。开展1次酒类流通违规经营专项整治行动，检查酒类经销商（包括超市、批发商、零售商）4户，下达整改通知书2份。组织2家酒类批发企业参加全市酒类管理暨商务综合执法工作会议。2018年，永和县年检3户酒类批发商，换发酒类批发许可证2户。全年出动执法人员15人次，检查酒类经销商11户。截至2018年12月底，全县有酒类经销商64户，酒类批发商3户。

【社会消费品零售总额】 2018年，永和县社会消费品零售总额完成5.24亿元，同比增长7.8%，其中永和县对外贸易出口总额完成10.2961万元。

【消费促进月活动】 2018年，永和县开展消费促进月活动，组织各类行业参与促销费活动，提高活动成效。永和县2家大型超市设立农产品零利润促销蔬菜，解决农产品销售难问题，促进农民增产增收，提高农产品市场流动率。

（穆瑞强）

招商引资

【概　况】永和县招商引资没有专职机构，职能在县发展改革和经济信息化局，由局长主管，一名副局长分管具体工作。负责全县对外开放和招商引资的发展规划及年度计划，研究制定和完善永和县招商引资相关政策措施并组织实施；负责宣传、推介永和投资环境，优惠政策；负责项目的市场调研、策划、征集、筛选、整理、编制、包装、推介和项目库建设；负责全县各类招商活动的筹备、组织。

【市级任务】2018年，临汾市下达永和县招商引资项目4个，总投资9亿元。这4个项目分别是北京中海沃邦能源投资有限公司永和分公司生产调度中心，投资1亿元；永和县日昇昌大酒店项目，投资1亿元；永和县万吨级秸秆综合循环利用项目，投资3亿元；永和30万吨/年石油压裂支撑剂项目，投资4亿元。永和县全部完成签约。

【招商活动】2018年，永和县委、县政府重视招商引资，参加临汾市举办的所有招商活动，招大项目，招好项目，提高签约项目质量。2018年6月12日，由尧都区、永和县和大宁县3家联合组织举办一次招商活动，永和县政府县长范洋平做专题演讲和推荐，成功签约2个项目，分别为山西迅磊环保科技有限公司的永和30万吨/年石油压裂支撑剂项目、永和县上德益农生物质新材料有限公司的永和县万吨级秸秆综合循环利用项目。

（李硕卿）

供销合作

【概　况】2018年，永和县供销社辖7个基层社、4个改制股份制公司，在职干部职工101人。2018年，永和县供销社商品购进完成3334.2万元，同比增长28%；商品销售完成3207万元，同比增长28%，利润总额（汇总）实现23.5万元。

【供销综改调研】2018年，永和县供销社深化供销社综合改革，提升惠农服务水平；整合监督力量，完善监管制度，履行监督责任，探索社有资产监管的新思路、新方法，增强监督工作的针对性和有效性。2018年，出台《关于深化供销合作社综合改革的实施方案》，县供销社组织相关人员到基层开展以“构建生产合作、供销合作、信用合作‘三位一体’的农村经营服务综合平台”为主题的调研活动，提出“创新生产服务体系、完善供销服务体系、构建信用服务体系”的应对策略，完善生产、供销、信用三大服务功能，培育一批可供复制推广的示范典型。

【经营管理】丰裕农业生产资料有限公司面对春、夏两季用肥量的锐减状况，从测土配方、庄稼病医院方面着手，寻找改变生存和发展的突破口，为全县“三农”提供优质服务，2018年销售完成546.4万元，没有发生坑农、害农事件。盐业有限公司全年销售完成71.2万元。晋宏日用品有限公司全年销售完成51万元，上联市直公司进货渠道，对下覆盖全县需求范围，净化市场经营秩序。

【新网工程】2018年，永和县供销社农业配送中心和日用品配送中心物流覆盖县域范围，配送率60%左右。供合客多超市在县域流通市场占主导作用。永和县供销社还拥有乡村两级便民店31家，发挥着销售终端的作用。

【供销社综改】2018年，永和县出台《关于深化供销合作社综合改革实施方案》，供销综改提供保障，成立惠农工程服务领导组，建立1个惠农服务中心和1个惠农服务站。惠农服务中心设在丰裕农资超市，营业面积220平方米；惠农服务站设在署益村的1家农资销售店，营业面积200多平方米。依托丰裕农资超市以及有关农资农家店提升功能、完善相关配套设施，以达到测土配方、农资直供、土地托管和农民培训四大功能。依托惠农服务站，同种植大户合作，进行土地托管试点工作，土地托管3000亩的任务落实到位，全年完成土地服务面积1万亩。

【脱贫攻坚】 2018年4月，供销社帮扶单位调整为南庄乡红崖渠村委，帮扶对象为南坡里和白家山2个村民小组的28户贫困户。2018年，为单位包联的28户贫困户安装电视“户户通”收视设备，丰富贫困户的精神文化生活。明确贫困户信息资料完善的步骤和要求，规范贫困户的信息采集和填写。制定帮扶措施，完成贫困户位置信息的采集上报工作。

（王艳云）

粮食购销

【概　况】 永和县粮食局于2015年10月并入永和县发展和改革局，有下属购销企业5个，按照“一县一企”改革要求，上报参与汇总的购销企业有1户，为永和县粮食局署益粮站。全县库存粮食3839吨，其中市储备粮食425吨，县储备粮食3000吨，企业自营粮食414吨。库存商品价值642万元，占短期借款757.8万元的84.7%。政策性财务挂账2330万元。

【业务指标】 2018年，永和县粮食收购任务是1500万千克，完成1561.5千克，占目标任务的104.1%；全社会粮食销售任务是1500万千克，完成1532千克，占目标任务的102.13%；省外购进粮食任务200万千克，完成251.5万千克，占任务的125.75%；省外销售粮食任务200万千克，完成202万千克，占任务的101%。科学储粮率达到95%，“三专四落实”（专仓存储、专人保管、专账记载，数量落实、质量落实、品种落实、地点落实）率达到100%。储备粮管理“一符五无”（粮食的数量和账本相吻合，无虫、无鼠、无雀、无霉变、无事故）率达到98%以上，完成2018年粮食智能化改造工程预算、资金承诺和培训任务。2018年，购销企业利润完成6.09万元，比上年同期6.04万元增加0.05万元。

【主要工作】 永和县粮食局把扭亏增盈工作摆上重要议事日程，与企业签订责任书，下达经济目标任务，企业将经济指标细化分解到个人。组织人员深入企业督查，对亏损企业进行重点解剖，对盈亏情况进行分析，解决存在问题，2018年全县国有粮食企业统算实现利润6.09万元，比2017年增加0.05万元。全年粮油收购总量1561.5万千克，全年实现粮油销售总量1532万千克。

【经营管理】 2018年，完成全县7户粮食收购许可证的年检工作。年检中重点对经营户在合法经营、备案台账、统计报表等方面进行严格审核，督促其逐步完善相关资料，促进永和县粮食流通合法合规。发展和改革联合工商、食品药品监督管理局、物价等部门，利用节假日在全县范围内开展粮食流通市场和食品安全执法检查，全年完成执法29人次，按时给临汾市粮食部门报送监测样品。

【建立应急网络】 2018年，永和县粮食局与永和县粮油贸易总公司、放心粮油配送中心及5家放心粮油供应网点签订《粮食供应应急承诺书》，确保应急期间粮食稳定供应。

【储备粮食轮换】 2018年，粮食收购过程中，永和县粮食局组织人员到国有粮食收购企业进行指导，帮助企业筹措资金，腾仓并库，整理器械，要求企业转变服务态度，延长收购时间，明码标价，张榜公布，采取上门收购、预约收购等方式，按市场价收购农民手中余粮，实现应收尽收，杜绝卖粮难、拖欠粮款、压级压价现象。2018年，轮换储备小麦200万千克，未发生1起粮食收购违法投诉案件。

（李硕卿）

石油营销

【经营指标】 2018年，中石化永和石油分公司有加油站2座，零售机油3577吨，完成全年任务

4750吨的75.31%，较2017年同期减少307吨，减少7.9%；汽油销售2415吨，较2017年同期减少185吨，减少7.12%（其中92号汽油销售1249吨，较2017年同期增加38吨，增加3.14%；95号汽油销售1158吨，较2017年同期减少202吨，减少14.85%；98号汽油销售8吨，较2017年同期减少22吨，减少73.33%）；柴油销售1161吨，较2017年同期减少122吨，减少9.51%。非油品基础类销售116万元，完成年任务148万元的78.38%。

【经营管理】 2018年，中石化永和石油分公司抓好加油站现场管理，每月坚持下站督导，现场解决问题，确保质优量足，加强加油站资金、发票管理，确保资金管理规范。针对2018年的零售、非油品销售任务，组织站长对区域零售市场进行调研，建立客户档案。运用分公司“一户一策”、IC卡营销、“油非互促”等措施，开展活动。截至2018年11月20日，实现非油品类销售92万元，其中尾气处理液24万元，汾酒32万元，其他36万元。

（孟永珍）

烟草专卖

【服务管理】 2018年，山西省永和县烟草专卖局围绕“让您放心、使您满意”的服务理念，树立“市场无休日、客户无过错、服务无止境”的经营思想，提高服务水平，改变工作作风。全年销售卷烟2172.3箱，较2017年同期2158.9箱增加13.4箱，增长0.62%；实现含税毛利1779万元，较2017年同期1709.6万元增加69.4万元，增长4.06%；卷烟销售为111.8元/条，较2017年同期108.6元/条增加3.2元/条，增长2.95%。2018年，新办香烟经营15户，变更1户，停业2户，歇业16户，审批注销5户，责令停业整顿3户。截至12月13日，有持证户254户，其中有效户252户，停业2户。加强与工商联合监管市场协作机制，强化市场亮证经营和无证户登记备案，联合工商部门做好无证经营取缔转化工作。2018年，联合工商部门取缔无证经营户9户，查扣无证经营卷烟143条。

【联合打假】 山西省永和县与石楼县，陕西省延川县、延长县、清涧县，两省五县成立信息共享联合打假协作机制，成为临汾市唯一一家建立跨省市协作机制的县局。全年出动稽查车辆140余台次，出动执法人员850余人次，其中永和县公安、工商、交警配合210余人次；查获案件31起，比2017年增加2起，其中2万元以上大要案4起（配合隰县烟草局完成2起，蒲县烟草局1起），物流运输类案件12起。查获各类卷烟713条，比2017年增加236条，其中真品卷烟查获674条，假冒卷烟39条，完成年度任务762条的93.57%，位列全市第2名，全年罚没款8000余元，市场净化率常年保持在98%以上，遏制真烟非法流通和物流寄递卷烟。

（李智勇）

集体工业合作社

【工作完成情况】 2018年，永和县城镇集体工业联合社召开所属企业厂长、经理负责人会议，与各企业负责人签订目标责任书，做到责任到人，目标明确，保证集体经济持续发展。

【安全生产管理】 2018年，永和县城镇集体工业联合社按照全县安全生产工作会议精神，要求所属企业制定安全生产实施方案、成立安全生产领导小组、建立安全隐患排查机制、建立安全隐患台账、完善应急预案。全年安全检查2次，及时整改安全隐患。

（冯永林）

教 育

教科局

【概　况】 永和县有中小学校及幼儿园17所，其中，县城9所（1所高中、2所初中、3所小学、3所幼儿园）；农村小学8所（芝河镇3所、其余乡镇各1所）。全县有在校生及入园幼儿8445人，其中高中生808人，初中生1122人，小学生3303人，入园幼儿3212人。有教职工1098人（含政府购买服务岗位82人，长期代课教师33人，未入编特岗66人），其中高中教师134人，初中专任教师155人，小学专任教师264人，幼儿教师200人，其他职工345人。

【各级各类教育发展情况】 高中教育。永和县有1所综合高中，由原来的永和中学与永和县职业中学资源整合后，合并新建而成。学校占地面积40093.53平方米，建筑面积24054.47平方米，绿地率35.6%，可容纳1500余名学生。学校教育教学设施齐全，设备先进，有教学班18个，学生808人。义务教育。全县有义务教育阶段中小学校13所，其中县城初中2所、县城小学3所、农村小学8所。全县义务教育阶段教职工664人，其中初中专任教师155人，小学专任教师264人，其他职工245人；有中小学在校生4425人，其中初中生1122人，小学生3303人。学前教育。全县有学前三年适龄幼儿3526人，公办园（班）和民办园入园幼儿3212人，入园率91.09%，其中公办园幼儿2733人，民办园幼儿479人。全县有幼儿教师200人，其中公办在编教师39人，公益岗教师66人，代教74人，民办私立教师21人。

【教育经费投入】 2018年，永和县教育经费总收入10656万元，国家财政性教育经费10454万元，其中，公共财政预算安排的教育经费11208万元，政府性基金预算安排的教育经费23.85万元。事业收入224万元（学费收入224万元）。全县各级各类学校教育经费总支出10321万元，在事业性经费中，人员经费支出8191万元，其中工资福利支出7876万元，对个人和家庭的补助支出315万元；公用经费支出1648万元，其中商品和服务支出1086万元，其他资本性支出562万元。

【学校基建维修】 桑壁镇中心幼儿园建设项目投资161.5万元，项目包括用地面积664平方米，建筑面积394平方米，地上2层，室外游戏场地360平方米。永和县职业中学计算机实训基地建设项目投资150万元，项目包括网络实训室平台管理、实验教材网络教室配置。校舍维修改造工程投资120万元，用于全县学校维修改造；设施设备采购工程投资200万元，用于采购多媒体设备，采购40多台，涉及全县所有学校。截至2018年年底，投入教育基础设施建设资金631.5万元，其中189.45万元为县级自筹资金，其余为上级资金。全县教育基础设施得到全面改善。

【学校健康教育】2018年，全县4425名中小学生进行体质健康检查。按照国家要求，各校均开设健康教育课程，设立心理健康咨询室。根据国家学生体质健康标准要求，全县学生体质健康上报率达100%，合格率96.3%。

【教师队伍基本情况】2018年，永和县中小学、幼儿园在编教职工有728人，其中，第一高级中学有88人，职业中学有41人，初中有203人，小学及幼儿园有396人。

【教师职称评聘工作】2018年，参加高级职称评审的教师有15人，通过12人。参加一级职称评审的34人，通过人数28人。截至2018年年底，全县有高级职称教师95人，一级职称教师640人，二级和初级职称教师89人。

【教师培训】2018年，永和县参加中小学（幼儿园）教师全员培训的教师801人，占教职工总数的73%，其中，高中参训111人，初中188人，小学336人，幼儿教师107人，教科局及青少年活动中心59人。参加国培等外出培训40人次，培训对象涉及校（园）长、中小学（幼儿园）骨干教师、特岗教师、青年教师，培训内容包括教育管理、网络信息技术、教育教学改革等方面，培训形式有分阶段分批次培训、短期培训、顶岗置换、走访名校等。

【教育管理】2018年，永和县教科局抓好课程开设工作。强化小学音体美书法，初中生物、地理等科目监管，保证各校开全课程、开足课时。规范招生行为。义务教育阶段严格执行就近免试入学、平行分班制度；普通高中严格按照计划招生；职业中学通过强化校企合作增强办学实力。落实好减负相关要求。落实学生在校时间规定，严禁教师乱订资料，减轻学生课业负担，严格控制课外作业，落实阳光体育活动。永和县向山西省教育厅申请到45个特岗教师名额，通过笔试和面试的43人经岗前培训合格后分配到各中小学校及幼儿园，充实师资队伍。2018年，永和县教育局创新开展师德师风专项整治活动，从永和县全县教师队伍中选出6名师德师风典范为全县教师作6场师德师风专题讲座。2018年教师节，增加“最美教师奖”。由校长、优秀班主任、学科名师等利用周六时间分享教育经验和心得，由外出培训教师回永和县进行二次培训。邀请省内外名校专家教授20余人次到永和县组织实施“国培计划”“省培计划”；派出教师240人次到北京、上海等城市参加专业培训，在北京师范大学为期一周的培训让参训的25名校长、教师受益匪浅。实施“青蓝工程”、“三优”评选和“学科联动、名师同课异构”区域大教研活动。涌现出1个市级优秀学科教研团队（药家湾小学语文教研组）、1位市优质课教师（永和县第一高级中学李彦丽）、10名县级中小学优秀教师。成功申报省级课题——青年教师培养策略的研究，参加第十一届山西省语文教学“金钥匙奖”评选活动，有1名教师（段超群）获“金钥匙奖”殊荣。10月，组织全县语文骨干教师到省城参加第三届中国语文大会，实施二级培训。

【学校收费情况清理和治理】2018年，永和县教科局开展2次自查工作，对群众举报和自查中发现的5名有偿补课教师进行约谈。联合民政局、人社局、工商局、公安局和广电中心等部门开展数次校外培训机构专项整治行动，取缔2家校外补课组织，清退所收补课费。在永和县建立起校外培训机构“黑白名单”，定期向社会公开培训机构的情况。

【招生考试】2018年，永和县招考办组织普通高考、中考、高中学业水平测验考试3次，有878人次参考，涉考工作人员达320余人次。全县小升初学生有505人，参考505人，参考率100%，入学率100%。全县2所初中招收初一新生329人，其余176人外出就读。

2018年，中考报名371人次，参考371人次。达统招线20人，达定向线53人（其中，达临汾三中18人，达临汾七中35人）。普高达线195人（其中，永和县第二中学160人，永和县第三初级中学16人，招办应往届19人）。2018年，全县高考报名324人，参考311人，录取242人。对口考试报名32人，其中计算机17人，酒店管理15人。2018年，全县成人高考报名21人，参考21人，其中文史类6人，理工类15人。参加山西省高等教育自学考试的考生有15人。升入专科院校的89人。

【基础教育】 2018年，永和县有小学11所，其中永和县县直3所，乡镇8所。永和县全县有在校生3303人，其中永和县直学校3193人，乡镇学校110人。受城镇化发展影响，大量农村人口涌入县城，大量学生集中在县直学校，致使永和县县直学校学生数额过大，而农村学生相对较少。全县2个镇5个乡学生总人数不到县直学生人数的4%。全县有初中2所，分别为永和县第二中学、永和县第三初级中学。有在校生1122人，其中永和县第二中学494人，永和县第三初级中学628人。永和县有1所综合高中，是普高与职高资源整合后成立的学校。2018年，高中有学生808人，其中普高555人，职高253人。

【幼儿教育】 2018年，永和县有公办幼儿园3所，民办园3所，7个乡镇中心校附设6个幼儿班。全县有学前三年适龄幼儿3526人，公办园（班）和民办园入园幼儿3212人，毛入园率91.1%，其中公办园幼儿2733人，民办园幼儿479人。永和县全县有幼儿教师200人，其中公办在编教师39人，公益岗教师66人，代课教师74人，民办私立教师21人。永和县有公立幼儿园3所，分别为永和县城镇幼儿园、永和县城镇第二幼儿园、永和县第三幼儿园。按照办学规模和设置标准，全县有适龄幼儿3526人。原有的3所公办园远不能满足学前幼儿受教育的需求，2018年度，永和县教育局实施桑壁镇中心幼儿园建设项目，投资161.5万元，建成后可增加90个幼儿学位。该项目预计于2019年秋季投入使用。

【特殊教育】 永和县于2001年9月开设1个特教班，占地面积30平方米，地点设在永和县城关小学。2018年，永和县全县有适龄残障儿童68人，其中特教学校就读10人，特教班就读5人，随班就读42人，送教上门11人。永和特教班有专职教师1名，专职教师每月享受特殊津贴1470元。

（刘　冬）

永和县第一高级中学

【概　况】 永和县第一高级中学原为永和中学，于1956年建校，2011年9月原永和中学和职业中学整合并迁入新校区后（药家湾村），学校更名为永和县第一高级中学。新学校占地面积40093.53平方米，建筑面积24054.47平方米，可容纳10轨1500余名学生。

【基础设施建设】 2018年，永和县第一高级中学主体建筑有教学楼、职高教学楼、科技图书楼、宿舍餐厅楼、报告厅，建筑容积率0.52、绿地率35.6%、建筑密度12%。学校设计以满足普通高中新课程改革与职业高中设置基本要求为标准，结合县域特点、人文历史，是一所标准化、生态化、特色化的山区一流学校。

【学校课题】 2018年，永和县第一高级中学校长主持和参与的省教育科学“十三五”课题——基于学生生命主体的积极主义教学“一体两翼”三三二六智慧型课堂模式、去行政化视野下的中小学校长共同体构建研究正式立项。

【教学对口帮扶】 2018年，永和县第一高级中学与翼城中学、太原师范学院附中、五台县教育局、五台职业中学、五台实验中学进行校校合作方面的探索与尝试；打造一批“双师型”教师，升学率和就业率得到提升。

【高考成绩】2018年，永和县全县高考报名324人，参考311人，录取242人，其中高考大文大理达线17人，艺术达线3人，体育达线7人，大文大理加对口升学总达线23人，特长生总达线40人，全校达二本B类以上总达线63人（其中建档立卡的贫困生29人）。对口考试报名32人，其中计算机17人，酒店管理15人。对口升学达线3人。升入专科院校89人。

【学校活动】2018年1月23—24日，翼城中学副校长程立清一行13人到永和县第一高级中学开展送教活动。1月25日，迎来永和县第一高级中学“十三五”省级课题“基于学生生命主体的积极主义教学‘一体两翼’三三二六智慧型课堂模式”和“去行政化视野下的中小学校长共同体构建研究”课题开题仪式。3月15日，临汾市风险防控督导检查组到永和县第一高级中学，对学校2017—2018学年第二学期开学教育教学工作进行督导评估审查。3月，永和县第一高级中学、永和县职业中学北京龙凤航空董事长赵明道、太原武宿机场携程山西分公司总经理杨紫欣等到永和县，举行校企合作签约仪式。3月21日，永和县第一高级中学全面展开教研活动，成立全面推进课堂教学改革小组，由校长任组长。3月30日，永和县第一高级中学首席心理咨询师李晓慧老师到山西省参加“中高考前心理辅导技术培训”。4月28日，太原科技大学委副书记师东海一行5人到永和县第一高级中学就教育扶贫工作进行调研座谈。5月14日，“乾坤湾里读中国”阿紫诗歌朗诵会在永和县第一高级中学举行。6月4日，太原师范附中专家一行到永和县第一高级中学讲学。7月，永和县第一高级中学的学生们与太原科技大学的导师师徒结对，建立一对一导师帮扶制，开创山西教育扶贫新途径。

2018年12月3日，山西省原副省长杜玉安（中）到永和县第一高级中学调研

（张　胜）

永和县第二中学

【概　况】永和县第二中学建于1976年，是一所义务教育阶段省级示范学校，位于永和县河西路水车坪20号。学校占地面积19026平方米，建筑面积15171平方米，运动场地面积8320平方米。有教学楼、宿舍楼、综合楼、实验楼各1栋；拥有图书室、阅览室、实验室、录播室、微机室、音体美功能室、留守儿童之家、心理咨询室、卫生室、农耕文化展览室、摄影室、文学社、泥塑室、男女浴室、油印室、档案室、资料室、保安室、门卫室等20类34个功能活动室。有16个教学班，在校学生490人。全校教职工122人，其中专任教师85人，专任教师学历全部达标；高级教师30人，一级教师44人，有县级及以上学科带头人、教学能手、骨干教师45人。

【学校管理】2018年，永和县第二中学校把制度管理和人本管理有机结合起来，调动教师的工作积极性，提升教师职业归属感。学校设立“体音美”专职教研组，组织开展学生兴趣小组活动。开设13个兴趣小组，每周一至周四坚持开展活动。举办“元旦画展”“师生篮球释压赛”“学生足球比赛”“中考学生体育项目试测”等活动，促进学生多元成长、个性发展。学校开展“讲标准普通话、写漂亮中国字”的专题活动，学生坚持每天下午练字10分钟，举办师生钢笔字比赛，每日一诗诵读活动等。

【德育工作】 2018年，永和县第二中学注重德育队伍建设，开展德育活动，引导青少年健康成长。利用校会、班会、国旗下讲话、黑板报和宣传窗，结合重大节日、2018年国际国内形势的发展情况和先进人物的优秀事迹，开展一系列活动，如经典名句诵读、学雷锋日活动、元旦系列活动、班主任节感恩活动、“校园内杜绝一个塑料袋、一片纸”环保行动、开学典礼表彰大会、阴德河“古村问德”、校园广播、国旗下的演讲等，培养学生的思想道德修养、提高学生的社会适应能力和融合能力以及自我保护能力。重新修订和完善《安全应急预案》《门卫、保安制度》《学生“十要、十不准”》《课堂情况登记制度》等安全制度和规定。制定家校共育方案，成立家长委员会机构，让家长参与对学生的管理。利用校园网、校园广播、校报、黑板报等宣传阵地，以开展讲座、主题班会、课前班级精评、学生安全致家长的一封信等多种形式，结合安全教育周、国旗下讲话和节假日以及“5·12”国家防灾减灾日地震演练对师生进行安全教育，提高师生自我防范和自我保护的能力。

【教学工作】 永和县第二中学深化校本教研，狠抓质量生成环节。及时安排、组织各类听评课活动，累计50～60节课。参加“国培”、区域教学研讨及名师课堂交流活动。学校坚持集体备课，初步启动“微课”制作和课题研究。10月，实施“共享教案”，初步尝试语文“走课模式”。实行月考制度，每次考试后，坚持开好“三会”，以年级组为单位的质量分析会，以教研组为单位的试题分析会，以班级科任教师为单位的班科分析会，分析成绩，分析学情，查找问题。坚持初三科任教师参加“模考”、每天一份各省市中考题、“中考动员会”、“教师经验交流会”、“省市中考研讨会”、“扶优补差定苗子”的“六大举措”共同驱动。组织教师参加学科培训活动。参加国家、省、市、县各类学科培训30多次，近80名教师参加培训。

【安全工作】 2018年，永和县第二中学坚持“安全第一，预防为主”的原则，加强安全防范工作。建立安全工作责任追究制，制订可行的安全工作应急预案，工作人员值班做好巡查记载工作。强化学生上学、放学的监管，学校定期、不定期地进行食品卫生、用电、防火、防盗、防煤气中毒等安全隐患排查工作，发现险情，及时整改。利用板报、安全宣传展示板、校园广播、晨会、班会等宣传安全知识，做到安全教育达到预期“安全天天讲，安全时时记”。组织2次安全疏散演练，安全教育达到预期目标。

【学校成绩】 2018年，永和县第二中学实施素质教育。学校开展的德育安全、教学管理、集体教研、教师队伍、校园文化、“三位一体”特色建设工作。教师节表彰中，永和县第二中学被县委、县政府授予“教育教学突出贡献奖”。在“三优工程”评比中，学校数学教研组被评为“县优秀教研团队”。2018年，永和县第二中学被评为山西省“平安校园”。

2018年9月28日，“诗韵中华、青春飞扬”永和县第二中学经典现代诗词朗诵会，师生、家长欢聚一堂，以诗会友

永和县第三初级中学

【概 况】 永和县第三初级中学位于永和县正大路48号，2011年成立，学校占地面积14674平方米，校舍建筑面积9184平方米。学校藏书总量17062册。2018年，学校在编教职工102人，专任教师64人，教师学历达标率100%；专任教师中、高级教师17人，教师学历达标率12.5%；中级教师43人，教师学历达标率67.1%。永和县级名师9人，永和县教学能手7人，临汾市名师2人，临汾市骨干教师3人，临汾市学科带头人2人，临汾市教学能手4人，山西省级骨干教师2人。学校有教学班14个，在校学生520人，其中初一年级121人，初二年级113人，初三年级286人。住宿生428人。学校坚持“文化立校，科研兴校，质量强校”的办学理念，开展学生学科特色活动、综合实践课、兴趣小组活动，全校学生体质健康上报率100%，合格率96.85%。全校教师参加培训79人次。培训项目涉及校长培训、校际中考研讨、部编版新教材培训、班主任培训等。

【职称评定】 2018年，永和县第三初级中学参加中学高级职称评定的有3人，通过2人。参加中学一级职称评定的有3人，通过2人。

【招生考试】 2018年，永和县第三初级中学初一招生121人，入学率100%。参加中考考生78人，达重点高中录取分数线考生1人，达普通高中录取分数线14人。

【“1234”工作思路】 2018年，永和县第三初级中学突出“1234”精细化管理工作思路，即一个理念，两个重点，三项要求，四项举措。确立“把每件小事做好就不小，把每件易事做好就不易”的理念；明确转变教师工作作风和培养学生行为习惯养成的工作重点；提出每一项工作都要精心计划，每一个环节步骤都要精细操作，每一项工作都做成精品的“三精”要求；采取合理分工、细化责任、完善制度、量化考核四项举措来推进精细化管理的实施。

【九年级精品工程】 2018年，永和县第三初级中学实施“九年级精品工程”，完善中考奖励办法，激励教师工作热情；组织教师集中学习课标、考纲，明确考试方向；召开中考复习经验交流会借鉴经验；召开百日誓师大会提振师生信心；选派教师参加中考研讨会科学备考；每月通报表彰对学生进行日常激励，进行质量分析科学评估教学；与临汾八中，隰县三中、四中进行校际交流取长补短；组织三轮复习、四次模考夯实学生基础；召开迎考动员大会理性应考。以九年级牵头开展精细化教研，在集体备课、质量分析、公开课示范课活动等教研活动中，要求全体教师首先按照教研标准要求做到充分准备，在教研交流过程中要说设计、说思路、说创新、说流程、说得失、说建议，在教研结束后形成书面措施对策。

【社团活动】 2018年，永和县第三初级中学尊重学生成长规律，通过素质教育综合实践活动，为学生终身发展奠定基础，培养全面发展的人，以社团活动开展为抓手，开展素质教育综合实践活动。学校建立包括篮球、足球、书法、美术、阅读、棋类、器乐、舞蹈等13个社团，选用聘请专兼职教师进行授课。学生自主选报社团，社团活动实现人人参与，全面覆盖。

（王晓鹏）

永和县城关小学

【概 况】 永和县城关小学创办于1912年，是一所具有深厚文化底蕴和优良办学传统的“百年老校”。学校位于永和县城正大路育才巷38号，是一所六年制四轨省级义务教育阶段示范校。学校用地面积7490.87平方米，生均7.18平方米；建筑面积8014平方米，生均7.68平方米；运动场地4176.6平方米，生均4平方米，能基本满足教学需要。2018年，有教学楼1栋，知行楼1栋，行政办公楼1栋，学校教学设施设备齐全，设有图书室、阅览室、科学实验室、音乐室、美术室五大功能室；有计算机网络室、录播室、心理咨询室、体育器材室、少先队活动室5个教学辅助功能室；有科学仪器163种，数学仪器52种，共计4459件，体育器材59种1249件，美术器材22种425件，音乐器材30种100件，计算机教室1个，有计算机51台，全校有图书20879册，生均图书20册，全部按照国家标准配备，能满足正常的教育教学需要。

【师资力量】 2018年，永和县城关小学有教职工97人，其中专任教师88人，有专科以上学历88人，高于规定学历教师比例100%，永和县城关小学有市级名校长1人，市级名师4人，市级以上骨干教师、学科带头人、教学能手、教学名师共24人，占专任教师的33%；有中级以上职称教师33人，占专任教师的37.5%。教师年龄结构合理，配备有专职的音、体、美、计算机教师，能保证国家课程完全开足。

【办学规模】 2018年，永和县城关小学有22个教学班，附设特教班1个，最大班容量50人，最小班容量38人，师生的规模适度与办学条件相适应。

【安全工作】 2018年，永和县城关小学把安全工作放在重要位置，安全制度健全，各种预案齐全，定期进行安全培训。做到安全教育进课堂，每半月进行一次安全演练，定期进行安全隐患排查。监控设施实现全面覆盖，灭火器配备齐全、安装安全应急灯、安全逃生警示牌，做到“人防、物防、技防”。学校每层教学楼各安装饮水机1台，免费为学生提供健康用水，配有专职老师和班主任老师负责学生下课饮水安全。学生饮水属于二次供水，有质检部门水质监测报告，保证学生饮水安全卫生。

【教学管理】 2018年，永和县城关小学形成独特的“一训三风”。校训：立德启智、健体育才。校风：民主和谐、求真向上。教风：厚德于人、博学育才。学风：乐学静思、自主合作。在校门两侧悬挂名人画像、英雄少年画像；教学楼内悬挂伟人画像、名人名言、经典诗词、家乡特色等。学校在墙壁等处设有文化墙、名师墙、安全墙、荣誉墙等，形成具有感染力、教育力的校园文化氛围，激励学生成人成才。在课程实施过程中，永和县城关小学探索国家课程规范化、地方课程校本化、校本课程特色化的有效途径，开足开全所有课程，优化课程结构，形成课程特色，促进学生快乐学习，健康成长、全面发展。在学生方面，本着关注过程的理念，将课堂评价、作业评价、即时评价、阶段评价有机结合，相互联系、相互补充、相互渗透。在教师评价方面，建立一套完整的教师评价体系，从多角度全方位评价一位教师，不单以教学成绩评价教师，做到评价内容多元化。采用多种评价方式相结合的评价方法，激励广大教师的工作积极性，形成科学性、激励性的教育评价体系。2018年，永和县城关小学投资建立教职工会议室，安装电子显示器，促进学校各项工作的顺利开展，提高教学质量。

【德育工作】 2018年，永和县城关小学做好一日常规、一周常规、一月常规、一学期常规管理工作。利用班会、周一的升旗仪式或集合集会对学生进行思想政治教育、纪律法制教育、文明行为习惯的养成教育、心理健康教育、安全教育。加强对后进生的转化及优秀生的培养工作，要求各班主任定期对班上优秀生及双差生开展谈话活动，抓两头，促中间。依托校园文化建设开展“弘中华传统文化，颂国学经典名言”活动，通过班级诵读、国旗下诵读、品读活动，主题活动和实践活动，培养学生热爱祖国、孝敬父母、尊敬师长、团结互助、勤学自强的优秀品质。通过特色教育的实施，学生乱丢乱扔、破坏公物、午间吵闹和在走廊上打闹的现象大幅减少。

【系列教育活动】 2018年，永和县城关小学开展感恩母亲的主题队会、科普进校园拓展训练活动、文明礼仪体验剧主题活动。使学生明礼知耻，让学生懂得感恩，让家长感受到子女的成长。安全方面，学校多次开展防震、防火演练疏散活动，开展防汛安全的普及知识主题队会，提高学生的安全意识。为树立学生的环保意识，学校开展“绿色环保、美化家园”的主题队会、世界地球日进校园、第46个世界环境保护知识进校园等活动。

【家校联系制度】 2018年，永和县城关小学为达到家校携手、共育英才的目的。组织召开3次大型家长会。以年级、班级为单位定期不定期组织家长培训会，校长对到会家长进行培训，班主任就学校管理方面相关问题与家长进行沟通，取得家长的理解和支持，为永和县城关小学开展下一步的管理工作奠定基础。组织班主任开展家访活动，班主任采用电话或亲自走访的方式让家长了解学生在校情况。

【课外兴趣小组】 2018年，永和县城关小学为丰富学生校园生活，满足学生的兴趣爱好，发挥学生的特长，政教处及各科教师组织建立城关小学社团活动小组，包括足球、跳绳、篮球、毛笔字、沙画、金话筒、书法、素描、舞蹈、葫芦丝等20多个社团，每周二、四下午时间开放，给学生提供展示自我的平台，促进学生的全面发展。

【教研工作】 2018年，永和县城关小学教研工作以全面提高教育教学质量为目标，以课堂教学为主阵地，以教师培训为突破口，以提升教师的研究能力为抓手，激励每位教师参与教学教研。常规教研活动。利用每周每科的“教研活动日”，开展以教研组为单位的集体备课教研活动，做到“备、讲、评、磨”四环节。活动中，注重教研形式和质量，注重活动的实效性，做到活动事先有计划，有书面安排表；活动中有考勤记录，有活动过程记载，有活动总结。参加各种培训。教师远程培训中，永和县城关小学教师积极参与，按时按质按量完成任务，合格率100%。永和县城关小学有6位教师参与省级及省级以上举行的各种培训，培训有记录，有总结，提高教师的教育教学水平。搞好接力帮带，建设强大的师资队伍。推进“以老带新，以新促老，师徒结对”的青蓝工程，为青年代课教师迅速成长营造良好氛围，发挥骨干教师的模范带动作用，促进教师交流互动搭建有效平台。通过结对帮教，发挥骨干教师的力量，培养青年代课教师。

（刘代英）

永和县城关第二小学

【概　况】 永和县城关第二小学始建于1994年，是一所六年制四轨义务教育小学。位于永和县城北体育街，学校占地面积23667平方米，建筑面积5930平方米，有教学班23个，学生1030人，教职工100人，其中专任教师86人，专任教师中有省骨干教师1人，山西省教学能手1人，临汾市学科带头人2人，临汾市骨干教师11人，临汾市名师1人，临汾市教学能手9人，永和县教学能手10人，永和县名师6人。学校坚持“抓管理、上质量、创平安、争一流”的办学理念，以“明德、笃学、创新、多能”为校训，以教育科研为龙头，以课堂改革为基本突破口，以提高教学质量为中心，以管理评价方式改革为基本保障，增强质量意识，科研意识和服务意识，使“教书育人、服务育人、管理育人”的思想落到实处，逐步形成“敬业爱生，勤学善教”的教风，“勤学好问，乐学善思”的学风，“文明和谐，团结奋进”的校风。

【教育经费投入】 2018年，永和县城关第二小学教育经费总支出8254919.59元，其中工资福利支出7190264.54元，对个人和家庭的补助支出458162元；商品和服务支出568600.5元，水费支出9910元，电费支出27982.5元。

【学校基建、维修】 2018年，永和县城关第二小学为解决学生桌凳缺乏的现象，花费2万元购买300个凳子，2018年投入使用，保障学生的正常学习。更换教室门。永和县城关第二小学教室门年久失修，部分教室门破损严重，不能正常使用，校领导班子开会研究决定购买5扇教室门，共花费6000元，2018年投入使用，保障学生的正常学习。

【学校健康教育】 2018年，永和县城关第二小学对学校1030名小学生进行体质健康检查。按照国家要求，开设健康教育课程，设立心理健康咨询室。根据国家学生体质健康标准要求，城关第二小学学生体质健康上报率100%，合格率92.33%。

【教师职称评聘】 2018年，永和县城关第二小学根据临汾市中小学教师职务任职资格评审相关文件精神，学校推荐4名二级教师和1名一级教师参加评审，5名教师的职称评审全部通过。

【教师培训】 2018年，永和县城关第二小学教职工100人，参加“国培计划”62人；参加中小学幼儿教师远程全员培训的89人，其中初中1人，小学88人，合格率100%。学校34位教师外出到北京市、浙江省、太原市、临汾市、太谷县等地学习培训。外出培训可以促进教师专业水平的发展，提高学校的教育质量，教研室非常注重每年的教师培训，要求各位教师认真学习，做好笔记，然后在学校进行二次培训，让更多的教师接受新的教育理念。

根据《尧都区与永和县结对帮扶三年规划（2018—2020）》通知中的教育帮扶工作任务，永和县城关第二小学与临汾临钢小学结为帮扶学校，活动以送课、送教、送培为主要内容。与永和县桑壁小学结对帮扶，开展送教下乡活动，旨在为边远乡校提供教学示范和专业支持，实现城乡教育资源互补，增进城乡教师的相互学习，上课教师从中得到锻炼，听课教师从中受益，实现双惠双赢。旨在帮助农村，服务农村，建立城乡互帮互助的教研热线，增强一线教师的教学教研意识，掀起教学研讨的热潮。

【德育管理】 抓好德育管理。2018年，根据学生的生理、心理特点，遵循其发展规律和教育规律，围绕养成教育这个中心，永和县城关第二小学组织开展系列教育活动，抓好学生的纪律、卫生、礼仪、考勤、两操、路队等常规行为，制定《优秀班主任考核制度》及《班级一日常规自查情况登记考核办法》。开展德育教育活动。2018年9月10日，开展教师节趣味运动会，增强教师的凝聚力，给教师的业余生活增添乐趣。9月29日，举行迎国庆“毛泽东诗词诵读”比赛，喜迎祖国69周年生日。10月25日，城关第二小学运动健儿在永和县举行的秋季运动会上取得“田径总分第一名”的好成绩。

开展常规工作。2018年，永和县城关第二小学坚持每天进行“校园小广播”的播报，开播的栏目有《安全常识》《故事连载》《美文赏读》等，丰富学生的课余文化生活。每周举行升国旗仪式，开展国旗下的讲话，激发学生的爱国主义热情，让学生学到生活常识。每周开一次主题班会，有防溺水、防食物中毒、交通安全等，做到有记录、有图片、有收获，要求学生写心得体会，加深对安全的认识。班主任负责建立学生成长记录袋，将学生的优秀作文、奖状、好人好事、受处分情况等记入成长记录袋，激励学生向更好的方向发展。

【加大对青年教师的培养】 2018年，永和县城关第二小学开展“青蓝工程”培养青年教师。语文教研组的课题是小学语文“探疑求新、主动发展”教学模式的研究，数学教研组的课题是小学数学“问题—建模—应用”教学模式的研究方案，在这2个课题的带动下，全校教师的教研热情高涨。强化对青年教师上课的过程性指导，注重评价促进，每周安排2对师徒相互听课，学校行政干部和相关学科组长跟踪听课，提高青年教师能力。

【开展创“三优”活动】 2018年12月下旬，永和县城关第二小学开展创“三优”（优秀班主任、优质高效课、优秀教研团队）活动。在个人申报的基础上，组织“优质高效课”的赛讲，在量化考核的基础上，推出代表。通过学、比、争、创等活动，形成全员参与、学有目标、你追我赶、力争上游的良好局面。

【安全管理】 2018年，永和县城关第二小学向学生宣传各种安全常识、对学生进行日常行为规范的教育。9月21日，开展防震演练，提高全校师生的防震抗灾自救能力，学生在演练中学到安全防护知识，提高应对突发事件的应变能力。10月13日，开展防踩踏演练，增强学生的安全意识。11月1日，开展消防讲座，学生在讲座中学到必要的自救常识，掌握日常生活中的消防小窍门。学校配备2名保安人员，每天24小时进行巡逻确保安全，配齐保安器械，安装监控设备，实现校园监控全覆盖，构建“人防、物防、技防”三位一体的安全保障体系。校门口配备交警值勤，保证学生放学时的安全。

【招录新生】 2018年9月，永和县城关第二小学根据永和县教科局招生方案，按照“就近、划片、免试”的招生原则，招录一年级新生210人。

永和县药家湾小学

【概　况】 永和县药家湾小学位于永和县城新区康谐路，于2016年9月建成并投入使用，2016年11月通过国家义务教育均衡发展验收。学校占地面积16113.13平方米，建筑面积8815.25平方米；教学班24个，学生1043人。全校教职工有77人，其中本科学历49人，专科学历28人。县级以上骨干教师、学科带头人，教学能手，教学名师21人；参加全员培训的教师达77人，占到教职工总数的100%。外出参加培训的教师20余人次，培训形式有分阶段分批次培训、短期培训、走访名校等，对全校1031名小学生进行体质健康检查。学校教学设施设备齐全，设有图书阅览室、科学实验室、体育室、美术室、音乐舞蹈室五大功能室，有计算机室、录播室、体育器材室、少先队活动室、儿童活动室、红色讲堂六个教学辅助功能室，是一所功能完善、分区明确、设计科学的现代化小学。2018年9月26日，永和县药家湾小学正式被命名为“山西永和红军小学”，成为全国第260所红军小学。

【校园文化建设】 2018年，永和县药家湾小学围绕“国学诵读儒染心灵”为特色的学校教育，开展丰富多样的校园文化建设。精心打造每一处景观、每一个班级、每一块墙壁，利用学校的每一寸土地，达到“学校无闲处，处处皆教育”的效果。利用红领巾广播站对学生进行教育。制作文化宣传板报10期；利用每周一的国旗下演讲等活动，教育陶冶师生的品德修养；发挥公示专栏的作用，公示学校事务。

【教研教改】 提升教研教改理论修养。2018年，永和县药家湾小学组织教师听专家报告2场，观摩优质课2节；学科教师参加各类培训19人次，学习的教师归校后做专题讲座9人次。深化教研，依托教研优化课堂。永和县药家湾小学组织教学能手上观摩课，其余教师上公开课。从课堂教学实际出发，找问题、找差距。对于个别教师实行重点听课解决存在问题；对于个别班级实行专项整改，彻底解决问题。加大对教研组长的管理。药家湾小学坚持每周一、二、三的教研活动，注重教研形式和质量，注重实效，做到活动事先有筹划，有准备；活动中有考勤记录，有活动过程记载，有活动结果反馈等。

【安全管理】 2018年，永和县药家湾小学将安全教育工作作为对教职员工考核的重要内容，实行一票否决制度。贯彻“谁主管，谁负责”的原则。加强人防、物防、技防措施，重视安全防范工作，学校安装66个高清摄像头，实现校园视频监控全覆盖。加强门卫的管理，学校配备兼职保安2名和门卫1名，严把门岗出入登记关，外来人员未经允许一律不得进入校园。学校组建护校队，在放学、上学高峰期，由值班领导带队与保安、驻校民警一起在校门口执勤，杜绝来自校外的不安全因素。组织学生进行防震、消防、防踩踏、防恐防暴疏散演练4次，配合永和县消防队组织1次消防实战演练。

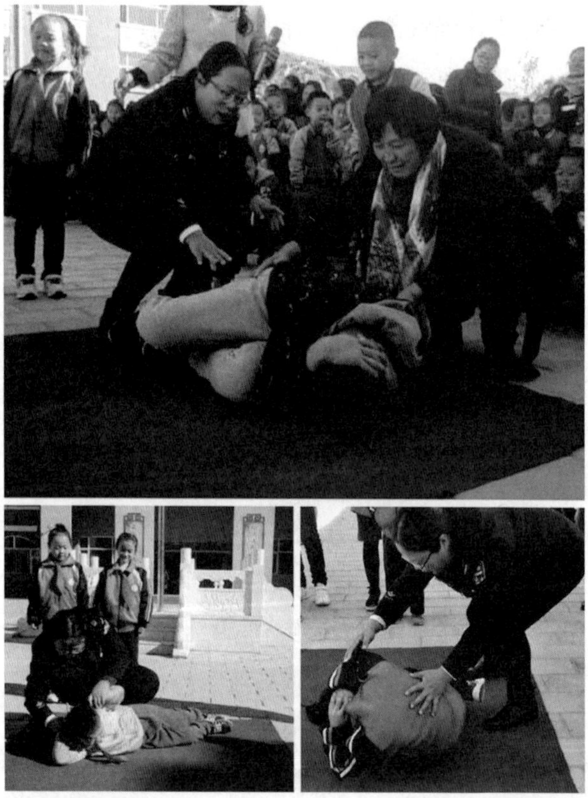

2018年10月29日上午，山西永和红军小学特邀临汾政安消防科教中心卫秀平教官对全体教职工进行消防安全知识培训

【传染病防治工作】 2018年，永和县药家湾小学配合县疾控中心对季节性流行病进行预防布置，对班主任老师进行专题培训。完善各种传染病预防制度，加大预防传染病暴发、流行的控制措施。为防止意外事故和传染病造成纠纷，药家湾小学为每个学生购买校园意外保险。

永和县城镇幼儿园

【概　况】 永和县城镇幼儿园位于正大路育才巷29号。占地面积1307平方米，建筑面积1235平方米。设小、中、大12个教学班，共490名幼儿。开设语言、数学、科学、社会、健康五大领域课程。各班均配有多媒体一体机、EVD、电钢琴、紫外线消毒车、消毒柜等现代化设备。户外配置大型滑梯、大型碳化积木（750多块）、轮胎攀爬架等大型户外玩具。全园教职工50人，其中，财政入编教师17人，公益岗教师15人，临时代课教师16人，临时工勤人员2人。省级保教能手1名，市级保教能手3名，市级学科带头人3名，市级名师1名，县级保教能手4名，县级优秀模范教师、优秀班主任12名。

【基础设施建设】 2018年，永和县城镇幼儿园花费5300元安装LED电子屏；花费1.12万元购置电脑1台、打印机2台；投入2万多元购置大型碳化积木（750块）、轮胎攀爬架等户外设施；花费3000元购买幼儿故事绘本150册，投资6000元用于各班环境创设和区域材料的投放。

【教育经费】 2018年，永和县城镇幼儿园事业（学费）收入63.47万元。教育经费支出包括人员经费支出22.98万元；公用经费（包括保教保育费、办公用品费、水费、电费、取暖费，差旅费、教师培训费等）支出27.39万元；固定资产（多媒体一体机设备、高清大屏液晶电视，高清摄像头设备）支出3.46万元。

【教师培训】 永和县城镇幼儿园参加山西省幼儿园教师全园培训项目32人，成绩合格率100%，占到教职工总数64%；参加临汾市专业技术人员公需科目网络培训16人，考核全部合格；外出参加国培计划的教师有5名，培训对象涉及园长、幼儿园骨干教师、青年教师。

【安全工作】 2018年，永和县城镇幼儿园成立安全工作领导小组，建立长效机制，制定严格的安全防护措施，对各种活动设施定期检查和维修，发现问题及时解决；采取安全演练、专题教育、实地教育等多种形式，经常性地对幼儿进行安全教育，增强师生的安全意识，提高幼儿的自我保护能力，确保幼儿的安全。坚持晨检，检查幼儿随身携带物品，消除隐患。经常与家长保持联系，做好幼儿安全工作；坚持家长接送签到制度，门卫把好第一道安全关，做到谁准入，谁负责，确保幼儿安全。

【特色教育】 2018 年，永和县城镇幼儿园重视幼儿动手动脑能力的培养，开设特色课程教学，大班开设美工特色与国学特色课程，中小班开设美术与礼仪特色。幼儿亲自动手操作，拼、摆、折、叠、插等活动，教师指导合理，让每个孩子从欣赏美、表现美、创造美等方面获得发展。

【课间活动】 永和县城镇幼儿园课间操是幼儿一日活动的重要环节，是增强幼儿体质的有效手段。为合理、有效地组织幼儿开展好课间操活动，永和县城镇幼儿园 2018 年增加幼儿器械操，编排的器械操贴近幼儿生活，体现出适宜性、趣味性、游戏性。

【卫生管理】 2018 年，永和县城镇幼儿园严格执行晨检、午检，春夏季手足口病流行期间，每天对幼儿进行随时观察，发现病情及时向上级部门报告。做好常见病的预防工作；对于特殊情况，及时与家长联系，做好处理工作。实行幼儿一人一杯、一人一巾，流动水洗手，严格消毒。幼儿园室外环境达到美化、绿化、干净整洁的要求，活动室内光线充足，空气流通，并且定时打扫，定期消毒，保持干净，让幼儿处于一个整洁、优美、富有儿童情趣的环境中，使幼儿产生轻松、愉快、积极的情绪。全年对幼儿进行体质健康检查 4 次。

【家园互动】 2018 年，永和县城镇幼儿园坚持与家长互动，促进幼儿教育。通过家长会、亲子活动等途径，与幼儿家长交流沟通有关科学育儿的观念和做法，在吸纳和碰撞中统一认识，增进家庭成员间的了解，为共同承担育儿任务而努力。坚持把家长作为一种教育资源，把家庭教育作为永和县城镇幼儿园教育的支持平台和合作平台，让优秀幼儿家长把好的经验、做法与所有家长、幼儿共享。建立班级微信群，通过班级微信、教师微博等，向家长和社会传递新的教育理念，分享家长的有效经验，架起家园沟通的桥梁。开展家庭教育讲座，使家长接受先进的家庭教育知识和理念。

（冯　霞）

永和县城镇第二幼儿园

【概　况】 永和县城镇第二幼儿园坐落于永和县滨河路响水湾，始建于 2012 年，在永和县职业中学旧校址上改建而成。占地面积 5020 平方米，有 1 座标准化三层教学楼和一排平房作为教学用房，拥有 10 个标准化、现代化幼儿活动室，每个活动室均配有多媒体设备、电钢琴、玩具柜、图书柜、水杯柜以及多达 10 余种的幼儿玩具。每个教室配备适合幼儿的桌椅。户外建立 1 个拓展基地，拥有大型滑梯、迷宫、蹦蹦床、10 米木制拱笼、秋千、摇马、跷跷板等大型玩具。幼儿园有 9 个教学班，有幼儿 216 名，教职工 45 人，有省级骨干 1 名，省级教研骨干 1 名，省级保教能手 1 名，市级骨干教师 2 名，市保教能手 3 人，县保教能手 3 人，县优秀模范教师 20 余名。

【教师培训】 2018 年，永和县城镇第二幼儿园外出参加国培计划的教师 2 人，达全园教师总人数 4.4%；参加全员培训 28 人，达全园教师总人数 62.2%。培训形式包括分阶段分批次培训、短期培训、走访名校等。

【保育教育】 2018 年，永和县城镇第二幼儿园要求教师根据不同年龄段幼儿的接受能力，调动幼儿学习的主动性，注重幼儿的参与性，在课堂上调动孩子的积极性，关注每一名幼儿，注重幼儿的个体差异，让孩子在玩中学、学中玩，在游戏中锻炼幼儿的动手能力、合作技巧，创新能力，注重幼儿的兴趣培养和个性张扬。

【校园特色】 永和县城镇第二幼儿园自创嘿嘿哈哈武术操、国学武术操、搏击操等武术操，融入课间操。创建“小鹦鹉广播”，以孩子为中心，以提高孩子的自我展示能力为主。每天 2 ~ 4 名幼儿进行广播，每月评选 2 名“每月之星”，为下一步家园共育工作做好铺垫。

永和县第三幼儿园

【概　况】 永和县第三幼儿园占地 7265 平方米，由教学区、活动区和生活区三部分组成。建筑面积 4266.5 平方米。建有高标准的多功能教室、音体美活动室等，楼道内铺设幼儿专用 PVC，活动区配备大型滑梯、大型组合玩具、沙池、环保型塑胶操场、开发种植角等，能满足幼儿的各种户外活动。园内提供早餐、午餐，为幼儿定时定点提供搭配合理、营养均衡的膳食，帮助孩子养成良好的饮食习惯。有教职工 62 人，园长 1 人，副园长 3 人，专职教师 36 人，体育特长男教师 1 人、保育员 13 人，其中市级保教能手 2 人、县级先进教育工作者 2 人、县级模范教师 15 人。教职工队伍结构合理、作风过硬、业务精良、素质全面、充满生机和活力。2018 年，永和县第三幼儿园被永和县委、县政府评为“2017—2018 年教育管理先进单位”。

【教师培养】 2018 年，永和县第三幼儿园通过多种形式对教师进行培训。利用暑期的师德培训，开展形式多样的师德教育；采取“请进来、走出去”的方式，邀请“嘉华宝”中心的康园长等人，为教师做教学的相关讲座。6 月，全园教师到襄汾幼儿园学习。10 月，园长和副园长相继到北京参加国培计划。对于新教师，进行师徒结对，传帮带教，让新教师在观摩中进步，在反思中成长。

【教学研究】 2018 年，永和县第三幼儿园在教研工作中，结合幼儿园教师的实际教学能力，开展的园本教研活动，开发幼儿园园本课程，帮助教师运用建构式课程，探索语言教学活动的设计和教学的有效性的探索。通过园本教研活动的开展，满足教师的成长需求，促进教师的专业化成长。

【卫生保健】 2018 年，永和县第三幼儿园制定《药品管理制度》《班级安全管理制度》《幼儿接送制度》《幼儿意外伤害事故处理》《房屋设备检查制度》等安全卫生保健制度，促使安全卫生保健工作有序科学开展，为幼儿提供健康的成长环境。

【家园合作】 2018 年，永和县第三幼儿园以“建设幸福乐园，培育幸福幼儿；加强家园合作，共话幼儿发展”为主题，响应教科局号召，开展“五大领域展示活动”。要求教师制订家长活动工作计划，有目的地开展各项家长活动。通过智慧树、电话访问、家长会、来离园接待等方式，了解与反馈幼儿在家和在园的情况。利用智慧树和微信公众号向家长展示幼儿园动态、师幼活动场景及教育教学成果；利用橱窗宣传家教科学知识；利用家长园地专栏公示一周的学习内容；利用微信群反馈孩子当天在园的表现情况。

（霍美悦）

2018 年 6 月 29 日，永和县第三幼儿园举办大班毕业典礼——勇敢之夜

科学技术

科技管理

【概　况】2018年，永和县级财政研究与开发经费预算504万，鼓励激活企业、民间的科技投入，为永和县科技发展和创新发展提供财力支撑。永和县完成先进设备登记500万元和技术交易合同额登记3000余万元。2018年，永和县申报发明专利5件，发明专利拥有量8件，超额完成目标任务。培育国家级星创天地2个：永和县四季鲜星创天地、和之咏星创天地，为永和县农副产品销售搭建电商平台。举办各类培训12期，培训1100余人次。

【干果林提质增效科技项目】2018年，桑壁镇侯家庄村百亩精品清香核桃示范园，换头69亩，嫁接2万多芽，打石腰乡崖头村修剪管护核桃101亩。全县举办核桃栽培管理技术培训7期，500人次参与培训。红枣新品种、新技术示范园建设。2018年，在阁底乡石家湾村红枣采摘园引进嫁接新品（永济蛤蟆枣、平遥不落酥、陕西狗头枣）150余株，在乾坤湾景区嫁接4亩。

【院县合作项目】2018年，永和县实施的院县合作项目有两项，一是打石腰乡河会里村、阁底乡奇奇里村、南庄乡贺家堎村实施红枣枣疯病防治研究示范基地项目，讲解红枣提质增效关键技术，建设品种改良示范基地、红枣防裂果基地。二是实施阁底乡东征村470亩苹果产业提质增效示范推广项目，由山西省农科院果树所和东征村合作实施。采取“简约缓放式”管理办法，推广早挂果技术和有机旱作技术。

【枣疯病防治】2018年，永和县对枣疯病采取3项措施：预防、打药、修剪提质；对发病轻的树进行药物防治；对严重枯萎树进行环拨清除等，打石腰乡环拨清除6200亩，阁底乡环拨清除360亩，南庄乡环拨清除9075亩。清理病树后转产花椒。2018年，沿黄三乡阁底乡发展花椒360亩，打石腰乡发展600亩，南庄乡发展100亩。

【“三区”农村技术承包项目】2018年，“三区”（边远贫困地区、边疆民族地区、革命老区）农村技术承包项目4项，其中永和县科技发展中心承担“红枣防裂果集成技术”6万元，“核桃提质增效技术”6万元，永和县万兴食用菌专业合作社承担的“食用菌高效碳循环关键技术示范与推广”9万元；永和县索驼生态养殖专业合作社承担的“规模化养牛高效繁育技术示范”9万元。承包项目起到示范推广作用。

【出口农产品示范县建设】永和县科技发展中心承担2018年山西省级农产品示范县创建工作，根据农产品出口示范基地建设标准，建立七大体系。完成各项指标，通过省级验收。

【科技转化】2018年，永芝和种植专业合作社实施“辣椒新品种引进推广”，山西和之咏农业开发有限公司实施“槐花茶研发及包装创新项目”，永和县恒毅种养殖合作社实施“塑料大棚辣椒新品种示范推广”，永和华龙果业发展有限责任公司实施“苹果贮藏保鲜技术推广”，永和县渔家傲庄园实施“鱼菜共生综合种养示范”，永和县宏润养殖专业合作社实施“舍饲养羊技术集成等示范”，永和县星博食品公司实施“脆枣和紫晶枣加工技术”，永和县美胜种植养殖专业合作社实施“那氏大穗玉米新品种高产示范”，推广示范面积600亩，亩产达到1000千克，比普通品种多产250千克。

【创新型人才】 2018年，永和县科技发展中心重视科技人才引进、培养、使用工作，坚持“走出去”和“请进来”相结合的方式，引进急需和紧缺的高层次人才，建立科技人才库，2018年永和县争取到“三区”人才和科技特派员33人，永和县5名人员到山西农业大学进行“三区”人才培训，为永和县的科技发展储备必需的人才。利用“三区”人才和科技特派员，把科普宣传和科技示范工作覆盖到村和户。

（李文生）

文化　旅游

文化事业

【文化事业】 2018年，永和县文旅委实施文化设施提升工程。通过配送文化设施，提升和完善农村文化服务设施水平，为永和县2017年脱贫的20个村委配送音响等文化设施，为白家崖、交口等22个村级文化活动中心配送体育健身设备。开展“图书惠民暖冬行”活动，为永和县50个村委补充价值15.8万元的图书，促进书香永和建设。

文化演出惠民工程。2018年春节期间，永和县文旅委在阁底乡东征村举办巧媳妇蒸花馍大赛、红歌大赛，在阁底乡奇奇里村举办奇奇里首届春晚，活动在中央电视台和山西省电视台进行报道，增强永和县的对外影响力和美誉度。举办永和县首届春晚、“不忘初心 砥砺前行”元宵节社火表演活动。开展送戏演出文化下乡活动，为永和县7个乡镇配送地方戏，全年送戏42场。为阁底乡送戏下乡9场，桑壁镇演出9场，交口乡演出9场，坡头乡演出7场，芝河镇演出8场。山西省话剧院在永和县15个村委和乾坤湾景区开展文艺下乡演出，送来演技水平高、富有教育意义的经典剧目。山西师范大学在阁底乡、芝河镇演出6场。开展“政策宣传进农村文艺下乡演出活动”，在永和县7个乡镇演出14场，助力精准扶贫，扫黑除恶，丰富基层文化群众生活。开展“幸福永和消夏月”活动，举办消夏篮球赛、消夏文艺演出、消夏电影放映等活动。开展“我是舞王”大赛活动，在永和县7个乡镇79个村委评选产生乡村两级“舞王”，7个“乡镇舞王”进行决赛，决赛冠军代表永和县参加7月10日举办的临汾市“舞王”决赛，获得优秀奖。8月8日晚，永和县“中海沃邦杯”消夏篮球赛在永和县体育场拉开帷幕。9月28日，在永和县文化广场大成殿门前，戊戌年“祭孔颂德、与时偕行”主题活动拉开帷幕，祭孔颂德与时俱进，号召永和县干部群众继承优良传统。开展电影下乡放映活动，全年计划完成948场，实际演出948场，为广大农村送上精神文化大餐。

开展永和文化名片活动。2018年，永和县文旅委充分利用永和县文化资源优势，打造永和文化名片。“9·28”纪念孔子诞辰，“12·26”纪念毛泽东主席诞辰活动，鼓舞永和县人民斗志。创作《我在奇奇里》《花儿坡》等永和原创歌曲，扩大对外影响。开办《文化永和》信息，出刊62期。

实施乡村文化记忆工程。2018年，永和县文旅委开展乡村文化记忆普查活动，巩固“乡村文化记忆工程”成果，在桑壁镇建设1处乡村文化记忆展示馆。

文化图书免费开放活动。2018年，永和县文旅委依托永和县文化馆、图书馆公共文化阵地，每周三至周日开展免费开放活动，开展科学普及、好书朗读、免费培训等活动。4月23日，世界图书日期间举办以“推动全民阅读，建设书香永和”为主题的数字阅读推广活动，开设“电子图书馆”，向永和县群众开放。与共青团永和县委举办好书朗读活动。暑假期间，文化馆开展舞蹈和播音主持免费培训，培训儿童80人。

不可移动文物核查工作。2018年，永和县文旅委对永和县383处文物遗址、遗迹进行为期2个月的核查、登记、留存资料，及时上报临汾市文物局。

文化文物旅游市场监督。2018年，永和县文旅委为确保永和县旅游景区安全，确保网吧、KTV等文化市场管理规范有序，派永和县文体市场行政综合执法队到各个景区检查，与2个景区、1个渡口签订《安全生产责任书》。结合“扫黑除恶，扫黄打非”活动，对永和县7家网吧、6家KTV、2家印刷企业开展全面检查。为保护少年儿童健康成长，引导未成年人自觉抵制有害出版物和信息。开展2018年“护苗·绿书签”系列宣传教育活动，营造有利于未成年人健康成长的社会文化氛围。

【旅游事业】 2018年，永和县开展旅游宣传营销活动。4月26日，在北京举办第三届槐花扶贫活动新闻发布会。5月5日，在花儿坡粮站举行第三届槐花文化旅游节暨槐花扶贫活动，打造槐花产业，让槐花产业成为永和县群众脱贫的又一主要产业。在开幕式上，山西友谊国际旅行社和山西春秋国旅旅行社有限公司与永和县企业签订合作协议。7月1日，举办迎七一·助旅发——光未然先生《黄河颂》大型碑刻揭幕暨《黄河颂》专场音乐会活动。8月20日，举办“乾坤湾·中国龙”2018国际摄影名家采风暨全国摄影家黄河风光摄影大赛活动，助力2018年山西省旅发大会在临汾市召开。9月27日，在永和县阁底乡奇奇里村，“第三届红枣采摘节暨国庆旅游黄金旅游周系列活动开幕式”拉开帷幕。此次活动打响永和县旅游品牌，通过旅游推介带动永和县产业发展，通过发展红枣采摘等绿色农业延伸拓展旅游内涵，实现百姓脱贫致富和县域经济发展。举办招商引资活动。8月12日，山西宏源沿黄文化旅游发展有限公司与永和县成功签约投资18亿元的文化旅游合作协议，为永和县文化旅游业的发展奠定基础。打造乡村旅游扶贫示范村。2018年，永和县文旅委经过积极申报争取，东征村、奇奇里村、石家湾村被确定为省级乡村旅游示范村。组织开展旅游企业对口帮扶工作，确定洪洞大槐树景区，隰县小西天景区对接永和县东征村、石家湾村进行对口帮扶。开展乡村旅游人才培训。2018年，永和县文旅委先后组织旅游扶贫示范村人员和旅游从业人员到晋中市榆次区、汾阳市贾家庄参加培训，受训人员20余人次，永和县组织旅游从业人员开展乡村旅游人才专题培训。

【体育赛事】 2018年，永和县开展全民健步走活动，2月22日，举行全民健步走活动启动仪式；老年体协组织旗袍队参加“花样年华畅游三晋旗袍秀”；在临汾市西山七县男子篮球赛中，永和队获得季军；永和县老年体协组织人员参加山西省第20届太极拳比赛，获得优秀组织奖奖牌1枚，获得集体太极拳奖牌1枚。5月27日，临汾“尧王杯”马拉松赛在临汾市华门广场起跑，永和跑团的16名跑友第一次组团参加比赛。6月10日，县委宣传部帮助黎明永和跑团设计专属徽标，跑团第一次定制印有自己的徽标的夏季短袖T恤队服50件。8月26日，曲沃“建邦·通才杯”半程马拉松赛在太子湖畔举行。黎明永和跑团16位健儿参加半程马拉松赛，李岩荣获第五名和3000元奖金，其他跑友的成绩有新的提升。9月8日，永和跑团派出15人参加的2018太原国际马拉松赛事上，选手李岩夺得2018太原国际马拉松半程比赛冠军。9月23日，永和跑团派出29人的阵容参加中国大宁国际越野跑挑战赛，李岩获得30千米越野赛亚军。10月27日，2018中国·云丘山首届越野赛在山西省乡宁县云丘山景区成功举行，永和跑团组织近30人的强大阵容参赛。“2018贾家庄杯汾阳市第三届半程马拉松暨纪念‘12·9’长跑节”于2018年12月9日在吕梁市汾阳市贾家庄举行，永和跑团组织62名跑友报名参赛，参赛阵容再创新高。

（伊菲菲）

文学艺术

【《乾坤湾》杂志】 2018年，《乾坤湾》杂志共出刊2期，发表文化类作品达20万字，摄影作品近百幅，书法、篆刻、木刻、剪纸等作品50余幅，文稿和图片的质量得到提升，影响力和辐射力增强，山西省内外的读者对《乾坤湾》杂志的评价都很高。在永和县的重大活动中，《乾坤湾》杂志都作为礼物赠送给外来客人。

【文学创作】 2018年，永和县文联创作出一批有影响的作品在省级以上报纸杂志、电台、电视台发表和播出。主要作品《山梁上的村姑》收入中国电影出版社出版的“曹禺杯”获奖作品集，发表在《戏剧之家》杂志上；散文《出门记》发表在中国作家协会主办的《文艺报》上；还有一批散文发表在《山西日报》《延安文学》《太原日报》《临汾日报》等报纸杂志上。电影剧本《山凹中的奔跑》获全国体育剧本优秀奖。

（马毅杰）

新华书店

【概　况】 永和县新华书店作为永和县文化宣传窗口，建于1951年3月，位于永和县正大路，营业面积200平方米，2018年有职工7人。

【主营业务】 2018年，永和县新华书店做好永和县中小学生教材、教辅征订发行工作，确保学生“课前到书、人手一册”落到实处。永和县宣传部征订4300册《习近平新时代中国特色社会主义思想三十讲》，保障和满足干部群众的政治学习需求。永和县新华书店为永和县50个农家书屋提供配套设施配送服务。4月23日世界读书日，永和县新华书店举行图书展销活动，少儿品种4000余种，开展丰富多彩的图书“进机关，进社区，进校园”活动，受到读者的欢迎和好评。

【卖场建设】 2018年，永和县新华书店响应山西省发行集团公司“卖场要向城市文化综合体方向调整”的战略部署，加强门店硬件和软件建设，完善内部管理制度，推行门市销售岗位责任制，实施“一站式”服务和“微笑”服务，为读者提供一流的购书、休闲、学习场所。

（张毅宏）

红军东征永和纪念馆

【概　况】 红军东征永和纪念馆编制5个，有工作人员3名，其中负责人1名，管理人员2名。2018年，红军东征永和纪念馆整合资源优势，将培育和践行社会主义核心价值观作为基地教育的首要内容，开展爱国主义、革命传统系列教育活动，发挥好基地红色教育主阵地作用。全年到馆参观、接受教育人数162万人次。

【纪念馆基本情况】 红军东征永和纪念馆位于距永和县城35千米处的阁底乡东征村，是一座反映中国工农红军东征抗日历程的主题纪念馆。1971年临汾地区第一届全委会曾在东征纪念馆旧址召开，1972年在关帝庙旁建起红军东征纪念馆，经整修、扩建后，占地面积6720平方米，拥有3个展厅和1个廉政教育场所，馆内陈列东征期间红色革命文物、像章、题词及红军东征研究书籍资料等1500余件，各类藏品460余件，各种资料140余套，历史图片250多张，其中珍贵革命文物6件。展厅展出战略抉择、转战永和、战略要地、逼蒋抗日、决策回师、东征精神6个板块的图片文字，是展示红军东征研究的重要展馆，是领略东征历程，感受东征精神的第一视窗，是进行爱国主义教育、廉政教育的最佳课堂。

2008年12月，永和县在太原市召开“红军东征在永和”专题论证会，编辑出版《红军东征在永和》一书。红军东征永和纪念馆是山西省爱国主义教育基地、山西省党史教育基地、临汾市党史教育基地、临汾市纪委监委廉政教育基地、临汾市未成年人思想道德建设先进基地、临汾市学雷锋志愿服务首批示范单位、是毛泽东主席在临汾市居住唯一被确认的路居地，是全国毛泽东纪念馆联谊会会员单位，被列入“全国红色旅游经典名录”，2015年被列为全省红色旅游线路之一。

开展主题教育活动。红军东征永和纪念馆在利用基地现有教育资源的基础上，挖掘与基地相关的历史史实、文物史料等，开展“缅怀革命精神，传承红色基因”主题活动，围绕毛泽东同志的丰功伟绩、革命精神、道德风范与理想信念，对永和县全县广大干部群众进行爱国主义教育。

开展特色活动。红军东征永和纪念馆以重大历史事件、历史纪念日、传统民俗节日等节点为契机，结合自身资源特色开展活动。清明节开展缅怀革命英烈活动；“五四”青年节、“七一”中国共产党建党节、“八一”中国人民解放军建军节、“十一”国庆节及抗日战争胜利纪念日等时间开展纪念活动；结合“学雷锋活动日”开展社会公益活动；利用各种文化活动，开展以爱国主义为主题的文艺会演、书法作品展览等活动。

（张步军）

广播电视

广播电视

【概　况】 2018年，永和县广播电视服务中心有干部职工50人，其中全额财政27人，差额财政6人，自收自支7人，公益岗1人，临时工9人。其中有党员20人；有大学本科6人，大学专科33人，高中文化11人；取得中级专业技术职务9人，工人技术等级技师10人，高工6人，中工4人。中心内部下设5个部室，其中办公室4人、财务室3人、总编室4人、新闻股10人、技术股4人、网络维修股11人、村村通办1人、驻村工作队2人、后勤保障股3人、档案资料股2人、收费中心5人、离岗1人。

【宣传报道】 2018年，永和县广播电视服务中心创新形式，加强宣传报道。年均播出《永和新闻》240期，1200多条，全部实现安全播出。开办《健康永和论坛》《致富典型》《维护核心、见诸行动》《扎实开展"两提一创"》《重点工程建设巡礼》《乡村法制》《电视剧场》《电视三下乡》《永和故事》等专题栏目。利用宣传工作注重时效性的特点，及时开办各类专栏专题报道。在中共十九大召开之后，开设《喜迎十九大》《十九大时光》《扫黑除恶》《环境治理》《廉政宣传》《宪法 监察法的解读》专栏，宣传报道十九大精神。围绕脱贫攻坚，抽专人开辟《全民动员打赢脱贫攻坚战》《脱贫攻坚在行动》《脱贫攻坚政策宣传》《脱贫攻坚之典型人物》等专栏，集中报道永和县在脱贫攻坚中的好政策、好办法及涌现出的先进人物事迹。围绕创建国家卫生县城，永和县电视台开办《创建国家卫生县城》《创卫在行动》《创卫大家谈》《创卫曝光台》等栏目，报道各片区在创建国家卫生县城工作中的新动向、新举措、新成效，特别是《创卫曝光台》栏目，强化舆论监督，提升群众素养。

永和县电视台向省、市电视台选送稿件。山西省、临汾市电视台共播出《小槐花撬动大产业》《奇奇里村的城里娃》《东征村红红火火过大年》《永和沿黄千米助推脱贫攻坚》等稿件20余篇。永和县电视台制作的专题片《大美乾坤 天下永和》在临汾市电视台滚动播出，宣传永和县的旅游景点，助推旅游产业的发展，2018年制作的新闻片《巧媳妇蒸花馍》首次在中央电视台《新闻联播》播出。

【推进广播电视数字化】 2018年，永和县广播电视服务中心强化事业建设，推进广播电视数字化。为了让全县群众都能收看到电视节目，让党的政策声音传遍千家万户，永和县广播电视服务中心争取上级支持，实施"村村通""户户通"工程，覆盖全县79个村。永和县投资180万元完成电视模拟数字化改造；投资200万元提升直播能力建设；投资178万元完成堡则塬、阁山2座转播台的建设任务；对机房进行双电源安全改造；对永和县城有限网络进行改造，覆盖5个乡镇、10个行政村的有线网络覆盖；加强采编播出基础设施建设，购置编辑系统2套，安全播出系统1套、媒资管理器1套、摄像机10台、直播设备2台，对录播系统进行升级改造；建设“户户通”1000户，使之互补，农村广播电视覆盖率达100%。

【安全播出】 永和县广播电视服务中心制订安全播出预案及技术安全保障机制。制订多套播出机房与网络传输防范预案，确保“0秒停播”和“2秒切换”。2018年，永和县广播电视安全播出，无事故发生。

（靳　晶）

医药卫生

卫生与计划生育委员会

【人才队伍建设】 2018年，永和县医疗集团自主招聘合同制人员27名。校园招聘应届本科大学毕业生3名。集团选派15名医生免费参加山西医科大学基层医生实用医疗技能培训班。永和县卫生与计划生育委员会出台《永和县公立医院绩效考核指导意见》和《永和县公立医院薪酬制度改革主要负责人绩效考核办法（试行）》，完成对县级2所公立医院的岗位设置和全员聘用。对2017年永和县医疗集团自主招聘的47名卫生技术人员实行岗位聘任管理，对职务晋升的12名人员审批落实晋职晋级岗位确定和待遇落实。取消永和县直两所公立医院的全部药品加成，实行药品零差价销售，对国家基本药物和非基本药物分别按30%和15%予以财政补助。将公立医疗机构中药饮片纳入取消药品加成范畴，实行零差率销售，财政同样以30%比例进行补助。落实医疗费用支付方式改革，落实单病种限额付费和门诊统筹总额预算付费两项措施，核定对外科24种疾病、内科8种疾病的单病种费用，实行单病种付费。在医药方面，破除以药补医机制，落实药品供应保障制度，2所公立医院的基本药物全部实行公开招标采购，统一配送。

【医联体建设】 2018年，由山西大医院、山西省中医院、山西心血管病医院和临汾市人民医院、临汾市中心医院与永和县医疗集团签订蹲点帮扶协议，进驻永和县医疗集团开展蹲点帮扶。试行医保总额打包付费改革。县医疗集团与县医保中心按照“总额管理、结余留用，合理超支分担”的原则，签订医保打包付费协议，从2018年5月起，实行按月预付打包付费资金，促进公立医院控制医疗费用不合理增长和贫困人口大病救治“先诊疗、后付费”政策制度的落实。建立药械供应保障新机制。在基药的采购上，实行县、乡、村三级统一目录、统一议价、统一采购、统一配送、统一结算。全面建立短缺药品监测预警和分级应对体系，2017年8月1日起，县直公立医疗机构采购药品全部实行“两票制”。

【基本公共卫生服务】 2018年，永和县建立居民纸质健康档案61603份，电子档案60773份，完成纸质建档率94%，电子建档率92.5%；开展各类健康知识讲座42次，受教育人数3102人次；三级医疗卫生机构设置健康教育宣传栏97处，向广大群众发放健康资料27种、38461册；适龄儿童一类疫苗接种率达95%以上，建卡、建证率达100%；规范管理0～6岁儿童3784人，新生儿访视率96%；孕产妇产后访视率达96%；为5787名65岁以上老年人进行健康检查；为3985名高血压患者和726名糖尿病患者规范开展健康随访管理；登记重性精神病人292人，规范管理273名。做细、做实家庭医生签约服务。县、乡、村三级医疗卫生机构推行以家庭为单位，对家庭成员分类管理，重点人群应签尽签的服务模式，使更多的群众拥有自己的家庭医生，享受到送上门的医疗卫生服务。有200余名医护、公卫人员参与家庭医生服务。截至2018年年底，常住人口签约率达到69%，重点人群签约率82.5%，贫困人口签约率100%，计划生育特殊家庭签约率为100%。2018年年底，建档立卡贫困人口健康扶贫"双签约"达到100%，有2463名贫困人口的健康信息录入管理信息平台，约1000余人下载使用"智能家庭医生"手机App。与尤迈慈善基金会签订合作协议，通过远程会诊为永和县贫困人口提供尤迈健康扶贫及临床医生培训。截至2018年年底，对190余例疑难杂症和重大疾病患者进行大病再诊断服务和会诊，临床培训医护人员1400余人次。2018年年底，县域内患者外转率下降5%，费用自付率下降7%，乡镇卫生院门诊率上升11%，三甲医院患者回转率达5%，下转乡镇卫生院管理患者300余人。落实先诊疗后付费，实行对贫困患者救治的"一站式"结算服务。永和县政府出资60万元，委托浙大网信公司开发"一站式"即时结算信息平台，6月底，集居民健康、医疗服务、医保补助、民政救助、商业保险等信息于一体的医疗卫生信息化网络建设正式投入使用。

【服务体系建设】 2018年，永和县卫生与计划生育委员会新建54所标准化村卫生室；投资1.07亿元新建永和县人民医院建设项目，2018年底主体工程完工。为确保新医院如期投入使用，临汾市政府副市长（挂职）、永和县委副书记（挂职）胡小濛协调中国扶贫协会，通过企业让利和融资担保方式购置医疗设备和信息化建设设备，节省资金近5000万元；争取到湖南乾康科技有限公司为永和县2所县直医院各捐赠1台全自动尿液有形成分分析仪。加强特色中医馆建设，2018年底对3个乡镇卫生院中医馆建设开展环境改善、人员培训等工作。

【"5+N"健康扶贫模式】 2018年，永和县卫生与计划生育委员会在山西省第一个打造"5+N"健康扶贫模式。"5"，即协调山西省医科大学、山西省妇幼保健院、山西省疾控中心、山西省卫生计生委卫生监督所分别与永和县5家县直医疗卫生机构签订对口帮扶协议，制订对口帮扶方案，实现县级卫生计生机构对口帮扶全覆盖。"N"，即争取到中国扶贫协会、尤迈基金会、白求恩基金会等国内10家社会团体和企业对永和的无偿援助和支持，争取到各类医疗、康复、检验设备达6000余万元。

【"移动智能＋健康扶贫"服务】 2018年，微医集团在永和县免费实施"移动智能＋健康扶贫"项目，该项目支持县医疗集团开展远程医疗、健康咨询、健康管理服务，促进医院、医务人员、患者之间的有效沟通，加快实现医疗资源上下贯通、信息互通共享、业务高效协同，便捷开展预约诊疗、双向转诊、远程医疗等服务，推进"基层检查、上级诊断"，初步构建起高效有序的分级诊疗格局。年底，该项目投资643.5万元，搭建县医疗集团、7个乡镇卫生院以及部分村委医疗服务平台，打通县域内医疗健康服务网络，为永和县医疗集团培训远程医疗系统操作人员61人。

落实"三个一批"行动计划。实行大病集中救治一批，按照"三定两加强"（确定定点医院、确定医疗方案、确定单病种收费标准，加强医疗质量管理、加强大病分类救治管理）原则，对患有大病的农村贫困人口实行集中救治。截至2018年年底，全县大病需救治407人，救治407人，累计救治407次，救治进展率100%；实现慢病签约服务管理一批，对患有慢性疾病的农村贫困人口实行签约服务，统筹推进基本公共卫生服务。截至2018年年底，全县慢病需救治1321人，救治1321人，救治进展率为100%；实行重病兜底保障一批。通过实施倾斜性支付政策、建立健全兜底保障机制、加快推进一站式结算、动员社会力量救助等措施，减轻建档立卡农村贫困人口医疗费用负担，有效防止因病致贫、因病返贫。截至2018年年底，重病兜底需救治41人，救治41人，救治进度为100%。

【推进健康促进工程】 2018年，永和县卫生与计划生育委员会推进健康促进工程。永和县被列为国家健康促进试点县、山西省全省“慢病综合防控示范区”、盖茨基金会中国农村基本卫生保健项目县，2018年年底，出台《永和县健康促进试点县方案》，制定《永和县创建省级慢性病综合防控示范区建设实施方案》，进入实施阶段。《永和县盖茨基金会中国农村基本卫生保健项目方案》通过国家卫健委审批，预计5年投资330万元。强化妇幼计生工作。2018年，贫困妇女“两癌”筛查任务是4286人，年底完成4288人；免费产前筛查与诊断服务项目，任务数350人，完成640人；实施贫困地区儿童营养改善项目，任务数9106人，1—9月发放营养包7831盒，发放率86%。强化大病救治能力。2018年，永和县政府与北京尤迈慈善基金会签订合作协议，免费为全县人口提供协和医院专家的大病再诊断服务；免费为全县贫困人口提供尤迈健康扶贫会诊及临床医生培训，永和患者在县城即可享受到北京协和专家的医疗服务。截至年底，累计会诊230余例重大疾病患者，1400余人次医护人员接受临床培训。

2018年8月28日，永和县召开健康教育“六进”活动推进会暨健康教育走进公共场所大会

【医疗救助】 2018年，永和县卫生与计划生育委员会推进“健康暖心”工程。2016—2018年，永和县获得人口福利基金会“健康暖心”资金资助500万元，为全县符合国家和山西省医疗救助政策的计划生育特殊困难家庭、城乡居民提供医疗救助，巩固兜底保障政策成效，有效预防和缓解城乡居民因病致贫、因病返贫问题。截至2018年年底，救助596人230.6万元。2018年，“健康暖心”实施方案通过中国人口福利基金会审批，即将进入实施阶段。推行大病社会救助工作。通过中国社会大病救助平台，帮助建档立卡贫困患者与社会救助资源精准对接，确保无钱治病和后续医疗费用较高的贫困大病患者能够及时得到社会救助。截至年底，为永和县的贫困大病患者募款总金额58万多元，配捐额15万元，社会筹款38万多元，救助55名贫困大病患者。

疾病预防

【概　况】 永和县疾病预防控制中心设编制20个，2018年在编人员18人。大学本科以上学历占22.2%，大学专科以上学历占55.5%，高中学历占22.3%；内设免疫规划科（生物制品科）、传染病防控科（包括应急、艾滋病、病媒生物、信息）、地方病防治科、结核病防治科（包括食源性疾病、职业病）、慢病科（精防科）、检验科、办公室、财务室六科两室，是集疾病预防与控制、突发公共卫生事件应急处置、疫情报告及信息化管理、实验室检测等七大职能于一身的综合性服务中心。

2018年，永和县疾病预防控制中心坚持“厚德尚善、传递爱心、科学防控、保障健康”的工作理念，以疾病防控为己任，助力健康永和发展，确立“1449”工作思路，紧盯疾病预防控制一个总目标，围绕党建、扶贫、业务、创卫四大中心任务，抓住宣传、培训、督导、检验监测4个关键环节，突出做好传染病、艾滋病、地方病防治、慢性病管理、免疫规划、检验监测、食品安全风险监测、结核病防治、突发公共卫生事件应急管理9项重点工作。

【传播健康服务理念】 永和县疾病预防控制中心利用各种媒体平台和重大卫生宣传日，宣传新型疾控文化，开展系列宣传活动。先后开展主题宣传，短信、微信宣传，媒体宣传等，组织疾控队伍进社区、进学校、进村入户宣传疾病预防知识等系列活动，印发健康关爱卡、健康温馨提示卡45种5万多份，宣传板、宣传品1.5万个（块），编写工作动态40余期，传播健康服务理念，引导群众养成健康生活习惯。建起中心疾控文化长廊，将业务内容、工作风采、服务理念、文化精髓、图文并茂地展现给中心干部职工和社会群众，激发中心干部为疾控事业增光添彩。

【领导调研】 2018年4月12日，国家卫生健康委员会疾控局综合处处长徐克明，苏州市疾控中心主任刘芳到永和县疾控中心就扶贫需求进行调研。国家卫生健康委员会疾控局指定协调苏州市疾控中心与永和县疾控中心签订对口支持协议；协调中国生物技术股份有限公司捐助扶贫资金10.7万元，为永和县配备急需的冷链服务设备。4月13日，山西省疾控中心主任张睿孚到永和县疾控中心进行对口帮扶，了解中心建设及服务能力情况，进行针对性的帮扶。为永和县疾控中心捐赠价值6万多元的业务设备及饮用水检测物资，协调安排永和县疾控中心工作人员参加国家、省级业务培训。中国疾控中心改水技术指导中心主任陶勇一行，先后查看永和县东山水厂、芝河镇川口农村饮水工程，召开“一县一策”农村饮用水水质提升政策保障研讨会，对永和县农村饮用水水质的现状和问题进行针对性的监测、指导、防控。

【公益服务】 永和县免疫规划疫苗接种率达90%以上；落实传染病报告与处理，2018年永和县未发生重大传染病疫情；高血压、糖尿病健康管理和死因报告工作规范，完成年度指标；对永和县7个乡镇贫困户的居家精神病患者免费提供专项检查、复诊和护理指导，抗精神病基本药物免费发放；山西省第三届“万步有约”职业人群健走激励大奖赛山西赛区启动仪式在永和县举行；完善结核病防治管理体系，患者外报本及本报本总体到位率达100%；艾防宣传全面铺开，各项指标均达国家考核要求；地方病防治工作全面加强，盐碘、尿碘、克山病、大骨节病监测有序展开。组织中心全体人员到所包联的阁底乡庄则坪村，开展“进乡村、入农户、送健康，助力脱贫攻坚”活动，为百姓开展送医、送药、送健康，开展健康讲座、义诊、免费体检及送小药箱、慰问金等活动。

（李全虎）

妇幼保健

【概　况】 2018年，永和县妇幼保健计划生育服务中心坚持以“保障妇女、儿童身心健康”为工作目标，提高出生人口素质、保障生殖健康，做好儿童保健、孕产妇保健、青春期保健、围产期保健等项工作，履行基本公共卫生和重大公共卫生服务职责。

【产前筛查项目】 2018年，永和县妇幼保健计划生育服务中心实施免费产前筛查项目，免费为辖区内怀孕15周至20周+6天的孕妇进行筛查，通过检验孕妇血液中的妊娠有关的标志物浓度，筛选出高危人群，预防婴儿出现先天性缺陷儿。可筛查胎儿是否有先天性愚型、18-三体综合征、神经管缺陷等出生缺陷。永和县抽血产筛277人（其中永和县抽血产筛244人，临汾市返回产筛33人），任务完成率86.56%。高风险16人，转诊16人，截至2018年年底，诊断结果返回16人，临界风险19人，高风险7人。

【农村妇女宫颈癌、乳腺癌免费筛查】农村妇女宫颈癌、乳腺癌免费筛查是山西省政府确定的民生实事之一，由于永和县属于国家级贫困县，农村妇女防病意识普遍较差，为提高疾病的发现率，永和县妇幼保健计划生育服务中心 2018 年 5 月底开始为永和县 35 ~ 64 岁农村妇女进行农村妇女宫颈癌、乳腺癌免费筛查。截至 2018 年 9 月底，完成 4288 人。查出良性肿瘤 1 人，纤维瘤 1 人，乳腺癌 3 人（2 人做手术，1 人做放疗）。查出 44 人有结节者建议定期复查。查出宫颈癌 2 人，阴道癌 1 人已手术治疗。癌前病变 20 人。转诊上一级医疗机构做进一步检查治疗。其他妇科疾病患病人数 2063 人，总患病率 48.11%，其中滴虫性阴道炎 123 人，患病率 5.98%；细菌性阴道炎 162 人，患病率 7.85%；阴道假丝酵母菌病 51 人，患病率 2.47%；宫颈息肉 50 人，患病率 2.42%；子宫肌瘤 9 人，患病率 0.43%；老年性阴道炎 159 人，患病率 7.7%；外阴白斑 67 人；前庭大腺囊肿 4 人；慢性盆腔炎 9 人；慢性宫颈炎 946 人；子宫脱垂 9 人；阴道后壁膨出 33 人；阴道纵隔 1 人，其他病 440 人。做到早发现、早诊断、早治疗，保障妇女的身心健康。

【孕前优生健康检查】永和县妇幼保健计划生育服务中心为提高出生人口素质，预防出生缺陷发生，根据孕前优生健康检查实施方案要求，永和县妇幼保健计划生育服务中心采取召开培训会、动员会、下乡督导、健康教育等方式，落实孕前优生健康检查工作。2018 年，市定目标任务 320 对，2018 年完成 320 对，完成率 100%，录入率 100%，建档率 100%，为永和县出生缺陷提供一级干预。

【儿童营养改善项目】2018 年，永和县妇幼保健计划生育服务中心利用微信、电视、永和日历等平台，宣传营养包的作用和用途，使营养包的知识得到宣传，家长育儿知识增强、参与率提高。全年永和县任务数 15210 人，年底发放 10525 盒，平均每月发放 877 人，发放率 83.6%。组织培训乡（镇）、村妇幼员 1 次，督导 2 次，开展宣传活动 4 次，发放营养包使用手册 788 本、《宝宝健康 100 问》1000 余本、营养包相关知识 900 余本、宣传画 290 张、宣传光盘 97 张。通过宣传，群众对营养包相关知识知晓率达到 95% 以上。2018 年，监测评估调查贫血患病率、生长发育迟缓率均显著降低。

【艾梅乙母婴传播阻断项目】艾滋病、梅毒、乙肝母婴传播阻断项目自实施起，永和县妇幼保健计划生育服务中心召开项目启动会、培训会，聘请市级专家对永和县医疗机构执业医师、妇产科医师、检验医师、防保医生以及乡村妇幼保健人员进行专门培训，按照方案要求进行咨询检测免费服务，对孕产妇实行艾梅乙免费咨询检测。利用媒体、传单、标语、微信、永和日历进行全方位的宣传动员，宣传艾梅乙基本知识、政策导向、艾梅乙优惠项目，以及防病治病意识。2018 年年底，在永和县分娩的孕产妇 166 人，免费检测艾梅乙孕产妇 166 人，检测率 100%。早孕检测 82 人，早孕检测率 49%。艾滋病与梅毒阳性检出率均为 0，乙肝表面抗原阳性的孕妇所生的 2 名儿童，全部按规定注射儿童乙肝免疫球蛋白，阻断率 100%。

【新生儿“两病”筛查项目】“两病”是指新生儿遗传代谢病苯丙酮尿症（PKU）、先天性甲状腺功能减低症（CH）。新生儿“两病”筛查是为尽快使新生儿代谢性疾病和新生儿听力障碍疾患得到早期发现，降低儿童智障和听力残疾发生率，提高人口素质的一项惠民工程。项目启动后，永和县妇幼保健计划生育服务中心确定筛查机构，建立筛查工作流程，明确工作职责，开展社会动员及健康教育活动，联系上级业务部门做好衔接沟通。2018 年，新生儿“两病”筛查和听力筛查均为 174 人，新筛率 100%，新生儿“两病”和听力筛查全部是阴性。

【预防神经管出生缺陷】 2018年，永和县妇幼保健计划生育服务中心结合永和县实际，做好婴儿神经管缺陷干预，宣传发动、叶酸发放补服管理工作，提高孕前和孕早期育龄妇女补服叶酸的依从率，降低婴儿出生缺陷的发生，提高出生人口素质，叶酸发放任务数为900人，实际为895名育龄妇女发放叶酸5370板，发放率99.4%，其中农村发放646人份，城区发放249人，叶酸依从人数764人，依从率85.4%。神经管缺陷发生率为零。

【孕产妇健康管理】 2018年，永和县有孕产妇296人，活产数296人，早孕建册209人，早孕建册率70%；产后访视263人，产后访视率89%；孕产妇住院分娩296人，住院分娩率100%。高危孕产妇23人，管理率100%。剖宫产89人。

【0～6岁儿童健康管理】 2018年，永和县0～6岁儿童3831人，儿童健康管理3792人，健康管理率98%；新生儿296人，访视263人，访视率89%；低出生体重儿44人；早产儿5人。2018年为0～3岁体检2167人次，其中检出发育迟缓141人，消瘦51人，贫血286人，超重168人，肥胖136人，包茎1人。4～6岁儿童应体检1938人，实检1918人，体检率99%，其中龋齿255人，贫血12人，生长发育迟缓29人，消瘦10人，肥胖64人，近视眼22人。

【脱贫攻坚】 2018年，永和县妇幼保健计划生育服务中心结对帮扶打石腰乡尉家坬村委，全村382户1082人。建档立卡贫困户168户441人。贫困发生率40.7%。劳动力人口（18～60岁）400人，常年在外的劳动力人口200人。全村耕地面积8500亩，主要以种植枣树为主，自然条件差，基础设施薄弱，交通不便，饮水困难。尉家坬村委在山西省粮食局、永和县妇幼保健计划生育服务中心2个单位的帮扶下，实施易地、产业、教育、生态脱贫等举措，尉家坬村委2018年如期脱贫。易地扶贫搬迁27户，其中县城搬迁25户，乡镇安置点2户。产业扶贫带动贫困户91户237人，其中3千瓦光伏发电19户，5千瓦光伏发电53户，养牛9户，农家乐8户，红枣遮雨棚带动12户贫困户。152户贫困户进行危房改造，2户贫困户地质灾害隐患搬迁。5个自然村自来水管道已经接通。全村村民全部参加合作医疗保险，全村义务教育阶段子女没有发生失学现象。低保户45户83人，五保户2户2人。蝎子养殖基地带动贫困户10户，红枣贸易市场带动贫困户10户。2018年12月，工作队完成入户资料的核实，政策宣讲，问题反馈，扶贫手册的完善等工作。

（药淑琴）

永和县人民医院

【概　况】 永和县人民医院始建于1950年9月，前身为永和县卫生所，1951年更名为永和县卫生院，1961年5月正式更名为永和县人民医院。县人民医院为二级甲等医院，有人员151人，其中在编人员82人（医师类别有42人），临时聘用人员69人（截至2018年12月1日）。编制床位100张，开放床位80张。设有内科、外科、妇产科、儿科、眼科、耳鼻喉科、口腔科等7个科室。2016年9月6日，永和县人民医院新建项目开工建设，总规划建筑面积15930平方米，地上建筑面积12500平方米，地下建筑面积3430平方米，床位150张。其中住院综合大楼地上建筑面积6000平方米，其他建筑项目9930平方米（门急诊楼建筑面积3250平方米，医技楼建筑面积2440平方米，传染楼建筑面积680平方米，其他附属建筑130平方米，地下建筑面积3430平方米），总投资1.07亿元，2018年年底完成。永和县人民医院业务总收入1245万元，其中医疗收入709万元、药品收入536万元，门诊17851人次，住院2113人次，手术226例，急诊2380人次。2018年，永和县人民医院“120”出诊383次，出诊医护人员898人次，抢救病人481人，受到群众好评。

【编制人事薪酬制度改革】 2018年，永和县人民医院对县级医院机构编制进行统一管理、统一使用、统一调配。4月，统一招聘合同制人员27人，分配到各科室。申请到20名校园招聘指标，在山西省内的3家医学院进行校园招聘，实际招聘3人。为调动医护人员的工作积极性，推进院收入分配制度改革，以按劳分配、绩效优先、兼顾公平为分配原则，聘请专业的医院管理咨询公司指导制订院绩效考核方案，建立以工作岗位性质、技术含量和风险程度、服务数量与质量等工作业绩为主要依据，以一体化改革核心指标、服务效率、服务质量、群众满意度为主要内容的综合目标任务管理、责任制考核体系，将医院的公益性质、运行效率、群众满意度等作为考核的重要指标。

【医保总额打包付费制度】 2018年，永和县人民医院按照“总额管理、结余留用，合理超支分担”的原则，由医保经办机构采取“总额预算、按月预拨、年终结算”的方式，探索按人头将医保基金统一打包拨付给永和县人民医院。永和县人民医院与医保中心签订年度总额预付协议，根据各机构的医疗业务情况考核分配，5月开始按月预拨费用，城乡居民医保38.45万元，城镇职工医保5.95万元。通过7个月的运行测算，签订补充协议，调整为城乡居民医保65万元，城镇职工医保7.5万元。

【药械采购管理制度】 2018年，永和县人民医院药械采购管理中心正式运转，完善山西省药械采购网上采购手续和流程。建立各项工作职责、工作制度及工作流程，实现“五统一”（统一价格、统一目录、统一采购、统一配送、统一结算）管理。所有药品采购计划报院管理中心审批后，均在山西省药械采购网上集中采购，实行药品“两票制”，医院所有药品（不含中药饮片）按购入价格实行零差率销售。

【医院信息化建设】 2018年，永和县人民医院为加强医院信息化建设，提高医院管理水平，促进医院科学发展，为县新医院争取到中国扶贫开发协会的信息化建设帮扶项目，年底开始实施。信息化的建设将加快推进分级诊疗、双向转诊制度，实现医疗院内部信息互联互通，提高管理效率。争取到微医院“远程会诊+健康扶贫”项目的免费支持，县政府拨付专款，委托浙大网信开发出集居民健康信息、医保、民政、保险公司等部门就医报销补偿数据为一体的“一站式”服务及时结算系统，实现“一站式”即时结算服务，做到让信息多跑路、患者少跑腿，提高群众就医满意度。

【医联体建设】 2018年，永和县人民医院加强与省、市三甲医院建立对口支援帮扶和医联体建设工作，山西大医院牵头，山西省心血管病医院、山西省中医院配合形成三级医院对口帮扶的医疗团队，加强特色学科建设，保证5人以上的医疗团队经常在永和县人民医院蹲点帮扶。临汾市人民医院于5月开始帮扶永和县人民医院，义诊活动10余次，为永和县人民医院职工免学费、住宿费培训8人次。北京尤迈慈善基金会帮扶永和县人民医院和北京协和专家远程会诊，会诊240余例，通过远程会诊、专家帮扶，受益医护人员1200余人次，医疗诊治能力、护理技能，对患者规范化管理得到提高。10月，永和县人民医院与北京大学第一医院建立医联体。北京大学第一医院派驻1名副院长和1名护理部主任进驻永和县人民医院。北京大学第一医院的专家对永和县人民医院进行长期的持续的管理人员培训、平台科室建设、临床技术支持等全方位的帮扶，帮助永和县人民医院提升整体服务水平。

【家庭医生签约服务】 2018年，永和县人民医院强化家庭医生签约服务的主体责任，推进“1名

村医 +1 名乡医 +1 名县医院医生 + 多个成员”的“1+1+1+X”团队服务模式。引导群众养成健康生活习惯，从源头上预防控制和减少疾病发生。居民小病、慢性病下沉到基层治疗康复。2018 年年底，永和县建立居民纸质健康档案 61603 份，电子档案 60773 份，完成纸质建档率 94%，电子建档率 92.5%；开展各类健康知识讲座 42 次，受教育人数 3102 人次；三级医疗卫生机构设置健康教育宣传栏 97 处，向广大群众发放健康资料 27 种，38461 册；适龄儿童一类疫苗接种率达 95% 以上，建卡、建证率达 100%；规范管理 0 ~ 6 岁儿童 3784 人，新生儿访视率达 96%；孕产妇产后访视率达 96%；为 5787 名 65 岁以上老年人进行健康检查；为 3985 名高血压患者和 726 名糖尿病患者规范开展健康随访管理；登记重性精神病人 292 人，规范管理 273 名。为加强医疗院服务能力建设及满足城乡居民多样化健康服务需求，按照“1+1+1+X”的模式成立 79 支职责分明的家庭医生签约服务团队，有 200 余名医护、公卫人员参与家庭医生服务。截至 2018 年年底，常住人口签约率达 69%；重点人群签约率 82.5%；贫困人口签约率 100%；计划生育特殊家庭签约率 100%。健康扶贫“双签约”服务，建档立卡贫困户签约 6572 户 18085 人，签约率 100%。对家庭医生签约服务制订具体考核制度进行规范化管理。落实健康扶贫政策，实行先诊疗后付费，“一站式”服务，2018 年，有 864 位患者受益，提升群众看病就医的获得感。

【巡回医疗服务】 2018 年，永和县人民医院为提高医疗服务水平，安排县级医疗机构的主治医师以上人员带领团队到乡镇卫生院进行义诊、讲课、培训指导基层医疗服务，派驻 300 余人次到乡镇卫生院开展巡回医疗活动。建立县级医疗机构与家庭医生签约服务团队之间便捷转诊通道。开展乡村医疗卫生服务状况调查，帮助乡镇卫生院进行规范化建设。邀请九三学社北京东城区委、北京市第三人民医院、山西省健康协会、华中科技大学同济医院、北京大学第一医院等机构 80 余名国家级知名专家到永和县人民医院开展知识讲座、巡回义诊活动、教学查房等带教活动，诊疗患者 2000 余人次，参与学习获益的医务人员 150 余人次。在为群众诊疗的基础上推动永和县人民医院医疗卫生服务水平的发展，提高患者和医务人员的获得感。

【分级诊疗体系】 2018 年，永和县人民医院按照“基层首诊、双向转诊、急慢分治、上下联动”的工作要求，建立健全永和县域内分级诊疗管理运行机制，精准发力，务求实效。通过重心下移、对口支援等措施，提高乡镇卫生院的医疗服务能力，通过推进家庭医生签约服务，促进基层首诊，建立跟踪、指导服务模式，通过双向转诊机制的建立，实现区域内医疗服务的协同联动，引导患者群众有序运转，最大限度地满足医疗服务需求。

【“三医联动”机制】 2018 年，永和县人民医院坚持以医疗体系改革为核心，以支付方式和药品流通体系改革为支撑，推动医疗、医保、医药“三医联动”机制的建立。发挥医保的基础作用、杠杆作用和引擎作用，推动医保支付方式改革，落实医保差异化支付政策。建立医疗服务价格动态调整机制，引导患者向基层流动。推进基本药物制度改革，建立药械供应保障新机制，减轻患者检查和用药负担，降低医疗服务成本。

（杨永红）

永和县中医医院

【概　况】 永和县中医医院成立于 1984 年，是集医疗、保健、预防和康复于一体的二级甲等中医医院，是永和县中医药文化宣传教育基地和中医药适宜技术推广培训基地；是永和县医保、新农合定点医疗机构。2015 年加入山西省中医医疗集团，2017 年 9 月成立永和县医疗集团，负责永和县公立医疗机构，整合资源，实行六统一管理。与北京协和医院、山西省中医院、临汾市医疗集团远程会诊平台接轨，实现资源共享。医院占地面积 4400 平方米，建筑面积 4980 平方米，业务用房面积 4100 平方米。开放病床 80 张，开设 4 个住院病区，10 个临床科室。2018 年有职工 104 人。万元以上医疗设备 35 台，总价值 650 万元；有 500 毫安程控 X 光机、CR、DR、动态心电图、彩超、全自动生化仪、超声波治疗仪、超声经颅多普勒血流分析仪、脑循环功能障碍治疗仪、肛肠综合治疗仪和检验科全自动血液细胞分析仪、全自动生化仪和中医诊疗系列设备及自动化颗粒中药房等。

【公立医院改革】 2018 年，永和县中医医院实行院长（法人代表）负责制，进行人事制度改革，绩效管理制度改革，实行全员竞聘上岗制度。根据岗位工作需要对部分中级职称以上退休人员实行返聘上岗。执行全部药品实行零差价销售，取消药品加成后，药品按照实际进价销售。对医疗服务项目收费标准取消原来要求的下浮 10% 的规定，（执行原二级乙等医院Ⅲ类标准）公示药品价格和医疗服务项目收费标准，门诊实行总额预付，住院部探索性实行单病种临床路径管理制度，2018 年年底确定实施的优势病种 9 种，全部纳入临床路径管理。对新农合患者和医保患者全部实行直补报销。坚持开展业务学习和技能操作培训。

永和县中医医院承担芝河镇 14 个村委 57 个自然村和周边乡镇部分群众及全部城镇居民的基本医疗服务和公共卫生服务，负责对各个村卫生室的行政、人员、业务、药品和财产实行“五统一”管理。与 3 个乡镇卫生院建立对口支援工作关系。成立永和县医疗集团，将芝河镇卫生院、南庄乡中心卫生院、坡头乡卫生院、打石腰乡卫生院并入永和县医疗集团，推行“六统一”管理模式。

【业务数据】 2018 年，永和县中医医院接诊患者 67981 人次，门诊收入 388 万元，人均医药费用 107 元；收治住院患者 1298 人，住院收入 313.4 万元，人均住院费用 2414 元，平均住院日 13 天，同比略呈下降趋势。医疗业务总收入 913.4 万元，其中，药品收入 660.3 万元，药占比 72.29%。检查检验收入 46 万元，检查检验收入占比 5%；耗材 45 万元，耗材收入占比 5%。

【脱贫攻坚】 2018 年，永和县中医医院与阁底乡马家湾村和冯家腰村开展结对帮扶工作。据统计，马家湾村共 154 户 458 人，前冯家腰村 56 户 165 人。两村有贫困户 120 户 366 人，其中马家湾村 80 户 248 人，前冯家腰村 40 户 118 人。永和县中医医院党员干部 12 人与两村贫困户建档立卡实施结对帮扶，派驻村工作队员冯敢和吴海峰长期驻村工作，为村民实吋解决困难，化解矛盾，谋求产业发展，投资 5 万元为村委会搭建彩钢顶，解决房屋漏雨问题。每年春秋两季开展下乡义诊活动，开展地方病普查工作，开展健康扶贫双签约服务。产业扶贫是 2018 年的重点，巩固脱贫成效，创建美丽乡村，争取实现“文化卫生文明村”目标。

【工程建设】 2018 年，永和县中医医院完成永和县芝河镇卫生院业务用房改扩建项目。经临汾市发展和改革委员会《关于永和县芝河镇卫生院业务用房改扩建建设项目可行性研究报告的批复》（临发改审批发〔2016〕24 号）的批复。该项目建设规模及内容：改扩建业务用房 1500 平方米，以及配套污水、垃圾处理等附属设施；项目总投资 375 万元，申请中央预算内资金 225 万元，永和县财政配套 150 万元。2017 年 5 月，原芝河镇卫生院办公楼改建工程旧楼全部拆除，于 2017 年 6 月 24 日奠基开工，2017 年 12 月 30 日主体工程竣工。2018 年，完善该项目附属设施建设工程，包括地面硬化、污水处理、办公设备等附属设施建设。

【重点专科建设】 2018 年，永和县中医医院增设大脑病科、肺病科2个重点专科，提高中医药及非中药诊疗技术在临床中的应用及在收入中所占的比例。开展对所有住院病人提供中医食疗处方及针灸、推拿、拔罐、刮痧等理疗项目，突出中医特色。2018年1月，中医院住院大楼二楼新增中医综合治疗室，增加中医诊疗项目新技术，加大永和县中医医院的中医力量。

爱国卫生工作

【爱国卫生月活动】 2018年的“爱国卫生月”活动中，永和县爱国卫生运动委员会办公室以“小民生 大健康”“我参与 我快乐”为主题，采取城乡联动、集中整治、重点突破的方式，清洁美化家园，加强对“沿街、沿河、沿路、沿镇”及居民社区卫生环境整治。活动月期间，组织各单位开展机关环境卫生整治活动，倾倒积存垃圾256立方米，清理卫生死角428处，清除小广告340处。卫生月期间，联合临汾市创卫办在县文化广场开展创卫工作图版展，展示永和县15个单位的创卫成果。

【环境卫生整治】 2018年，永和县爱国卫生运动委员会办公室围绕全民创卫，配合县创卫办开展城乡环境卫生整治活动。按照“条块结合”的原则，协调交通、住建、环保、水利、公路段、工商等职能部门采取联合执法的方式，清理河道垃圾12000立方米，清理路面垃圾1210立方米，拆除非交通标志牌7块，非法设置灯箱广告35个，整修绿化平台3.6千米，疏通边沟1.2万米、涵洞33个，整修路肩10千米120立方米，清理道路塌方4处900立方米，水稳补坑槽6处900立方米，沿路栽植树木2000余棵。对永和县石砂粉碎场进行检查，责令停工2家，责令12家违规修建住户停工，拆除2处违章建筑，拆除旱厕9个，取缔烧烤摊点15个，制止随地焚烧垃圾58处，清除“牛皮癣”小广告454余处，乱拉乱挂横幅16条。联合督导检查5次，助推活动的开展。

【创卫宣传】 2018年，永和县爱国卫生运动委员会办公室组织创卫各单位在县文化广场设置宣传台，开展创卫宣传活动，发放创卫宣传资料2.5万余份。利用电视、电子屏、微信及网络等媒体，在永和新闻、永和日历、广场电子屏滚动播出创卫365、创卫大家谈、环境卫生宣传片、宣传标语、曝光台等环境卫生相关内容，经常性地宣传报道活动动态。开通永和县城市管理执法大队微信公众号，开展全民大行动、微信平台征集“随手拍”活动，对一些不文明行为进行曝光，鞭策不文明行为，发挥媒体的导向和监督作用。全年发放《创建国家卫生县城口袋书》《国家卫生乡镇（县城）标准》《永和县农村改厕宣传资料》《永和县城镇容貌和环境卫生管理办法（试行）》，以及《人人健康》杂志和《除四害安全告知书》等2.86万份。

【卫生监督检查】 2018年，永和县爱国卫生运动委员会办公室发挥检查监督的职能，配合创卫办，针对永和县市容市貌、交通秩序、环境污染、机关环境卫生、食品卫生、公共场所卫生等进行34次督导检查，发现问题及时建立台账，督促相关单位开展环境卫生综合整治。发挥创卫办跟踪查、县环境卫生义务监督员随时查和执法大队日巡查的社会监督作用，县域环境卫生质量和群众的满意度得到提升。推动永和县爱国卫生工作的进程。

【病媒防控项目】 病媒防控工作是创卫一票否决的项目，2018年永和县爱国卫生运动委员会办公室开展春秋两季除“四害”活动，发放除“四害”药物22535袋。监督太原市创卫消杀有限公司，为永和县做病媒防控工作，该公司2018年6月11日到永和开展第二轮的消杀工作，经过6天25人的联合奋战，对永和县所有公共场所、城乡接合部、城中村、广场、公厕、旅游景区、创建国家卫生乡镇、排污管网、河道、学校、医院、宾馆及各类“五小”行业经营店进行集中消杀。对永和县建成区范围进行地毯式消杀，为山西省级验收奠定基础。

【“创卫”档案管理】 2018年是永和县创卫工作的申报年，为能高标准一次性通过永和创卫申报材料，永和县爱国卫生运动委员会办公室组织创卫的相关单位，分2次外出学习岢岚经验，经过3个月工作，通过市级和山西省级的资料评审。永和县爱国卫生运动委员会办公室除对本单位创卫资料的收集整理外，分成4个组，对永和县各单位的3年度创卫档案资料进行现场指导，11月下旬收集整理完毕。

（白建军）

综合检验检测中心

【概　况】 永和县综合检验检测中心于2013年12月底成立，是新成立的政府直属事业单位，编制6个。2014年5月正式开始办公，2015年12月机构改革，将原质量监督局计量测试所5人整体划入检测中心。

【业务工作】 2018年，永和县综合检验检测中心组织人员对永和县坡头乡索驼村贫困户的自酿酒及永和县月芳月饼、转梅粮油店大豆油等进行抽检并委托检验；经过委托送检检验，合格率达100%；组织人员对中石化加油站加油机进行检定，合格率100%。对新天能源、昆仑管道公司以及县医院的压力表计100多块进行检定工作，服务和支持永和县区域内的企业开展工作；组织人员和周边县计量检定人员，对永和县5家民营加油站的加油机和中石化的加油机进行检定，经检定，这些加油机基本合格；配合县工商质监局对永和县城内经营烟煤和无烟煤的4家经营户的6个煤样进行抽样、送检，经过山西地矿局213化验室检验，为永和县在入冬取暖前环保大气污染工作提供准确数据。

【脱贫攻坚】 2018年，永和县综合检验检测中心扶贫工作队在芝河镇红花沟村进行帮扶工作，确定专人任工作队长，进行帮扶工作。购买纸张粉墨等打印设备，为村委和村民复印、打印资料。在2017年帮扶10户贫困户的基础上，2018年单位又增加7户帮扶对象，每个党员每人增加帮扶对象1户，确定专人驻村进行扶贫工作。驻村工作队和村干部、第一书记走村进户，了解贫困户情况，宣传国家政策，建档立卡，填写扶贫手册，完善各种资料，党员干部帮扶结对17户贫困户，进行一对一帮扶工作。经芝河镇政府、红花沟村两委、驻村工作队、第一书记、永和县欣荣养殖专业合作社探讨，将芝河镇产业扶贫专项资金20万给予永和县欣荣养殖专业合作社用于发展养殖生猪产业，带动4户贫困户分红脱贫。扶贫方式为年底资本金收益每户分红3300元，至全面脱贫为止。2018年5月，帮助驻村制订大棚蔬菜可行性报告，经村委、乡镇、国新能源、永和县扶贫办探讨后，决定对红花沟下刘台永和县釜铭种植专业合作社投资8.4万元修建2.2亩大棚1个。5月4日，国新能源项目拨付资金4.2万元用于前期的基础建设。该项目从2018年起每年将利润的30%分给贫困户，带动红花沟村委6户贫困户脱贫。

（王永红）

社会生活

住房公积金管理

【概　况】2018年，临汾市住房公积金管理中心永和管理部推动归集扩面、规范提取、贷款办理、扶贫攻坚等工作，各项工作稳步推进。截至2018年10月底，永和县新增缴存职工114人，新增缴存额5605.61万元，同比增长21.1%。全年住房公积金提取400笔，总金额1703.49万元；其中销户提取130笔，总金额631.33万元，占32.5%；非销户提取270笔，总金额1072.16万元，占67.5%。发放贷款8笔总金额329万元，截至2018年9月底，个贷率为51.23%。

【工作措施】2018年，临汾市住房公积金管理中心永和管理部按照临汾市中心要求的时间节点完成新旧业务系统切换。为迎接新业务系统上线，召开专门会议传达市中心培训通知，合理划分培训批次，把管理部内精通业务的3人分别插在3批培训队伍中担任学习培训组组长，组长负责帮带组内每一位成员学会，通过精心安排，确保管理部中电脑不熟练的老职工能在培训期内熟练掌握新系统操作，确保管理部新业务系统4.0按时上线运行。10月，接到临汾市住房公积金管理中心“双贯标”验收要求管理部所有暂存款清零通知后，研究部署，抽调专门人员以最快的速度完成暂存款清零工作，配合市中心高分通过住建部“双贯标”验收。对贷款业务担保方式的转变及公积金贷款执行月冲还贷等政策的调整，第一时间开展宣传工作，将政策宣传单放到业务窗口醒目位置，工作人员向前来办理业务的缴存职工宣传新政策，先后3次组织人员上街发宣传政策，确保政策宣传到位。

【4.0业务系统上线】2018年3月，永和住房公积金管理部依托新业务系统统计优势，汇缴岗工作人员快速完成永和县154个缴存单位的年检年审及单位相关信息完善工作，为归集扩面工作开展提供基础数据支撑。7月，永和管理部基本实现通过汇缴识别码方式将缴存单位缴存款与系统自动匹配并自动分摊入账，告别手工上账手工分摊，归集入账准确度和效率全面提高；管理部提取业务实现“实时办理、即时到账”。自身业务开展全面排查，对2017年1—12月、2018年1—6月业务进行仔细排查，排查贷款38笔，提取330笔，发现3项不规范问题并做了整改，组织工作人员前往社区、楼盘、企业、街道等场所宣传摸排线索。

（刘贵迎）

医疗保险

【概　况】2018年1月，医保中心和新农合中心正式合并，成立永和县医疗保险管理服务中心。有正式工作人员23人，公益岗4人。新的医保中心成立后，永和县所有的医疗保险业务实行统一管理，永和县医疗保险工作得到全面、合理、健康的发展。2018年，城镇职工医疗保险参保人数目标任务是5049人，实际完成5054人，完成率100.10%；征缴城镇职工医疗保险费目标任务是1700万元，实际完成2054万元，完成率120.82%；城乡居民医疗保险参保人数目标任务是55039人，实际完成55135人，完成率100.17%；征缴城乡居民医疗保险费目标任务是991万元，实际完成1018万元，完成率102.72%。生育保险参保人数目标任务是3055人，实际完成3055人，完成率100%；征缴生育保险费目标任务80万元，实际完成101万元，完成率126.25%；社会保障卡发放目标任务是52281人，实际完成53105人，完成率101.58%。

【城乡居民医疗保险征缴】 2018年是永和县城乡居民医疗保险制度整合后征缴扩面的第一年。永和县医疗保险管理服务中心多次与有关部门协商，召开会议研究，历经2个月的加班加点工作，按时把永和县2018年度所有城乡居民医疗保险征缴数据全部录入临汾市医保系统内。于10月与邮政储蓄银行合作，启动2019年城乡居民医疗保险征缴工作。城乡居民医疗保险参保人数目标任务是55039人，实际完成55135人，完成率100.17%；征缴城乡居民医疗保险费目标任务是991万元，实际完成1018万元，完成率102.72%。

【农村居民慢性病直报工作】 永和县医疗保险管理服务中心通过与临汾市医保中心沟通协商，于2018年3月开通永和县乡镇卫生院慢性病直报、住院直报和门诊直报等权限，集中人力利用1个月的时间，对永和县2000多名慢性病患者进行慢性病复审，将慢性病患者的基本信息即时录入市医保系统内，永和县农村居民慢性病实行直报。10月，开始进行2019年城镇职工、城乡居民慢性病复审工作。

【建档立卡贫困户信息管理】 2018年4月11日，从县脱贫办获得准确的18540人建档立卡贫困户的基本信息，永和县医疗保险管理服务中心集中人力、物力，历时1个月，将永和县18540人建档立卡贫困户基本信息进行纠正，扭转永和县医疗保险工作的被动局面，保障永和县建档立卡贫困户的合法权益。8月和12月，根据县脱贫办建档立卡贫困人口动态调整信息，分别进行2次动态调整。

【健康扶贫“一站式”结算软件上线运行】 2018年，为使建档立卡贫困户即时享受“三保险三救助”政策待遇，永和县医疗保险管理服务中心和软件公司联系，给软件公司提供各种政策和工作需求，与永和县医疗集团、民政局、卫生局、扶贫局、人寿保险公司、联通公司等单位协调，永和县健康扶贫“一站式”结算软件于6月底正式安装调试，7月1日上线运行。

【健康扶贫】 2018年，永和县医疗保险管理服务中心为彻底解决永和县贫困人口因病致贫、因病返贫的问题，出台有关健康扶贫的相关政策，将这些政策落实到位。2018年，永和县有建档立卡贫困户3238人次住院治疗，住院医疗费用共计3030.58万元，基本医保报销1607.78万元，大病保险报销551.13万元，兜底金额362.59万元，补充保险报销95.22万元，民政救助292.93万元，医院承担费用1.22万元，综合报销共计2910.87万元，综合报销比例为96.05%，个人自负119.71万元，自付比例为3.95%。2018年，永和县建档立卡贫困户门诊慢性病有7357人次门诊治疗购药，门诊医疗费用共计151.45万元，基本医保报销144.88万元，大病保险报销0.6万元，综合报销共计145.48万元，综合报销比例为96.06%，个人自负5.97万元，自付比例为3.94%。2018年，永和县有建档立卡贫困户12人在永和县住院生育顺产，住院费用共计2.53万元，基本医保报销2.53万元，综合报销共计2.53万元，综合报销比例为100%。

【生育保险】 2018年，永和县参加生育保险的人数达3055人，完成临汾市下达的目标任务3055人的100%，征缴生育保险费101万元，完成临汾市下达的目标任务80万元的126.25%。

【社会保障卡发放】 社会保障卡发放的速度和质量直接影响着永和县各项社会保障事业的发展。为保障永和县社会保障事业的发展，永和县代理发放社会保障卡的银行增加至2家，分别是永和县邮政储蓄银行和永和县信用联社2家银行。截至2018年年底，永和县累计发放社会保障卡53000余张，完成临汾市下达的目标任务52281张的101.38%。

【医保基金管理】 2018年，永和县医疗保险管理服务中心在医保基金管理上，制订和完善医保中心工作制度、住院就医程序、异地就医结算程序、慢性病就医结算程序等各种规章制度，开通建档立卡贫困户“绿色通道”，医保工作环环紧扣，互相制约，不留漏洞。对于定点医疗单位，加强巡查力度，成立永和县医保中心稽查大队，坚持经常性、突击性地到定点单位巡查住院病人治疗情况、定点单位工作程序执行情况、医疗费用结算情况等，医疗单位严格执行医保政策，不套取、不克扣一分钱，为参保患者服务。

【医保政策宣传】 2018年，永和县医疗保险管理服务中心在宣传上加大力度。在文化广场组织2次宣传活动，发放上万份宣传资料，接待咨询群众数千人，并在永和电视台开设宣传专栏，宣传医保政策。2018年，把医保政策宣传和日常工作结合起来，工作人员随身携带宣传资料，随时散发宣传资料。下乡扶贫期间加大宣传医保政策和健康扶贫政策力度，把每一项医保政策和健康扶贫政策送到老百姓家里。

【医保网络管理】 医保网络管理是医保中心的一项重要工作，一切工作都必须在网上操作，全县各单位与医保中心联网的电脑62台。为保障医保中心的网络畅通，永和县医疗保险管理服务中心制定严格的管理制度，配备专人负责，投入大量的人力物力精力，经常到定点单位了解网络运行情况，排除网络故障。

（刘贵军）

养老保险

【概　况】 2018年，永和县制定《关于将建档立卡贫困人口城乡居民基本养老保险纳入财政预算的通知》（永人社发〔2018〕9号），确保永和县建档立卡贫困人口、低保对象、特困人员等困难群体全部参加城乡居民基本养老保险，实现应保尽保，不漏一人。截至2018年年底，永和县60周岁以上符合参保条件及待遇领取人员全部参保。按月足额实行社会化发放，每人每月领取基础养老金103元。

【代缴对象及标准】 年满16周岁（不含在校学生），非国家机关和事业单位工作人员及不属于职工基本养老保险制度覆盖范围的城乡居民，具有永和县户籍，在缴费期间内均属代缴对象范围。每年为符合条件的建档立卡贫困人口、低保对象、特困人员等困难群体代缴最低缴费档次100元保费。

【代缴保费情况】 永和县将符合参保条件的建档立卡贫困人口、低保对象、特困人员等困难群体代缴最低缴费档次保费列入县财政预算，2018年年底所需资金全部到位。代缴最低缴费档次为100元。永和县符合参保条件的建档立卡贫困人口为13564人，实代缴保费13564人，代缴率100%，代缴金额为135.64万元。

（郭凯杰）

宗教事务管理

【概　况】 永和县民族宗教事务局是主管民族宗教事务工作的正科级单位，与永和县委统战部合署办公。永和县有佛教、基督教两大宗教，信教群众3092人，其中佛教信众62人，基督教信众3030人；有宗教活动场所10处，教职人员27名，涉及永和县7个乡镇10个行政村。

【创建活动】 2018年，永和县民族宗教事务局建立健全宗教工作“三级网络”和“两级责任”制度。调整充实县民族宗教工作领导组，建立乡、村“两级责任”制度，调动乡、村两级信息员的积极性，发挥信息员在基层宗教管理中的重要性。加强同宗教界人士之间的交流。实行定期联系制度，经常到宗教活动场所同教职人员进行沟通，联络感情。通过举办联欢、晚宴等方式，使他们对县委和政府更加信任。坚持中国宗教中国化方向，引导宗教与社会主义社会相适应，组织各宗教活动场所在重大节日举行升国旗仪式，了解并掌握相关升挂国旗礼仪，依法正确使用国旗；在各场所显著位置张贴社会主义核心价值观24个字内容；组织教职人员学习中华优秀传统文化典籍。

（刘　妍）

老龄保障

【概　况】 永和县老龄办是永和县老龄委的办事机构，是一个综合协调各成员单位，办理老龄委和上级部门交办工作的事业单位。有工作人员5人，为永和县9600余名老年人服务。

【上级支持】 2018年，山西省老年基金会给永和县投放失能半失能救助金9万多元，山西省老龄办下拨资金10万余元。永和县130名“失能半失能”高龄老人受益。有效改变了永和县高龄老人生活状况。

（刘海平）

乡 镇

芝河镇

【概　况】 芝河镇辖15个行政村，有4197户11967人。2018年，芝河镇推进县委“四大战略”“八项重点”目标任务，团结带领全镇干部群众推进脱贫攻坚、扫黑除恶、项目建设、环境整治、安全稳定等各项工作，为全县经济社会发展做出贡献。

【脱贫攻坚底数】 芝河镇动态调整后有贫困户509户1166人（脱贫户359户845人，未脱贫户150户321人），2018年，有6个村退出贫困村，有126户298人脱贫。

【“一村一品一主体”项目】 芝河镇“一村一品一主体”项目有20个，其中养殖11个、农业机械2个、苹果产业7个，覆盖全镇15个村委，带动238户贫困户脱贫。在榆林则、官庄、城关、红花沟、后甘露河等5个村，发展灵芝种植111亩，建成拱棚140个，菌棒入棚40余个，菌棒培土栽植21个。其中，涉及贫困户56户，种植77亩。

【光伏扶贫】 2018年，补建100千瓦光伏电站。2018年，为个户安装5千瓦小光伏45户，并网发电45户。芝河镇有12个村委实施200千瓦光伏电站，15个村委完成200千瓦的并网发电。

【易地搬迁】 2018年，永和县下达芝河镇的地质灾害隐患点的搬迁指标是38户，实际完成42户，封堵42户，全部完成。2018年，芝河镇易地移民搬迁项目主体工程全部完工，门窗建设好，水、电、暖接入管道；完成室外雨水管道、污水管道、综合管沟、燃气管道、供水管道铺设完毕，室外硬化工作完成，年底房屋完成交接并入住。

【危房改造】 2018年，芝河镇围绕住房安全百分之百的目标，危房改造确定83户，各村危房改造2018年年底结束并进行验收。

【生态治理】 2018年，芝河镇按照国家生态补偿的政策要求，对25°以上的坡耕地退耕进行实地考察，完成退耕2.5万亩。聘用贫困户护林员102户，护林面积260715亩。2018年，补助资金80余万元全部到位。芝河镇以城乡环境整治为契机，推动美丽乡村建设。围绕“一河两线”（芝河、248和328山西省道两条交通线），突出农村焚烧秸秆、芝河河道治理、乡村道路以及建筑工地扬尘等三项重点，对城乡环保问题进行全面整治，整改58处盲点。芝河镇推行河长制，做到河道划分界线清晰，责任到人。针对东峪沟村水源地受到污染问题，芝河镇集中力量进行整治，出动挖掘机疏通河道，美化绿化环境，栽植树木620株，清理垃圾56处，整体搬迁鸡场1个，修建厕所和垃圾池各1个。芝河镇加大防污染宣传力度，教育引导群众少用化肥、农药，多用农家肥。提高群众的土地保护意识。利用广播宣传1500人次，悬挂横标10幅、张贴标语15条。出动人员80人次，车辆30余次，有效阻止扬尘3

起、焚烧秸秆7起，提高群众的环保意识，改善城乡环境面貌。

【教育扶贫】2018年芝河镇享受初中困难寄宿生生活补助的贫困家庭学生22名；享受宏源集团“圆润行动”扶贫资助1人（3200元）；享受教育扶贫本科大学生资助3人，每名学生5000元；享受困难大学生新生入学资助每人500元；享受普通高中国家助学金、免学费8人；享受教育扶贫个人资助2人；享受士林置业教育扶贫资助贫困学生7人；享受团县委“圆梦行动”资助贫困学生12人；职高助学金，每生每学期1000元，涉及贫困家庭学生2人；享受“雨露计划”学生21人。

【健康扶贫】2018年，芝河镇享受贫困户奖励扶助的有44人，享受贫困人口“三保险三救助”（住院报销）314人，享受国家平台大病贫困户救助6人145143元，门诊慢病报销惠及群众1025人，“两癌筛查”政策惠及贫困人口1000人，享受农村重特大疾病民政医疗救助33名，完善53户202人的健康“双签约”资料，孕前优生健康检查60对，护工培训12人，健康暖心工程救助68人。

【乡村振兴】2018年，芝河镇在霍家沟村实施美丽乡村建设。新建村口门楼1座，道路两侧文化墙护坡80米，新修吊桥1座，双子亭1座，维修农家乐1家，道路硬化35米，文化广场管理房维修5间，地面硬化710平方米，村主干道道路照壁12米。安装太阳能路灯35个。开展农村环境卫生整治。聘用保洁员138名，建栅栏7500米，倾倒垃圾6200立方米，整治村庄15个，栽植树木1800棵，拆除残垣断壁105处，治理河道1000米，修建垃圾池8个。实施贫困村提升工程。改扩建红花沟—东后峪7.3千米公路，下罢骨—山头6.2千米公路。在红花沟、杜家庄、刘家庄实施引水工程3处，在红花沟、前甘露河、下罢骨、后桑壁（3处）、乐生等村实施提水工程7处，工程基本完工。芝河镇15个村全部建成提供医疗服务的村级卫生室，配置医疗器材和办公设备。每个村配备1名有医师资格证的乡村医生，定期给群众体检、量血压、测血糖。

【安全稳定】2018年，芝河镇政府与15个村委签订道路交通安全、地质灾害、防汛、森林防火责任书。全镇开展安全生产领域反“违章指挥、违章作业、违反劳动纪律”、春季安全生产大检查、安全生产“知责履责、失职追责”和安全生产隐患大检讨、大排查、大整治等专项行动。组织镇、村两级干部对全镇所有的涉及道路交通、地质灾害、建筑施工、消防安全、危险化学品、特种设备、民用爆炸物品、学校周边安全、水利、农机安全、重点建设项目整改情况设立问题台账，进行督查，做到安全责任全覆盖、无盲点。向群众发放安全宣传资料3000份，向地质灾害隐患户发放明白卡150份，发出搬迁通知书150份。每月召开安全例会，制订应急预案。每天有1名副科级领导带班，3名机关人员值班，村委每天至少有1名村干部值班。值班期间，手机24小时开机，确保在最短时间内掌握险情，迅速反映，果断处置。

【信访工作】2018年，芝河镇健全村组民事调解机构，对民事调解做到有记录、有档案、有专人负责；设立信访接待日，每月的1日和15日为书记、镇长接访日，对药家湾小学、新医院建设、高速路拆迁、土地确权等引发的上访案件进行大接访；成立党委委员为组长的5个包案领导小组，经常下访到各村组，到各户了解情况，解决问题。全年接待来访群众325人，解决矛盾纠纷162起。

（马自礼）

桑壁镇

【概　况】桑壁镇位于永和县城东南，东接隰县，西邻交口乡，北靠坡头乡，南与大宁县接壤。全镇总面积183平方千米，13个村委，37个自然村，44个村民小组，2044户6172人。全镇平均海拔1015米，耕地面积6.4万亩，退耕还林面积10792亩。玉米、核桃、苹果三大主导产业在促进百姓增收、帮助群众致富上发挥着重要作用。

【**经济指标**】2018年，桑壁镇农作物总播种面积4089.2公顷，其中粮食作物播种面积4050公顷，总产量达20082.24吨。玉米播种面积3735.5公顷，总产量19105吨。发展经济林396公顷，防护林846公顷。苹果种植面积108.6公顷，产量690吨；核桃产量63.2吨。

【**脱贫攻坚**】2018年，桑壁镇贫困户526户，1396口人。2018年年底，未脱贫人口为119户262人，贫困发生率由2016年的23%下降到4.2%。桑壁镇完成全国扶贫开发系统、永和县扶贫系统、手机App等各大线上数据工作，开展线下贫困户、贫困村核对上报工作；严格管理第一书记、驻村工作队，要求参加镇每周例会，履行请销假制度，协助支持他们在村开展工作。

“一村一品一主体”项目。桑壁镇建立产业主体项目12个，总投资1458万元，其中扶贫资金525万元，通过“贫困户+合作社+集体分红”的模式，利用种植业、养殖业、销售加工业、劳务输出等带动13个村251户408人脱贫致富，帮助贫困村增加集体经济收入。

光伏扶贫。桑壁镇建设200千瓦光伏村级电站13座，贫困户个户屋顶光伏安装214户，剩余贫困户纳入村级光伏带动范围。各村委把有劳动能力的贫困户组织起来，进行清除地面杂草，打扫光伏板尘土，对电站安全进行巡护，出劳动力910人次，付劳务报酬7.28万元。

易地扶贫搬迁。桑壁镇“十三五”易地搬迁任务150人。2018年分散安置6户11人，集中安置27户60人。搬迁后续产业由永和县年林造林合作社带动贫困户9户38人，永芝和种植合作社带动贫困户18户52人。

基础设施建设。2018年，投资1600万元与永和县交通运输局配合，完成6条共26.15千米的通村“四好农村路”建设。投资493余万元启动实施前龙石腰村委碑儿河—李塬村5.85千米的道路硬化工程。投资30.6万元实施郑家塬村吃水工程，维修完善郑家塬村原吃水配电工程，新建山坪村吃水工程。投资6万元新建兴义村广场，为农民丰富业余生活提供场地。

健康扶贫。2018年，桑壁镇与526户建档立卡贫困户落实“健康扶贫双签约”，建立因病致贫、因病返贫困难群众“双签约”工作机制，打通政策落实“最后一公里”，实现全镇农村贫困人口中的因病致贫、因病返贫群众有一个健康服务家庭医生团队和医疗服务政策保障团队。

特色产业。2018年，桑壁镇举办首届农民丰收节，举办第三届桑壁镇苹果采摘节。桑壁镇成立苹果产业发展办公室。规模种植200亩南瓜、辣椒等蔬菜，成立桑壁镇蔬菜联合党委和四季鲜产业联合党委，辐射带动6个村委90户贫困户，人均增收0.3万元。

生态扶贫。2018年，桑壁镇将林业生态建设与脱贫攻坚结合，实现脱贫攻坚与生态建设互补共赢，受益贫困人口495人。实施生态治理工程，荒山绿化1621亩，由6个扶贫攻坚造林专业合作社实施，带动60户185人贫困人口，人均收入3500元。实施退耕还林工程，全镇栽植苹果、梨、核桃等经济林3894亩，每亩补贴1500元，享受到这一政策的贫困户达到129户368人，当年平均每户增收4000余元。

就业扶贫。2018年，桑壁镇整合涉农技术培训和实用技能培训资源，实施劳动力转移就业培训，培训6次130人，其中“建档立卡”农村贫困劳动力免费职业培训60人；为永和县内连续3个月以上，永和县外连续4个月以上的务工人员发放补贴，每人每月补贴200元，带动贫困家庭脱贫致富。通过开展创业技能培训，参加培训人员掌握创业就业所需的基本知识和基本技能，培养出4名创业就业带头人，带动286人的农村剩余劳动力就业。

教育扶贫。桑壁镇对2018年高考达二本线以上的2名学生每人发放5000元助学金；对17人实施每人2000元的“雨露计划”。镇中心校落实幼儿补助资金，每生每学年1000元；住宿生补助每生每学年1000元，扶贫专项资金资助贫困户子女每人500元。

社会兜底。2018年，桑壁镇针对因学、因病、因灾、因残等难以依靠一般措施实现脱贫的群众，完善政策、兜底补短，确保不落一户、不漏一人，给35户低保户66人发放低保金25万多元，给34户35人五保户发放救助金25.2万元。

开展党员认领核桃树活动。全镇有126名党员认领，每株核桃树认领后，付100元钱给贫困户，秋天贫困户种植的核桃收获后，给认领党员4千克核桃。

【安全工作】 2018年，桑壁镇镇政府与13个村委签订道路交通安全、地质灾害、防汛、森林防火责任书，组织镇、村两级干部对全镇的所有安全隐患点进行拉网式排查，特别是汛期，强化对地质灾害隐患点的排查，向地质灾害隐患户发放明白卡与搬迁通知书，做到安全排查全覆盖、无盲点。

【创卫工作】 2018年，桑壁镇成立镇环保督察组，对全镇环境卫生整治排查，抓重点，抓落实，严整改。紧密部署，利用各种形式进行环保宣传，张贴过街宣传标语20幅。通过开展环保宣传教育，增强人民群众的环保意识，提高公众关心生产生活环境、主动参与环境建设、依法维护自身环境权益的自觉性。2018年，桑壁镇坚决整治河道两侧垃圾倾倒问题，以防堵塞河道影响雨季行洪。通过承包方式，由专人负责桑壁村街道路面的卫生清洁工作。在328山西省道沿线和特色文化旅游示范村——侯家庄、护国村实施清洁工程。对市、县督查中要求整改的山西省道环境问题第一时间召开环境卫生推进会。镇、村各支部组织党员对支部院落、街道马路、房前屋后等地进行卫生大整治，改善村庄、角落“脏乱差”现象，新建1处4亩的垃圾填埋场。

【文化活动】 2018年，桑壁镇组建桑壁镇秧歌队，丰富群众文化生活。2018年元宵节闹元宵活动中获得永和县第二名；完成临汾市组织的文化科技卫生“三下乡”集中示范活动；与县文化局合作完成由临汾市眉户戏和乡宁蒲剧团惠民演出的“三天两夜文化下乡”活动。

（樊 慧）

阁底乡

【概 况】 阁底乡位于永和县西南33千米处的黄河岸畔，土地面积156平方千米，耕地面积6.3万亩，辖15个村委43个自然村4108户12109人，2018年有建档立卡贫困人口1947户5680人，其中未脱贫414户1092人，贫困发生率9.02%。传统产业有红枣2.2万亩66万株、核桃1.3万亩28万株、苹果0.5万亩15万株，有红色文化旅游、黄河风情旅游、绿色生态旅游等新兴产业。2018年，阁底乡将抓党建引领促脱贫攻坚、促改革创新、促乡村振兴。通过“党建+”的模式，发挥包村干部、第一书记、驻村工作队3支队伍脱贫攻坚“主力军”作用，村集体经济和农民收入实现“双增”目标。

【产业扶贫】 2018年，阁底乡围绕“党建+合作社+贫困户”的思路，争取“一村一品一主体”项目资金520万元，实现“一村一品一主体”产业全覆盖，其中有7个村120万元对口扶贫资金实现入股分红每年12万元，15个村400万元“一村一品一主体”资金全部拨付到带动主体，全乡逐步形成种（苹果、香菇、红薯、南瓜、赤焰椒、糯玉米、中药材）、养（牛、羊、鱼、蚯蚓、蝎子、蜜蜂）、加（香包、枣花馍、纪念品、烘干厂、农副产品）、保（红枣、养牛、蚯蚓保险）、联（电商销售、利益联盟）一体化发展模式，为全面打赢脱贫攻坚战注入新的动力与活力。

【创新发展】 2018年，阁底乡结合全乡产业发展实际情况，在永和县率先成立苹果产业联合党委和旅游产业联村党委，基本形成苹果产业经济带和旅游产业红军路的“一带一路”产业发展模式，带动全乡村委11个贫困户548户1535人。探索资源变资产、资金变股金、农民变股东“三变”改革和集体产权制度改革，对东征村农家乐户实行“入股分红、务工收益、销售盈利、绩效奖励”发展模式，由原先的单独发展提升为“四轮驱动”，促进农民增收。东征村发展干部红色培训项目，集体增收达到35万元，全村集体收入70万元，创历史新高。

【乡村振兴】 2018年，阁底乡通过“一村一品”产业带动、新兴产业联合发展、基础产业持续提升、能人大户“回归工程”等，初步实现产业融合发展，为产业兴旺奠定基础。实施东征村、奇奇里村、于家咀村美丽乡村建设，形成既要金山银山也要绿水青山的良好发展格局，生态宜居有较快发展。开展“红色正月”“中国农民丰收节”“永和扶贫日”系列活动，推行红白理事会和村民监督委员会运行，农村文明程度有很大提高。以农村集体光伏收益分配和主体带动模式，探索在公益事业、治安巡逻、矛盾调解、红色教育、道德模范等方面有新的突破。通过推动产业健康持续稳定发展，实施和完善基础设施建设，将扶贫、扶智、扶志、扶德有机统一，逐步实现全体农民生活富裕。

【脱贫攻坚】 2018年，阁底乡落实脱贫攻坚“双组长”制，建立健全责任制考核和三支队伍管理办法，督促班子成员落实“一岗六责”（乡班子成员对包村党建、分管工作、本职工作负主体责任，对分管领域党风廉政、脱贫攻坚、安全生产工作负领导责任），在夯实工作中强化脱贫攻坚。各项精准帮扶措施均由乡村组层层召开会议、民主评议、因户施策，完善公示公告制度，确保各项政策由上而下落实、自下而上产生、层层把关负责，把好程序关、兑现关、实效关。通过各类帮扶措施的落实以及基础设施的完善，全乡实现阁底村等6个村整村脱贫，539户1573人稳定脱贫，实现脱贫攻坚再战再胜。

【项目建设】 阁底乡苹果提质增效项目：该项目投资600万元，由华龙果业对阁底村、雨林村、东征村、高家塬村2629.65亩苹果树实施标准化综合托管示范项目，普遍进行定杆、拉枝、修剪、打药、施肥等管理，开始进入挂果期，带动贫困户183户。阁底乡食用菌大棚设施配套及产品包装、物流项目：该项目投资80万元在阁底村建设12座大棚，配套设施有降温、喷灌、冷库、场地硬化及香菇、平菇、羊肚菌等产品包装，带动贫困户33户90人，户均年增收3000元以上。阁底乡西庄湾蔬菜大棚建设项目：该项目投资115万元建设大棚5座，带动贫困户24户79人。农产品加工项目：该项目投资6万元在西庄村购置榨油磨面设备用于产品深加工，免费为贫困户服务，预计受益20户。农家乐建设项目：该项目投资230万元，在石家湾村、马家湾村、东征村、阁底村实施农家乐窑洞改造86孔，2018年年底完工并投入使用。“一村一品一主体”项目：该项目争取资金30万元，在乌华村和西后峪村2个村完成“一村一品一主体”项目，15个村实现“一村一品一主体”产业全覆盖。资产收益分配项目：该项目将东征村等7个村集体产业发展资金120万元投入中海沃邦能源投资有限公司，村集体每年按10%的比例收益，集体收入达到12万元。光伏扶贫项目：项目新建集体光伏200千瓦8个，100千瓦5个，全乡15个村委达到每个村委200千瓦集体光伏全覆盖，成为壮大集体经济的重要支撑。

【易地扶贫搬迁】 阁底乡通过县城回购房安置的模式，完成易地扶贫搬迁186户577人，其中贫困人口74户222人，同步搬迁112户355人；实施农村危房改造43户（四类户），年底完工通过验收拨付资金。2018年，阁底乡参加农村贫困劳动力免费职业培训216人，初步掌握务工就业一技之长。

【退耕还林】 阁底乡实施退耕还林16959.4亩，受益1614户4901人，其中贫困户893户2679人，人均增收1730元。阁底乡聘用护林员23名，涉及贫困户23户82人，户均收入8700元。成立脱贫攻坚造林合作社8个，涉及贫困户51户153人，户均增收3000元。

【农村低保】 阁底乡通过个人申请、村委评议、乡镇审核、部门审定的程序，全乡享受低保155户297人，每人每年平均享受补助资金4256元。阁底乡五保户集中供养8人，每人每年享受补助1.12万元；分散供养58户63人，每人每年享受7800元。享受一、二级残疾人补助155人，每人每年享受补助600元。

【基础设施改善工程】 2018年，阁底乡在建沿黄旅游公路16.3千米，完成“四好农村公路”庄则坪—李家山8.43千米、于家山—园只沟5.38千米、马家湾—鳌头1.43千米，修雨林村、石家湾村2条田间路共6.5千米，打通旅游道路瓶颈，为群众出行提供便利。阁底乡以工代赈投资80万元，续建铁沟崖基本农田建设项目，改造基本农田800余亩，建设淤地坝1座，新增沟坝地11亩，改善当地生产条件和生态环境。阁底乡实施15个村委电力线路改造工程，服务地方经济能力提升。

【公共服务提升工程】 2018年，阁底乡学前教育扶贫资助贫困家庭幼儿111人5.55万元。义务教育“两免一补”实现全覆盖，普通高中国家助学金65人，每人每学期1000元。困难寄宿生活补助102人，每生每学期625元。职业中学助学金30人，每生每学期1000元。普通高中个人户资助19人，每人每年800元。“雨露计划”教育扶贫资助大学生61人，每人2000元。教育扶贫大学生资助22人，每人5000元。阁底乡健康扶贫实施“三保险三救助”1001人258.7万元。实施“暖心”工程46人，救助17.97万元。门诊慢性病报销1873人次42.24万元。“两癌”筛查901人。消费扶贫方面：阴德河村帮扶单位中国煤炭博物馆利用自身拥有展销会平台优势，率先设置公益扶贫专用展位，组织销售以红枣为主的农副产品，免除展位费2万元，参加展销会销售红枣0.55万千克，组织社会人士认领红枣树692株，涉及的72户贫困户户均收入1350元，在受灾之年不减收。活动中，第68届城市购物节组委会为阴德河村爱心超市捐赠物品21件，80家参展商捐赠物品217件，捐赠爱心款12960元，并在阴德河村成立1座“爱心超市”。奇奇里、马家湾、阁底等村分别展开红枣树认领、赤焰南瓜旅游销售、香菇销售等活动，增加农民收入。

【社会力量帮扶工程】 2018年，阁底乡发放扶贫小额贷款307户1535万元，用于支持贫困户发展经济林、养殖业、改造土地等。阁底乡参加红枣保险13693.27亩，其中贫困户537户8090.63亩，非贫困户355户5602.64亩，降低广大枣农因灾受损风险。

交口乡

【概　况】 交口乡位于永和县城西南18千米处，土地面积189平方千米，耕地面积6.7万亩，辖13个村委48个自然村2684户8521人，有核桃经济林1.8万亩38万株、苹果经济林1.2万亩19万株，是典型的沿黄雨养农业深度贫困乡。全乡有党员353名，其中机关党员46名，农村党员307名，女党员33名。

【脱贫攻坚】 交口乡2018年退出贫困户472户

1224人，截至2018年年底脱贫986户2907人，未脱贫272户644人，返贫为11户38人，贫困发生率由建档立卡之初的42.1%降到8%。整村退出贫困村9个，4个贫困村（索珠村、可托村、峪里村、鹿角村）未脱贫。

【工　业】 2018年，交口乡实施13个村级200千瓦光伏电站建设，村集体收入达20万元以上，带动442户贫困户年均增收3000元以上，427所个户5千瓦屋顶式光伏电站全部入网收益。

【生态建设】 2018年，交口乡坚持“绿水青山就是金山银山”的发展理念，发展生态建设。2018年，退耕还林面积21134.2亩，17个造林专业合作社带动贫困户355人参与劳务受益，760户贫困户退耕补贴受益。生态管护方面，生态护林员共53个，每人每月工资725元，每户贫困户可增加固定收入8700元。

【易地搬迁】 交口乡易地搬迁共安置358户1019人，其中建档立卡贫困户309户892人，同步搬迁户（非贫困户）49户127人，分2016年、2017年、2018年3年实施完成。2018年，易地搬迁296户813人，其中建档立卡贫困户247户686人，同步搬迁49户127人。

【“一村一品一主体”产业】 2018年，交口乡13个村委全部发展起主体产业，其中1个白皮葱种植产业，种植485亩，带动贫困户45户145人；1个葡萄种植产业，种植40.5亩，带动贫困户12户45人；2个养牛产业，带动贫困户73户228人；9个养驴产业，养驴747头，带动贫困户264户550人实现增收，户均增收3000元以上。成立交口乡肉驴养殖联合党委，统一技术、管理、服务、销售等，发展养驴产业。

【社会兜底保障】 2018年，交口乡加大对重病重残、丧失劳动能力、无经济来源特困户的帮扶力度，对符合条件的农村贫困户实行应保尽保。2018年确定五保对象52人，低保140户251人。

【科教文卫】 2018年，永和县交口乡依托上级“雨露计划”等扶贫政策对贫困学生资助，资助13名贫困大学生。宣传健康扶贫的有关优惠政策，提高群众知晓率，全乡1269户贫困户完成健康“双签约”，服务覆盖率达100%，免费为儿童发放营养包，免费为农村夫妇提供计划生育基本技术服务，免费为育龄夫妇提供孕前优生健康检查服务和农村妇女增补叶酸预防神经管缺陷项目，免费为新生儿开展遗传代谢病、听力和疾病筛查，推进出生缺陷综合防治。2018年，交口乡实施钟楼山自筹资金修复工程，推进楼山景区、交口光阴河开发，在交口村兴办农家乐，绘制楼山水墨画。

（侯　菲）

坡头乡

【概　况】 2018年，坡头乡围绕永和县“四大战略”“八项重点”工作部署，以“三抓一促”统领全乡经济社会发展，强化党建引领，奋力脱贫攻坚，重点抓好“‘三基建设’、易地搬迁、产业发展、基础设施”四项工作。全年，粮食总产量计划指标任务1.3万吨，完成1.35万吨，占计划任务的103.85%；核桃产量计划指标任务230吨，完成300吨，占计划任务的130.43%；农民人均纯收入计划指标任务4506元，完成4530元，占计划任务的100.53%；耕地保有量5.88万亩，基本农田面积4.32万亩。

【产业发展】 2018年，坡头乡在产业发展方面，重点打造“一村一品一主体”工程，因地制宜，因村施策，科学制订产业发展规划，围绕“产业推进到哪里，党组织就建到哪里”的发展思路，实现村村有产业带动、业业有党组织引领、户户有党员结对帮扶。索驼村成立“生态农场养殖专业合作社”，依托全乡玉米种植面积大、秸秆多的优势，投资180余万元成立“党旗红牧草加工厂”，向永和县乃至周边县的养殖户提供饲草；任家庄村发展“肉鸡养殖”项目，借助现代化技术手段，实现肉鸡养殖产业科学化管理；在坡头、白家崖2个村委发展香菇种植项目，建设春秋大棚20个，培育菌棒4万株；采取“公司+农户”模式，在坡头、岔口、孙家庄种植无籽葡萄92.7亩，实施订单农业；投资540万元在孙家庄建设粮食烘干场，优先收购全乡范围内的高粱。

【基础设施建设】 2018年，坡头乡改进农村水、电、路、村级活动场所、群众文化广场等公共基础设施建设。投资460万元硬化5条通村路。投资150万元硬化白家崖村—黑疙瘩山3千米水泥路；投资85万元硬化南岔村575县道通村路1.22千米；投资65万元硬化任家庄村—范家峪村通村路1.2千米；投资160万元硬化岔口村—渠底村通村路5.7千米；投资199.6万元对索驼村、赵家沟村进行美丽乡村建设，2018年工程基本完成；投资12万元对白家崖村进行美丽乡村建设，已完工；投资60万元对孙家庄村、任家庄村支部活动室进行扩建；投资50万元对索驼村支部活动室进行新建；在白家崖村、孙家庄村修建文化广场2座；在全乡7个村委安装太阳能路灯，基本做到户户门前有路灯。

【环境保护工作】 2018年，坡头乡以改善乡村环境卫生面貌、提高全民健康水平为目标，开展环境卫生专项整治，整治村容村貌，拆除残垣断壁和废弃建筑物，清除道路两侧“四堆”，规范堆放建筑材料，做到村内环境整洁，实现绿化、净化、美化。动用大型机械2台，三轮车20余辆，保洁员、人工30余人，清除各类垃圾300余立方米。投资2.7万元修建垃圾池9个。推行河长制，负责全乡山洪灾害设备的管护和防汛工作。

【创新工作】 2018年，坡头乡索驼村创建永和县第一个村集体经济合作社“党旗红农副产品加工合作社”，成立永和县索驼生态牛场产业党小组；在坡头、呼家庄、岔口3个村委成立红白理事会，购置器具，规定烟酒饭菜、人数礼金标准；在永和县率先实现易地搬迁集中入住；在孙家庄修建永和县第一个党员文化广场。打造新时代农民讲习所。坡头乡坚持以点带面、示范引领，在坡头乡高规格打造坡头乡党委讲习所，在试点村岔口村打造新时代农民讲习所，按照“六有”要求，统一配备电脑、话筒、投影仪等设备，高标准打造，高质量讲习。4月2日，永和县新时代农民讲习所启动仪式在岔口村举行。截至2018年年底，全乡开讲33次，试点村岔口村开讲16次，培训党员群众500余人次。创办扶贫“爱心超市”。坡头乡在白家崖村、岔口村精心打造扶贫“爱心超市”，以积分制管理为载体，贫困户和其他群众通过参加村内卫生保洁、扶贫政策宣传、社会公益活动等方式获取积分，用“积分”兑换日常生活用品，用爱心超市“小积分”撬动自强发展“大能量”，激发贫困群众内生动力，助力脱贫攻坚。

【脱贫攻坚数据】 动态调整后，坡头乡有贫困户215户451人，脱贫189户389人，未脱贫26户62人，贫困发生率为1.2%。2018年，脱贫76户136人，任家庄村委实现整村脱贫，年底在永和县7个乡镇率先实现整体脱贫任务。

【易地搬迁扶贫】 2018年，坡头乡把易地扶贫搬迁作为脱贫攻坚之中的“硬骨头”，采取超常规举措，精准施策，精准发力，2016—2018年3年时间搬迁任务全部完成。2016年，易地移民搬迁5户13人，全部安置在县城，全部入住。2017年，易地移民搬迁64户136人，一期安置36户96人，全部入住；二期安置28户40人，已交钥匙。2018年，易地移民搬迁8户21人，集中安置在刘台村，已交房，实现入住。

【光伏发电扶贫】 2018年，坡头乡实现全乡7个村委200千瓦集体光伏发电项目全覆盖，带动全乡120户贫困户稳定脱贫。77户贫困户安装屋顶式光伏发电站，全部安装并网，年均增收5000元。在索驼村、任家庄村建设30兆瓦集中式光伏电站，通过土地流转方式让32户农户增收，通过贫困户务工方式使95户贫困户增收。

【生态扶贫】 2018年，坡头乡坚持生态建设和脱贫攻坚相结合，组织实施退耕还林项目，坡头乡全乡25°以上的坡耕地9000余亩进行退耕，贫困户可通过退耕还林补助金、加入造林合作社务工增收，吸收20户64人贫困户当护林员，帮助贫困群众获得稳定收入。

【落实"定查评"和"3633"服务项目】 坡头乡围绕政治功能和服务功能，按照"四议两公开"（"四议"：村党支部会提议、村"两委"会商议、党员大会审议、村民代表会议决议；"两公开"：决议公开、实施结果公开）工作程序，共制订"定查评"工作目标任务97件，"3633"（结合"定查评"工作、每个帮扶单位、驻村工作队要确定3件惠民要事，每个乡镇确定6件便民好事，每名村支部书记确定3件利民好事，每名第一书记确定3件为民大事，以推动脱贫攻坚形成合力）服务项目75件。截至2018年年底，"定查评"工作目标任务完成97件，完成率100%，"3633"服务项目完成75件，完成率100%。发展壮大村级集体经济。坡头乡以光伏为基，多元发展，全乡7个村委200千瓦集体光伏发电项目全覆盖，每年预计可分红15万～20万元。通过出租集体房屋、大棚，集体土地发包，集体经济林承包，创办村集体经济组织发展产业。截至2018年年底，完成55%的村集体收入达5万元的任务。村级活动场所提档升级。坡头乡对2017年新建的任家庄、孙家庄支部活动室进行地面硬化，安装旗杆、进行绿化、完善资料；新建索驼村支部活动室，建设1座面积220平方米的二层楼房，上下共10间，已投入使用，做到全乡7个村级活动场所全部达标，争创一流。打造乡镇干部周转房和"五小建设"。坡头乡建设1座面积558平方米的二层楼房，上下20间，设置减压室、心灵驿站、道德讲堂、图书室、文体活动室，宿舍配备卫生间、电视、空调等设备，改善乡镇干部住宿条件，让干部住得舒心舒适。新建厨房、餐厅。新建1处125平方米办公用房填平补齐工程，充实办公用房。

【扫黑除恶】 "扫黑除恶"专项斗争工作开展以来，坡头乡迅速行动，认真部署，严密摸排，形成声势，取得阶段性进展。成立以乡党委书记为组长，其他班子成员为副组长，基层站所负责人、各村支部书记为成员的领导小组，制订方案，落实责任；加大宣传，营造氛围。做好"扫黑除恶"宣传工作，利用宣传标语、横幅、村喇叭、微信群等方式，在全乡主要道路和各行政村显著位置悬挂条幅20余条，发放宣传资料1000余份，设置举报箱，公开举报电话，畅通信息渠道，营造良好的宣传氛围；突出重点，形成震慑。组织开展全面排查，对重点群体开展"问题"和"苗头"的双重梳理和摸排，坚决做到"黑恶必除，除恶务尽"，发现涉黑恶行为及时上报，形成强大震慑。

【法治建设】 2018年，坡头乡按照全面推进依法行政、创建法治政府的总体要求，创新基层治理理念，全面开展普法依法治理工作，提高依法行政和民主科学决策水平。完善科学民主决策机制。规范和完善重大行政决策公开征集意见、专家咨询论证等工作，探索完善科学民主决策的有效途径；建立健全规范性文件管理制度。加强规范性文件的备案审查工作，建立健全规范性文件定期清理机制，推进规范性文件实施效果评估，提高规范性文件的管理水平；加强领导干部和行政执法人员的学法用法，提高依法行政水平。重点学习《中华人民共和国宪法》以及与群众工作生活密切相关和维护社会稳定、促进社会公平正义的相关法律法规，提高领导干部和执法人员的法律意识和法律素质，增强行政执法人员依法行政、依法管理社会事务的能力和水平。

【信访工作】 2018年，坡头乡召开信访工作会议12次，全年累计接待上访群众160余人次。处理信访案件7件，结案率100%，共排查矛盾纠纷23件，化解22件。

【安全生产】 2018年，坡头乡针对全乡大坝多、森林面积大、主要干道多、实施项目多等特点，成立11个安全生产专项治理小组，实行网格化管理，定人、定地域对全乡道路交通、食品安全、森林防火、坝体稳定、山体滑坡等领域存在的安全隐患进行全面排查，发现问题及时整治，全年消除安全隐患11起，确保无重大安全事故发生。

【综合治理工作】 2018年，坡头乡推进社会服务管理中心和信息中心建设，规范信息上报制度，落实信息研判措施，全年上报120条综治信息，被县综治办采用55条。深化矛盾纠纷调解活动，开展矛盾纠纷集中排查化解专项行动，对六类突出矛盾和问题隐患进行集中排查化解，排查出矛盾11件，化解11件。

【科教文卫】 2018年，在全县年度小学生统考中，坡头乡中小学校成绩名列7个乡镇第一名。落实安全属地管理责任，全年入校督查教育工作5次，组织派出所民警在学校周边巡逻。杜绝各类安全事故发生，确保师生安全。坡头乡卫生院累计完成门诊人次7600人次，累计完成业务总收入28.4万元；基本公共卫生项目建档工作基本完成，为全乡7个村委4675人建立健康档案，建档率为99%；坡头乡卫生院及配备给村级卫生室的所有药品均实行零差率销售。

（高剑锋）

南庄乡

【概　况】 南庄乡位于永和县城西北部22.5千米处，西临黄河，与陕西省延川县一桥相连，是连接秦晋的主要通道。南庄乡总面积104平方千米，其中耕地面积5.4万亩，90%以上是25°以上坡耕地，主要以栽植红枣树、核桃树为主，经济林基本全覆盖，是永和县红枣的主产区，有红枣树5.4万多亩，161万多株。南庄乡有8个行政村，红崖渠村、南庄村、北河露村、百湾只村、郭家村、白家腰村、刘家圪塄村、社里村，49个自然村，2297户6426人；贫困户1179户3181人，贫困发生率为49.5%，其中已脱贫户570户1700人，未脱贫户609户1481人。2018年，农民人均纯收入3550元。南庄乡有9个党支部，其中，农村党支部8个，机关党支部1个，有223名党员。

【经济指标】 粮食产量：2018年年初的目标任务4200吨。南庄乡落实农作物播种面积5.0622万亩，落实小杂粮播种面积1.76万亩，秋粮种植面积3.112万亩。通过测算，由于雨水充沛，粮食总产量4250吨。红枣产量：年初的目标任务5000吨。南庄乡红枣面积4.2万亩，167万株。由于受秋季接连下雨的影响，红枣产量3500吨，比目标任务减少30%。农民人均纯收：年初目标3500元。南庄乡通过激发贫困户内生动力，依托产业带动，鼓励外出务工等措施，农民人均纯收入达3550元。

【脱贫攻坚】 2018年，南庄乡退出贫困村1个，为白家腰村。退出贫困户289户919人。南庄乡基础设施逐步改善，“一村一品一主体”正在形成，村集体经济收入逐年增加，“两不愁三保障”覆盖面扩大，贫困户的帮扶措施逐渐多样化，“三支队伍”的帮扶效果逐步显现，贫困户的造血功能增强，产业扶持力度加大，2018年完成年初县政府下达的脱贫攻坚工作目标任务。

易地搬迁工作。2018年，南庄乡采取“易地搬迁+养鸡产业+光伏产业”和“易地搬迁+就近务工+光伏产业”的扶贫模式推进易地搬迁工作。规划4个安置点（杨家坬安置点、西角湾安置点、姚家山安置点、团枣渠安置点）涉及257

户713人，其中贫困户197户526人，同步60户187人。2018年年底完成总工程量的70%。

光伏电站安装工作。2018年，南庄乡各村经会议评议和光伏公司根据安装条件最后确定南庄乡共安装屋顶光伏330户，其中一期149户受益，二期181户安装并网完成，村级地面光伏电站200千瓦7个、100千瓦1个安装并网发电。

“一村一品一主体”产业扶贫。红崖渠村：依托浩民红枣专业合作社进行红枣加工、收购等，可直接带动贫困户21户在村务工，间接带动300多户的红枣销售。白家腰村：依托金虎种植养殖专业合作社发展笼养肉鸡产业，养鸡场规模为1000平方米，可直接带动10户贫困户在合作社务工。北河露村：依托昂和种养合作社筹建规模为100头肉牛养殖场，可带动16户贫困户稳定增收。刘家圪塄村：依托永和茂源红枣合作社，总投资250.5万元，其中自筹145.5万元，申请扶贫资金105万元，养殖种牛90头，通过代养、贫困户入社、种草等方式，可直接带动贫困户21户，间接带动贫困户10户。百湾只村：依托利群农机专业合作社，发展肉羊养殖，养殖肉羊500头，涉及贫困户51户，户均可增收3000余元。郭家村：依托鑫源种养殖合作社发展麻红鸡养殖，总投资200万元，其中自筹100万元，申请扶贫资金100万元，可带动20户贫困户增收，户均可增收2万～3万元。南庄村：依托刘靖种植养殖合作社，发展农副产品加工项目，可带动15户贫困户稳定增收。社里村：依托双守种植养殖专业合作社，进行肉羊养殖，可带动20户贫困户稳定增收。

生态补偿脱贫工程。2018年，在郭家村和红崖渠村定点对红枣树进行管护，从涂白、修剪、拉枝、打药、施肥等方面进行技术指导枣农管理，以点带面带动南庄乡枣农管理枣树的积极性。南庄乡聘用18名贫困人口担任护林员，月工资725元，每户年可增收8700元。4个造林专业合作社带动80名贫困人口直接参与三北防护林、通道绿化等造林绿化工程，户均年增收万元以上。

农业保险。2018年，南庄乡依托永和县人民财产保险中心，针对红枣抵御自然灾害能力弱的问题，为南庄乡813户贫困户20590.32亩的红枣经济林购买红枣保险，确保贫困枣农在受灾之年有稳定收入。

贫困户劳动技能培训。2018年4月21日，进行槐花采摘培训，培训63人，贫困户40人，劳动力转移30人。永和县人社局依托永和县梦晔培训机构分别在12月10—19日、12月20—29日组织2期（第5期、第6期）全民技能提升工程，共培训人员100人。

小额贷款。2018年，南庄乡享受小额贷款的贫困户共178户，每户贷款5万元，共贷款890万元。

危房改造。2018年，贫困户中有22户申请危房改造，年底完成改造并通过验收。非贫困户有165户申请危房改造。

贫困户劳动力转移。2018年，南庄乡通过务工贫困户申请、村委初审、乡镇干部实地了解或电话抽查、乡镇审核等环节，确定外出务工贫困户15户15人。

科技培训。2018年4月21日，进行槐花采摘培训，培训63人，贫困户40人，劳动力转移30人。

落实“雨露计划”。南庄乡2017—2018学年享受“雨露计划”的17人，在村委和乡镇分别进行公示。

【南庄乡耕地及基本农田保有量】 2018年年初的目标任务耕地保有量23115.14亩，基本农田面积16255.34亩。南庄乡执行国家土地政策，打击各类非法占用耕地行为，年末南庄乡耕地保有量2.4万亩，基本农田保有量1.8万亩，完成预期目标。

【乡村清洁工程】 2018年，南庄乡开展“乡村清洁工程”百日大整治活动，对乡村环境卫生进行大规模集中清扫，南庄乡投工620多个，用三轮车18辆，倾倒垃圾113辆次，约230余吨，清理“四堆”92处，多次动用装载机、挖掘机等机械设备，投入资金近20万元。重点突出328山西省道沿线和特色文化旅游示范村——永和关村清洁工程，为落实长效措施，在南庄乡范围内挑选14名保洁员，长期从事乡村卫生清扫、管理，并落实保洁员待遇，为南庄乡环境改善打下基础。

【新型农村合作医疗保险】 2018年，南庄乡组织乡村干部进村入户，开展4次大型宣传活动，群众普遍体会到新农合带来的实惠，南庄乡贫困人口医疗保险参合率100%。

【全面落实河长制】 2018年，南庄乡制订完善河长制9项制度，专门抽调2名年轻人员配合河长开展工作，建立健全相关制度，截至2018年年底，河长巡河9次，开展清河行动4次，清理杂物近1吨。

【土地确权工作】 2018年4月8—12日，南庄乡协助永和县农经中心完成土地确权最后一次签字工作。此次工作涉及8个村委1530户，其中：1373户签字，157户未签。6月23—27日，协助县农经局对已签字农户进行土地确权发证工作，1373户中发证1341户。

【基础设施建设】 2018年，南庄乡道路工程：尖山里工地，路基已完成，路面硬化完成85%。郭家村工地，路基已完成，涵洞完成3道，混凝土路面完成70米。社里工地，路基完成，混凝土路面完成700米。北河露维修工程，完成70%以上。穆家坡—成家村4.92千米，完成。桃卜山—铁花里5.18千米，完成。中山里村3.9千米，完成。沿黄线征地，完成征地8千米，签协议4千米。架电工程：梁家山村、郭家村、百湾只村、甘泉里村、咀头杆村、楼只山村、南庄村完成；引水工程：枣山只村蓄水池完工，水源池、泵房、管道安装完成。

（张 强）

打石腰乡

【概 况】 打石腰乡位于永和县城西24千米处，东临芝河镇，南毗阁底乡，北界南庄乡，西与陕西省延川县隔河相望，占地面积111平方千米，耕地面积37749亩（其中基本农田5196亩，人均0.96亩），传统产业以农业为主，经济林以红枣、核桃为主，农作物以玉米、杂粮为主，养殖业主要以养牛、羊为主。全乡有9个党支部，其中：乡直机关党支部1个、村委支部8个。有党员281名。打石腰乡全乡辖8个村委2160户6062人，贫困户为961户2678人，贫困发生率为43%。截至2018年年底，共脱贫467户1385人，未脱贫494户1296人，贫困发生率降为20.8%。

【村级集体经济】 2018年，打石腰乡结合乡村实际，制订年度发展壮大村级集体经济实施方案和计划，在2017年郭家山、郑家塬、马家岭3个行政村破5万元的基础上，2018年有8个村委村集体经济破5万元。发展光伏发电项目。打石腰乡200千瓦光伏发电项目，实现8个村委全覆盖，经初步核算，每200千瓦光伏电站年平均发电量为226400千瓦时，按现行标杆电价0.85元/千瓦时，年可获得运营收入19.244万元，可帮扶34户稳定脱贫，剩余收益作为村委集体收益；依托合作社增收。采取“党支部+合作社+贫困户”模式，利用政府切块扶贫资金，帮扶支持发展服装厂、养蝎、养驴、养牛、养猪、红枣加工等具体项目，取得的收益按比例由村集体、合作社、贫困户三方进行分红。马家岭村委组织新建民益种植养殖合作社，利用政府扶贫资金80余万元，实施养驴、养牛项目，每年给村集体分红5万元。

【乡镇干部周转房与“五小”建设】 2018年，打石腰乡把乡镇干部周转房建设作为抓基层打基础的一项重要举措，改善乡镇干部生活条件。该项目于2017年11月动工，按照2人1间25平方米的标准，建设22间面积为729.75平方米的干部周转房，2层半框架结构，包括活动室、会议室等，设计上体现人性化、舒适度和简约实用的设计理念，结构紧凑、功能齐全，统一配备空调、卫生间、洗漱间等，2018年年底主体工程完工。打石腰乡小食堂、小澡堂、小卫生间、小文体活动室，都建成投入使用，其中小阅览室依托周转房进行建设。打石腰乡2018年改扩建村级活动场所5个。冯家坬村扩建面积72平方米，冯家山村利用旧学校修改造，郑家塬村扩建面积22平方米，马家岭村、郭家山村扩建完工。

【农村“两委”主干基本报酬】 2018年，打石腰乡按照支书12000元/年，主任6000元/年的标准为农村“两委”主干发放待遇报酬，按月发放。探索推行村“两委”主干激励制度，实行“重点工作+基础工作”双向激励机制，针对重点工作，由打石腰乡党委、政府班子召开会议，研究确定纳入考核范畴的重点工作项目，按照各村完成情况，逐项进行排名，第一名奖励1000元，第二名奖励800元，第三名奖励500元；针对基础工作，由乡分管干部，按照各分管工作完成情况，对各村进行逐项排名，兑现相应奖励。年底综合重点工作和基础工作完成情况，进行考核评比，考核结果将作为各村“两委”干部评选评优的重要依据。

【主体产业项目】 辛舍窠村圈养牛项目。总投资105万元，申请政府资金40万元，项目地点在辛舍窠村，该项目通过带动贫困户务工和给村委固定收益等模式带动本村及贫困户产业发展，预计带动贫困户20户55人。张家塬村圈养肉驴项目。该项目总投资105万元，申请政府资金35万元，项目地点在张家塬村，通过带动贫困户务工、收购饲草、给贫困户代养以及给村委固定收益等方式带动贫困户，预计带动贫困户14户29人。尉家坬荒山养蝎项目，该项目总投资90万元，申请政府扶贫资金40万元，项目地点在段家坬，发展荒山养蝎5组，通过带动贫困户务工和给村集体固定收益等方式来带动贫困户发展，预计带动贫困户18户46人。红枣交易市场建设项目总投资180万元，申请政府扶贫资金80万元，项目地点在刘家腰村，该合作社通过带动贫困户务工、高于市场价0.1元收购贫困户红枣和给村委固定收益等模式带动本村及贫困户产业发展，预计带动贫困户46户124人。郭家山村委服装加工制作项目。总投资138万元，申请扶贫资金48万元，主要经营服装、服饰生产销售及进出口业务，项目地点在打石腰乡原乡政府院内，通过带动贫困户务工、给村集体固定收益等方式带动贫困户发展，预计带动贫困户20户64人。冯家山村红枣加工、销售扩建项目。总投资72万元，申请扶贫资金33万元，项目地点在冯家山村，通过务工、收购贫困户红枣高于市场价0.1元，流转土地和给村集体固定收益等方式带动贫困户发展，预计新增带动贫困户6户，连2017年带动的贫困户，带动53户131人。李家塬荒山养蝎项目。该项目总投资70万元，申请扶贫资金30万元，项目地点在直地里村，实施完毕，成功养殖蝎子4组。通过带动贫困户务工、带动贫困户养殖蝎子、带动贫困户养殖黄粉虫、给村委固定收益等方式带动贫困户发展，预计带动贫困户15户42人。马家岭村养牛项目。该项目总投资165万，申请扶贫资金81万，项目地点在霍家岭，该项目通过收购饲草，借牛还牛，进场务工，给村集体固定收益等方式带动贫困户发展，预计带动贫困户20户58人。

【红枣主导产业】 2018年，打石腰乡经济林以红枣、核桃为主，全乡有红枣面积47450亩，182万株，正常年份产量达6900吨，其中鲜枣达1500吨，干枣达2300吨；核桃面积16000余亩，正常年份产量1.15万千克；农作物播种面积23940亩，其中小杂粮播种面积8325亩；红枣保险，全乡2018年参加红枣保险1266户27277.08

亩，贫困户671户15156.76亩。在尉家坬、郭家山、冯家山实施花椒树栽植项目，共计840亩，其中540亩用于防治枣疯病项目，该项目惠及贫困户128户321人。实施红枣、核桃管护2800亩，防治枣疯病5万株，发展壮大主导产业。

【养殖业】 2018年，打石腰乡有分散养牛、驴等户97户，共计养殖105头，其中贫困户养殖85户93头，享受千人脱贫资金补助29户，享受老区资金补助56户；养羊29户，共计养羊1710只，其中贫困户11户1435余只；养鸡4户为集中养殖，剩余为农户自家养殖，自产自销。郭家山圈养羊（260只）正在运营中。为了让在村户多重收入，打石腰乡从养殖和林下种植、养殖考虑，给养殖户每户补贴5000元，共计补助85户，鼓励农户发展养殖业。

【光伏发电项目】 2018年，打石腰乡个户屋顶光伏安装202户，占全乡贫困户比例21%。集体光伏在马家岭和郑家塬2个村委，2016年安装100千瓦，年底受益。其余村委并网发电。

【旅游扶贫产业】 2018年，打石腰乡旅游资源丰富，主要有两条主线，一条主线是从花儿坡到河会里。在河会里可以游赏千亩红枣精品管护林，品尝永和上等红枣；游黄河可以坐滑索通往陈家大院，坐游船到定情岛看乱石林，品味休闲惬意的岛屿生活。另一条主线是从大寨岭到白家山。在白家山可以看乾坤湾，领略黄河大好风光，晚上住农家乐，去民间剪纸艺术家中观看、学习剪纸，沿途观赏红枣林，游红枣认领园，可以选择自己喜欢的枣树进行认领。协助县政府举办槐花采摘节，全乡干部群众齐上阵，打造旅游、槐花采摘、节目欣赏、槐花盛宴一体化服务，打石腰乡花儿坡迎来数以万计的游客。全乡发展农家乐28家，为游客提供便利的住所。

【易地搬迁和危房改造工程】 2018年，打石腰乡共需要安置贫困户408人，同步搬迁36人。乡镇集中安置点有3个，涉及贫困户327人，同步搬迁5人，其中刘家腰安置211人；刘家山互通口安置91人；花岭则安置25人，同步搬迁安置5人。2018年年底，3个安置点房屋进行初步设计评审，花岭则安置点场地平整完成，其余2个场地在7月底完成。县城安置共涉及整村搬迁5个村，21户69人，同步搬迁9户31人。2016年、2017年遗留问题需到县城安置3户12人。完成易地搬迁手机系统录入，国网录入，资料收集95户333人。2018年年底，四类重点户危房改造完成26户，对另外61户四类户进行资格审核。

【生态扶贫】 2018年，打石腰乡实施退耕还林工程9750亩。落实地力补贴38664.39亩。加大选聘建档立卡贫困人口护林员工作力度，全乡有护林员26人，其中贫困户护林员25人，每人每年工资性收入为8700元，进行年度考核工作。开展护林防火工作，清明节防火宣传124人次。协助芝河镇扑灭火情1次。打石腰乡成立造林专业合作社5个，涉及贫困户52人，平均每户直接受益4000元。

【健康扶贫】 2018年，打石腰乡落实上级健康扶贫政策，提高贫困人口健康水平，降低大病费用，实施“暖心工程”，与贫困户签订“健康扶贫”双签约责任书，双签约率达100%，签约户满意率达100%，有效防止因病致贫、因病返贫的突出问题。打石腰乡组织乡村干部进村入户，宣传医疗惠民政策，全乡医保参合率达到100%，完成卫计局暖心工程，14人获得救助。

【产业保险扶贫】 2018年，打石腰乡实施的产业保险项目主要有3项。红枣保险。打石腰乡参加红枣保险1266户27277.08亩，贫困户671户15156.76亩。玉米保险。贫困户玉米保险政府全部代缴，非贫困户每亩只交3.78元。核桃保险。核桃保险政府每亩代缴60元，农户自筹20元，实施每亩130元的保额，保证贫困户旱涝保收。

【电商扶贫】 2018年，打石腰乡有电商扶贫点1个（冯家山电商扶贫点），销售红枣2500千克，槐花1250千克，核桃600千克，小米400千克。

【基础设施建设】 2018年，打石腰乡境内高速路主线需拆迁的房屋等全部拆迁完毕，边畔、死角地遗留问题正在解决，互通工作有序进行。通村道路建设。靳家山到冯家山2.7千米，龙王庙到张家塬1.5千米，霍家塬通村路1.5千米。田间路建设。新修段家坬、郭家山田间路。

【社会保障工作】 2018年，打石腰乡拓宽社会保障范围，完善社会保障体系。扩大失业、医疗、生育、工伤等基本保险覆盖面，推进社会救助体系建设，确保低收入者的基本生活保障。农村养老保险参合率达96%。完成残疾人管理系统录入165人，重度残疾人护理补贴和资料发放82人。

【采砂整治工作】 2018年，打石腰乡有砂场2个，分别为郭家山砂场、直地里砂场。打石腰乡召开采砂整治工作动员部署会，制订整治工作方案，成立乡采砂整治工作领导组，强化工作措施。印发宣传资料100余份、悬挂条幅5幅、张贴公告10余张，宣传河道采砂整治的要求。查封炸石子机7台，采砂住房74间。动用挖掘机11台、装载机13台、吊车4辆、翻斗车32辆，平整河道180亩，拆除砂石机输送带7架，摊平石子、砂、毛石料大约30万立方米，填坑20万立方米。集中封存并拆除动力设备采砂船11支，其中大型船4支，小船7支。清理成品料大约18万立方米，其中郭家山砂场大约8万立方米，直地里砂场大约10万立方米。

【乡村清洁工程】 2018年，打石腰乡开展“乡村清洁工程”大整治活动，对乡村环境卫生进行大规模集中清扫，全乡清理垃圾10处，500余吨。在全乡范围内挑选13名保洁员，长期从事乡村卫生清扫、管理，落实保洁员待遇，为打石腰乡环境改善打下基础。

【安全生产工作】 2018年，打石腰乡组织开展安全生产月活动，悬挂条幅3幅，集中宣传1次，入户60余户，发放资料600余份。开展安全生产大检查活动，出动42人次排查道路、企业、商店、建筑工地17家，查出隐患13处，均整改完成。每个季度定期召开党委安全生产工作会议，每月定期召开政府安全生产工作会议。

人物简介

新任县领导

宋林根 男，汉族，山西长治人，1960年11月生，中央党校函授学院经济管理专业毕业，中央党校研究生学历。1984年9月参加工作，1990年10月加入中国共产党，2018年3月任永和县县委副书记（挂职）。

1984年9月至1991年5月，任省粮食厅基建处办事员、科员。1991年5月至1992年9月，省粮食厅基建处副主任科员。1992年9月至1995年12月，任省粮食厅基建处主任科员（1991年11月至1992年4月，任省委驻太谷县农村工作队队员）。1995年12月至2000年11月，任省粮食厅基建科技处副处长［1996年11月至1997年12月任天镇县政府县长助理（挂职）。1997年8月至1999年12月，中央党校函授学院经济管理专业本科班学习］。2000年11月至2002年3月，任省粮食局储备基建科技处副处长。2002年3月至2010年2月，任省粮食局办公室主任（2000年9月至2003年7月，中央党校函授学院经济管理专业研究生班学习）。2010年2月至2012年4月，任省粮食局储备基建科技处（科技产业发展处）处长。2012年4月至2016年9月，任省粮食局调控处处长。2016年9月至2016年10月，任省粮食局党组成员。2016年10月至2018年3月，任省粮食局副局长、党组成员。2018年3月，任永和县县委副书记（挂职）。

迟大鹏 男，汉族，山东莱阳人，1973年11月生，中国政法大学法律专业毕业，大学学历。1991年12月参加工作，1994年1月加入中国共产党，历任战士、学员、司务长、副政治指导员、指导员、干事、政治教导员、科长、旅政治部副主任、永和县人民武装部政治委员等职。2018年12月，任永和县委常委、县人民武装部政委。

赵　毅 男，汉族，山西浑源人，1975年5月生，山西大学计算数学及应用软件专业毕业，大学学历，理学学士学位。1998年8月参加工作，2010年6月加入中国共产党，2018年11月任永和县政府副县长（挂职）。

1998年8月至2008年6月，任中国农业发展银行山西省分行营业部办公室科员。2006年5月至2007年5月，任中国农业发展银行山西省分行信息技术处科员（借调）。2007年5月至2007年10月，任中国农业发展银行山西省分行信息技术处科员（交流）。2007年10月至2009年10月，任中国农业发展银行信息技术部综合业务系统升级改造项目组科员（借调）。2008年6月至2008年8月，任中国农业发展银行山西省分行信息技术处科员。2008年8月至2010年8月，任中国农业发展银行山西省分行信息技术处业务副经理。2010年8月至2014年12月，任中国农业发展银行山西省分行信息技术处业务经理。2014

年12月至2018年11月，任中国农业发展银行山西省分行信息科技处副主任工程师。2018年11月，任永和县政府副县长（挂职）。

先进人物

冯智水 男，汉族，山西省永和县打石腰乡人，1949年1月22日出生，中共党员，曾任冯家山村党支部副书记。1993年获县“户包小流域模范户”称号，1994年10月获县“小流域治理标兵户”称号，1997年获山西省精神文明建设指导委员会“精神文明建设模范农民”铜牌，2001—2005年连获县“优秀共产党员”称号，2005年2月被山西省人事厅、农业厅评为“省级农村拔尖人才”，2006年6月被山西省委组织部授予“优秀共产党员”称号。

他坚持小流域治理40年不动摇。1978年，他用10元钱买下打石腰乡红岩沟的两座荒山进行小流域治理。当时的红岩沟山是秃脑脑，地是窄条条，没有道路，土地大部分是石头地，整个荒山治理难度非常大，一个坑有时就得挖一天。他就靠一双手和一把洋镐，一把镢头，一把铁锹治理荒山荒坡。他硬是靠着愚公移山的精神和共产党员的大无畏精神，对荒山荒坡进行日复一日地治理。通过五年不分昼夜地干，路终于修通了，全部栽上了树。栽树时他家没有水泵，遇到干旱天气只能挑水浇树，他在树下挖鱼鳞坑，拔水壕，等下雨天鱼鳞坑内就会储满水。如今的红岩沟，满山遍野的枣树、松树、柏树、桑树、苹果树、梨树等，春天绿树成荫，秋天花果飘香，不但风景让人流连忘返，而且经济收入十分可观。

任晓荣 女，1978年9月出生，山西省永和县人，大学学历，1998年参加工作，中共党员。

1998年8月至2019年6月在永和县疾病预防控制中心工作，先后任疾病预防控制中心检验科科长、传染病防控科科长、艾滋病防控科科长。2011年7月，聘任主管微生物检验师中级职称。

自工作以来，她一直兢兢业业，尽职尽责，先后多次获得临汾市“先进个人”荣誉称号，2005—2007年连续三年获临汾市“卫生系统先进个人”称号，2009年获临汾市“艾滋病防控先进个人”称号，2011年获临汾市“食品风险流行病学调查先进个人”称号，2016年、2018年获临汾市“艾滋病防控先进个人”“传染病防控及网络直报先进个人”称号。参加临汾市组织的传染病防控知识竞赛，荣获三等奖。

药燕勤 女，山西省永和县人，生于1970年8月18日，大学本科学历，中学高级教师，1990年7月毕业于隰县师范学校，同年参加工作，在永和县南庄中学任教，1997年9月至1999年7月于省教育学院美术系脱产学习，毕业后在永和县第一高级中学担任美术教师，2013年11月被评为中学高级教师。2008年7月，获得由临汾市教育局颁发的“临汾市中小学音乐美术基本功大赛”美术组一等奖。2008年11月，获得由山西省教育厅颁发的“山西省第五届中小学音乐美术基本功大赛”二等奖。2010年9月，她撰写的《如何培养学生绘画中的构图意识》发表在《科学导报》（CN14–0015）。2013年1月，她撰写的《地方文化资源开发如何应用于高中美术课堂》发表于《科技信息报》（今日文教，国内统一刊号CN37–0016）。

李彦云 男，永和县城内人，1985年出生，中共党员，大学学历，2009年9月参加工作，永和县第一高级中学美术教师，获得安徽财经大学文学学士学位、山西师范大学教育硕士学位，中学一级教师，被纳入文化和旅游部文化产业创业创意人才库，是山西省“三晋英才”支持计划青年优秀人才、临汾市高层次人才（省级领军人才）、永和县委联系专家。

截至2018年，他累计培养美术特长生120余人被本科二批B类以上大学录取，指导学生获山西省教育厅奖项8项。2011年，被评为“永和县模范教师”、获俄罗斯、美国、法国、意大利、乌克兰、墨西哥、波兰、韩国、捷克、伊朗、塞尔维亚等国际奖20余项，获教育部、文化部、人民日报社、CCTV央视网、国家发改委环资司、中国经济导报社、国家新闻出版总署新闻报刊司等国家级奖项50余项，获得山西省教育厅等省级奖项60余项，获市级奖项90余项。

刘青堂 男，山西省永和县人，1969年出生，永和县第一高级中学高级教师。1995年，毕业于晋中师范院校。2007年，山西师范大学进修毕业。

参加工作25年来，他一直在永和县第一高级中学从事高中生物教学工作，有多年的班主任工作经历。近12年连续从事高三理科复习班的生物教学工作，培养出数百名大学生。教学工作一直受到校领导、家长和学生的高度认可。教学成绩突出，多次被评为省、市、县、校模范教师。2016年9月被评为“临汾市模范教师”，2014年、2015年、2017年被评为“永和县模范教师”，2018年、2019年被评为“山西省模范教师”。

刘欣悦 女，永和人，2001年生，永和县第一高级中学的一名学生。她爷爷2003年突发脑梗，留下后遗症，生活不能自理。她母亲2013年因肺裂抢救无效死亡。不久之后，她父亲被查出患有心脏病，每天离不开药，不能干重活，只能外出打一些力所能及的零工来维持生计。刘欣悦用瘦小的身躯支撑起本该是父母亲肩挑的责任，照顾爷爷和弟弟。从初中开始，她每天都要起得比其他孩子们更早，做家务、做早饭，给年迈的爷爷穿衣、喂饭，洗碗后才上学。

2017年，由共青团山西省委、山西省教育厅、山西广播电视台、山西省少工委联合举办的山西省第二届“寻找最美孝心少年”大型公益活动中，刘欣悦代表临汾市参加“山西省十大最美孝心少年”竞选，当选为“山西省十大最美孝心少年”。

成跃进 男，汉族，1958年10月出生，永和县桑壁镇署益村村委主任。他19岁高中毕业，20岁担任村干部至2018年。他虽然不是共产党员，但一直以一名共产党员的标准来要求自己，40年来，村里不论谁家遇到难事，他总是随叫随到，积极帮忙；谁家要是经济上有困难，他总是自掏腰包进行资助；当家事与公事冲突时，他始终做到先大家后小家，勤勤恳恳地为乡村服务，任劳任怨地为老百姓谋事办事。凭借着出色的工作能力，心系群众的高尚情操和无私奉献的精神，赢得了当地群众的交口称赞。

成跃进是一个爱动脑、善创新的人。他带头嫁接核桃树优质品种，率先用科技管理苹果树，并且手把手地向村民传授核桃树的嫁接技术和苹果树的管理技术，带动全村百姓共同致富。在成跃进的带动下，该村苹果树由原来的500亩发展至2018年的1000多亩，核桃树由原来的1000多亩发展至2018年的3000多亩，为村民脱贫致富发挥重要作用。他多次被县、乡评为“先进工作者”。2016年，他被临汾市劳动竞赛委员会授予“临汾市五一劳动奖章”荣誉称号。2018年，他获得由山西省劳动竞赛委员会颁发的“山西省五一劳动奖章”。

附 录

重要文件

中共永和县委 永和县人民政府
关于支持检察机关依法开展公益诉讼工作 推进法治永和、平安永和建设的意见

（2018 年 1 月 29 日）

各乡镇、县直各单位：

为深入贯彻落实党的十八届四中全会部署要求、中共十九大会议精神和习近平总书记关于生态文明建设重要战略思想，进一步深化全面依法治国进程，深入贯彻实施修改后的民事诉讼法和行政诉讼法，扎实推进法治永和、平安永和建设，支持检察机关充分发挥法律监督职能作用，促进各级各部门依法行政、严格执法，切实维护国家和社会公共利益，结合我县实际，现就支持检察机关依法开展公益诉讼工作提出如下意见：

一、充分认识检察机关提起公益诉讼工作的重要意义

习近平总书记在党的十八届四中全会上强调，由检察机关提起公益诉讼，有利于优化司法职权配置，完善行政诉讼制度，有利于推进法治政府建设，维护国家和社会公共利益。2015 年 5 月 5 日，习近平总书记主持中央全面深化改革领导小组第 12 次会议时又明确指出，党的十八届四中全会提出探索建立检察机关提起公益诉讼制度，目的是充分发挥检察机关法律监督职能作用，促进依法行政、严格执法，维护宪法法律权威，维护社会公平正义，维护国家和社会公共利益。

支持检察机关提起公益诉讼，是我县落实党中央重大决策部署的具体行动，是法治永和建设的具体实践，各部门、各单位要充分认识检察机关提起公益诉讼的工作对于促进依法行政和法治政府建设，维护国家利益和社会公共利益，维护最广大人民根本利益，维护社会和谐稳定的重要意义，切实把思想和行动统一到党中央的重大决策部署要求上来，切实增强接受司法监督的自觉性，积极支持和配合检察机关依法开展公益诉讼工作。

二、强化检察机关的法律监督职能作用

县检察院作为国家法律监督机关，要在县委领导下，围绕中心，服务大局，自觉把公益诉讼置于经济社会发展全局中加以谋划、推进。要充分发挥法律监督的核心保障作用，切实承担起参与法治政府建设的重要职责，通过行使检察监督权，督促行政机关依法履行职责，树立法律的尊

严和权威。

确保国家利益和社会公共利益得到有效保障。要突出监督重点紧紧围绕人民日益增长的美好生活需要，突出办理生态环境和资源保护、食品药品安全、国有土地使用权出让、国有财产保护等领域人民群众反映强烈的案件，切实增进人民群众的获得感、幸福感和安全感。

三、努力营造公益诉讼的良好执法环境

各单位要把支持检察机关提起公益诉讼工作作为一项重要任务抓紧抓好，确保公益诉讼工作健康有序发展。

（一）加强组织领导。各单位要把加强和支持检察机关提起公益诉讼工作纳入全面深化改革总体布局，认真听取检察机关推进公益诉讼情况的意见和建议，主动协调解决检察机关开展公益诉讼过程中存在的困难问题。全县各级领导干部要认真贯彻执行《领导干部干预司法活动、插手具体案件处理的记录、通报和责任追究规定》（中办发〔2015〕23号），不得插手、干预公益诉讼。同时应当积极支持检察机关排除、抵制公益诉讼中的不当干预，对本部门、本行业发生的损害公益行为不庇护、不包庇，相关情况要纳入党风廉政建设主体责任检查内容和党政班子实绩考核指标体系，为检察机关提起公益诉讼工作创造良好的办案环境。

（二）加强支持配合。各有关行政执法单位要完善行政信息共享机制，与检察机关建立行政执法信息共享平台，向检察机关开放行政执法信息数据库，不得设置信息壁垒和障碍。要积极配合检察机关依法行使以下调查权：调阅（借）相关行政执法卷宗；询问执法人员以及行政相对人、利害关系人、证人等；收集书证、物证、视听资料；委托鉴定、评估、审计；勘验物证、现场等。配合检察机关了解行政机关执法信息以及国家利益和社会公共利益受侵害的情况，通过信息公开共享，营造有利于提起公益诉讼，共促依法行政的良好环境。

（三）加强沟通协调。人民法院要和人民检察院共同完善案件管辖、庭审程序、裁判执行等公益诉讼相关工作机制、依法审理检察机关提起的公益诉讼案件，提升公益诉讼案件审判质效。各行政机关要主动加强与检察机关、审判机关的沟通协调、建立日常联系沟通工作机制，及时互通行政公益诉讼案件线索移送、违法行政行为整改等情况，推进行政执法信息和司法监督信息资源共享。

（四）加强经费保障。财政部门要加强对检察机关开展公益诉讼工作的经费保障，对检察机关在公益诉讼工作中所需的调查取证、专家咨询、环境监测、鉴定评估等所需费用积极支持。要积极探索在本级财政资金账户下设立专门的“公益诉讼基会”账户、统一接收公益诉讼案件生效判决的赔偿金，确保依法、规范、安全管理使用专项资金。

（五）加强宣传引导。检察机关要组织好对公益诉讼的宣传工作，着力提高人民群众对公益诉讼工作的知晓度。要充分发挥舆论的引导、监督和评价作用，引导社会正确认识公益诉讼中的问题，对涉及面广、社会关注度高的敏感案件要及时召开新闻发布会，推动形成全社会理解支持检察机关开展公益诉讼的良好舆论氛围。

（六）加强工作监督。县人大常委会要通过听取和审议公益诉讼专项工作报告、组织代表视察等多种形式，加强对检察机关提起公益诉讼工作的监督，积极支持检察机关排除公益诉讼中的不当干预，帮助解决工作中的困难和问题。检察机关要严格依法开展公益诉讼工作，确保司法公正主动接受社会各界对公益诉讼工作的监督。

四、切实保障公益诉讼的执行效果

（一）高度重视诉前检察建议。行政公益诉讼的诉前程序，是推动行政机关及时正确履行职责，保障国家和社会公共利益免受侵害的重要程序设置。各单位要充分重视检察建议在社会治理、法治政府建设中的重要作用，对检察机关提出的督促纠正违法或不当行政行为、要求依法履职的书面检察建议，被建议部门应积极主动履行职责或纠正违法行为。在收到检察建议书后一个月内，应当将办理情况书面回复检察机关。对无正当理由不整改、不纠正的行政机关，支持检察机关依法对其提起公益诉讼。

（二）认真做好公益诉讼应诉工作。被诉行政机关应当充分尊重检察机关独立行使检察权、审判机关独立行使审判权，不得以任何理由要求检察机关撤诉，不得隐匿、毁灭、伪造证据，不得威胁、引诱证人改变证言或者作伪证以及进行其他干扰司法机关诉讼活动的行为。被诉行政机关要按照《国务院办公厅关于加强和改进行政应诉工作的意见》（国办发〔2016〕54 号）要求，认真做好行政公益诉讼案件的应诉工作。要结合行政公益诉讼案件的类型和特点，确定答辩重点，提高答辩举证工作质量，提供作出行政行为的证据和依据，做到答辩形式规范、说理充分，提供证据全面、准确、及时，不得拒绝或者无正当理由延迟答辩举证。行政公益诉讼案件开庭，被诉行政机关负责人应当出庭应诉。人民法院裁判生效后，被诉行政机关应当依法自觉履行。

（三）全面提升依法行政水平。行政公益诉讼有利于促进行政机关依法正确履职，纠正和预防行政不作为。各单位要坚持司法监督纠错和自我纠错相结合，共同推进我县行政公益诉讼工作顺利开展。要严格执行重大行政决策法定程序，普遍推行行政机关重大决策合法性审查机制，推进行政决策科学化、民主化、法治化。要牢固树立依法行政意识，认真落实重大行政执法决定法制审核制度，严格按照法定权限和程序，全面、正确，及时履行法定职责，切实防止行政不作为、乱作为现象发生。

要在行政违法行为多发领域和重点地区定期开展执法检查，加强对公益诉讼个案的剖析和类案的研究，系统提出行政违法行为治理纠正意见，完善行政执法工作规程，建立健全长效工作机制，从源头上全面提升行政机关依法行政水平。

中共永和县委　永和县人民政府
关于进一步激发贫困群众内生动力的实施意见

（2018 年 10 月 17 日）

当前，我县脱贫攻坚已进入关键时期。在中央和省、市的坚强领导下，我们精准施策、精准发力，广大贫困群众积极响应、主动作为，脱贫攻坚取得突破性、决定性进展。但部分贫困群众内生动力不足、自身能力不足的问题依然存在，严重影响脱贫攻坚高质量推进。为进一步激发广大贫困群众脱贫攻坚的内生动力，经研究，制定如下意见。

一、指导思想

坚持以习近平扶贫开发重要论述为指引，以破解部分贫困群众脱贫信心不足、能力不足、动力不足为着力点，以激励引导贫困群众积极主动脱贫为目标，按照“精准扶贫不落一人”的要求，建立党委领导、政府主导、群众主体、“两委”主抓、上下联动的工作机制，对准消极观念和心态定点滴灌、靶向施策，激励引导广大贫困群众振奋精神、树立信心、心热起来、行动起来，发扬自力更生，艰苦奋斗精神，“宁愿苦干，不愿苦熬”，变“要我脱贫”为“我要脱贫”，形成内因和外因共同作用的攻坚态势，为全面打好脱贫攻坚战奠定坚实基础。

二、基本原则

（一）坚持党的政治优势与新型经营主体的经济优势相结合。进一步加强党对脱贫攻坚的领导，持续深化“三基建设”，将脱贫攻坚与锤炼作风、锤炼队伍相统一，协调各方力量，形成全社会协同推进的大扶贫格局。鼓励引导新型经营主体通过设置功能性党组织、建立党小组等方式，将党组织建立在产业链上，实现产业推进到哪里，党的组织就跟进到哪里。通过发挥党的政治优势，将群众组织起来，完善利益联接机制，调动广大群众与经营主体的积极性，推动党的政治优势与经营主体的资金、技术、信息等优势相得益彰，得到充分发挥，实现困难群众与经营主体“捆绑发展”，携手带领贫困群众脱贫增收。

（二）坚持物质扶贫与精神扶贫相结合。扶贫先扶志，在注重改善贫困群众物质生活条件的同时，把精神扶贫作为脱贫攻坚的重要任务，把群众心“焐热”，提起精气神，增强斗志，实现“富口袋”与“富脑袋”、“扶贫”与“扶志”的统一，树立“宁愿苦干、不愿苦熬”的观念，实现物质扶贫和精神扶贫同步推进。

（三）坚持激发内力与用好外力相结合。在产业选择、项目安排、基础建设等工作中，必须引导贫困群众参与，充分征求意见，充分发掘贫困群众的积极性和创造性，点燃其求富、求荣、求美、求变的致富激情。

（四）坚持输血扶贫与造血扶贫相结合。坚持从实际出发，因地制宜、因户施策，选准发展路子，改变简单给钱给物的“输血式”扶贫方式，更加注重产业扶贫、就业扶贫、教育扶贫、金融扶贫等“造血式”扶贫，要挖掘特色产业和资源优势，不断培育带动贫困人口脱贫的龙头企业、农业合作社等，形成“企业+”“合作社+”等模式，形成品牌产品和特色产业，把产业扶贫作为推动脱贫攻坚的关键举措，着力解决贫困户自我发展能力弱、“造血”功能不足的难题。

三、工作重点

（一）政策支持，多元调动

为了充分调动贫困群众的积极性，根据中央和省、市扶贫政策要求规定，制定出台系列激励和奖励政策。

特色种植业奖补政策。鼓励和支持群众特别是贫困群众发展特色种植，按照《永和县特色种植业发展奖补办法》的规定，对个户、经营主体新发展经济林、中药材、蔬菜日光温棚、蔬菜拱棚、食用菌、油用牡丹、赤焰椒、葡萄、花椒、野菜系列等特色种植的进行奖励补助，对合作社或企业在2017—2018年认证无公害农产品、绿色食品、有机食品、农产品地理标志的予以奖励补助。（责任单位：农委，配合单位：各乡镇、财政局）

特色养殖业奖补政策。鼓励和支持群众特别是贫困群众发展特色养殖，按照《永和县特色养殖业发展奖补办法》的规定，对个户、养殖合作社、能人大户带动贫困户发展肉鸡、肉鹅、养蝎、养牛、养驴、林下养殖禽类等，达到一定规模的予以奖补。对具有一定规模的饲草加工和畜产品加工企业，根据规模效益、带动贫困户数量和收益等情况予以奖补；对实施退耕还草、发展养殖业的予以奖补。（责任单位：畜牧中心，配合单位：各乡镇、财政局）

外出务工奖励政策。对建档立卡贫困户中有劳动能力的人员，凡赴县域外连续务工4个月，在县内连续务工3个月以上者，每人每月奖励200元，年度累计奖励不超过2000元。（责任单位：扶贫局，配合单位：各乡镇、财政局）

金融贷款支持政策。强化对建档立卡贫困户

以及能人大户牵头领办的扶贫专业合作社、家庭农场等新型农业经营主体的金融支持力度。贫困户贷款每户5万元，由政府贴息，超出部分不享受贴息政策，资金由贫困户通过自主经营或者合作经营实现增收脱贫；对能人大户牵头领办的扶贫专业合作社、家庭农场等主体，享受贴息的贷款额度按照其带动贫困户的户数计算，单笔贷款贴息期限，按实际贷款时限计算，最长不超过脱贫攻坚期。贴息标准按同期人民银行贷款基准利率给予贴息扶持。（责任单位：扶贫局，配合单位：各乡镇、中小企业局、农行、信用联社、邮政储蓄银行）

生态扶贫政策。1.退耕还林补助。上一轮退耕还林：每年每亩补助标准为90元；新一轮退耕还林：凡25°以上的陡坡耕地，农户自愿退耕还林的，均可实施新一轮退耕还林项目。补助标准为：每亩2300元，其中：种苗造林费800元、农户补助1500元。种苗造林费每亩800元，分三年付清，第一年400元、第二年和第三年各200元；农户补助每亩1500元，分五年付清，第一年500元、第二年150元、第三年300元、第四年150元、第五年400元。（责任单位：林业局，配合单位：各乡镇、扶贫局、财政局）

2.林业生态保护项目。受益对象为建档立卡贫困户生态管护人员，根据管护难易程度，按每亩每年2元左右标准发放工资。（责任单位：林业局，配合单位：各乡镇、扶贫局）

3.干果经济林提质增效项目。对4～20年低产低效干果经济林实施提质增效。（1）免费提供嫁接换优、整形修枝、科学修剪、病虫害防治等提质增效技术的培训指导；（2）各村具有修剪、嫁接技术的建档立卡贫困人口均可申请加入技术服务队，获得劳务报酬；（3）工程验收合格后，兑付给农户每亩价值为60～80元化肥、农药等。（责任单位：林业局，配合单位：各乡镇）

4.造林专业合作社。脱贫攻坚期间，林业造林绿化任务全部由脱贫攻坚造林专业合作社实施。具体对贫困户的优惠办法是：支持有贫困群众参加的造林专业合作社，采取议标的方式承包造林绿化工程，获取劳务收入；造林专业合作社由实力雄厚的造林绿化公司领办，合作社中有劳动能力的贫困人口比例不能低于60%；凡18～60周岁，具有劳动能力并长期参加劳动的贫困户均可入社参与造林活动，造林费用的45%以上用于造林劳务费。（责任单位：林业局，配合单位：各乡镇、扶贫局）

教育扶贫政策。在实现从学前教育到高等教育资助全覆盖的基础上，一是落实“雨露计划”补贴政策。全县建档立卡贫困户中，在中职中技（含普通中专、职业高中、技工学校）、高等职（专）业教育（含普通大专、高职院校、技师学院等）就读的在校学生，按每人每年2000元标准资助；对当年参加普通高考达二本B类以上高校录取的“建档立卡”贫困大学生，一次性资助5000元（责任单位：扶贫局，配合单位：教科局、永和县第一高级中学）；二是实施教育“暖心工程”。由政府出资对在永和县第一高级中学参加高考，分数达到二本B类线以上，并被二本B类以上高校录取的考生进行一次性资助，达一本以上的8000元/生，二本B类以上的5000元/生（责任单位：教科局，配合单位：永和县第一高级中学）。

危房改造补助政策。建档立卡贫困户、农村分散供养的五保户、低保户、贫困残疾人家庭和其他贫困户居民。通过新建、修缮、置换等方式实施农村危房改造，平均每户合计14000元补助。（责任单位：住建局，配合单位：各乡镇）

培训补贴政策。技能提升工程培训补贴标准，由按职业（工种）分类确定调整为按培训时间确定。培训时间一般在10天（80个课时）左右，最长不超过15天（120个课时）。10天以内的给予培训机构按每人每天补贴150元标准补贴；10天以外的给予培训机构按每人每天补贴100元的标准补贴。补贴范围由职业资格目录内的职业（工种）扩展到具有国家职业标准和企业岗位规范的所有技能类职业（工种），重点补贴与我县建档立卡农村贫困劳动力（特别是易地搬迁贫困户）相关的职业工种技能培训，对经培训取得相应证书的，先给予培训机构80%的培训补贴；培训后，3个月内实现就业的，再给予培训机构20%的培训补贴，并按我省职业介绍补贴标准给予就业奖励。同时鼓励县域内企业招录贫困劳动力，企业为招录人员缴纳社会保险，按照相关规定对企业进行补贴。（责任单位：人社局，配合单位：各乡镇）

（二）典型示范，引领带动

坚持用身边的事教育身边的人，提高典型的影响力，扩大示范引领效应，让贫困群众跟着看、学着干、同致富，在全县上下形成崇尚先进、见贤思齐的好风尚。

设立“自强自立脱贫奖”。重点奖励通过积极发展致富产业、落实扶贫政策措施等，实现脱贫退出的贫困村；通过自身努力、自强不息，实现脱贫的贫困群众。每年评选一次。（责任单位：扶贫局，配合单位：各乡镇）

设立“创业创新带动奖”。重点奖励利用产业扶贫、金融扶贫等优惠政策，通过发展种植、养殖，进行农产品加工转化等，自主创业，在实现自己增收的同时，带动贫困户增收的产业主体及个人。（责任单位：扶贫局，配合单位：各乡镇）

设立“孝亲敬老”奖。重点激励孝亲敬老子女，弘扬中华民族传统美德，通过子女孝亲、政府帮扶、社会资助等方式帮助更多的贫困老年人安度晚年、颐养天年。于每年农历九月九日之前完成评选表彰。（牵头单位：民政局，配合单位：扶贫局、各乡镇）

有关部门要对以上3个奖项制定奖励办法具体实施；宣传部门要对先进单位和先进个人的事迹进行广泛宣传，在全县掀起比、学、赶、超先进典型的浓厚氛围，进一步激发贫困群众的内生动力。

（三）利益联结，互联互动

把培育产业作为脱贫攻坚的根本出路，通过建立利益联结机制，将企业、合作经济组织与贫困户结成命运共同体，使贫困户“有业可从、有企可带、有股可入、有利可获”，通过参与发展，增强贫困户主体意识，激发自我发展的内生动力。

精准选择产业项目。按照“一村一品一主体”产业发展要求，每个贫困村都要有能实现稳定脱贫的产业项目。已完成的57个贫困村68个特色产业项目要尽快投入运营；正建设的21个贫困村产业项目，于年底完成，实现全覆盖。（牵头单位：农委，责任单位：各乡镇）

建立联接机制。1. 以股份方式进行联结。鼓励贫困户以土地、旧宅基地等资源及自有设施设备、财政扶贫到户资金、产业扶贫奖补资金、扶贫小额信贷资金以及折股量化到户的集体资源资产资金、财政支农资金等，入股新型农业经营主体，实行“保底收益 + 按股分红”的分配方式。2. 以订单方式进行联结。对于有产品销售需求的贫困户，鼓励新型农业经营主体与其签订长期购销合同，形成稳定的购销关系。3. 以服务方式进行联结。对于有生产经营服务需求的贫困户，鼓励新型农业经营主体提供农资供应、农机作业、品种技术、疫病防治、市场信息、产品营销、烘干加工和仓储物流等服务，实行服务费用优惠或免收。4. 以劳务方式进行联结。对于有相应能力的贫困人口，鼓励新型农业经营主体优先吸纳，合理确定工资水平，保障贫困户工资收入。5. 以租赁方式联结。对于贫困户拥有的闲置或低效利用的土地等资源和设施、设备，鼓励新型农业经营主体优先流转或租赁，实行实物计租货币等计价方式，确保贫困户获得稳定的租金收入。要贫困户根据自身条件和脱贫需求，合理选择联结方式，到2018年底确保有意愿的贫困户都能与主

体建立联结机制。（牵头单位：农委，责任单位：各乡镇）

建立村集体经济合作组织。每个贫困村都要建立村集体经济合作组织，并鼓励贫困户以承包的土地经营权、家庭财产及财政专项扶持资金等入股，由村集体经济合作组织统一经营。鼓励有劳动能力的贫困户，以劳务方式参与合作组织发展，进一步拓宽贫困户增收渠道。（牵头单位：农经中心，责任单位：各乡镇）

（四）培养技能，自我启动

针对贫困户技能需求、培训意愿，全面开展免费培训，确保有劳动能力的贫困户人人都能掌握至少一种实用职业技能。

培训永和技工。按照《永和县人民技能提升工程实施方案》，计划每年培训“永和技工”1000人（责任单位：人社局，配合单位：各乡镇）；全面推行“山西护工”培训就业计划，到2020年，免费在农村贫困人口中培训就业护工（护理）人员200名（责任单位：卫计局，配合单位：各乡镇）。

开展“送培下乡”活动。采取“田间地头”培训、“农户+企业（农民合作社）”培训、居家手工技能培训、课时积分制培训等方式，满足不同群众培训需求。（责任单位：人社局，配合单位：各乡镇）

支持小微企业培训。对当年小微企业与新招聘人员签订6个月以上劳动合同的，按每人300元标准给予企业职业培训补贴；履行劳动合同1年内取得相应职业技能等级证书或提升一个技能等级的，再给予300元职业培训补贴。（责任单位：人社局，配合单位：各乡镇、中小企业局、工商质监局）

（五）结对帮扶，真情感动

坚持用真情、换真心，引导广大党员干部以实际行动帮扶贫困户，帮助他们找路子、出点子，引领带动贫困户自食其力，走产业脱贫致富的道路。

拉家常，找出原因。贫困户内生动力不足，原因多种多样，找准原因，摸准命脉，是调动贫困户内生动力的关键所在。“三支队伍”要善于“结穷亲、交朋友、拉家常”，针对贫困户内生动力不足的原因开展专项调研，让贫困户敞开心扉，自我反思、自我剖析，找出贫困的真正原因。同时，教育引导贫困户自觉接受新技术、新理念，帮助他们树立通过自主创业，依靠自身努力逐步摆脱贫困的信心。（责任单位：组织部，配合单位：各乡镇）

谋发展，确定思路。贫困村与贫困户发展思路不清具有普遍性。“三支队伍”要充分发挥素质高、视野宽等自身优势，帮助贫困村、贫困户找准发展思路，在特色产业发展上提供帮助。驻村帮扶单位、第一书记等要引导村“两委”成员走出大山，走入市场，在广泛调研，充分征求群众意见的基础上，结合实际，确定特色产业发展思路。要帮助贫困村、贫困户与带动主体建立科学的利益联结机制，实现捆绑式发展。要制定个性化差异化的帮扶措施，认真落实易地搬迁贫困户产业奖励制度，切实做到搬得出、稳得住、能致富；指导贫困户以合适的方式与主体建立联结机制，注重“造血”式扶贫，引导贫困户“小额贷款”及各类扶贫资金向生产要素上投入，提高贫困群众自我发展能力。（责任单位：扶贫局，配合单位，组织部、各乡镇、农委）

重服务，真帮实扶。县级领导要认真落实包乡联村驻户工作机制，对所包联的1个乡镇、3个脱贫任务较重的村、3户贫困户，每月至少进行1次深入检查指导对接，示范带动全县各级帮扶干部带着感情开展帮扶工作。省、市、县三级帮扶单位要采取集中走访与日常走访相结合的方式，充分利用“永和扶贫日”等开展帮扶工作。帮扶责任人要通过上门走访、电话沟通等方式，与贫困户保持不间断的联系，每月至少与包联贫困户联系2次，加强沟通、咨询困难、解决问题，提升群众满意度，并通过APP做好记录。各级帮扶干部要把帮扶重点向贫困户生产发展上倾斜，协助解决技术、资金、市场营销等方面的难题，切实给群众带来真金白银的收益，让群众看到奔头，进一步激发信心。（责任单位：组织部，配合单位：各乡镇）

兜底线，提供保障。兜住底线，贫困户发展才能后顾无忧，各级帮扶干部要督促抓好各项惠农政策的落实，让贫困户充分享受政策红利，确保政策落实到户、兑现到人。第一书记要每季度对本村贫困户的民政、教育、卫生、残联等各项惠民政策落实情况进行一次统计汇总，统计情况报乡政府。由乡政府汇总报扶贫局，扶贫局与相关部门协调，推动惠民政策及时兑现落实。同时要力所能及地帮助贫困户解决生产资金、就业、就学、就医等实际困难。（牵头单位：扶贫局，责任单位：民政局、教科局、残联、卫计局，配合单位：各乡镇）

（六）确立目标，自信驱动

坚持以补齐"精神短板"为重点，加强教育引导，鼓励贫困群众大力弘扬黄河精神、东征精神、永和精神等，树立自力更生、战胜困难的信心和志气，变"等人帮扶"为"自我奋斗脱贫"。

激励"我能行"的信心。目标引领鼓斗志。目标激励是鼓舞斗志的重要手段之一。要通过制定"跳起来"能够够得着的目标，激励贫困户鼓足干劲、奋力前行。"三支队伍"及村"两委"要对照"两不愁、三保障"标准，制定出脱贫时间表，让贫困户能切实感受到在党和政府的帮助下，只要自己动起来，完成脱贫任务是完全能实现的，消除畏难情绪，振奋精神。阶段成果增信心。第一书记、包联干部要坚持每季度对贫困户的收入情况、支出情况进行统计汇总，从点滴进步中，让贫困户看到希望，增强信心。典型案例提勇气。针对有些贫困户，认为自己生在穷山沟里，再奋斗也无法脱离贫困的思想，要通过各种媒体收集同类深度贫困村脱贫案例，编撰成册，由包村干部、第一书记负责，向贫困户进行讲解，激发攻坚克难的斗志。（责任单位：扶贫局，配合单位：宣传部、组织部、各乡镇）

鼓舞"我来做"的干劲。包办代干只能培养"懒汉"。广大扶贫干部、三支队伍要转变理念，想方设法发挥困难群众的主体作用，在产业发展上，积极引导贫困群众结合实际自主选择申报发展项目、参与项目实施、监督和验收，让贫困群众在参与中"长志长智长技"，增进获得感；在资金帮扶上，将资金转化为种子、化肥等生产资料，同时通过鼓励以工代赈等方式获得帮扶，通过"各街网"平台在旅游景点营销特色产品等方式增加收入，逐步引导群众树立以勤劳为荣，懒惰为耻的观念，形成主动参与脱贫的良性互动。（责任单位：扶贫局，配合单位：宣传部、组织部、各乡镇）

形成"我脱贫、我光荣"的氛围。各乡镇、各村委要积极评选推荐脱贫示范户、带动主体，通过表彰宣传，形成脱贫光荣的浓厚氛围。同时，探索开展"评懒"活动，对有劳动能力不愿参加生产劳动、不愿外出务工、不愿到帮扶责任人协调的就业岗位上务工，或好吃懒做和消极生活的建档立卡贫困户，设置曝光台进行公示，设立"黑名单"予以限制，遏制不良风气。要强化基层自治，加强村民自治，引导村民将"扶贫不扶懒"、破除"等靠要"等写入村规民约，提高群众自我约束、自我教育、自我管理能力。加大宣传力度，通过悬挂横幅，刷写标语、公开栏、公报栏宣传等，使党的脱贫攻坚各项方针政策深入人心，形成深厚脱贫攻坚氛围。（责任单位：宣传部，配合单位：组织部、各乡镇、扶贫局、民政局）

四、保障措施

（一）加强组织领导，落实工作责任。激发贫困户内生动力，关系到当前脱贫攻坚的有序推进，关系到贫困户长期稳定脱贫，更关系到乡村振兴战略的顺利实施。各乡镇、各部门要切实提高认识，进一步统一思想，把此项工作作为重要任务，抓到位、见成效。要强化组织领导，党政一把手要亲自抓，分管领导要直接抓，工作重心和主要精力体现在安排部署、资金投入和工作落实上。要强化责任落实，各牵头部门要结合工作实际，制定实施细则，统筹推动落实；各乡镇、各相关部门要制定具体工作措施，三支队伍要发挥主力军作用，用心用力，将工作抓细抓实，形成合力；各类新闻媒体要加大宣传力度，坚持正面引导，凝聚正能量，形成激发贫困户贫困人口内生动力的强大氛围。

（二）推动政策落实，强化群众认同。各相关部门要对标本部门落实的扶贫政策，制定《实施细则》，明确时间表、路线图，强化政策解读、政策宣传、任务分解、节点管控、跟踪问效等环节，实现脱贫攻坚政策宣传入户全覆盖，切实提高贫困户对政策的知晓率，确保各项激励政策及时、有效落实兑现，以实实在在的效果提升群众的获得感、满意度，让群众对脱贫攻坚思想上认同、情感上认同、结果上认同，为激发内生动力奠定坚实基础。

（三）突出分类指导，做到“一户一策”。贫困户致贫原因各有不同，贫困人口脱贫内生动力不足原因也各具特点。各乡镇、各村委在推动工作中，要进村入户深入调研，针对原因，制定策略。做到“三区分、一了解”。一要区分清楚有没有劳动能力；二要区分清楚思想问题还是无技能问题；三要区分清楚自己单打独斗，还是与主体捆绑发展；四要了解文化素养与发展意愿。在充分掌握情况的基础上，分类指导、一户一策，确保用最实的举措，最广泛地调动广大贫困群众参与发展、主动脱贫。

（四）突出党建引领，强化督导考核。发挥党建统领作用，将激发人口内生动力，作为加强“三基建设”的重要内容，要建立村规民约，设立道德评议、红白理事会、村民议事会和禁毒禁赌会等“一议四会”，突出奖勤罚懒、奖优罚劣，引入竞争机制，多管齐下，促进村风民风不断好转，弘扬正气，使广大贫困户进一步转变观念，增强脱贫致富的信心。县纪委、县委组织部及脱贫攻坚办公室考核督查组，要创新考核方式，综合运用约谈通报、派发督办单等多种手段，督促各项工作推进。

永和县 2018 年年底乡村行政区划表

表 1　　单位：个

乡镇	村委名称	自然村名称	自然村数量
芝河镇	城关村村民委员会	河口　社只坡	2
	东峪沟村村民委员会	东峪沟、龙口湾、前圪塄、后圪塄、北庄	5
	杜家庄村民委员会	杜家庄、马家庄、呼家岔、龙吞泉	4
	官庄村民委员会	官庄、王家坪、川口、麻峪、后桑壁、前桑壁、永义	7
	红花沟村村民委员会	红花沟、下刘台、赵家塬	3
	后甘露河村村民委员会	后甘露河、小豆圪塔、王家塬、烟家山	4
	霍家沟村村民委员会	霍家沟、上罢骨、德成里	3
	乐生里村村民委员会	乐生里、东后峪、阳坡里、韩家塬	4
	刘家庄村民委员会	刘家庄、杨家庄、李家渠、郭家坡、红花峁、葛家河	6
	前甘露河村村民委员会	前甘露河、延家河、下山里、烟家腰	4
	下罢骨村村民委员会	下罢骨、岭儿上、后塬上	3
	药家湾村村民委员会	药家湾、阎家腰、竹杆里	3

续表 1

乡镇	村委名称	自然村名称	自然村数量
芝河镇	榆林则村村民委员会	榆林则、段家河、贺家庄、梁家坡	4
	长乐村村民委员会	长乐、山头、北则里	3
		小计	55
桑壁镇	桑壁村村民委员会	桑壁、上桑壁、三眼窑	3
	堡则村村民委员会	堡则、塬上、后河、前河	4
	东索基村村民委员会	东索基、西索基、榆岭上	3
	前龙石腰村村民委员会	前龙石腰、李塬、下均	3
	侯家庄村民委员会	侯家庄、苍则坡沟、庄则坡、后龙石腰、圪堆头	5
	护国村村民委员会	护国、岔儿上、榆曲	3
	南寨村村民委员会	南寨、王成、霍索、新乡、牛伏	5
	署益村村民委员会	署益、薛基	2
	兴义村村民委员会	后河、鸦儿腰、贺家坡、兴义 药家山	5
	长索村村民委员会	长索、太德塬	2
	郑家塬村村民委员会	郑家塬、辛庄、山坪里、南塬峁	4
		小计	39
坡头乡	白家崖村村民委员会	白家崖、成家坪、均庄、前塔子、李家崖	5
	岔口村村民委员会	岔口、新村、永平庄村、柳沟、南峪、马里腰、渠底	7
	呼家庄村民委员会	呼家庄、赵家沟、兰家沟	3
	坡头村村民委员会	坡头、岔上、乌门、聂家山	4
	任家庄村民委员会	任家庄、上刘台、吴咀、南岔、范家峪、王家塬	6
	孙家庄村民委员会	孙家庄、土罗、榆林只、方底、马家塬	5
	索驼村村民委员会	索驼、贺家崖、杏渠	3
		小计	33
交口乡	都苏村村民委员会	都苏、辛宜、王家山	3
	冯苍村村民委员会	下冯苍、上冯苍、下坡里	3
	交口村村民委员会	交口、樊家川、下庄、毛家塬	4
	可托村村民委员会	可托、上可若、下可若、高成、南塬上、北索塬	6
	鹿角村村民委员会	前鹿角、鹿角、泊洋、山头	4
	南楼村村民委员会	南楼、崔家塬、乐成、陈家塬	4
	坡头村村民委员会	坡头、第二岭	2
	索珠村村民委员会	索珠	1
	小南楼村村民委员会	小南楼、定家塬、长耳庄	3
	义合村村民委员会	义合、阎家坡、曲沙、河里、坡沙	5
	峪里村村民委员会	峪里、王家塬、庄头、冯家山、郝家山	5
	张家塬村村民委员会	张家塬、宜家塬、樊家圪塔	3
	赵家岭村村民委员会	赵家岭、秋竹、辛庄、美家川	4
		小计	47
阁底乡	东征村村民委员会	东征、小坪、下退干	3
	高家塬村村民委员会	高家塬、铁沟崖、佛堂	3
	阁底村村民委员会	阁底、滩则里、东庄	3
	罗岔村村民委员会	罗岔、李家山、西山里	3
	马家湾村村民委员会	马家湾、冯家腰	2
	奇奇里村村民委员会	奇奇里、下虎山、曹家山、后冯家腰	4

续表 1

乡镇	村委名称	自然村名称	自然村数量
阁底乡	石家湾村村民委员会	石家湾、于家咀	2
	乌华村村民委员会	乌华、苏土	2
	西后峪村村民委员会	西后峪、前河里、高家圪塔、庄则岭、翟家山	5
	西庄村村民委员会	西庄、同上吉	2
	下辛角村村民委员会	上辛角、下辛角、圪列塬	3
	阴德河村村民委员会	阴德河、于家山、后山里	3
	雨林村村民委员会	雨林	1
	园则沟村村民委员会	园则沟、贺家山、贺家湾、刘家塬、西庄圪塔	5
	庄则坪村村民委员会	庄则坪、鸦路	2
		小计	43
打石腰乡	冯家坬村村民委员会	冯家坬、枣腰则、属步里、花岭则	4
	冯家山村村民委员会	冯家山、白家山、靳家山	3
	郭家山村村民委员会	郭家山、贺家腰	2
	李家塬村村民委员会	李家塬、贺家河、任家坬、直地里	4
	马家岭村村民委员会	马家岭、马家河、段家山、石家渠、崖头、慕山里、霍家岭	7
	尉家坬村村民委员会	尉家坬、段家坬、李家畔、黄家岭、河会里	5
	辛舍窠村村民委员会	辛舍窠、焦家山、刘家山、山方里、穆家腰、石畔岭、南坬里、花儿坡、田家山	9
	郑家塬村村民委员会	郑家塬、季家腰、陈家腰、打石腰、张家塬、贺家塬、刘家腰	7
		小计	41
南庄乡	南庄村村民委员会	南庄村、上圪垛、成家村、穆家坡	4
	社里村村民委员会	社里、铁花里、桃卜山、前坬里、咀头、马家滩、前北头	7
	白家腰村村民委员会	白家腰、王家塬、前苏家山、枣山只、前崖头、后崖头、黄家沟、王家崖	8
	北河露村村民委员会	北河露、高家坬、前舍窠、窑上、百湾只、西山岭、杨家坬、甘泉里	8
	郭家村村民委员会	郭家村、刘家圪垛、高佛腰、小舍窠、花腰里、团枣渠	6
	红崖渠村村民委员会	红崖渠、贺家坬、白家山、姚家山、梁家山、南坡里、后苏家山	7
	刘家圪塄村村民委员会	刘家圪塄、白家圪塄、韩家坬、尖山里、张家坬、永和关、中山里、楼只山	8
		小计	48
合计			306

机构设置和负责人名录

中共永和县委

书记：加天山　副书记　范洋平
　　胡小濛（挂职）　宋林根（挂职）
　　郝　巍

常委：王卫成　刘元福　马　健　白永明
　　张淑明　朱定海（　—2018 年 12 月）
　　迟大鹏（2018 年 12 月—　）

永和县人大常委会

主任：马连青

副主任：韩凤莲　连永梅　刘双龙　药虎奎

永和县人民政府

县长：范洋平

副县长：马　健　王润贵　周　宏　靳亚伟
　　李占军　王丽霞　王勇强（挂职）
　　刘　宇（挂职）　薛新平（挂职）

永和县政协委员会

主席：宋新亮

副主席：冯书霞　樊蒲霖　师　卿　马　进

县委机关

县纪委监委

王卫成：书记、主任
高永峰：副书记、监委副主任
冯　英：副书记、监委副主任
刘忠平：纪委常委、正科级纪律监察员
冯　平：纪委常委、监委委员、主任科员
张文洲：纪委常委、监委委员、主任科员

县委组织部
张淑明　部长
王　彤　常务副部长、编办主任
冯根明　副部长、老干部局局长
贾文宁　副部长、人社局局长
曹晓卉　副部长、县委正科级组织员

宣传部
白永明　部长
高向晖　常务副部长
药小云　副部长、县委正科级报告员
白东红　副部长、主任科员、精神文明办主任

县委政法委
刘元福　书记
段奇文　副书记兼综治办主任
王宏宾　副书记

县委统战部
郝　巍　部长（兼）
韩永祥　常务副部长
刘海平　副部长、民族宗教局局长

县委办公室
靳燕平　主任
徐兰保　副主任
樊连兴　副主任、主任科员

县委巡察办
白清玉　主任
赵云真　副主任

县编办
王　彤　主任（兼）
乔风玲　副主任

县直机关工委
李　琳　书记
王艳芳　副书记

县委老干部局
冯根明　局长（兼）
张肖伟　副局长
王小华　副局长

县委、县政府信访局
白阳红　负责人
徐　杰　副局长

政府工作部门

县政府办
任佼晟　党组书记、主任
白东红　党组成员、副主任
冯爱萍　党组成员、副主任

县发展改革和经济信息化局
任文生　党组书记、局长
贺京东　党组成员、副局长
吕晓强　党组成员、副局长
冯青虎　党组成员、副局长
马海龙　党组成员、总经济师

县教科局
蒋俊彦　党组书记、局长
贺文祥　党组成员、副局长

县公安局

张峥嵘　县政府党组成员、局长
王　军　党委副书记、政委
孙卫平　副局长、党委委员、主任科员
靳永喜　副局长、党委委员、主任科员

县交警大队

郭　涛　公安局党委委员、大队长
廉对平　教导员
牛红斌　副大队长
赵彩钢　副大队长

县民政局

马欣荣　党组成员、副局长（主持全面工作）
薛兵贵　党组成员、副局长

县司法局

薛莉红　党组书记、局长
李　挺　党组成员、副局长
赵金平　党组成员、副局长

县财政局

赵惠明　党组书记、局长
冯清泉　党组成员、副局长、国际资金管理局局长
靳小平　党组成员、副局长

县人社局

贾文宁　党组书记、局长（兼）
药鹏举　党组成员、副局长
李　鹏　党组成员、副局长
冯取珍　党组成员、副局长

县国土资源局

王丽萍　党组成员、副局长（主持全面工作）
冯连廷　党组成员、副局长

县水利局

刘永胜　党组书记、局长
于晓东　党组成员、副局长
樊金龙　党组成员、副局长、主任科员
王春龙　党组成员、总工程师

县审计局

药梅生　党组书记、局长兼经济责任审计中心主任
王卫国　党组成员、副局长
刘金龙　党组成员、副局长

县统计局

冯华平　局长
白让平　党组书记、副局长

县安监局

冯建华　局长
穆文生　党组书记、副局长、主任科员
崔华杰　党组成员、总工程师

县卫计局

王　琪　党组书记、局长
李缠平　党组成员、副局长
冯　刚　党组成员、副局长
白润山　党组成员、副局长

县食品药品监督管理局

薛永明　党组书记、局长
赵小明　党组成员、副局长
綦继文　党组成员、副局长

县农委

高向晖　负责人
白海亮　党组成员、副主任、主任科员
冯记虎　党组成员、副主任

县扶贫局

郭维勇　局长、扶贫开发中心主任

刘爱琴　副局长

贾东红　副局长

县林业局

郭记平　党组书记、局长

连永宏　党组成员、副局长

周建新　党组成员、副局长

任永旺　党组成员、工程师

县交通运输局

任清平　党组书记、局长

冯兰生　党组成员、副局长、总工程师

马军平　党组成员、副局长

县住建局

周长斌　党组书记、局长

郭永生　党组成员、副局长

段成刚　党组成员、副局长

县文旅委

任军锋　党组书记、主任

刘连生　党组成员、副主任

张宝新　党组成员、副主任

马　皓　党组成员、副主任（　—2018年4月）

县环保局

高润平　党组书记、局长

高　虎　党组成员、副局长

王俊萍　党组成员、副局长

县工商和质量监督管理局

马爱平　党组书记、局长

朱霞云　党组成员、副局长

张志斌　党组成员、副局长

杨茂林　党组成员、副局长

任江华　党组成员、副局长

人大常委会、政协下属机构、法、检两院及群团

县人大常委会下属机构

张海宏　办公室主任

景小龙　财经委主任

王林森　教科文卫委主任

李永祥　法工委主任

张建平　农工委主任

秦永花　办公室副主任

县政协下属机构

贺生强　秘书长

冯爱民　科教文卫委主任

马文成　法学统史委主任

冯永林　经济环境委员会主任

薛建功　提案信息委员会主任

县人民法院

李小云　院长、党组书记

孙　毅　副院长、党组成员

县人民检察院

周柳荫　检察长、党组书记

张永堂　副检察长、党组成员

李济民　副检察长、党组成员

蔚福林　副检察长、政治协理员

县总工会

冯爱春　党组书记、主席

刘银调　党组成员、副主席

团县委

于晓红　党组书记、书记

候　娜　党组成员、副书记

县妇联
李香莲　党组书记、主席
冯桂英　党组成员、副主席
刘永琴　党组成员、副主席

县工商联
冯润元　党组书记、主席

县科协
贺福平　党组书记、主席
李宏琴　党组成员、副主席

事业单位

县委党校
白新民　常务副校长
郑章印　副校长
柳文格　校务委员
李秀华　校务委员

县委党史研究室（县地方志研究室）
李保成　主任

县文联
马毅杰　主席

红军东征永和纪念馆
白浩钰　馆长（兼）
张步军　副馆长

县残疾人联合会
任佼鹏　党组书记、理事长
冯文贵　党组成员、副理事长

县委、县政府接待处
李益民　负责人
朱东辉　副主任

县中小企业局
郭　岗　局长
刘根生　副局长

县机关后勤服务中心
李瑞成　主任
任德铭　副主任

县城管委
李永正　主任

县房产开发服务中心
杨北林　主任

县政务大厅管理中心
冯爱萍　党组书记、主任（兼）
冯东平　党组成员、副主任

县档案局
靳永生　党组书记、局长
吕晓玲　党组成员、副局长

县驻临办事处
冯东平　副主任

县政府采购中心
李春清　党组书记、主任
杜宏杰　党组成员、副主任
高文林　党组成员、副主任

县非税收入征收局
任艳芳　主任
李福康　副主任

县国库支付局
王永胜　负责人

县畜牧中心
药生荣　主任
穆治元　副主任

县农村经营管理中心
田　华　副主任（主持全面工作）
药凤祥　副主任

县农业机械化发展中心
冯新平　主任

县爱卫办
王月仙　主任

县妇幼保健计划生育服务中心
雷立珍　主任

县疾病预防控制中心
李全虎　主任
李　勇　副主任

县综合检验检测中心
王永红　党组书记、主任
吴颖瑞　党组成员、副主任

县医院
冯文记　院长
贾海英　副院长
李林双　副院长
杨永红　副院长

县广电中心
厚永建　主任
卢玉生　副主任

县科技中心
李永林　主任
陈　宏　副主任
李文生　副主任

县老龄办
刘海平　主任
周淑琴　副主任

县价格管理中心
毛宝爱　主任
吕晓华　副主任
贾富国　副主任

县城镇集体工业联合社
孔永胜　主任

县供销合作社联合社
贺晓忠　主任

县烤烟办
闫志辉　副主任

县汽车客运站
苏玉清　经理

县自来水公司
李　勇　经理

县春源供热有限责任公司
李宗文　经理

乡镇

芝河镇
李　旻　党委书记
张新平　党委副书记、镇长
马连旺　人大主席
马自礼　党委副书记

崔　毅　纪委书记
王淑琴　党委委员、组织委员
贾文党　党委委员、人武部部长
李金叶　副镇长
郭永平　副镇长
杨洪祯　副镇长
冯彦龙　副镇长

桑壁镇
李　雄　党委书记
王志刚　党委副书记、镇长
郭春平　党委副书记（　—2018年7月）
马宝龙　党委副书记（2018年7月—　）
杨永平　人大主席
王斌权　纪委书记
王世平　党委委员、人武部部长
冯桂莲　党委委员、组织委员
毛书平　副镇长
樊　慧　副镇长
郭安林　副镇长
任记文　副镇长（2018年7月—　）

交口乡
段东红　党委书记
冯海强　党委副书记、乡长
白阳红　人大主席
王玲爱　党委副书记（　—2018年7月）
秦睿鹏　党委副书记（2018年7月—　）
陈中锋　纪委书记
田小平　党委委员、人武部部长
侯　菲　党委委员、组织委员
马建荣　副乡长
秦睿鹏　副乡长（　—2018年7月）
任金平　副乡长（2018年7月—　）
李金虎　副乡长
张英平　副乡长

坡头乡
白海艳　党委书记
冯永亮　党委副书记、乡长
刘东林　人大主席
高剑锋　党委副书记
白江龙　纪委书记
李小平　党委委员、人装部部长
王翠萍　党委委员、组织委员
李乃生　副乡长
李艳平　副乡长

阁底乡
田永峰　党委书记
白浩钰　党委副书记、乡长
王贵忠　党委副书记
李永平　人大主席
张　彭　纪委书记
刘脐林　党委委员、人武部部长
刘晓琴　党委委员、组织委员
魏志明　副乡长
马宝龙　副乡长（　—2018年7月）
苏彩凤　副乡长（2018年7月—　）
郭海林　副乡长

南庄乡
王　涛　党委书记
毛海涛　党委副书记、乡长
张　强　党委副书记、纪委书记
穆春红　人大主席
冯贵成　党委委员、人武部部长
刘淑琴　党委委员、组织委员（　—2018年7月）
药应红　党委委员、组织委员（2018年7月—　）
张继武　副乡长
李红平　副乡长

冯海鹏　副乡长

姚慧荣　副乡长

打石腰乡

药瑞峰　党委书记

何文平　党委副书记、乡长

常青林　党委副书记

李彩宏　人大主席

贺建芳　纪委书记

张　鹏　党委委员、人武部长

陈娜娜　副乡长

马虎平　副乡长

曹　忠　副乡长

霍红兵　副乡长

学校

永和县第一高级中学、永和县职业中学

李道柏　校长

高永壮　副校长（兼党支部书记）

药秀峰　后勤副校长

宋慧明　职高副校长

药慧莲　职高副校长

乔国梁　政教副校长

马曙红　教研副校长

张　胜　行政副校长

永和县第二中学

马喜荣　校长（2018 年 9 月—　）

药喜成　党支部书记

常青红　副校长

李尚琴　副校长

段永红　副校长

冯文平　副校长

呼洁群　副校长（2018 年 9 月　　）

永和县第三初级中学

刘贵鹏　校长

高玉珍　名誉校长兼学校顾问

刘虎成　党支部书记（2018 年 5 月—　）

高润平　副校长

永和县城关小学

杨海燕　校长

白慧平　党支部书记

白晓娟　教学副校长

王艳萍　政教副校长

于录平　扶贫副校长

贺少华　后勤副校长

永和县城关第二小学

冯福祥　校长

房俊峰　支部书记

王翠萍　副校长

吴爱红　副校长

张　乐　副校长

永和县药家湾小学

常爱红　校长

穆红霞　党支部书记

朱锁祥　办公副校长

任艳红　教学副校长

白玉娟　政教副校长

常旭辰　后勤副校长（2018 年 9 月—　）

永和县城镇幼儿园

冯调莲　园长兼书记

冯　艳　安全副园长

马文华　业务副园长

永和县城镇第二幼儿园

苏小丽　园长

李彦花　安全副园长

张轶芳　业务副园长

永和县第三幼儿园
靳艳红　园长
李利宏　副园长
李慧宏　副园长
李青宏　副园长（2018 年 9 月—　）

垂管单位和其他机构

永和县人民武装部
唐　勇　部长（2018 年 12 月—　）
朱定海　县委常委、部长
（　—2018 年 12 月）
迟大鹏　县委常委、政委
（2018 年 12 月—　）
段海毅　副部长

国家税务总局永和县税务局
陈志忠　党委书记、局长
（2018 年 10 月—　）
席保忠　党委副书记、副局长
（2018 年 10 月—　）
白永刚　党委委员、副局长
（2018 年 10 月—　）
宋立新　党委委员、副局长
（2018 年 10 月—　）
白文生　党委委员、副局长
（2018 年 10 月—　）
段海洪　党委委员、纪检组长
（2018 年 10 月—　）
李成山　党委委员、副局长
（2018 年 10 月—　）
刘　敏　党委委员、副局长
（2018 年 10 月—　）

永和县气象局
白对红　局长
王俊斌　副局长

国网山西电力公司永和县供电公司
陈卫东　经理
白旭东　副经理
郭玉龙　副经理
白旭东　工会主席（兼）

永和县烟草专卖局
孙卫兵　局长

永和联合网络通信有限公司永和分公司
陈　磊　经理

中国邮政储蓄银行永和县支行
魏红国　经理
郭文凯　副经理

中国移动通信集团山西有限公司永和县分公司
李　震　经理
冯秀林　副经理

山西临汾交通运输执法局永和分局
弓　强　局长
赵　健　副局长
刘利利　副局长

中国银行业监督管理委员会临汾监管分局永和办事处
贺园林　主任
王蛇林　副主任

中国人民银行永和县人民支行
杨海青　行长
吴东明　副行长
刘书林　副行长

中国农业银行股份有限公司永和县支行

樊东兴　行长
孙惠亮　纪委书记
王　伟　副行长（2018 年 12 月—　）

山西省农村信用社永和联社
郭军荣　理事长
李东辉　主任
冯立平　副主任
王峰伟　副主任

中国邮政储蓄银行永和县支行
陈　涛　行长（　—2018 年 9 月）
张石刚　行长（2018 年 9 月—　）

中国人民财产保险股份有限公司永和分公司
刘　栋　经理

中国人寿保险股份有限公司永和县支公司
冯立新　经理

中国石化销售有限公司山西临汾永和石油分公司
张　洋　经理（　—2018 年 6 月）
李　夏　经理（2018 年 6 月—　）

临汾市住房公积金管理中心永和管理部
贺园盛　主任